谨以此书献给

所有为中国民法事业倾注心力、智慧和信念的人们!

中国社会科学院法学研究所
民法典研究丛书
MINFADIAN PINGZHU

民法典评注

人格权编

陈　甦　谢鸿飞　主编

中国法制出版社
CHINA LEGAL PUBLISHING HOUSE

人格权编撰稿人

（以撰写法律条文的序号排序）

张民安　中山大学法学院教授，撰写第 989—1001 条

曹相见　吉林大学法学院副教授，撰写第 1002—1011 条及第 1018—1023 条

刘文杰　中国传媒大学法律系教授，撰写第 1012—1017 条

谢远扬　中国政法大学民商经济法学院讲师，撰写第 1024—1039 条

本编由朱广新、刘文杰负责统稿。

总　序

起始古远、绵续益盛的人类法制史延展至2020年时，《中华人民共和国民法典》喷薄而出，成为法史叙事的煌煌时空标识。从此，在世界民法典之林，中国民法典以其鲜明的中国特色、充沛的时代精神、科学的规范设计、严谨的结构体系、精准的话语表达，独树一帜、弘扬四域。民法典是中国特色社会主义法治体系的重点建构，其规范效能沛然厚重，实施效果卓然可期，已然功在当代，定然惠泽千秋。

民法典乃时代发展的产物，非在中国进入新时代而无以有中国民法典。在中外法制史上，任何一个可以标识历史进程的民法典都与其所在时代紧密关联，适应时代需要、反映时代精神、吸收时代精华、积聚时代经验，方得以成就集该时代特质之大观的民法典。法国民法典是如此，德国民法典也是如此，中国民法典更是如此。新中国成立以来，民法典立法屡启屡止，于1954年、1962年、1979年、2001年曾四次启动，但均未成案；民法典立法又屡止屡启，2014年党中央再次提出编纂民法典，其后历经六载，终至功成。中国民法典之路艰苦卓绝，反映出中国人民法治信仰蓄根长久、于今蓬勃，民法典追求坚韧不拔、非竟莫停。但说到底，中国民法典的出台是中国法治发展的必然结果，是人民追求法治之心与国家治理现代化之路相融契合的必然结果。

民法典乃集体智慧结晶，非有法治实践者及阐述者长期奉献无以有中国民法典。尤其是，民法典是几代民法学人心血所注、梦想所系。

中国社科院法学所老所长王家福先生被誉为“推动依法治国的理论创新者”而获党中央、国务院授予改革先锋称号，他生前多次表示，其最大心愿就是在有生之年看到中国民法典颁布。于今民法典终获颁布，足以尽纳几代民法典立法参与者的全力之功，足以告慰几代民法学人建构最好民法典的竞心之梦。当然，说到民法典是集体智慧结晶，这个“集体”庞然无限而超然民法学界内外，甚至含括所有于今日中国民法知识有效形成的中外古今人物，在一定意义上可以说，所有中国法治实践的参与者，所有中国法学知识的阐释者，都是民法知识积累与民法典规则形成的贡献者。当探究蕴含在中国民法典之中的观念、知识、经验的传承与借鉴时，这个“集体”更是只能以民族甚至人类命名之。所以，民法学界只是对民法典有更多的阐释机会与弘扬条件，这只是民法学界的责任而非权利。也正是这份身为民法学者的学术责任，使我们汇聚一起，殚精竭虑撰写《民法典评注》系列专著，以期向世人贡献更为系统、细致、周延而得体的民法知识，使中国民法典的确切含义与深刻底蕴更为精准地呈现于世人面前，更为有效地融入中国的民法实践。

民法典的实在意义并不限于彰显改革开放以来民事立法之蔚然大观，当然，以1260个条文、10万余言有机组成的文本也确属伟大的法律作品；民法典的实在意义根本上在于以此塑化社会成员的民法生活体验，以及在此生活体验中通过将民法典规范外现于行、内化于心来形塑国民精神。民法典以多重形式存在于世，有文本中的民法典、实践中的民法典、记忆中的民法典和信念中的民法典。民法典欲有效行于世，必须使民法典长存于心；而欲使民法典长存于心，必使人先明民法典其理。因为只有透彻明晰民法典之理，才能经明理致信之机制而有效遵行适用民法典。因此，所有参与《民法典评注》的撰写者无不惕惕自厉、孜孜以求：旁征博引，释条文法理力求通达本意；披卷择言，叙学术观点唯恐遗漏精华；谈史论今，析制度沿革之因果必然；述理示例，明规范适用之准绳尺度。《民法典评注》得以高端厚重的学术品格面世，不仅能助使读者对民法典理解得更为深刻、适用得更为精当，还能助使读者及其相关者在明晰法条、透彻法理的基础上信任民法典以至信仰民法典，更为重要以至久远的，是《民法典评注》在中国特色民法知识体系形成中必将起到的建构价值与示范作用。

在中国社会科学院法学所的同仁看来，组织撰写《民法典评注》不仅是一项学术实践，更是一个学术使命，是将法学所追求法治进步、法学繁荣的理念操守再行发扬光大的当然之为与必要之举。法学所建所以来尤其是改革开放以来，为我国民法事业做出诸多突出贡献。早在1979年8月，法学研究所邀请在京法律院系的学者召开了著名的“民法与经济法问题学术座谈会”，由此揭开长达7年之久的民法学与经济法学大论战的序幕，最终确立了民法在经济改革中的重要功能与法律体系中的当然地位。在1992年社会主义市场经济体制确立之时，王家福先生组织课题组率先提出《建立社会主义市场经济法律体系的理论思考和对策建议》，力主将民法作为建构社会主义市场经济法律体系的基本法律。为实现制定民法典的法治梦想，法学所的民法学人几十年来持续倾注心力、不断贡献智慧，其间代表作品、典型事例频现。例如，梁慧星先生长期投入并组织民法典立法研究，其作为课题组负责人组织撰写《中国民法典草案建议稿附理由》，煌煌系列大作将民法典知识基础予以体系化展现，对编纂民法典的论域及思路进行了理论铺垫与学术拓展。再如，在民法典编纂期间，孙宪忠研究员正值履职全国人大代表，其以学术素养与社会影响贡献于民法典的形成过程。中国社会科学院是中央指定的民法典编纂工作五个参加单位之一，为此成立了以时任副院长李培林学部委员为组长、我为副组长的项目工作组，具体参与立法工作职责由法学所承担。在整个民法典编纂过程中，法学所的民法学者有百余人次参加了全国人大常委会法工委组织的立法工作会议或相关活动，得以全程观察、深刻体悟、精准理解中国民法典的形成过程及制度精髓，因而有信心以其掌握的中国民法典的法治精神、价值取向、立法政策、规范内涵、适用要点乃至应用技巧对民法典予以系统阐释与清晰解说，使法学所在民法典形成过程中锤炼萃取的学术积累与知识结晶，得以在民法典实施机制中以学术方式再行弘扬。

《民法典评注》是民法领域迄今鲜见的宏大学术工程，是法学所的民法学者相携学界同道共同完成的厚重学术作品。其作者队伍由来自45家单位的80位学者、法官组成，法学所民法室主任谢鸿飞研究员力行组织协调、宣传鼓动职责，晓以意义、激以责任、诱以“红包”，促使作者依约完成撰写任务。为达致《民法典评注》之预定目标，撰写者们可谓呕心沥血、夙夜不懈，其间执笔之艰巨、究问之困苦、催稿之烦惧、书成之庆慰，非我以此短序所能言之。

《民法典评注》分15册图书出版。其中物权编4册，合同编6册，人格权编1册，婚姻家庭编1册，继承编1册，侵权责任编2册。各编主编为：物权编——孙宪忠和朱广新；合同编——谢鸿飞和朱广新；人格权编——陈甦和谢鸿飞；婚姻家庭编——薛宁兰和谢鸿飞；继承编——陈甦和谢鸿飞；侵权责任编——邹海林和朱广新。《民法典评注》总字数逾600万，平均每条撰写近6000字。此外《民法总则评注》已经先行出版，可与此15册图书构成完整的评注体系。为寻求阐释精准、论证得当、内容协调、体例统一，法学所民法室副主任朱广新研究员作为唯一的全书通读者，或将书稿字斟句酌、屡做删改，或与作者频繁沟通、协同观点，其尽心尽责尽力无以复加，可谓实现《民法典评注》品质优化的质检员。

《民法典评注》以融通学术性与实践性为创作取向，对民法典1260个法条逐一进行深入系统的规范解释，使读者既能从整体图景视域掌握民法典的法治精神，又能从细致入微视点理解民法典的规范含义；既能基于本书继续深化对民法典的创新研究，又能借助本书广泛普及对民法典的有效应用。《民法典评注》的撰写者立足于中国法治场景，建构体现中国法治意识的法律阐释时空坐标，切实契合中国法治发展实际情况，充分彰显中国法学话语表达特点，并吸收熔炼国际上一些有重要影响的法律评注模式。可以断言，《民法典评注》系列充分彰显了我国民法研究水平的突破性提升，以及撰写团队的深厚学术积累与卓越创新能力，是中国民法典编纂成功之后衍生的优质学术成果。

谨以此书献给所有为中国民法事业倾注心力、智慧和信念的人们！

2020年9月28日

凡　例

文献名称	本书指称
一、民法典草案	
《民法典各分编（草案）》（征求意见稿）（人格权编）	《民法典人格权编（草案）》（征求意见稿）
《民法典各分编（草案）》	《民法典各分编（草案）》
《民法典人格权编（草案）》（二次审议稿）	《民法典人格权编（草案）》（二审稿）
《民法典人格权编（草案）》（三次审议稿）	《民法典人格权编（草案）》（三审稿）
《中华人民共和国民法典（草案）》	《民法典（草案）》
二、法律与行政法规	
《中华人民共和国民法典》	《民法典》①
三、司法解释	
《最高人民法院关于贯彻执行〈中华人民共和国民法通则〉若干问题的意见（试行）》	《民法通则意见》
《最高人民法院关于审理人身损害赔偿案件适用法律若干问题的解释》	《人身损害赔偿解释》
《最高人民法院关于确定民事侵权精神损害赔偿责任若干问题的解释》	《侵权精神损害赔偿解释》
《最高人民法院关于审理商标授权确权行政案件若干问题的规定》	《商标授权确权规定》
《最高人民法院关于审理名誉权案件若干问题的解答》	《名誉权案件解答》
《最高人民法院关于审理名誉权案件若干问题的解释》	《名誉权案件解释》
《全国人民代表大会常务委员会关于加强网络信息保护的决定》	《加强网络信息保护的决定》
《最高人民法院关于确定民事侵权精神损害赔偿责任若干问题的解释》	《侵权精神损害赔偿解释》

① 本书引用的冠以“中华人民共和国”的法律与行政法规，简称时省略“中华人民共和国”字样，法律与行政法规简称均循此规律，不再重复标注。

续表

文献名称	本书指称
《最高人民法院、最高人民检察院关于办理侵犯公民个人信息刑事案件适用法律若干问题的解释》	《侵犯公民个人信息刑事案件解释》
《最高人民法院关于审理利用信息网络侵害人身权益民事纠纷案件适用法律若干问题的规定》	《网络侵害人身权益解释》
国家市场监督管理总局、国家标准化管理委员会《信息安全技术　个人信息安全规范》（GB/T 35273–2020）	《个人信息安全规范》
《最高人民法院关于民事诉讼证据的若干规定》	《证据规定》

目 录

CONTENTS

第一章

一般规定

第九百八十九条【人格权编的调整范围】

本编调整因人格权的享有和保护产生的民事关系。

规范目的或功能

本条是关于人格权法调整对象的规定。所谓人格权法的调整对象，是指人格权法所规范和调整的某种社会关系。就像民法会规范和调整某种社会关系一样，人格权法也会规范和调整一定的社会关系。当人格权法对某种社会关系规范和调整时，该种社会关系就是人格权法的调整对象，《民法典》将人格权法所调整的此种社会关系称为"民事关系"。

作为《民法典》第四编即人格权编的第一个法律条款，第989条对人格权法调整对象做出的规定具有承上启下的作用。一方面，本条具有承上的作用，因为它与《民法典》第一编即总则编当中的第1条和第2条的规定保持呼应，是《民法典》第1条关于民法目的的一般规定和第2条关于民法调整对象的一般规定在人格权法当中的具体化和落实。另一方面，该条也具有启下的作用，因为从第990条开始一直到第四编的最后一个法律条款即第1039条均是对该条所规定的民事关系的展开和具体说明。

规范内容

一、人格权是一种绝对性质的民事关系

传统民法认为，包括人格权在内，所有的主观权利在性质上均是一种人与人之间的关系，其中的某些人享有主观权利并因此成为权利主体，而另外一些人则对权利主体承担义务并因此成为义务主体，权利主体与义务主体之间因此形成了一种法律关系，[①]该种法律关系被我国民法学者称为民事法律关

① Friedrich Carl von Savigny, Traité de droit romain, tome I, Paris, Firmin Didot Frères, 1840, Traduction par M.Ch. Guenou, pp.327–328; Friedrich Carl von Savigny, Traité de droit romain, tome III, Paris, Firmin Didot Frères, 1856, Traduction par M.Ch. Guenou, pp.3–4; Ernest Roguin, La Règle de Droit, Lausanne, F. Rouge, 1889, pp.71–77; N.M. Korkounov, Cours de théorie générale du droit, traduit par M.J. Tchernoff, Paris, V. Giard & E. Briere, 1903, pp.218–245; Henri Capitant, Introduction à l'étude du droit civil, Pedone, Paris, A. Pedone, éditeur, 1898, pp.11–342.

系，[1]我国《民法典》则将其称为“民事关系”。

除了物权、债权、婚姻家庭权等权利在性质上是一种民事关系之外，人格权在性质上也是一种民事关系。它们之间的主要差异在于，作为一种绝对权，物权、婚姻家庭权和人格权是特定权利主体与不特定义务主体之间的民事关系，该种民事关系是一种绝对性质的民事关系，而作为一种相对权，债权则是特定权利主体与特定义务主体之间的民事关系，该种民事关系是一种相对性质的民事关系。[2]

二、人格关系产生的两类渊源

根据本条的规定，作为一种民事关系，人格关系因为两种渊源而产生：

其一，因为“人格权的享有”而产生的民事关系。所谓因为“人格权的享有”而产生的民事关系，是指一旦权利主体享有某种人格权，他们即凭借自己所享有的此种人格权与世界上除了自己之外的所有其他人即世人、世界上的任何第三人之间建立了法律关系，其中的权利主体享有要求义务主体尊重其人格权、不侵犯其人格权的权利，而义务主体即世人、第三人则对权利主体承担尊重、不侵犯其人格权的义务。[3]

其二，因为“人格权的保护”而产生的民事关系。所谓因为“人格权的保护”而产生的民事关系，是指一旦他人享有某种人格权，则他人享有的该种人格权就会受到侵权责任法或者合同法的保护，在行为人侵犯他人享有的人格权时，或者在行为人违反对他人承担的合同义务时，他人就有权向法院

---

① 王卫国主编：《民法》，中国政法大学出版社2007年版，第24页；江平主编：《民法》，中国政法大学出版社2007年版，第17页；李永军：《民法总论》，中国政法大学出版社2008年版，第22页；魏振瀛主编：《民法》（第四版），北京大学出版社2010年版，第31页；张民安：《法律关系的一般理论亦或是主观权利的一般理论》（下），载《澳门法学》2018年第2期。

② Ernest Roguin, La Règle de Droit, Lausanne, F. Rouge, 1889, pp.207–307; M.E.H. Perreaum Des droits de la Personnalite, RTD civ., 1909, pp.514–515; Henri Capitant, Introduction à l'étude du droit civil, Pedone, Paris, 1929, pp.107–108；张民安、王荣珍主编：《民法总论》（第四版），中山大学出版社2013年版，第101—104、262—264页；梁慧星：《民法总论》（第五版），法律出版社2017年版，第75—76页。

③ Ernest Roguin, La Règle de Droit, Lausanne, F. Rouge, 1889, p.256; M.E.H. Perreau, Des droits de la Personnalite, RTD civ., 1909, pp.514–515；梁慧星：《民法总论》（第五版），法律出版社2017年版，第75—76页；张民安：《法国民法总论》（II），清华大学出版社2020年版，第9—11页。

起诉，要求法官责令行为人对其承担侵权责任或者违约责任，此时，他人与行为人之间即因为“人格权的保护”而产生了民事关系，该种民事关系实际上就是一种侵权责任关系或者违约责任关系。

传统民法认为，他人享有的人格权仅仅受到侵权责任法的保护，在行为人侵犯他人享有的人格权时，他人只能向法院起诉，要求法官责令行为人对其承担侵权责任。在今时今日，人格权除了受到侵权责任法的保护之外也受到合同法的保护，即便我国《民法典》第三编即合同编没有对涉及人格权的合同作出明确规定亦是如此，因为一旦他人与行为人签订涉及其人格权的合同，授权行为人使用其人格特征，则他人与行为人之间签订的涉及人格权的合同就是有效的合同，只要他们之间的合同不违反公共秩序和良好道德，则行为人应当履行对他人承担的合同义务，否则，应当对他人承担违约责任。更进一步而言，除了涉及人格权的合同能够对合同当事人产生约束力之外，涉及人格权的法律行为也具有法律效力，因为根据意思自治原则，当事人的任何法律行为均是有效的，只要他们实施的法律行为不违反公共秩序或者良好道德。①

三 其他问题

本条的规定所存在的主要问题有二：

其一，将“人格权的享有”视为民事关系产生渊源的做法实质上否定了人格权的存在，将原本作为独立的主观权利存在的人格权降格为侵权性债权，因为在他人享有某种人格权的情况下，如果他人之外的世人、第三人要对他人承担普遍性的尊重义务、不侵犯的义务，则他人与行为人之间所形成的民事关系并不是人格关系，而是一种侵权性的债权关系：世人、第三人对他人承担的不作为义务在性质上属于侵权法上的不作为义务。②

---

① 张民安、林泰松：《人格权在民法典当中的独立地位——人格权为何应当在我国民法典当中独立设编》，中山大学出版社2019年版，第343—362页。

② 张民安：《法国民法总论》（上），清华大学出版社2017年版，第466页；张民安：《法国民法总论》（II），清华大学出版社2020年版，第11页。

其二，将“人格权的保护”视为民事关系产生渊源的做法混淆了人格权与人格权遭受侵犯时所产生的侵权责任。在今时今日，人格权可以通过合同和其他法律行为予以行使，当权利主体通过这些法律行为行使自己的人格权时，他们对人格权的行使被视为人格权的组成部分，关于这一点，笔者将在述评第993条时做出详细的说明，此处从略。不过，在今时今日，如果他人的人格权遭受行为人的侵犯，虽然侵权责任法会对他人的人格权提供保护，但是侵权责任法的保护并不构成人格权的组成部分，而仅仅构成侵权责任法的组成部分。这一点在我国尤其如此，因为《民法典》第七编即侵权责任编除了对权利主体享有的其他主观权利提供保护之外也对权利主体享有的人格权提供保护。换言之，至少人格权的侵权责任法保护不能够产生人格关系，而仅仅能够产生侵权性债权关系。

第九百九十条【人格权的定义】

人格权是民事主体享有的生命权、身体权、健康权、姓名权、名称权、肖像权、名誉权、荣誉权、隐私权等权利。

除前款规定的人格权外，自然人享有基于人身自由、人格尊严产生的其他人格权益。

规范目的或功能

本条是人格权定义和人格权类型的规定，通过第1款的规定和第2款的规定，本条确立了具体人格权和一般人格权的区分理论，其中的第1款通过人格权定义的方式对具体人格权做出了例示性的列举，而第2款则对一般人格权产生的两种理论根据即人身自由和人格尊严作出了规定。

规范内容

一、本条是人格权的定义性规定

作为人格权一般理论、人格权总则或者总论的重要组成部分，人格权的界定是不可忽视的，因为人格权的一般理论是以人格权的定义作为开端的，如果人们无法清晰地界定人格权，则人格权的存在将会大打折扣。[①]在19世纪末期之前，德国立法者之所以没有在1986年的《德国民法典》当中对人格权作出规定，一个重要的原因是，民法学者虽然承认人格权的存在，但是，在人格权的界定方面，不同的民法学者对人格权作出的界定存在天壤之别。[②]而在今时今日，立法者之所以在他们制定的《民法典》当中对人格权作出了规定甚至将其独立设编，其中的一个重要原因是，人格权的定义是确定的，虽然民法学者之间在人格权的定义方面仍然存在极大的差异。[③]

因为《德国民法典》完全忽视人格权的存在，因此，它没有对人格权作出界定，已如前述。虽然《法国民法典》对自然人享有的众多人格权作出了明确规定，但是，它也没有对人格权作出界定。[④]虽然《乌克兰民法典》第269条使用的标题为“人格权的概念”，但是，该条对人格权作出的说明似乎离人格权的界定相去甚远，因为该条所规定的内容主要是人格权的特征。[⑤]与大陆法系国家的《民法典》普遍不对人格权作出界定的做法不同，我国《民法典》第990条则对人格权作出了界定。根据该条的界定，所谓人格权，是指权利主体所享有的各种各样的具体人格权和因为人身自由和人格尊严而产生的一般人格权。笔者将此条的界定称为类型化的界定方式。所谓类型化的界定方式，是指通过明确列举人格权所具有的不同类型的方式明确人格权的含义。

二、人格权的通常界定

本条对人格权做出的定义完全区别于民法学者的定义。自人格权在19世纪初期被民法学者主张之日起，民法学者在不同时期均对人格权一词做出了界定。所不同的是，他们对人格权做出的界定形形色色、各不相同。虽然如

---

① 张民安、林泰松：《人格权在民法典当中的独立地位——人格权为何应当在我国民法典当中独立设编》，中山大学出版社2019年版，第562—563页。

② 张民安：《法国人格权法》（上），清华大学出版社2016年版，第250—251页。

③ 张民安：《法国人格权法》（上），清华大学出版社2016年版，第3—29页；张民安：《法国民法总论》（II），清华大学出版社2020年版，第285—289页。

④ Code civil, Dernière modification: 14 février 2020, Version en vigueur au 2 mai 2020, https://www.legifrance.gouv.fr/affichCode.do?cidTexte=LEGITEXT000006070721，最后访问日期2020年6月8日。

⑤ 《乌克兰民法典》第二编：自然人的人格非财产权，载微信公众号“与民法典同行”，https://mp.weixin.qq.com/s/W3ZLAm89chK3rtf7FFLFJA，最后访问日期2020年7月1日。

此，他们对人格权做出的界定可以分为两大类：人格权的否定界定和人格权的肯定界定。[①]

根据人格权的否定界定，所谓人格权，是指权利主体所享有的无法以金钱方式确定其价值大小的主观权利。任何主观权利，如果无法以金钱方式确定其价值大小，则为人格权。此种界定方式为法国两个著名的民法学者M.E.H.Perreau和Roger Nerson所主张。[②]根据他们的此种理论，权利主体享有的主观权利分为两大类即财产权和非财产权，其中的非财产权就是人格权，除了生命权、身体权、健康权、隐私权和名誉权等属于人格权之外，家庭成员享有的诸如监护权、亲权等身份权和著作权人享有的道德权利也属于人格权。这就是最广义的人格权定义。[③]

根据人格权的肯定界定，所谓人格权，或者是指权利主体所享有的以保护自己的个体化为目的的主观权利，这就是人格权的个体化界定，或者是指权利主体所享有的无法与其自身分离的主观权利，这就是人格权的专属性界定，或者是指权利主体对其自身所享有的主观权利，这就是人格权的权利主体自身界定。[④]

在上述各种不同的界定当中，人格权的权利主体自身的界定方式属于主

---

① 张民安：《法国人格权法》（上），清华大学出版社2016年版，第9—29页；张民安、林泰松：《人格权在民法典当中的独立地位——人格权为何应当在我国民法典当中独立设编》，中山大学出版社2019年版，第563—564页；张民安：《法国民法总论》（II），清华大学出版社2020年版，第285—289页。

② M.E.H. Perreau, Des droits de la personnalite, RTD civ., 1909, p.503; Roger Nerson, Les droits extrapatrimoniaux, Paris, LGDJ, 1939, p.11.

③ M.E.H. Perreau, Des droits de la personnalite, RTD civ., 1909, pp.503-513; Roger Nerson, Les droits extrapatrimoniaux, Paris, LGDJ, 1939, pp.8-287；张民安：《法国人格权法》（上），清华大学出版社2016年版，第309—328、375—435页；张民安：《法国民法总论》（II），清华大学出版社2020年版，第286页。

④ Ambroise Colin Henri Capitant Léon Julliot de La Morandière, Traité de droit civil, Tome I, Introduction générale, personnes et famille, biens, Paris, Dalloz, 1953, p.30; Michel de JUGLART Alain PIEDEEVRE Stephane PIEDEEVRE, Cours de droit civil, introduction, personnes, famille, Seizième édition, Montchrestien, pp.117-118; Pierre Voirin Gilles Goubeaux, Droit civil, tome 1, Introduction au droit, personnes-famille, personnes protégées, biens-obligations, sûretés, 33e édition, L.G.D.J, 2011, p.49；张民安：《法国民法总论》（II），清华大学出版社2020年版，第286—288页。

流界定。根据此种界定，所谓人格权，是指权利主体对其自身的各种各样的构成要素所享有的主观权利，换言之，是指权利主体对其自身的人格特征所享有的主观权利，因为权利主体自身的构成要件也被称为权利主体自身的人格特征。[①]人格权的一个最主要的特征是，权利主体与权利客体同一，因为权利客体是权利主体自身，也就是权利主体自身的各种构成要素。作为人，权利主体均具有自己的各种各样的构成要素，无论是自然人、法人还是非法人组织，均是如此。

三、人格权在大陆法系主要国家的发展状况

在权利主体享有的众多权利当中，人格权的历史是最短暂的。在古罗马时期，人格权是不存在的，虽然古罗马法对他人的生命、身体、健康、自由和名誉提供保护，但是，这些被保护的利益并没有脱离对其提供保护的过错侵权责任。[②]虽然1804年的《法国民法典》用了2281个法律条款对民法的内容做出规定，但是，其中没有任何一个法律条款是关于人格权的规定的，甚至连“人格权”一词都没有使用过，即便它的第一卷第一编的标题是“民事权利”。1804年的《法国民法典》之所以没有对人格权做出任何规定，一方面是因为在19世纪初期，法国仍然是一个农业社会、手工业社会，人们对人格权的需求还不强烈；另一方面是因为法哲学、法律科学还较为落后，人们无法清晰地认识自然人的本质，无法构造出权利主体对其自身的构成要素享有权利的观念。[③]

---

① Louis Josserand, Cours de droit civil positif francais, t.I, 3e édition, Librairie De Recueil Sirey, 1938, pp.148–156；张民安：《法国人格权法》（上），清华大学出版社2016年版，第367—371页。

② 张民安：《法国人格权法》（上），清华大学出版社2016年版，第64—67页。

③ “民法典的起草者用了174个法律条款对继承制度做出了明确规定，用了194个法律条款对夫妻之间的财产制度做出了明确规定，用了20个法律条款对相邻关系之间的围墙和排水沟问题做出了明确规定，但是，在法国民法典当中，立法者既没有对家庭姓名的捍卫权做出规定，也没有对文学和艺术著作的作者享有的非财产权做出任何规定。”R.Lindon, les droits de la personnalité, Dalloz, 1974, n°3; Bernard Teyssié, Droit civil, Les personnes, 12e, édition, Litec, 2010, p.26; Jean–Michel Bruguière Bérengère Gleize, Droits de la Personnalité, ellipses, 2015, pp.5–6；张民安：《法国人格权法》（上），清华大学出版社2016年版，第76—83页；张民安、林泰松：《人格权在民法典当中的独立地位——人格权为何应当在我国民法典当中独立设编》，中山大学出版社2019年版，第531—532页。

在1832年的《德国普通民法制度——以潘德克吞的材料为基础》当中，德国19世纪初期的著名民法学家、历史法学派和潘德克吞学派的核心人物之一格奥尔格·弗里德里希·普赫塔（Georg Friedrich Puchta，1798—1846）[①]不仅对主观权利的一般理论做出了简要说明，还将人格权视为主观权利的组成部分，将人格权称为权利主体对其自身享有的权利。[②]在1838年的《潘德克吞法教程》当中，除了承认权利主体享有的诸如物权、债权、家庭权和继承权的独立存在之外，普赫塔也承认了人格权的独立存在，这就是他在该著作当中所采取的主观权利的五分法理论。[③]虽然普赫塔的人格权理论一经提出就遭到德国19世纪最负盛名的柏林大学罗马法教授、历史法学派的核心人物弗里德里希·卡尔·冯·萨维尼（Friedrich Carl von Savigny，1779—1861）的强烈批评和严厉谴责，但是，到了19世纪中后期和20世纪初期，他的人格权理论获得了不少民法学者的支持，人格权因此成为权利主体享有的众多主观权利当中的一种。

在19世纪末期，包括德国在内，西欧已经进入了如火如荼的第二次工业革命时期，除了让19世纪初期的西欧从农业社会嬗变为工业社会之外，第二次工业革命也让西欧从手工业社会嬗变为机械化社会。虽然如此，1896年的《德国民法典》几乎完全忽视人格权的存在，除了在第12条对自然人享有的姓名权做出了规定之外，它没有对权利主体享有的任何其他人格权做出规定，即便德国著名民法学者奥托·冯·基尔克（Otto von Gierke）强烈批评和严厉谴责德国立法者忽视人格权存在的行为，他声嘶力竭的呼吁也没有动摇德国立法者的态度。1896年的《德国民法典》之所以完全忽视人格权的存在，一个最主要的原因是德国立法者的偏见和傲慢：仅仅因为萨维尼的强烈反对，作为《德国民法典》起草委员会灵魂人物的Bernhard Winscheid（1817—1892）

① 张民安：《法国人格权法》（上），清华大学出版社2016年版，第131—132页。

② G.F. Puchta, System des gemeinen Civilrechts zum Gebrauch ben Pandektenvorlesungen, München: Anton Weber'schen Buchhandlung, 1832, p.15；张民安、林泰松：《人格权在民法典当中的独立地位——人格权为何应当在我国民法典当中独立设编》，中山大学出版社2019年版，第537页；张民安：《法国民法总论》（II），清华大学出版社2020年版，第15—16页。

③ Georg Friedrich Puchta, Lehrbuch der Pandekten, Leipzig, Verlag von Johann Ambrosius Barth, 1838, pp.86-614；张民安：《法国民法总论》（II），清华大学出版社2020年版，第16—18页。

和受该灵魂人物精神支配的立法者就将人格权从他们起草的《德国民法典》当中完全排除掉了。[①]

在20世纪50年代之前，人格权的理论逐渐获得了民法学者的普遍支持。虽然如此，人格权在主观权利大家庭当中的地位仍然低下。不过，到了20世纪50年代，人格权的地位扶摇直上，并因此成为首屈一指的主观权利。

首先，为了克服《德国民法典》在人格权保护方面所存在的致命漏洞，德国法官和民法学者通力合作，借助于德国1949年新宪法的规定，通过对《德国民法典》第823（1）条做出解释的方式，德国民法最终确立了为我国民法学者所熟知并且被我国《民法典》第990条所规定的具体人格权和一般人格权的区分理论。[②]

其次，到了20世纪50年代末期，无论是德国民法学者[③]还是法国民法学者[④]均普遍承认人格权的存在，在讨论主观权利的类型时，他们普遍将人格权视为一种像物权和债权一样的真正的主观权利。

最后，德国和法国立法者不约而同地在20世纪50年代试图改革《民法典》，将人格权规定在他们的《民法典》当中。1950年至1951年，《法国民法典》起草委员会在所公布的《民法典草案》当中对人格权做出了规定。[⑤]1959年，德国立法者在所起草的《人格和名誉民事法律保护法改革草案》当中也对人格权做出了规定。[⑥]虽然法国和德国这些草案最终胎死腹中，但是，它们激发了民法学者对人格权的研究热情。

迄今为止，德国立法者没有采取立法措施，将人格权规定在《德国民法典》当中。德国人格权的渊源仅为民法学说和司法判例，不存在形式渊源即制定法渊源。而在法国，情况则大为不同。《法国民法典》增补了一些有关人

---

① 张民安:《法国人格权法》(上)，清华大学出版社2016年版，第245—255页；张民安、林泰松:《人格权在民法典当中的独立地位——人格权为何应当在我国民法典当中独立设编》，中山大学出版社2019年版，第532—536页。

② 张民安:《法国人格权法》(上)，清华大学出版社2016年版，第227—244页。

③ 张民安:《法国人格权法》(上)，清华大学出版社2016年版，第219—224页。

④ 张民安:《法国人格权法》(上)，清华大学出版社2016年版，第110—111、490—495页。

⑤ 张民安:《法国人格权法》(上)，清华大学出版社2016年版，第487—490页。

⑥ 张民安:《法国人格权法》(上)，清华大学出版社2016年版，第254—255页。

格权的规定。不过，无论是《德国民法典》还是《法国民法典》均没有将人格权作为独立的一编或者一卷加以规定。

四、人格权在我国的发展史

在我国，从1955年开始一直到1980年之前，我国立法者完全否定人格权的存在，而民法学者虽然没有完全否定人格权的存在，但是，他们也仅仅在例外情况下才承认人格权的存在。从1986年开始，我国立法者对待人格权的态度发生了180度的转变，因为在1986年的《民法通则》当中，人格权被明确规定为一种重要的民事权利，这表现在两个方面：其一，同时将财产关系和人身关系视为民法的调整对象。《民法通则》第2条明确规定，民法的调整对象是平等主体之间的财产关系和人身关系。其二，《民法通则》专门设立“民事权利”一章，并以“人身权”为名，对生命权、健康权、姓名权、名称权、肖像权、名誉权、荣誉权、婚姻自主权等作了列举规定。《民法典》则以一编对人格权作出了规定。

五、本条规定的人格权类型：具体人格权和一般人格权

与其说本条是对人格权做出界定的条款，毋宁说是对人格权类型做出规定的条款，因为本条的真正目的并不是对人格权做出界定，而是规定两类人格权即具体人格权和一般人格权。不过，本条虽然对具体人格权和一般人格权做出了规定，但是，它并没有对具体人格权和一般人格权做出界定。

（一）具体人格权和一般人格权的界定

因为我国立法者没有对具体人格权和一般人格权做出界定，因此，如何对这两类人格权做出界定，就成为民法学者的任务。[①]遗憾的是，虽然民法学

① 江平主编：《民法学》，中国政法大学出版社2007年版，第71—72页；王卫国主编：《民法》，中国政法大学出版社2007年版，第74—79页；魏振瀛主编：《民法》（第四版），北京大学出版社2010年版，第622—640页；陈华彬：《民法总则》，中国政法大学出版社2017年版，第341—343页；王利明：《民法总则》，中国人民大学出版社2017年版，第253—255页；梁慧星：《民法总论》（第五版），法律出版社2017年版，第92—93页。

者普遍对这两类人格权做出了界定，但是，他们做出的界定并不相同。[①]

一方面，我国民法学者对具体人格权做出的界定存在差异。[②]江平教授指出："所谓的具体人格权，是指人的自由与尊严在法律上的具体表现形式，如生命权、健康权、隐私权和名誉权等。"[③]魏振瀛教授指出："具体人格权是指以具体人格利益为客体的人格权。"[④]梁慧星教授将具体人格权称为特别人格权，他指出："特别人格权，指法律就特别人格利益所规定的权利。"[⑤]

另一方面，我国民法学者对一般人格权做出的界定也不相同。[⑥]江平教授指出："一般人格权……是指受尊重的权利、直接言论不受侵犯的权利，以及不容许他人干预其私生活和隐私的权利。"[⑦]魏振瀛教授指出："一般人格权是指以一般人格利益为客体的人格权。"[⑧]梁慧星教授指出："一般人格权，指关于人之存在价值及尊严之权利，其标的包括生命、身体、健康、名誉、自由、姓名、贞操、肖像、隐私等全部人格利益。"[⑨]

除了对具体人格权和一般人格权做出的界定不同之外，我国民法学者关于具体人格权和一般人格权的界定还存在其他问题。例如，就江平教授的上述界定而言，他关于具体人格权和一般人格权的界定是相互矛盾的，最明显的一点是，在界定具体人格权时，他明确指出"隐私权"是一种具体人格权，而在界定一般人格权时，他又认定"隐私权"不是一种具体人格权，而是一般人格权，因为"不容许他人干预其私生活和隐私的权利"在性质上就是他在界定"具体人格权"时所谓的"隐私权"。

（二）具体人格权与一般人格权之间的主要差异

所谓具体人格权，是指具有自身独立名称、独立内容并且以独立的主观

---

① 张民安：《法国民法总论》(Ⅱ)，清华大学出版社2020年版，第302—303页。
② 张民安：《法国民法总论》(Ⅱ)，清华大学出版社2020年版，第302—303页。
③ 江平主编：《民法学》，中国政法大学出版社2007年版，第72页。
④ 魏振瀛主编：《民法》(第四版)，北京大学出版社2010年版，第622页。
⑤ 梁慧星：《民法总论》(第五版)，法律出版社2017年版，第92页。
⑥ 张民安：《法国民法总论》(Ⅱ)，清华大学出版社2020年版，第302—303页。
⑦ 江平主编：《民法学》，中国政法大学出版社2007年版，第71页。
⑧ 魏振瀛主编：《民法》(第四版)，北京大学出版社2010年版，第622页。
⑨ 梁慧星：《民法总论》(第五版)，法律出版社2017年版，第92页。

权利存在的人格权。任何人格权，只要具有自身的独立名称、独立内容和以独立的主观权利存在，则为具体人格权。根据《民法典》第990条第1款的规定，具体人格权多种多样，包括但是不限于该条所规定的生命权、身体权、健康权、姓名权、名称权、肖像权、名誉权、荣誉权和隐私权等。所谓一般人格权，则是指虽然包含了众多的受到法律保护的人格利益，但是这些受法律保护的人格利益均没有自己的独立名称、独立内容并且无法分别以独立的主观权利存在的人格权。例如，自然人对其声音、指纹、瞳孔、虹膜等人格构成要素所享有的人格权可以视为一般人格权。具体人格权与一般人格权的差异表现在三个方面：

其一，具体人格权在性质上属于复数人格权，而一般人格权在性质上则属于单一人格权，因为具体人格权类型多种多样，而一般人格权不存在多种多样的类型。[①]

其二，具体人格权往往由立法者在他们制定的法律尤其是《民法典》当中做出明确规定，因此，具体人格权有哪些往往取决于制定法的规定。而至于一般人格权所包含的内容有哪些，立法者不会做出规定，由法官根据社会发展变化的状况在自己的司法判例当中予以确定。因为我国《民法典》总则编和人格权编均对隐私权做出了明确规定，因此，隐私权在我国属于具体人格权。因为我国《民法典》总则编和人格权编均没有对声音权、指纹权、瞳孔权、虹膜权作出规定，因此，当法官通过自己的司法判例承认自然人对自己的声音、指纹、瞳孔和虹膜享有权利时，自然人享有的此种权利就可以视为一般人格权。

其三，具体人格权的客体单一，而一般人格权的客体多样。在民法领域，每一种具体人格权的客体均是单一的、独立的，建立在单一、独立权利客体基础上的每一种具体人格权均是一种独立的主观权利。而一般人格权的客体则是多样的、不独立的，权利主体对多样的、非独立的权利客体仅享有一种独立的主观权利，不能够享有多种多样的独立主观权利。

---

① 张民安：《一般人格权理论在法国民法中的地位》，载《法治研究》2016年第1期；张民安：《法国人格权法》（上），清华大学出版社2016年版，第496—497页。

（三）一般人格权产生的两种渊源

根据本条第2款的规定，仅自然人享有一般人格权，并且自然人享有的一般人格权可以基于两种渊源而产生：

其一，基于“人身自由”而产生的一般人格权。在制定法没有规定的情况下，如果法官认为应当对他人主张的某种人格构成要素提供保护，他们可以基于“人身自由”的理念对他人主张的此种人格构成要素予以保护，因为他们认为，他人主张的此种人格构成要素构成他人“人身自由”的组成部分。例如，当他人在公共场所发表谈话时，如果行为人未经他人同意就擅自对他人的谈话予以录音，当他人要求法官对其声音提供保护时，法官可以基于第990条第2款所规定的一般人格权对他人提供保护，此种一般人格权源自该条所规定的“人身自由”，因为当行为人擅自对他人的声音予以录音时，则他人基于行为人的录音行为而产生了不敢或者不愿意参与公共活动的恐惧。

其二，基于“人格尊严”而产生的一般人格权。在制定法没有规定的情况下，如果法官认为应当对他人主张的某种人格构成要素提供保护，他们可以基于“人格尊严”的理念对他人主张的此种人格构成要素予以保护，因为他们认为，他人主张的此种人格构成要素构成他人“人格尊严”的组成部分。例如，在他人进入公园或者其他场所时，如果公园或者其他行为人要求他人进行虹膜扫描，当他人要求法官对其虹膜提供保护时，法官可以基于第990条第2款所规定的一般人格权对他人提供保护，此种一般人格权源自该条所规定的“人格尊严”，行为人对他人人格尊严的尊重包括对其作为人格构成要素的虹膜的尊重，当行为人要求对他人虹膜进行扫描时，他们的行为侵犯了他人所享有的人格尊严受尊重的权利。

其他问题

除了没有必要区分具体人格权和一般人格权之外，我国《民法典》第990条也存在两个问题。其一，本条第1款对具体人格权的类型所做出的列举构成不必要的重复。因为《民法典》总则编第五章已经对具体人格权做出了明确列举，尤其是其中的第110条所列举的人格权类型要比本条第1款列举的类型更全面。其二，“人身自由”不能够作为一般人格权产生的渊源。本条第2款对一般人格权产生的一种渊源即“人身自由”做出了规定，认为一般人格权可以因为“人身自由”而产生。此种规定是值得商榷的，因为“人身自由”是一个独立的主观权利，是一个像生命权、身体权和健康权一样的具体人格权。所谓人身自由，也称移动自由、来去自由或者人身自由权，是指权利主体所享有的决定是否离开某一个地方的自由。移动自由保护权利主体免受行为人实施的非法拘禁、非法监禁或者其他非法限制其离开或者进入某一个地方的自由的行为。在法国，民法学者明确承认人身自由是一种独立的主观权利。[①] 在德国，《德国民法典》第823（1）条所保护的“自由”也就是“人身自由”，它属于一种像该条所规定的生命权一样的具体人格权。在我国，《民法典》第1011条所规定的“行动自由”也就是本条第2款规定的“人身自由”，它也被视为一种具体人格权。作为一种独立的主观权利、具体人格权，人身自由无法成为另外一个独立主观权利即一般人格权的渊源。

第九百九十一条【民事主体的人格权不受侵害】

民事主体的人格权受法律保护，任何组织或者个人不得侵害。

规范目的或功能

本条是关于人格权受法律保护原则的规定。在民法上，权利主体享有各种各样的主观权利、民事权利，诸如物权、合同性债权、夫妻配偶权以及生命权、身体权和健康权等。权利主体享有的这些主观权利、民事权利均受到法律的保护，任何行为人均应当尊重他们享有的任何主观权利、民事权利，不得非法侵犯他们享有的主观权利、民事权利，否则，应当对他们承担民事

---

① Guy Raymond, Droit Civil, 2e édition, Litec, 1993, p.83; Henri et Léon Mazeaud Jean Mazeaud Francois Chabas, Lecons de DROIT CIVIL, Tome I/Deuxième Volume, Les Personnes, 8 édition, Montchrestien, 1997, p.385; Jean Carbonnier, Droit civil, Volume I, Introduction Les personnes la famille, l'enfant, le couple, puf, 2004, pp.513–514; Philippe Malaurie, les Personnes, 6e édition, DEFRéNOIS, 2012, pp.106–107；张民安：《法国民法》，清华大学出版社2015年版，第76页。

责任，除非他们具有拒绝承担民事责任的某种正当理由，这就是主观权利、民事权利受法律保护的一般原则，该种原则也被称为主观权利、民事权利受尊重的一般原则，我国《民法典》总则编对此种原则做出了规定，这就是第3条。该条规定：民事主体的人身权利、财产权利以及其他合法权益受法律保护，任何组织或者个人不得侵犯。

作为众多主观权利、民事权利当中的一类，权利主体享有的人格权当然受到法律的保护，当权利主体享有人格权时，他们有权要求行为人尊重自己的人格权，不侵犯自己的人格权，如果行为人不尊重或者侵犯自己的人格权，则基于权利主体的起诉，法官应当采取措施保护权利主体的人格权免受侵犯，这就是《民法典》第991条所规定的人格权受法律保护的原则，也就是该条所规定的人格权受尊重的原则；它属于《民法典》第3条所规定的主观权利、民事权利受法律保护的一般原则的组成部分，是该条所规定的一般原则在人格权领域的具体体现。

规范内容

一、人格权受法律保护的原则适用于所有权利主体享有的人格权

在我国，本条所规定的人格权受法律保护的原则适用于所有权利主体享有的所有人格权，既适用于自然人享有的人格权，也适用于法人和非法人组织所享有的人格权。因为，一旦任何一种权利主体享有任何一种人格权，他们均享有要求行为人予以尊重的权利。

传统民法认为，仅自然人享有人格权，自然人之外的权利主体不享有人格权。传统民法之所以将享有人格权的主体限定在自然人方面，其主要原因有二：其一，自然人是真正的权利主体；其二，自然人有感情，能够感受喜怒哀乐，在其人格权遭受侵犯时，自然人会因此遭受可予赔偿的非财产损害。而传统民法之所以否定法人享有人格权，也是因为两个方面的原因：其一，法人并不是真正的权利主体，它们或者是法律拟制的人，或者是一种物；其二，法人没有感情，它们无法感受喜怒哀乐，在它们的人格权遭受侵犯时，

它们无法遭受可予赔偿的非财产损害。[①]

作为一种权利主体，法人也像自然人一样享有各种各样的人格权，包括但不限于以下人格权：法人的设立自由权、法人的运行自由权、法人的变更自由权、法人的终止自由权、法人的惩戒自由权、法人的开除自由权、法人的拒绝加入自由权、法人的言论自由权、法人的结社自由权、法人的和平集会自由权，以及法人的信仰自由权；法人的名称权、法人的场所权和法人的国籍权；法人的生命权；法人的名誉权、回应权，法人的隐私权和无罪推定受尊重权；等等。[②]法人享有的这些人格权当然也为我国民法当中的非法人组织所享有。[③]

法人之所以像自然人一样享有多种多样的人格权，其主要原因有四：

其一，新人格权理论认为，人格权的发展经历着从道德性、伦理性、情感性和人格尊严性的人格权向非道德性、非伦理性、非情感性和非人格尊严

---

① Agnès Lucas-Schloetter, Droit moral et droits de la personnalité: étude de droit comparé français et allemande, Tome I, Presses Universitaires D'Aix-Marseille, Paris, 2002, pp.231-237; Hélène Martron, Les droits de la personnalité des personnes morales de droit privé, 2011, LGDJ, pp.75-115; Jean-Michel Bruguière Bérengère Gleize, Droits de la Personnalité, ellipses, 2015, pp.48-52; Jean-Christophe Saint-Pau et, Droits de la Personnalité, LexisNexis, 2013, pp.87-92；尹田：《论人格权的本质——兼评我国民法草案关于人格权的规定》，载《法学研究》2003年第3期；尹田：《论法人人格权》，载《法学研究》2004年第4期；李永军：《论我国人格权的立法模式》；载《当代法学》2005年第6期；梁慧星：《中国民法典中不能设置人格权编》，载《中州学刊》2016年第2期；张民安、李杨：《法人的人格权研究》（上），载《学术论坛》2019年第2期；张民安、林泰松：《人格权在民法典当中的独立地位——人格权为何应当在我国民法典当中独立设编》，中山大学出版社2019年版，第134—146页；张民安：《法国民法总论》（II），清华大学出版社2020年版，第295—296页。

② Valérie Simonart, La personnalité morale en droit privé comparé, L'unité du concept et ses applications pratiques, Allemagne, Angleterre, Belgique, Etats-Unis, France, Italie, Pays-Bas et Suisse, Bruylant Bruxelles, 1985, p.218; Hélène Martron, Les droits de la personnalité des personnes morales de droit privé, 2011, LGDJ, p.102; Jean-Christophe Saint-Pau et, Droits de la Personnalité, LexisNexis, 2013, pp.89-90; Philippe Malaurie, les Personnes, 6e édition, DEFRéNOIS, 2012, p.217; 张民安、李杨：《法人的人格权研究（上）——法人为何享有人格权》，载《学术论坛》2019年第2期；张民安：《法人的人格权研究（下）——法人人格权的类型、性质及侵害后果》，载《学术论坛》2020年第2期；张民安、林泰松：《人格权在民法典当中的独立地位——人格权为何应当在我国民法典当中独立设编》，中山大学出版社2019年版，第176—179、197—236页；张民安：《法国民法总论》（II），清华大学出版社2020年版，第296页。

③ 张民安、林泰松：《人格权在民法典当中的独立地位——人格权为何应当在我国民法典当中独立设编》，中山大学出版社2019年版，第135页。

性的人格权发展的趋向，换言之，人格权的发展经历着从自然人的人格权向法人的人格权发展的趋向。①

其二，基本权利理论认为，就像公法人享有某些基本权利一样，私法人也享有某些人格权。《世界人权宣言》第18条和《欧洲人权公约》第9条均规定：所有人均享有思想自由权、信仰自由权和宗教自由权。②在这两个法律条款当中，“所有人”既包括自然人也包括法人。因此，自然人和法人均享有思想自由权、信仰自由权和宗教自由权。③既然公法明确规定法人享有某些基本权利，民法当然也应当承认法人享有某些基本权利，这些基本权利就是人格权，它们属于法人自身享有的权利，同自然人的道德性、伦理性、情感性、人格尊严性没有丝毫的关系。④

其三，法人的行为手段理论认为，就像自然人需要借助多种多样的人格权保护自己的利益免受侵犯一样，法人也需要借助形形色色的人格权保护自己的利益免受侵犯。⑤

其四，真正权利主体理论认为，在今时今日，法人不再是传统民法当中

---

① Pierre Tercier, le nouveaux droits de la personnalité, Zurich: Schulthess, 1984, p.18; Hélène Martron, Les droits de la personnalité des personnes morales de droit privé, 2011, LGDJ, pp.103–104; 张民安、李杨：《法人的人格权研究（上）——法人为何享有人格权》，载《学术论坛》2019年第2期；张民安、林泰松：《人格权在民法典当中的独立地位——人格权为何应当在我国民法典当中独立设编》，中山大学出版社2019年版，第148—149页。

② La Déclaration universelle des droits de l’homme, http://www.un.org/fr/universal-declaration-human-rights/，最后访问日期2020年7月20日；Convention européenne des droits de l’homme, https://www.echr.coe.int/Documents/Convention_FRA.pdf.，最后访问日期2020年7月20日。

③ Kouamé Hubert Koki, Les droits fondamentaux des personnes morales dans la convention européenne des droits de l’homme, Thèse de doctorat en Droit, Université de La Rochelle, 2011, pp.243–292.

④ X.Dupré de Boulois, Les droits fondamentaux des personnes morales, https://books.openedition.org/putc/3041#authors，最后访问日期2020年7月20日；Jean-Michel Bruguière Bérengère Gleize, Droits de la Personnalité, ellipses, 2015, pp.54–55；张民安、李杨：《法人的人格权研究（上）——法人为何享有人格权》，载《学术论坛》2019年第2期；张民安、林泰松：《人格权在民法典当中的独立地位——人格权为何应当在我国民法典当中独立设编》，中山大学出版社2019年版，第149页。

⑤ Jean-Michel Bruguière Bérengère Gleize, Droits de la Personnalité, ellipses, 2015, pp.55–56；张民安、李杨：《法人的人格权研究（上）——法人为何享有人格权》，载《学术论坛》2019年第2期；张民安、林泰松：《人格权在民法典当中的独立地位——人格权为何应当在我国民法典当中独立设编》，中山大学出版社2019年版，第149—150页。

的法律拟制人或者物，它们也像自然人一样是一种真真正正的权利主体，除了有自己的生命、身体之外，它们还有自己的名称、名誉、自由，除了有自己的意志之外，它们还能够将自己的意志付诸实施，就像自然人一样，它们也有感情，也能够感受喜怒哀乐。[①]

二、人格权受法律保护原则的贯彻

原则上，人格权受法律保护的原则通过侵权责任法对他人人格权提供保护的方式予以贯彻。这就是，在权利主体享有的人格权遭受侵犯时，基于权利主体的起诉，法官或者责令行为人对他人承担过错侵权责任，或者责令行为人对他人承担无过错侵权责任，或者责令行为人对他人承担公平责任。在大多数情况下，行为人所承担的侵权责任是金钱损害赔偿责任，包括赔偿他人所遭受的非财产损害和财产损害；在少数情况下，行为人也承担金钱损害赔偿责任之外的其他责任，诸如停止发行侵犯他人名誉或者隐私的书刊和责令行为人对他人赔礼道歉等。

传统民法认为，在行为人侵犯自然人享有的人格权时，自然人能够要求法官责令行为人赔偿自己所遭受的非财产损害，因为自然人有感情，能够遭受精神痛苦；而在行为人侵犯法人享有的人格权时，法人无权要求法官责令行为人赔偿自己所遭受的非财产损害，因为法人没有感情，无法遭受精神损害。然而，从19世纪末期开始一直到今时今日，法国法官尤其是法国最高法院的法官均拒绝承认此种理论，因为他们一直以来均认为，法人也能够像自然人一样感受痛苦，在它们享有的人格权遭受侵犯时，法人一样能够要求法官责令行为人赔偿自己所遭受的非财产损害。[②]

---

① 张民安、李杨：《法人的人格权研究（上）——法人为何享有人格权》，载《学术论坛》2019年第2期；张民安、林泰松：《人格权在民法典当中的独立地位——人格权为何应当在我国民法典当中独立设编》，中山大学出版社2019年版，第152—181页；张民安：《法国民法总论》（II），清华大学出版社2020年版，第297页。

② 张民安：《法人的人格权研究（下）——法人人格权的类型、性质及侵害后果》，载《学术论坛》2020年第2期；张民安、林泰松：《人格权在民法典当中的独立地位——人格权为何应当在我国民法典当中独立设编》，中山大学出版社2019年版，第277—282页；张民安：《法国民法总论》（II），清华大学出版社2020年版，第297页。

法国法官的此种做法具有合理性，应当为我国民法所坚持。因为，一方面，作为一种真正的权利主体，法人享有的某些人格权也像自然人享有的人格权一样在性质上属于非财产权；另一方面，法人也有感情，也会有喜怒哀乐，在它们的人格权遭受侵犯时，它们同样会遭受精神痛苦。在确定法人遭受的非财产损害赔偿范围时，法官要考虑多种多样的因素，诸如：被行为人侵犯的人格权的重要性，法人遭受的精神痛苦的程度，行为人侵犯法人人格权的目的、动机，法人的营利性质或者非营利性质，等等，这一点同法官在确定自然人自身的非财产损害赔偿范围时是完全一致的。①

在例外情况下，人格权受法律保护的原则也会通过合同法对他人人格权提供保护的方式予以贯彻。例如，当影视明星、体育明星与广告商签订姓名、肖像使用合同时，他们所签订的涉及自身姓名权和肖像权的合同就受到合同法的保护，如果广告商违约不支付姓名或者肖像的使用费，或者如果他们超越合同约定的使用范围使用影视明星、体育明星的姓名或者肖像，基于影视明星、体育明星的起诉，法官应当责令广告商承担违约责任。

第九百九十二条【人格权禁止性规定】

人格权不得放弃、转让或者继承。

规范目的或功能

本条是关于人格权特征的规定。所谓人格权的特征，是指能够将人格权与财产权区分开来的标志。在民法的历史上，财产权先于人格权而产生和存在。早在古罗马时期，民法当中就已经存在物权、债权和继承权，而在古罗马时期，人格权是根本不存在的，也是不可能存在的。因为到了19世纪初期，民法学者才开始倡导人格权的观念，经过19世纪中后期和20世纪初期的发展，人格权最终成为民法当中的一项主观权利，已如前述。

① 张民安：《法人的人格权研究（下）——法人人格权的类型、性质及侵害后果》，载《学术论坛》2020年第2期；张民安、林泰松：《人格权在民法典当中的独立地位——人格权为何应当在我国民法典当中独立设编》，中山大学出版社2019年版，第295—309页。

在人格权的观念出现之后，20世纪初期的民法学者开始反思人格权与传统民法当中的物权、债权和继承权之间的关系，除了分析它们之间的共同点之外，他们还分析它们之间的不同点：通过分析人格权与传统民法当中的物权、债权和继承权之间的共同点，他们最终在20世纪初期至20世纪50年代之间建立了作为一个有机整体的主观权利理论，[①]而通过分析人格权与传统民法当中的物权、债权和继承权之间的差异，他们最终在20世纪初期至20世纪50年代之间建立了财产权与非财产权的区分理论。[②]在今时今日，民法学者仍然坚持此种区分理论，认为权利主体享有的所有主观权利要么是财产权要么是非财产权，其中的非财产权主要是人格权。[③]在我国，《民法典》总则编第五章实际上就采取此种理论，因为，第109条至第111条所规定的各种民事权利是人格权，而第113条和之后的几个条款所规定的民事权利则是各种各样的财

---

① 张民安：《法律关系的一般理论亦或是主观权利的一般理论》（上），载《澳门法学》2018年第1期；张民安：《法律关系的一般理论亦或是主观权利的一般理论》（下），载《澳门法学》2018年第2期；张民安：《法国民法总论》（上），清华大学出版社2017年版，第463—496页；张民安：《法国民法总论》（II），清华大学出版社2020年版，第5—44页。

② Edmond Picard, Le droit pur, Paris, éd, Ernest Fiammarion, 1908, pp.96–97; M.E.H. Perreau, Des droits de la personnalite, RTD civ., 1909, pp.504–507; M. Planiol et G. Ripert, Traité pratique de droit civil français, Tome III, Les Biens, avec le concours de Maurice Picard, LGDJ, 1926, pp.27–30; Henri Capitant, Introduction à l'étude du droit civil, Pedone, Paris, 1929, pp.109–119; Louis Josserand, Cours de droit civil positif francais, t.I, 3e édition, Librairie De Recueil Sirey, 1938, pp.87–88; Roger Nerson, Les droits extrapatrimoniaux, Paris, LGDJ, 1939, pp.1–2; Ambroise Colin Henri Capitant Léon Julliot de La Morandière, Traité de droit civil, Tome I, Introduction générale, personnes et famille, biens, Paris, Dalloz, 1953, p.29；张民安：《法国民法总论》（II），清华大学出版社2020年版，第139—144页。

③ Jacques Ghestin et Gilles Goubeaux, Traité de droit civil, Introduction générale, Librairie générale de droit et de jurisprudence, 1977, pp.152–157; Henri et Leon Mazeaud Jean Mazeaud Francois Chabas, Lecons de DROIT CIVIL, Tome Premier, Introuduction à l'étude du droit, septième édition, éDITIONS, MONTCHRESTIEN, 1983, pp.218–219; Henri Roland Laurent Boyer, Introuduction au droit, Litec, 2002, p.429; Gérard Cornu, Droit civil, Introuduction au droit, 13 e édition, Montchrestien, 2007, pp.31–43; Jean-Luc AUBERT Eric SAVAUX, Introuduction au droit et thèmes fondamentaux du droit civil, 14e édition, Dalloz, 2012, pp.217–220；张民安：《法国民法》，清华大学出版社2015年版，第59—96页；张民安：《法国民法总论》（上），清华大学出版社2017年版，第557—558页；张民安、丘志乔主编：《民法总论》（第五版），中山大学出版社2017年版，第287—293页；梁慧星：《民法总论》（第五版），法律出版社2017年版，第71—72页；张民安：《法国民法总论》（II），清华大学出版社2020年版，第144—148页。

产权。

传统民法之所以区分人格权和财产权，其主要原因有二：

其一，人格权和财产权的性质不同。传统民法认为，财产权具有经济的、金钱的、物质的、商事的内容，人们能够以金钱方式客观地评估其价值大小，而作为一种非财产权，人格权则仅具有精神的、心理的、情感的内容，人们无法以金钱方式客观地评估其价值大小。①

其二，人格权和财产权的特征不同。传统民法认为，作为一种非财产权，人格权的特征刚好与财产权的特征相反：财产权具有可放弃性，而人格权则具有不得放弃性；财产权具有可转让性，而人格权则具有不得转让性；财产权具有可转移性，而人格权则具有不得转移性；财产权具有可强制执行性，而人格权则具有不得强制执行性；财产权具有可适用时效性，而人格权则具有不得适用时效性。②本条仅对人格权的三个特征做出了规定，没有对人格权的另外两个特征做出规定，这就是人格权的不得强制执行性和人格权的不得适用时效性。既然本条是专门对人格权的传统特征做出规定的条款，则它应当对人格权的所有特征均做出规定。

在20世纪50年代之前，财产权和非财产权的区分理论运行良好，不过，随着影视明星、体育明星姓名、肖像和其他人格特征的商事化现象的出现和不断加强，此种区分理论也开始出现运行不畅的问题，因为至少影视明星、体育明星的姓名权、肖像权和其他传统民法当中的人格权开始财产权化了，除了让财产权和非财产权之间的区分理论难以有效维持之外，也让非财产权和财产权之间的传统特征难以维持。其最终结果是（我们可以从《法国民法典》中看到），某些具有非财产权性质的人格权也开始具有传统民法当中财产权的特征，因为权利主体也能够转让自己享有的姓名权、肖像权和其他人格权，在他们死亡时，他们生前享有的这些姓名权、肖像权和其他人格权可以作为遗产被自己的继承人所继承。③

---

① 张民安：《法国民法》，清华大学出版社2015年版，第59页；张民安：《法国民法总论》（II），清华大学出版社2020年版，第181页。

② 张民安：《法国民法》，清华大学出版社2015年版，第60—62、70—72页；张民安：《法国民法总论》（II），清华大学出版社2020年版，第171页。

③ 张民安：《法国民法总论》（II），清华大学出版社2020年版，第173、324—330页。

规范内容

一、人格权的不得放弃性

人格权的第一个主要特征是，权利主体虽然享有人格权，但是，他们不能够放弃自己所享有的人格权，如果他们放弃自己所享有的人格权，则他们放弃人格权的行为无效，如果他们与别人签订放弃自己人格权的合同，则他们与别人之间签订的合同因为违反了公共秩序而无效，这就是人格权的不得放弃性。所谓人格权的不得放弃性，是指权利主体不得通过合同或者单独法律行为的方式放弃自己所享有的人格权。[①]因此，名誉权是不能够放弃的，姓名权是不能够放弃的，无罪推定受尊重权是不能够放弃的，人身自由权也是不能够放弃的。

人格权的不得放弃性与财产权的可放弃性形成强烈对比。根据财产权的可放弃性，当权利主体享有财产权时，他们原则上能够放弃自己的财产权，这就是权利主体享有的个人自由的体现：除了单方面放弃自己财产权的行为有效之外，权利主体与别人签订放弃自己财产权的合同也是有效的。因此，财产权是可以放弃的，用益物权也是可以放弃的，债权同样是可以放弃的。

传统民法严格坚持人格权的不得放弃性，认为权利主体放弃一切人格权的行为均是无效的。在今时今日，虽然民法仍然坚持人格权的不得放弃性，但是，民法也在不断地软化传统民法的立场，认为权利主体能够放弃自己享有的某些人格权，他们放弃这些人格权的行为并非一定无效。例如，在某些国家，自然人享有安乐死的权利，如果他们与医师签订实施安乐死的合同，他们所签订的合同有效。当自然人与医师签订实施安乐死的合同时，他们实际上是实施了放弃自己生命权的行为。再例如，在某些国家，自然人也能够放弃自己的健康权，在病患者要求医师放弃对自己的治疗时，医师必须尊重病患者的意愿，放弃对病患者的继续治疗。当然，权利主体能够放弃人格权

---

① Jean Carbonnier, Droit civil, Volume I, Introduction Les personnes la famille, l’enfant, le couple, puf, 2004, pp.355–356；张民安：《法国民法总论》（上），清华大学出版社2017年版，第561页。

的最典型范例既不是安乐死也不是放弃治疗权而是隐私权，因为，虽然人们认为隐私权是权利主体享有的最主要的、最重要的人格权之一，但是，自然人完全有权放弃自己享有的隐私权，一旦他们放弃，则行为人就能够收集他人的个人信息。

当然，根据我国《民法典》第992条的规定，人格权不可放弃是没有例外情形的，《民法典》对于上述可放弃的情形显然不予承认。

二、人格权的不得转让性

人格权的第二个主要特征是，权利主体不能够与别人签订诸如买卖合同、赠与合同、互易合同等合同，将自己享有的人格权有偿或者无偿转让给别人，并因此由别人取得自己所转让的人格权。这就是人格权的不得转让性。所谓人格权的不得转让性，是指权利主体生前不能够以合同或者其他法律行为的方式将自己享有的人格权转让给受让人并因此让受让人取得所受让的人格权。[①]因此，自然人不能够与买受人签订买卖合同，将自己享有的生命权出卖给买受人；自然人不能够与受赠人签订赠与合同，将自己享有的名誉权赠与受赠人；自然人不能够与互易者签订互易合同，用自己的姓名权交换对方的姓名权；等等。

人格权的不得转让性与财产权的可转让性形成鲜明对比，因为，根据财产权理论，权利主体原则上能够与别人签订买卖合同、赠与合同和互易合同，通过这些合同将自己享有的某种财产权转让给别人，由别人取得所转让的财产权。[②]因此，房屋的所有权人能够将自己对其房屋享有的所有权转让给房屋的买受人，汽车的所有权人能够将自己的汽车赠与受赠人，单车的所有权人能够用自己的单车换取对方的单车，等等。

---

① 张民安：《法国民法》，清华大学出版社2015年版，第71页；张民安、丘志乔主编：《民法总论》（第五版），中山大学出版社2017年版，第291页；张民安：《法国民法总论》（II），清华大学出版社2020年版，第172页。

② 张民安：《法国民法》，清华大学出版社2015年版，第60—61页；张民安、丘志乔主编：《民法总论》（第五版），中山大学出版社2017年版，第288—289页；张民安：《法国民法总论》（II），清华大学出版社2020年版，第172页。

三、人格权的不得继承性

人格权的第三个主要特征是，在自然人死亡时，他们生前享有的人格权会因为其死亡而消灭，不能够作为遗产转移给自己的继承人继承，这就是人格权的不得继承性。所谓人格权的不得继承性，也称人格权的不得转移性，是指权利主体生前享有的人格权在其死亡时不能够作为遗产转移给自己的继承人继承。因此，如果自然人死亡，他们生前的生命权就消灭，其生前享有的生命权不能够作为遗产转移给自己的继承人继承。如果自然人死亡，他们生前享有的健康权也消灭，无法作为遗产转移给自己的继承人继承。

人格权的不得继承性同财产权的可继承性形成鲜明的对比，因为在自然人死亡时，他们生前享有的财产权并不消灭，而是作为遗产转移给自己的继承人继承。因此，如果房屋的所有权人死亡，他们生前对其房屋享有的财产所有权并不消灭，而是作为遗产由自己的继承人继承。如果债权人死亡，他们生前对债务人享有的债权并不消灭，而是作为遗产由自己的继承人继承。当然，并非自然人享有的所有财产权均能够作为遗产被自己的继承人所继承，如果他们享有的某种财产权与权利主体自身的身份关系非常密切，则在权利主体死亡时，他们生前的财产权也不能够作为遗产被继承人继承。例如，扶养请求权就是如此。

其他问题

除了本条规定的三个特征之外，人格权还具有其他几个重要特征。

一、人格权的不得强制执行性

人格权的第四个主要特征是，在权利主体对其债权人承担债务时，如果权利主体无法履行自己对其债权人所承担的债务，债权人不能够要求法官对权利主体享有的人格权采取强制执行措施，通过变卖或者拍卖权利主体人格权的方式确保自己对权利主体享有的债权得以实现，这就是人格权的不得强制执行性。所谓人格权的不得强制执行性，是指债权人不能够要求法官对自己的债务人所享有的人格权采取强制执行措施。因此，在甲方拖欠乙方的工程款时，乙方不能够请求法官强制执行甲方的生命权。[①]

人格权的不得强制执行性与财产权的可强制执行性形成鲜明对比，因为在权利主体对其债权人承担债务时，如果债务人不履行对债权人承担的债务，债权人有权要求法官对权利主体享有的财产权采取强制执行措施，通过拍卖或者变卖权利主体财产权的方式确保债权人债权的清偿。[②]

二、人格权的不适用时效性

人格权的第五个主要特征是，权利主体并不因为时效而取得人格权，也不因为时效而丧失其人格权。换言之，民法当中的取得时效和消灭时效不适用于权利主体享有的人格权。人格权的这一特征与财产权形成鲜明对比，因为，权利主体既会因为时效而取得财产权，也会因为时效而丧失财产权，换言之，取得时效和消灭时效适用于权利主体享有的财产权。[③]

第九百九十三条【人格标识许可使用】

民事主体可以将自己的姓名、名称、肖像等许可他人使用，但是依照法律规定或者根据其性质不得许可的除外。

规范目的或功能

本条对权利主体许可别人使用自己的某些人格构成要素的权利做出了规定。根据该条的规定，除非制定法明确限制，或者除非权利主体的人格构成要素的性质不允许权利主体授权别人使用其人格构成要素，否则，权利主体

① 张民安：《法国民法》，清华大学出版社2015年版，第71—72页；张民安、丘志乔主编：《民法总论》（第五版），中山大学出版社2017年版，第291页；张民安：《法国民法总论》（II），清华大学出版社2020年版，第172—173页。

② 张民安：《法国民法》，清华大学出版社2015年版，第61页；张民安、丘志乔主编：《民法总论》（第五版），中山大学出版社2017年版，第289页；张民安：《法国民法总论》（II），清华大学出版社2020年版，第172—173页。

③ 张民安：《法国民法》，清华大学出版社2015年版，第61—62、72页；张民安、丘志乔主编：《民法总论》（第五版），中山大学出版社2017年版，第289、291—292页；张民安：《法国民法总论》（II），清华大学出版社2020年版，第173页。

有权许可别人使用自己的任何人格构成要素，诸如许可别人使用自己的姓名、名称、肖像、声音等。实际上，该条是对20世纪50年代以来民法领域新出现的一种主观权利即公开权（the right of publicity）作出的规定，我国民法学者普遍将该条规定的内容认定为人格权的商事化现象。

一、公开权在英美法系国家的产生和发展

在20世纪50年代之前，大陆法系国家的民法学者几乎无一例外地主张人格权的非财产权性质，认为人格权在性质上不是财产权。在今时今日，大陆法系国家的主流民法学者仍然采取此种理论，他们认为，虽然某些人格权包含了某些财产方面的内容，例如，生命权会让权利主体取得收入，再例如，名誉权会让权利主体获得广告收益，虽然所有的人格权遭受侵犯时均能够引起金钱损害赔偿的财产后果，但是，人格权在性质上仍然不是财产权，因为，在这些人格权当中，占支配地位的价值并不是财产价值而是道德价值，财产的内容仅仅起次要的、附属性的作用，道德的内容则起主导的、决定性的作用。①

20世纪50年代之前，在美国，无论是学者、立法者还是法官仅仅承认一种非财产权性质的人格权即隐私权。由于受到法国19世纪学者、法官和立法者有关私人生活受尊重权理论的影响，②在1890年第4期的《哈佛法律评论》上，美国学者Samuel Warren和Louis Brandeis发表了自己最著名的学术论文《论隐私权》，除了明确要求英美法承认隐私权和隐私侵权责任的独立性之外，他们还将隐私权视为一种非财产权、人格权，即便在现在，非财产权、人格权的理论与英美法系国家的普通法观念也还是格格不入。根据他们所主张的

---

① Ambroise Colin Henri Capitant Léon Julliot de La Morandière, Traité de droit civil, Tome I, Introduction générale, personnes et famille, biens, Paris, Dalloz, 1953, p.31; Jacques Ghestin et Gilles Goubeaux, Traité de droit civil, Introduction générale, Librairie générale de droit et de jurisprudence, 1977, p.165; Henri et Léon Mazeaud Jean Mazeaud Francois Chabas, Lecons de DROIT CIVIL, Tome I/Deuxième Volume, Les Personnes, 8 édition, Montchrestien, 1997, p.403；张民安：《法国民法总论》（II），清华大学出版社2020年版，第306—313页。

② 张民安：《法国人格权法》（上），清华大学出版社2016年版，第454页；张民安：《场所隐私权研究》，载张民安主编：《场所隐私权研究》，中山大学出版社2016年版，第1—2页；张民安主编：《隐私权的界定》，中山大学出版社2017年版，序，第2页；张民安：《法国民法总论》（II），清华大学出版社2020年版，第317页。

隐私权理论，在没有取得他人同意的情况下，如果行为人擅自使用他人的姓名、肖像或者其他人格特征，则他们应当赔偿他人所遭受的道德损害。[①]

到了20世纪50年代，随着娱乐业在美国的兴起和蓬勃发展，美国一些法官和学者意识到，将所有人享有的姓名权、肖像权和其他人格特征权均视为一种单纯的隐私权、人格权、非财产权的理论是不恰当的，因为该种理论与百老汇和好莱坞的娱乐工业不相符，忽视了影视公司、影视明星等公众人物的姓名、肖像或者其他人格特征所具有的商事价值、金钱价值。为此，他们开始在20世纪50年代倡导影视明星对自己的姓名、肖像等人格特征享有财产权的理论，他们将该种财产权性质的姓名权、肖像权等人格特征权称为公开权（right of publicity）。[②]

在1953年的著名案件即Haelan Laboratories，Inc. v.Topps Chewing Gum，Inc一案当中，美国第二巡回法院法官Jerome Frank首次承认，公众人物的姓名、相片和肖像等人格特征具有公开价值，是否公开、何时公开、在什么范围内公开，完全由公众人物决定，他们享有的这些权利就是公开权。他最著名的判词是“当行为人在报纸、杂志、公共汽车、火车和地铁上使用公众人物（尤其是演员和球员）的肖像做广告时，当行为人在大街小巷上公开展示这些公众人物的肖像时，与其说公众人物的感情受到了伤害，毋宁说他们因为没有获得原本应当获得的广告费、肖像使用费而遭受了严重的损害”[③]。

由于受到Jerome Frank在Haelan Laboratories，Inc一案当中的判决影响，在1954年的《法律和当代问题》当中，Melville B. Nimmer发表了自己的著名

---

① Samuel D. Warren & Louis D. Brandeis,（1890）4 HARV. L. REV（1890），pp.193–220；［美］塞缪尔·D.沃伦、［美］路易斯·D.布兰迪斯：《论隐私权》，陈圆欣译，张民安主编：《隐私权的界定》，中山大学出版社2017年版，第1—27页；张民安：《法国民法总论》（II），清华大学出版社2020年版，第317页。

② 张民安：《公开权侵权责任制度研究——无形人格权财产性理论的认可》，载张民安主编：《公开权侵权责任研究：肖像、隐私及其他人格特征侵权》，中山大学出版社2010年版，第19—33页；张民安：《法国民法总论》（II），清华大学出版社2020年版，第317—320页。

③ Haelan Laboratories, Inc.v.Topps Chewing Gum, Inc, 202 F. 2d 866（2d Cir. 1953）；张民安：《公开权侵权责任制度研究——无形人格权财产性理论的认可》，载张民安主编：《公开权侵权责任研究：肖像、隐私及其他人格特征侵权》，中山大学出版社2010年版，第26—27页；张民安：《法国民法总论》（II），清华大学出版社2020年版，第318—319页。

文章即《论公开权》，除了对Samuel Warren和Louis Brandeis主张的隐私权理论提出批判之外，Nimmer还主张公众人物享有的姓名权、肖像权等人格特征权在性质上是公开权、财产权的理论。①

Nimmer指出，Warren和Brandeis在19世纪末期所主张的隐私权理论无法满足20世纪50年代以来百老汇（Broadway）和好莱坞（Hollywood）的需要，与娱乐业的需求可谓背道而驰，因为，对于与广告、电影、电视和广播有关系的公众人物（Well known personalities）而言，他们所寻求的既不是Samuel Warren和Louis Brandeis所主张的将自己的姓名（name）、相片（photograph）、肖像（likeness）等作为隐私隐藏起来，也不是在没有取得自己同意的情况下让自己的姓名、相片、肖像被行为人免费使用、复制或者公开。②

在美国，Nimmer的理论引起的反响非常巨大，因为在他的理论提出来之后，除了美国的学者承认了公开权之外，美国的法官和立法者也普遍采纳他的意见并因此承认了独立于隐私权的公开权：在今时今日的美国，隐私权在性质上是一种非财产权、人格权，而公开权在性质上则是一种财产权，当权利主体的隐私权遭受侵犯时，行为人应当赔偿他人的非财产损害，而在权利主体享有的公开权遭受侵犯时，行为人则应当赔偿他人遭受的财产损害。③

二、公开权在大陆法系国家的承认

在面对人格权财产化、商事化的现象时，尤其是在面对美国学者和法官所主张的公开权理论时，法国20世纪70年代的民法学者普遍对其表示反感。在1974年的《人格权的司法创设及其对家庭观念的影响》当中，Raymond Lindon对民法学者的此种反感进行了淋漓尽致的表达，他指出，人格权的财

---

① Melville B. Nimmer, The Right of Publicity,（1954）19 Law and Contemporary Problems, pp.203–223.

② Melville B. Nimmer, The Right of Publicity,（1954）19 Law and Contemporary Problems, pp.203–204.

③ 张民安：《公开权侵权责任制度研究——无形人格权财产性理论的认可》，载张民安主编：《公开权侵权责任研究：肖像、隐私及其他人格特征侵权》，中山大学出版社2010年版，第28—33页；张民安：《无形人格侵权责任研究》，北京大学出版社2012年版，第63—64页；张民安、丘志乔主编：《民法总论》（第五版），中山大学出版社2017年版，第299—300页。

产化现象是一种“失控现象”。①

从20世纪80年代初期开始，法国民法学者开始主张人格权的财产权化。在1984年的《肖像权的双重性质及其在法国实在法当中产生的后果》当中，E.Gaillard教授率先指出，肖像权并不是人们普遍主张的一种单纯非财产权，它既是一种财产权，也是一种非财产权。无论是一种财产权还是一种非财产权，肖像权均受到共同的民事责任法的保护，在行为人侵犯他人的肖像权时，他们应当既赔偿他人遭受的非财产损害又赔偿他人遭受的财产损害。②

在1985年的《肖像权的模糊性》③当中，Daniel Acquarone采取了E.Gaillard的理论，在1989年的《人法》④当中，G.Goubeaux也采取了E.Gaillard的理论。在今时今日，法国大多数民法学者和法官均采取此种理论，认为自然人的肖像权既是一种非财产权也是一种财产权。⑤在1997年的博士学位论文《作为契约客体的姓名》当中，Grégoire LOISEAU明确主张姓名权不仅是一种非财产权，也是一种财产权。⑥

在1997年的《法国法当中的人格财产权》一文当中，Grégoire LOISEAU正式将人格权的财产性理论推向极端。他认为，人们不能够仅仅满足于将肖像权和姓名权视为一种非财产权，他们还应当走得更远，除了将人格权视为

---

① R. Lindon, La création prétorienne en matière de droit de la personnalité et son incidence sur la notionde famille, Dalloz, 1974, n°78.

② Emmanuel Gaillard, La double nature du droit à l’image et ses conséquences en droit positif français, D1984., Chr. 161.

③ D. Acquarone, L’ambiguïté du droit à l’image, D. 1985, chr., p.133.

④ G. Goubeaux, Traité de droit civil. Les personnes, LGDJ 1989, n°285 et n°315.

⑤ Jean Carbonnier, Droit civil, Volume I, Introduction Les personnes la famille, l’enfant, le couple, puf, 2004, p.510; Frédéric Zenati–Castaing Thierry Revet, Manuel de droit des personnes, 1e, édition, puf, 2006, pp.285–286; Philippe Malaurie, les Personnes, 6e édition, DEFRéNOIS, pp.148–155; Hélène Martron, Les droits de la personnalité des personnes morales de droit privé, 2011, LGDJ, pp.138–139; Philippe Malaurie, les Personnes, 6e édition, DEFRéNOIS, p.149; Théo Hassler, Le droit à l’image des personnes: Entre droit de la personnalité et propriété intellectuelle, LexisNexis, 2014, pp.15–34;

⑥ Grégoire LOISEAU, Le nom, objet d’un contrat, Paris, LGDJ., 1997, p.334.

一种非财产权之外，他们也应当将人格权视为一种财产权。[①]由于受到美国公开权理论的影响，在今时今日，除了法国民法学者主张人格权的财产化、商事化理论之外，[②]其他大陆法系国家的民法学者也主张人格权的财产化、商事化，包括比利时、瑞士和意大利的民法学者。[③]

三 规范内容

在我国，基于传统的力量，迄今为止，民法学者仍然普遍认为，权利主体享有的任何人格权在性质上均是一种非财产权，即便其中的某些人格权也具有一定的财产价值，但是，非财产价值仍然是它们的本质特征。这些人格权之所以具有一定的价值，或者是因为财产的内容是人格权引起的附带结果，或者是因为人格权遭受侵犯会引起附带性的财产损害赔偿，这一点同法国主流学说完全一致。[④]

此种理论所存在的一个主要问题是，它忽视了影视明星、体育明星等公众人物的姓名权、肖像权和声音权等所具有的商事价值，因为这些公众人物的姓名、肖像、声音等人格构成要素能够被广告商所利用并因此产生广告费、

---

① Grégoire LOISEAU, Des droit patrimoniaux de la personnalité en droit français, McGill Law Journal, 1997, vol.42, pp.319–353.

② Agnès Lucas-Schloetter, Droit moral et droits de la personnalité: étude de droit comparé français et allemande, Tome I, Presses Universitaires D'Aix-Marseille, Paris, 2002, pp.248–249; Hélène Martron, Les droits de la personnalité des personnes morales de droit privé, 2011, LGDJ, pp.138–140; Jean-Christophe Saint-Pau et, Droits de la Personnalité, LexisNexis, 2013, pp.273–361; Jean-Michel Bruguière Bérengère Gleize, Droits de la Personnalité, ellipses, 2015, pp.75–94.

③ V.Grégoire LOISEAU, Des droit patrimoniaux de la personnalité en droit français, McGill Law Journal, 1997, vol.42, pp.324–325, François Rigaux, La protection de la vie privée et des autres biens de la personnalité, Bruxelles, Bruylant, Paris, L.G.D.J., 1990, pp.389–420; Jean-Michel Bruguière Bérengère Gleize, Droits de la Personnalité, ellipses, 2015, pp.94–100.

④ 江平主编:《民法学》，中国政法大学出版社2007年版，第73—75页；魏振瀛主编:《民法》(第四版)，北京大学出版社2010年版，第627—638页；王利明:《民法总则》，中国人民大学出版社2017年版，第253—254页；梁慧星:《民法总论》(第五版)，法律出版社2017年版，第94—98页；张民安、丘志乔主编:《民法总论》(第五版)，中山大学出版社2017年版，第315—330页。

使用费等经济利益。为了矫正我国传统民法理论所存在的问题，本条借鉴英美法系国家的公开权理论，对人格构成要素的利用问题做出了明确规定。

所谓人格构成要素的利用，是指为了商事或者非商事的目的，权利主体既能够使用自己的人格构成要素，也能够许可、授权别人使用其人格构成要素。因此，基于不同的标准，人格构成要素的利用可以分为不同的类型。

一、人格构成要素使用的不同类型

（一）权利主体自身的使用和别人的使用

根据使用者身份的不同，人格构成要素的使用可以分为权利主体自身的使用和别人的使用。所谓权利主体自身的使用，是指权利主体自己使用自己的人格构成要素。在民法上，权利主体享有各种各样的人格构成要素，他们自己能够利用自己的人格构成要素。例如，自然人利用自己的名誉与雇主签订雇佣合同。再例如，自然人利用自己的姓名作为商号。所谓别人的使用，是指权利主体许可、授权别人使用自己的人格构成要素。作为个人自由的一种体现，权利主体当然能够许可、授权别人使用自己的人格构成要素。例如，社交媒体的用户能够授权社交媒体使用自己的个人信息；再例如，影视明星授权广告商使用自己的姓名做广告。然而，我国《民法典》第993条仅仅对别人的使用做出了规定，没有对权利主体自身的使用做出规定。

（二）无形人格构成要素的使用和有形人格构成要素的使用

根据使用者所使用的人格构成要素性质的不同，人格构成要素的使用分为无形人格构成要素的使用和有形人格构成要素的使用。在对人格权做出分类时，传统民法将人格权分为物质人格权和精神人格权或者道德人格权。其中，物质人格权是指生命权、身体权和健康权，而精神人格权则是指姓名权、肖像权、名誉权、隐私权等。[①]此种区分在历史上具有合理性，在今时今日则无合理性，其中的一个主要原因在于，至少某些权利主体享有的姓名权、肖像权等不再具有单纯的精神价值，已如前述。

---

① 张民安：《无形人格侵权责任研究》，北京大学出版社2012年版，第7—10页；张民安：《法国民法总论》（II），清华大学出版社2020年版，第299—301页。

为了避免名不副实现象的存在，物质人格权和精神人格权的分类应当为有形人格权和无形人格权所取代，它们分别属于有形权和无形权的组成部分。生命权、身体权和健康权之所以被称为有形人格权，是因为它们的权利客体是有形的血肉之躯，是行为人单凭肉眼就能够看得见的。而姓名权、肖像权、名誉权和隐私权等人格权之所以被称为无形人格权，是因为这些权利客体是无形的，行为人单凭肉眼无法看得见。换言之，有形人格权的构成要素是人们肉眼能够看得见的自然人的身体和身体的构成要素，而无形人格权的构成要素则是人们肉眼无法看见的姓名、名称、肖像、名誉、隐私等。[①]

在民法上，权利主体的无形人格构成要素当然能够利用，包括权利主体自身的使用和别人的使用。当权利主体利用自己的姓名、肖像、名誉时，或者当权利主体授权别人使用其姓名、肖像、名誉时，则他们的使用就构成无形人格构成要素的使用。问题在于，权利主体的有形人格是否可以使用，对此问题，民法学者少有说明。实际上，就像自然人的姓名、肖像可以使用一样，自然人的身体或者身体的组成部分也是可以利用的，包括权利主体自身的利用和授权别人利用。例如，自然人利用自己的基因进行检测，或者授权别人使用自己的基因进行检测；再例如，科学家利用自己的身体或者别人的身体做实验。同样，某些妇女利用自己的子宫为别人代孕。《法国民法典》第16条至第16-9条对有形人格的利用问题做出了明确规定，其中包括禁止性的规定。

我国《民法典》第993条对无形人格的利用做出了规定，但是，它并没有明确反对权利主体对其自身的有形人格的利用，或者反对别人对其有形人格的利用，因为该条用了“姓名、名称、肖像等”。

（三）人格构成要素的商事使用和非商事使用

根据使用者使用人格构成要素的目的不同，人格构成要素的使用可以分

① 张民安：《过错侵权责任制度研究》，中国政法大学出版社2002年版，第432—433页；张民安：《无形人格侵权责任制度研究》，北京大学出版社2012年版，第11—13页；张民安、丘志乔主编：《民法总论》（第五版），中山大学出版社2017年版，第308—330页；张民安：《法国民法总论》（II），清华大学出版社2020年版，第38—40页。

为商事使用和非商事使用。所谓人格构成要素的商事使用，是指权利主体基于商事目的使用或者授权别人使用其人格构成要素。所谓人格构成要素的非商事使用，则是指权利主体基于商事目的之外的目的使用或者授权别人使用其人格构成要素。

在民法领域，权利主体的无形人格构成要素既可以基于非商事目的使用，也可以基于商事目的使用，并且某些自然人几乎完全就是基于商事目的使用或者授权别人使用其无形人格构成要素，例如影视明星和体育明星等公众人物。而在民法领域，自然人虽然能够使用或者授权别人使用自己的有形人格构成要素，但是，他们只能够基于非商事目的使用或者授权别人基于非商事目的使用，他们既不能够基于商事目的使用自己的身体或者身体的组成部分，也不能够授权别人为了商事目的使用自己的身体或者身体的组成部分，否则，自然人的身体、身体的组成部分将会财产权化，会让作为权利主体的自然人沦落为作为权利客体的物，让自然人的尊严荡然无存。《法国民法典》第16-5条对此种规则做出了说明，该条规定：赋予人的身体、身体组成部分或者身体产物财产价值的合同无效。

（四）自然人人格构成要素的使用和法人、非法人组织人格构成要素的使用

根据所使用的人格构成要素所属的权利主体不同，人格构成要素的使用可以分为自然人人格构成要素的使用和法人、非法人组织人格构成要素的使用。所谓自然人人格构成要素的使用，是指作为自然人的权利主体使用或者授权别人使用自己的人格构成要素。所谓法人、非法人组织人格构成要素的使用，则是指作为权利主体的法人和非法人组织使用或者授权别人使用自己的某种人格构成要素。

在民法上，就像自然人有各种各样的人格构成要素一样，法人和我国民法当中的非法人组织也有自己的各种各样的人格构成要素，因为法人和非法人组织也像自然人一样享有形形色色的人格权，已如前述，除了它们亲自使用自己的人格构成要素之外，它们也能够授权别人使用自己的人格构成要素。例如，法人能够使用自己的名称签订合同，能够使用自己的场所举办活动；再例如，一家公司允许另外一家公司使用自己的商事名称，等等。

在英美法系国家和大陆法系国家，公开权理论仅仅将人格构成要素的使用权限定在自然人人格构成要素的使用方面，而在我国，《民法典》既承认自然人人格构成要素的使用，也承认法人和非法人组织人格构成要素的使用，因为第993条当中的“名称”就是指法人和非法人组织的人格构成要素。此外，法人也在例外情况下享有肖像权，它们既可以使用自己的肖像，也可以授权别人使用其肖像。例如，体育俱乐部对自己的体育比赛场所享有肖像权，它们既可以使用自己的比赛场所，也有权许可别人使用其比赛场所。①

二、权利主体对别人使用其人格构成要素所做出的许可

本条仅规定了一种类型的人格构成要素的使用情况，这就是，权利主体与别人签订许可合同，授权别人使用自己的人格构成要素。作为一种合同，权利主体与别人签订的许可合同应当具备所有合同、所有法律行为所具备的构成要素，包括权利主体和别人均具有行为能力，权利主体和别人的意思表示均是真实的，不存在欺诈、胁迫或者误解等影响意思表示的瑕疵，许可合同的内容不违反公共秩序或者良好道德。

原则上，权利主体对别人使用其人格构成要素的许可应当是明示的，甚至应当是书面的，不过，在某些情况下，权利主体的许可也可以是默示的。在哪些情况下的许可应当是明示的、书面的，在哪些情况下许可可以是默示的，我国《民法典》第993条没有做出说明。对此问题，应当区分两种不同的情况予以确定：

其一，如果自然人与别人签订许可合同，许可别人使用自己的有形人格构成要素，则他们对别人的许可不仅应当是明示的，还应当是书面的，别人应当就自己使用权利主体的有形人格构成要素的目的、所存在的风险等做出说明，以便让权利主体在获得通知的情况下权衡利弊，做出是否许可别人使用其有形人格构成要素的决定。

其二，如果自然人仅仅许可别人使用其无形人格构成要素，则他们对别

---

① 张民安：《法人的人格权研究（下）——法人人格权的类型、性质及侵害后果》，载《学术论坛》2020年第2期；张民安、林泰松：《人格权在民法典当中的独立地位——人格权为何应当在我国民法典当中独立设编》，中山大学出版社2019年版，第227—233页。

人的许可原则上是明示的甚至是书面的，在例外情况下则可以是默示的。通常情况下，如果影视明星、体育明星等公众人物授权广告商使用其无形人格构成要素，则他们往往会与广告商签订书面合同，对广告商使用自己无形人格构成要素的期限、范围、方式和支付的使用费、广告费等内容做出规定。在合同期限届满之后，如果广告商继续使用影视明星、体育明星的无形人格构成要素，在影视明星、体育明星不反对的情况下，影视明星、体育明星的许可即为默示许可。

根据本条的规定，在两种情况下，权利主体不得许可别人使用自己的人格构成要素：其一，如果制定法明确规定，权利主体不能够许可别人使用其某种人格构成要素，则他们不能够许可别人使用，否则，他们的许可行为无效。其二，如果权利主体的某种人格构成要素依据其性质不适宜于许可别人使用，则权利主体不得许可别人使用，否则，他们的许可行为同样无效。究竟权利主体的哪些人格构成要素在性质上不适宜许可别人使用，立法者并没有做出明确规定，应当由法官在具体案件当中确定。

第九百九十四条【死者人格利益保护】

死者的姓名、肖像、名誉、荣誉、隐私、遗体等受到侵害的，其配偶、子女、父母有权依法请求行为人承担民事责任；死者没有配偶、子女且父母已经死亡的，其他近亲属有权依法请求行为人承担民事责任。

规范目的或功能

本条对死者的人格利益受侵犯之后能够对行为人主张侵权责任承担的权利主体问题做出了规定。根据该条的规定，在自然人死亡之后，如果行为人侵犯死者的人格利益或者尸体，死者的某些近亲属有权向法院起诉，要求法官责令行为人就其侵犯死者人格利益或者尸体的行为对自己承担侵权责任。

在民法上，自然人生前当然享有各种各样的人格权，包括生命权、身体权、姓名权、肖像权、名誉权、荣誉权和隐私权等。他们生前享有的这些人格权当然应当受到任何行为人的尊重，在这些人格权遭受侵犯时，他们本人有权向法院起诉，要求法官责令行为人对自己承担侵权责任，如果他们因为年龄或者智识问题而成为无行为能力人，则他们的法定代理人有权代表他们向法院起诉，要求法官责令行为人承担侵权责任。

问题在于，在自然人死亡时，他们生前享有的这些人格权是否会因此而消灭？对此问题，19世纪末期之前的民法和当今民法做出的回答既存在共同点也存在差异。它们做出的共同回答是，一旦自然人死亡，他们生前享有的有形人格权即消灭，不会在死亡之后仍然存在。因此，无论是在19世纪末期之前还是在今日，生命权以自然人在世作为前提条件，一旦自然人死亡，他们的生命权也消灭。它们做出的不同回答是，在19世纪末期之前，民法认为，自然人享有的姓名权、肖像权、名誉权、隐私权等也以自然人在世作为前提，一旦他们死亡，则他们的人格权也消灭。换言之，无论是有形人格权还是无形人格权均因为自然人的死亡而消灭。①

从19世纪末期开始，法国民法开始明确区分无形人格权和有形人格权，认为在自然人死亡之后，他们生前享有的生命权、身体权和健康权当然消灭。但是，在自然人死亡之后，他们的姓名、肖像、名誉和隐私仍然受到侵权责任法的保护，如果行为人侵犯死者的姓名、肖像、名誉和隐私，他们仍然应当对死者的继承人承担侵权责任。②直至今日，法国民法和受法国民法影响的其他国家（以下简称法式民法典的国家）仍然采取此种态度，认为死者的姓名、肖像、名誉和隐私仍然具有不可侵犯性，如果行为人侵犯死者的这些人格利益，则他们应当对死者的继承人承担侵权责任。③而在今时今日，英美法系国家的侵权责任法则采取完全相反的态度。它们认为，就像自然人死亡之后其生命权消灭一样，自然人死亡之后其名誉权也消灭，行为人无需就其侵

---

① 张民安：《无形人格侵权责任研究》，北京大学出版社2012年版，第155—156页；Générosa Bras Miranda, La protection posthume des droits de la personnalité, Les Cahiers de propriété intellectuelle, Vol. 19, nº 3, pp.797–821.

② 张民安：《无形人格侵权责任研究》，北京大学出版社2012年版，第155—156页；Générosa Bras Miranda, La protection posthume des droits de la personnalité, Les Cahiers de propriété intellectuelle, Vol. 19, nº 3, pp.797–821.

③ Générosa Bras Miranda, La protection posthume des droits de la personnalité, Les Cahiers de propriété intellectuelle, Vol. 19, nº 3, pp.797–821.

犯死者名誉的行为对死者的继承人承担侵权责任。[①]

在法式民法典的国家，立法者对死者人格利益的法律保护做出了明确规定。例如，《法国民法典》第16-1-1条规定：对自然人身体的尊重并不因为其死亡而终止；死者的遗体，包括死者被火化之后的骨灰，应当以受尊重、有尊严和体面的方式处理。在我国，在《民法典》第994条对死者的人格利益做出明确规定之前，立法者并没有对死者的人格权问题做出任何规定，因此，在行为人侵犯死者的人格利益时，是否责令行为人对死者承担侵权责任，往往由民法学者和法官做出说明，并且他们做出的说明几乎是一致的，认为死者的人格特征应当受到侵权责任法的保护。《民法典》第994条第一次将民法学者和法官的肯定意见上升为制定法的高度，对于维护死者的尊严和防止行为人实施侵犯死者人格利益的行为具有重要的意义。

规范内容

根据本条的规定，如果自然人死亡之后行为人侵犯死者的姓名、肖像、名誉、荣誉、隐私、遗体，能够对行为人提起侵权诉讼的权利主体是与死者关系最密切的三种人：死者的配偶，死者的子女，以及死者的父母。在死者的配偶、子女和父母均存在时，任何一方均有权主张该条所规定的侵权诉讼请求权，即便在该方主张该种请求权时，其他两方明确表示反对，亦是如此，一旦这三方当中的某一方主张该种请求权，其他两方不得再主张此种请求权，否则，就会导致行为人所承担的侵权责任范围过重，影响行为人对自己所享有的诸如言论自由权、评论自由权的有效行使。

如果自然人死亡之后存在配偶、子女或者父母当中的任何一方，在行为人侵犯死者的姓名、肖像、名誉、荣誉、隐私、遗体时，无论这三方当中的任何一方是否行使本条所规定的侵权请求权，死者的其他近亲属均不得行使该条所规定的侵权请求权，只有在这三方均死亡时，死者的其他近亲属才能够主张本条所规定的侵权请求权。对于其他的近亲属应当作狭义的理解，要么是指死者的兄弟姐妹，要么是指死者的祖父母、外祖父母。

---

① 张民安：《无形人格侵权责任研究》，北京大学出版社2012年版，第156—157页。

问题在于，当行为人侵犯死者的人格利益时，如果包括死者的配偶、子女和父母在内的近亲属能够向法院起诉，要求法官责令行为人承担侵权责任，他们在主张侵权请求权时是以自己的名义主张还是以死者的名义主张？对此问题，本条没有做出规定。理论上有两种可能性：

其一，死者的近亲属以死者的名义起诉。此种理论认为，死者仍然享有人格权，他们生前享有的人格权并不会因为其死亡而消灭，因为就像自然人的法人格能够追溯到自然人出生之前的胎儿时期一样，自然人的法人格也能够延长到他们死亡之后的时期，这就是死者仍然享有人格权（La survie des droits de la personnalité）的理论，该种理论以死者仍然是人、仍然享有法人格作为基础。[①]此种理论所面临的问题是，它与民法上的代理理论相冲突，因为，代理理论认为，仅仅在被代理人是活着的人时，别人才能作为他们的代理人，换言之，代理人只能是生者的代理人，不能是死者的代理人。

其二，死者的近亲属以自己的名义起诉。此种理论认为，一旦自然人死亡，他们生前享有的财产权和非财产权均能够作为遗产转移给自己继承人继承，这就是道德权利的可继承性、可转移性理论。因此，作为一种非财产权，自然人生前享有的人格权也具有可继承性、可转移性，一旦他们死亡，他们生前的人格权就会作为遗产转移给自己的继承人继承，在行为人侵犯死者的人格特征时，死者的继承人当然有权以自己的名义向法院起诉，要求行为人对自己承担侵权责任。[②]

笔者认为，作为一种公共政策的要求，虽然上述两种不同理论均能够满足死者近亲属希望保护死者人格特征或者尸体免受侵犯的要求，但是，相对于第一种理论，第二种理论更具有合理性。因为，如果采取上述第一种理论，则人们应当改变传统民法当中的两种理论，除了改变死者不是人、不是权利主体、不享有法人格的理论之外，人们还要改变死者不能够作为被代理人的理论。而采取上述第二种理论，人们仅需改变传统民法当中的一种理论，这

---

① Générosa Bras Miranda, La protection posthume des droits de la personnalité, Les Cahiers de propriété intellectuelle, Vol. 19, nº 3, pp.799–806.

② Générosa Bras Miranda, La protection posthume des droits de la personnalité, Les Cahiers de propriété intellectuelle, Vol. 19, nº 3, pp.799–806.

就是，仅财产权能够作为遗产继承的理论。

其他问题

应当注意的是，即便本条对死者的人格特征提供保护，它对死者人格特征的保护也不应当是绝对的，而应当是相对的，因为，如果不惜一切代价对死者的人格特征进行保护，则历史学家、小说作家或者戏剧作家创造历史著作、小说或者戏剧的积极性将会被窒息，社会公众对死者尤其是作为公众人物的死者所经历的历史事件、所经历的个人生活将无从知晓，这除了危及这些以创作为生的人的创作利益之外，也会危及社会公众的阅读利益、知情利益。因此，在认定他们的创作行为是否侵犯死者的人格利益时，法官应当在死者的人格特征保护和作家创造积极性的保护方面进行平衡，要考虑各种各样的具体因素，诸如作家创造作品的目的和动机，作家著作的性质，死者与作家之间的关系，著作对死者私人生活披露的范围、程度。[①]

第九百九十五条【人格权请求权】

人格权受到侵害的，受害人有权依照本法和其他法律的规定请求行为人承担民事责任。受害人的停止侵害、排除妨碍、消除危险、消除影响、恢复名誉、赔礼道歉请求权，不适用诉讼时效的规定。

规范目的或功能

本条对人格权遭受侵犯时受害人享有的侵权请求权和不适用诉讼时效的侵权请求权做出了规定。根据该条的规定，在他人的人格权遭受侵犯时，他人有权要求行为人对其承担民事责任，他人提出此种侵权请求权的根据或者是《民法典》或者是《民法典》之外的其他法律。虽然他人主张的侵权请求权一般应当受到诉讼时效的限制，但是，他人提出的某些侵权请求权则不适用诉讼时效的限制。

---

① 张民安：《法国人格权法》（上），清华大学出版社2016年版，第416—419页。

规范内容

一、人格权遭受侵犯时所产生的侵权请求权

所谓侵权请求权，是指在他人享有的某种主观权利、民事权利遭受侵犯时，他人所享有的要求行为人就其实施的侵犯行为对自己承担侵权责任的权利。在民法领域，侵权请求权的类型多种多样，因为，侵权请求权的类型取决于他人享有的主观权利、民事权利的类型，有多少类型的主观权利、民事权利，就有多少类型的侵权请求权，因为侵权责任法对他人享有的所有类型的主观权利、民事权利均提供保护。

因此，当行为人侵犯他人享有的所有权时，他人有权向法院起诉，要求法官责令行为人对自己承担侵权责任，这就是所有权被侵犯时产生的侵权请求权。[①]当行为人侵犯他人享有的配偶权时，他人有权向法院起诉，要求法官责令行为人对其承担侵权责任，这就是因为配偶权被侵犯时产生的侵权请求权。[②]当行为人故意引诱合同的债务人违反对合同债权人承担的合同义务时，他们应当对合同债权人承担侵权责任。[③]

除了其他主观权利受到侵权责任法的保护之外，他人享有的人格权也受到侵权责任法的保护，在行为人侵犯他人享有的人格权时，他人也能够向法院起诉，要求法官责令行为人对自己承担侵权责任，这就是因为人格权遭受侵犯所产生的侵权请求权。他人享有多少类型的人格权，就能够产生多少类型的侵权请求权。因此，在他人的身体权遭受侵犯时，他人享有要求行为人对其承担侵权责任的请求权；[④]在他人的名誉权遭受侵犯时，他人享有要求行

---

① 张民安、杨彪：《侵权责任法》，高等教育出版社2011年版，第309—319页。

② 卓冬青、郭丽红、白云主编：《婚姻家庭法》（第四版），中山大学出版社2012年版，第283—285页。

③ 张民安：《第三人契约性侵权责任研究》，载《中山大学学报》1997年第4期；张民安：《过错侵权责任制度研究》，中国政法大学出版社2002年版，第569—611页：张民安：《现代法国侵权责任制度研究》（第二版），法律出版社2007年版，第68—81页。

④ 张民安：《过错侵权责任制度研究》，中国政法大学出版社2002年版，第427—520页。

为人对其承担侵权责任的请求权；[①]在他人的私人信息被泄露时，他人享有要求行为人对其承担侵权责任的请求权；[②]等等。

二、人格权遭受侵犯时侵权请求权性质的具体确定

在民法领域，在他人享有的某种人格权遭受侵犯时，他人所享有的侵权请求权在性质上属于一种诉权。所谓诉权，是指权利主体所享有的向法院起诉、要求法官确认或者保护自己享有的某种主观权利、民事权利的一种法律手段。[③]诉权与主观权利、民事权利之间的关系密切，这表现在，如果没有主观权利、民事权利则没有诉权，主观权利、民事权利是诉权的前提和基础，而诉权则是主观权利引起的一种后果；主观权利、民事权利是诉权保护的对象、目的，而诉权则是主观权利获得承认或者保护的一种法律手段。[④]

除了适用于权利主体享有的其他主观权利、民事权利之外，此种理论当然也适用于人格权，这就是，侵权请求权的基础是他人享有的某种人格权，如果他人不享有人格权，则他人无法主张侵权请求权，仅仅在他人享有某种人格权时，他人才能够享有与该种人格权相对应的侵权请求权。换言之，人格权先于他人享有的侵权请求权。不过，此种理论也不能够绝对化，因为，即便他人并不享有某种人格权，如果他人向法院起诉，要求法官保护他人没有获得法律保护的某种人格利益，经过他人或者其他人的不断努力，他人的请求也许就会获得法官的承认并因此逐渐产生一种新的人格权，这就是一般

---

① 张民安：《无形人格侵权责任制度研究》，北京大学出版社2012年版，第139—422页。

② 张民安：《无形人格侵权责任制度研究》，北京大学出版社2012年版，第425—502页。

③ Jean Carbonnier, Droit civil, Volume I, Introduction Les personnes la famille, l'enfant, le couple, puf, 2004, p.360.

④ Henri Capitant, Introduction à l'étude du droit civil, Pedone, Paris, A. Pedone, éditeur, 1929, pp.119–120; Jean Brethe de La Gressaye Marcel Laborde–Lacoste, Introduction générale à l'étude du droit, Librairie du Recueil Sirey, 1947, pp.414–415; Ambroise Colin Henri Capitant Léon Julliot de La Morandière, Traité de droit civil, Tome I, Introduction générale, personnes et famille, biens, Paris, Dalloz, 1953, pp.67–68; Henri et Leon Mazeaud Jean Mazeaud Francois Chabas, Lecons de DROIT CIVIL, Tome Premier, Introuduction à l'étude du droit, 12e édition, MONTCHRESTIEN, 2000, p.469; Jean Carbonnier, Droit civil, Volume I, Introduction Les personnes la famille, l'enfant, le couple, puf, 2004, pp.359–361；张民安：《法国民法总论》（II），清华大学出版社2020年版，第62—64页。

过错侵权责任能够被视为人格权产生的冶炼厂、锻造场的原因，已如前述。

虽然诉权仅仅被视为一种法律保护手段，但是，诉权也是一种权利，所不同的是，诉权是诉讼法上的权利，而不是像人格权一样的民法上的权利。在他人的人格权遭受侵犯时，他人享有的作为侵权请求权的诉权究竟是一种财产权还是一种非财产权？根据诉权与受诉权保护的人格权相对应的理论，诉权的性质取决于被侵犯的人格权的性质：如果他人享有的人格权在性质上仅仅是一种财产权，则他人针对此种人格权所主张的侵权请求权在性质上也属于财产权；如果他人享有的人格权在性质上仅仅是一种非财产权，则他人针对此种人格权主张的侵权请求权在性质上也是一种非财产权；如果他人享有的人格权属于财产权和非财产权结合在一起所形成的复合权，则他人针对此种人格权所主张的侵权请求权在性质上也属于复合权。[①]

三、人格权遭受侵犯时侵权请求权产生的两类制定法渊源

根据本条的规定，在他人的人格权遭受侵犯时，他人能够依照“本法”即《民法典》的规定主张侵权请求权，也能够依照《民法典》之外的“其他法律的规定”主张侵权请求权。

（一）依《民法典》产生的侵权请求权

所谓依照《民法典》的规定，主要是指依照《民法典》第七编即侵权责任编的规定主张侵权请求权，因为除了对行为人侵犯他人的其他主观权利、民事权利所产生的侵权责任做出了规定之外，该编也对行为人侵犯他人的人格权产生的侵权责任做出了规定。不过，除了第七编之外，他人还能够依据《民法典》其他编的某些规定主张侵权请求权，因为其他编当中的这些法律条款也对行为人侵犯他人人格权时所承担的侵权责任做出了规定。例如，《民法典》第四编即人格权编第994条就对死者的近亲属享有的侵权请求权做出了规定，在行为人侵犯死者的人格特征时，其近亲属就能够主张该条所规定的侵权请求权，已如前述。

---

① 张民安、林泰松：《人格权在民法典当中的独立地位——人格权为何应当在我国民法典当中独立设编》，中山大学出版社2019年版，第219—221页；张民安：《法人的人格权研究（下）——法人人格权的类型、性质及侵害后果》，载《学术论坛》2020年第2期。

（二）依其他法律规定产生的侵权请求权

所谓依照“其他法律的规定”主张侵权请求权，是指他人根据《民法典》之外的制定法主张侵权请求权。在我国，除了在《民法典》当中对行为人侵犯他人人格权时所承担的侵权责任做出了规定之外，立法者也在他们制定的其他法律当中对行为人侵犯他人的人格权时所承担的侵权责任做出了规定，当行为人违反这些制定法的规定侵犯他人享有的人格权时，他人有权依照这些制定法的规定主张侵权请求权。例如，在行为人违反《刑法》的规定实施侵犯他人人格权的行为时，他人有权依照《刑法》的规定主张侵权请求权。[①] 再例如，在行为人违反《道路交通安全法》的规定实施侵犯他人人格权的行为时，他人有权依照《道路交通安全法》的规定主张侵权请求权。[②]

（三）能够产生侵权请求权的《刑法》和《道路交通安全法》属于混合法

在我国，行为人违反《刑法》和《道路交通安全法》的规定实施侵犯他人人格权的行为为何能够产生侵权请求权？对此问题，我国民法学者认为，虽然这些法律属于公法，但是，它们仍然能够产生私法上的侵权请求权，因为他们认为，公法也是民法的渊源。[③] 此种解读显然存在问题，它混淆了私法

---

① 《刑法》第36条：“由于犯罪行为而使被害人遭受经济损失的，对犯罪分子除依法给予刑事处罚外，并应根据情况判处赔偿经济损失。承担民事赔偿责任的犯罪分子，同时被判处罚金，其财产不足以全部支付的，或者被判处没收财产的，应当先承担对被害人的民事赔偿责任。”

② 《道路交通安全法》第76条：“机动车发生交通事故造成人身伤亡、财产损失的，由保险公司在机动车第三者责任强制保险责任限额范围内予以赔偿；不足的部分，按照下列规定承担赔偿责任：（一）机动车之间发生交通事故的，由有过错的一方承担赔偿责任；双方都有过错的，按照各自过错的比例分担责任。（二）机动车与非机动车驾驶人、行人之间发生交通事故，非机动车驾驶人、行人没有过错的，由机动车一方承担赔偿责任；有证据证明非机动车驾驶人、行人有过错的，根据过错程度适当减轻机动车一方的赔偿责任；机动车一方没有过错的，承担不超过百分之十的赔偿责任。交通事故的损失是由非机动车驾驶人、行人故意碰撞机动车造成的，机动车一方不承担赔偿责任。”

③ 江平主编：《民法学》，中国政法大学出版社2007年版，第8—14页；魏振瀛主编：《民法》（第四版），北京大学出版社2010年版，第14—16页；梁慧星：《民法总论》（第五版），法律出版社2017年版，第26—31页；王利明：《民法总则》，中国人民大学出版社2017年版，第37—42页。

和公法之间的关系，与我国民法学者反复强调的私法独立于公法的观念相冲突。[①]我国民法学者之所以出现了此种相互矛盾的问题，是因为在引入法律渊源理论时，我国民法学者犯下了致命错误：在大陆法系国家，民法学者所讨论的渊源是法律渊源，也就是适用于包括民法和其他所有法律部门的渊源，而我国民法学者则将他们的看法理解为民法渊源。[②]

在民法上，侵权请求权只能够基于私法而产生，公法是不能够产生私法上的侵权请求权的，因为私法的目的在于维护私人利益，而公法的目的则在于维护公共利益，这就是私法独立于公法的根据。而我国《刑法》和《道路交通安全法》之所以能够产生侵权请求权，是因为它们并不是单纯的公法，而是同时具有私法因素和公法因素的混合法，他人的侵权请求权依据其中的私法因素而产生。

从19世纪末期开始一直到今日，立法者制定的某些法律既规定私法的内容也规定公法的内容，因此，将它们归于传统民法当中的私法或者公法均是不合适的，为了准确地说明这些制定法的性质，民法学者从20世纪初期开始一直到今时今日均将它们称为混合法。因为这样的原因，在当今民法学界，法律部门不再是传统的私法和公法的两分法，而是单纯的私法、单纯的公法和混合法的混合法理论。[③]

---

① 江平主编：《民法学》，中国政法大学出版社2007年版，第3—5页；魏振瀛主编：《民法》（第四版），北京大学出版社2010年版，第10—11页；梁慧星：《民法总论》（第五版），法律出版社2017年版，第26—31页；王利明：《民法总则》，中国人民大学出版社2017年版，第37—42页。

② 张民安：《〈民法总则〉第10条的成功与不足——我国民法渊源五分法理论的确立》，载《法治研究》2017年第3期；张民安、丘志乔主编：《民法总论》（第五版），中山大学出版社2017年版，第23—47页。

③ Henri Roland Laurent Boyer, Introuduction au droit, Litec, 2002, pp.104-105; Jean-Luc AUBERT Eric SAVAUX, Introuduction au droit, 14e édition, Dalloz, 2012, pp.40-46; Philippe Malaurie Patrick Morvan, Introuduction au droit, 4e édition, 2012, DEFRéNOIS, pp.61-62; Christian Larroum Augustin Aynès, Introuduction à l'étude du droit, 6e edition, Economica, 2013, pp.55-56；张民安：《法国民法》，清华大学出版社2015年版，第13—16页；张民安、丘志乔主编：《民法总论》（第五版），中山大学出版社2017年版，第60—65页。

四、人格权遭受侵犯时侵权请求权与诉讼时效的关系

在行为人侵犯他人享有的人格权时，他人当然有权向法院起诉，要求法官责令行为人自己承担侵权责任。在主张侵权请求权时，他人原则上应当受到诉讼时效的限制，如果他们超出诉讼时效的限制期限而主张其请求权，则行为人有权以他人的请求权超过时效期间为由予以抗辩，在例外情况下，他人的请求权不受诉讼时效期间的限制。

他人的哪些请求权受时效限制，哪些请求权不受时效限制？根据《民法典》第188条第1款和本条的规定，他人的请求权是否受时效期间的限制，其判断标准是他人侵权请求权的内容：

一方面，如果他人的侵权请求权仅仅是要求法官责令行为人赔偿自己遭受的金钱损害，包括赔偿自己遭受的精神损害和财产损害，他人的请求权应当受到《民法典》第188条第1款所规定的3年时效期间的限制，一旦在所规定的3年期间内没有主张侵权请求权，则他们与行为人之间的债就嬗变为一种自然债，也就是《法国民法典》新的第1100（2）条所规定的良心债，除非他人具有诉讼时效中止或者中断的某种法定事由。[①]

另一方面，如果他人的侵权请求权并不是要求法官责令行为人赔偿自己所遭受的金钱损害，而是要求法官责令行为人以金钱赔偿之外的方式承担侵权责任，则他们的请求权不受《民法典》第188第1款所规定的3年时效期间的限制。因此，在行为人侵犯他人享有的人格权时，如果他人主张停止侵害请求权、排除妨碍请求权、消除危险请求权、消除影响请求权、恢复名誉请求权以及赔礼道歉请求权，则这些侵权请求权不受3年时效期间的限制，这就是《民法典》第995条的规定。

其他问题

本条第2句的规定也存在一定的问题，主要表现在两个方面：其一，它的规定与《民法典》第一编即总则编当中的第196条重复，因为第196条对不适

---

① 张民安、铁木尔高力套：《债权法》（第五版），中山大学出版社2017年版，第63—66页。

用诉讼时效的请求权类型做出了规定。实际上，本条第2句的规定完全可以并入第196条的规定当中。其二，它的某些规定没有必要。例如，该条的消除影响请求权或者恢复名誉请求权不适用诉讼时效的规定就没有必要。因为，如果行为人在3年之前对他人实施名誉毁损行为，他人在3年的时效期间内不对行为人主张这些侵权请求权，则意味着行为人对他人名誉造成的不利影响已经消除；如果他人在3年之后仍然主张这些请求权，除了让自己的名誉再一次遭受损害之外，他人的这些请求权没有任何实际意义。

第九百九十六条【精神损害赔偿请求权聚合】

因当事人一方的违约行为，损害对方人格权并造成严重精神损害，受损害方选择请求其承担违约责任的，不影响受损害方请求精神损害赔偿。

规范目的或功能

本条对违约责任当中的精神损害赔偿问题做出了规定。根据本条的规定，如果合同债务人不履行自己对合同债权人所承担的合同义务，在他们不履行合同义务的行为侵犯了合同债权人享有的某种人格权并因此让合同债权人遭受严重的精神损害时，即便合同债权人仅仅向法院起诉要求法官责令合同债务人就其违约行为对自己承担违约责任，他们也有权要求合同债务人赔偿自己所遭受的精神损害。换言之，除了有权通过违约责任请求权要求合同债务人赔偿自己遭受的财产损害之外，合同债权人也有权通过违约责任请求权要求合同债务人赔偿自己遭受的精神损害。

一、违约责任与侵权责任之间的传统区分

传统民法严格区分违约责任和侵权责任，认为它们是两种独立的、水火不容的民事责任，合同当事人的违约行为不能够被视为侵权行为，即便合同当事人的违约行为侵犯了他人享有的某种权利，合同债权人也只能够要求合同债务人承担违约责任，不能够要求合同债务人承担侵权责任，这就是传统民法所采取的违约责任和侵权责任的不竞合理论。传统民法之所以采取不竞

合的理论，其目的在于防止侵权责任拓展到违约责任领域并因此让违约责任的独立性消失或者动摇。①

传统民法认为，违约责任和侵权责任的主要差异是：其一，目的不同。违约责任的目的在于保护合同当事人的期待利益而不保护合同当事人的现状利益；而侵权责任则不同，它仅仅保护他人的现状利益，不保护他人的期待利益。所谓期待利益（expectation interest），是指合同债务人履行合同义务时合同债权人能够获得的利益。所谓现状利益（pre-existing interest），则是指行为人实施侵犯行为减少他人既存的、已经存在的利益。②其二，义务不同。违约责任之所以产生，是因为合同债务人违反了他们与合同债权人之间的合同约定的义务；而侵权责任之所以产生，是因为行为人在行为时违反了所承担的某种法定义务。③其三，赔偿范围不同。原则上，违约责任仅仅产生财产损害的赔偿，不会产生非财产损害的赔偿；而侵权责任既可能产生财产损害的赔偿，也可能产生非财产损害的赔偿。④

二、违约责任和侵权责任之间的趋同化

现在，传统民法的这些差异几乎消失殆尽，并因此让违约责任和侵权责任之间的差异不复存在。其一，违约责任和侵权责任保护的利益范围趋同。在今时今日，违约责任除了保护期待利益之外也保护现状利益，而侵权责任除了保护现状利益之外也保护期待利益。⑤其二，约定义务和法定义务趋同。在今时今日，合同当事人所规定的合同义务与侵权责任法当中行为人承担的义务几乎一致，其中最典型的体现是，无论是合同债务人还是侵权责任法当中的行为人均应当承担安全保障义务，即便合同当事人没有约定，法官也会

① 张民安：《过错侵权责任制度研究》，中国政法大学出版社2002年版，第197—214页；张民安：《现代法国侵权责任制度研究》（第二版），法律出版社2007年版，第28—32页；张民安、铁木尔高力套：《债权法》（第五版），中山大学出版社2017年版，第349—351页。

② 张民安：《过错侵权责任制度研究》，中国政法大学出版社2002年版，第193—184页。

③ 张民安：《过错侵权责任制度研究》，中国政法大学出版社2002年版，第162—173页；张民安、铁木尔高力套：《债权法》（第五版），中山大学出版社2017年版，第345页。

④ 张民安：《过错侵权责任制度研究》，中国政法大学出版社2002年版，第207—212页。

⑤ 张民安：《过错侵权责任制度研究》，中国政法大学出版社2002年版，第193—184页。

认定他们承担此种义务，这就是暗含的安全保障义务。[①]其三，赔偿范围的逐渐趋同。在今时今日，除了侵权责任涉及非财产损害的赔偿之外，在大量的例外情形当中，违约责任当中也包含了非财产损害的赔偿。[②]

因为这些方面的原因，传统民法当中的违约责任和侵权责任的不竞合理论已经不复存在，至少已经被严重削弱。[③]在我国，立法者完全支持违约责任和侵权责任的竞合理论。我国《民法典》第186条对此种竞合做出了说明，该条规定：因当事人一方的违约行为，损害对方人身权益、财产权益的，受损害方有权选择请求其承担违约责任或者侵权责任。根据该条的规定，在合同债务人违约时，如果合同债权人同时符合违约责任的构成要件和侵权责任的构成要件，基于自己的选择，他们既可以向法院起诉，要求法官责令合同债务人对其自己承担违约责任，也有权向法院起诉，要求法官责令合同债务人对自己承担侵权责任。

规范内容

在我国，《民法典》第186条仅对合同债权人享有违约请求权和侵权请求权的选择权做出了规定，没有对合同债权人如果选择了违约请求权之后还是否能够主张精神损害赔偿请求权的问题做出规定，本条对此做出了回答，认为即便合同债权人选择了违约请求权，他们仍然能够主张精神损害赔偿请求权。不过，本条的规定并不十分明确、肯定和清楚，因为，这一条款至少可以作两种不同的理解：

其一，在合同债务人的违约行为侵犯合同债权人享有的人格权时，如果合同债权人仅仅向法院起诉，要求法官责令合同债务人对自己承担违约责任，

---

① 张民安：《过错侵权责任制度研究》，中国政法大学出版社2002年版，第162—173页；张民安：《现代法国侵权责任制度研究》（第二版），法律出版社2007年版，第32—35页；张民安、铁木尔高力套：《债权法》（第五版），中山大学出版社2017年版，第347—349页。

② 张民安：《过错侵权责任制度研究》，中国政法大学出版社2002年版，第207—212页。

③ 张民安：《过错侵权责任制度研究》，中国政法大学出版社2002年版，第197—214页；张民安：《现代法国侵权责任制度研究》（第二版），法律出版社2007年版，第28—32页；张民安、铁木尔高力套：《债权法》（第五版），中山大学出版社2017年版，第349—351页。

在法官责令债务人对其遭受的财产损害承担赔偿责任的情况下，合同债权人仍然有权向法院起诉，要求法官责令合同债务人对自己遭受的精神损害承担赔偿责任。此时，合同债权人或者在主张违约请求权的同时提出精神损害赔偿请求权，或者在主张违约请求权之后，另外向法院主张侵权请求权，专门要求法官责令合同债务人对自己遭受的精神损害承担赔偿责任。如果是前一种情况，法官应当进行诉的合并，而如果是后一种情况，法官应当进行两次开庭审判。

其二，在合同债务人的违约行为侵犯合同债权人享有的人格权时，如果合同债权人仅仅向法院起诉，要求法官责令合同债务人对自己承担违约责任，在责令合同债务人对合同债权人承担违约责任时，除了要求法官责令合同债务人赔偿自己遭受的财产损害之外，他们还有权要求法官责令合同债务人赔偿自己遭受的精神损害。

在上述两种不同的含义当中，第一种含义应当最符合立法者的意图，因为在《民法典》第三编即合同编第一分编第八章即违约责任当中，我国立法者仅仅将违约责任的损害赔偿限定在“赔偿损失”方面。例如，《民法典》第577条就采取此种态度，该条规定：当事人一方不履行合同义务或者履行合同义务不符合约定的，应当承担继续履行、采取补救措施或者赔偿损失等违约责任。

然而，此种理解所存在的问题有二：其一，它让合同债权人因为合同债务人的同一违法行为而分别两次向法院起诉或者同时提出两种不同的请求权，除了给合同债权人和合同债务人造成极度的麻烦、不方便之外，此种做法也让原本极度紧张的司法资源更加紧张。其二，它让《民法典》第186条所规定的两种请求权的选择变得毫无意义，因为，即便合同债权人选择了违约请求权，在违约请求权不包括精神损害赔偿的情况下，合同债权人仍然能够主张精神损害赔偿请求权。

因为这样的原因，本条应当作第二种含义的理解，这样理解的好处是：其一，除了让合同债权人就合同债务人的同一违法行为提起一次诉讼之外，此种做法也能够节约司法资源。换言之，除了方便合同债权人和合同债务人进行诉讼之外，此种做法也方便法官对当事人之间的同一纠纷进行处理。其二，让《民法典》第186条的规定具有正式的法律意义，因为，即便允许当事人做出选择，他们也应当受到自身选择的约束。

在民法上，合同债务人实施的哪些义务不履行行为会侵犯合同债权人享有的人格权并因此引起精神损害的发生？对此问题，《民法典》第996条没有做出规定。事实上，立法者没有必要也没有可能对此种问题做出规定，因为在今时今日，大多数合同均涉及合同债权人的人格权问题。

例如，当事人之间的房屋买卖合同涉及合同债权人的人格权问题：如果出卖人出卖的房屋存在质量瑕疵并因此坍塌引起买受人人身伤亡，则出卖人实施的违约行为侵犯了买受人享有的生命权、身体权或者健康权。再如，当事人之间的医疗合同也涉及合同债权人即病患者的人格权问题：如果医师在诊疗病患者时没有尽到合理的注意义务，并因此让病患者没有问题的器官被切除，则医师的违约行为侵犯了病患者享有的身体权。

在今时今日，合同当事人之间的合同之所以广泛涉及合同债权人的人格权，是因为“安全保障义务”被视为合同债务人所承担的基本合同义务、主要合同义务，而不再是传统民法当中的所谓“附随义务”：无论合同当事人之间的合同是否明确约定合同债务人要对合同债权人的人身安全承担义务，合同债务人几乎在所有的合同当中均应当承担此种合同义务，因为法官会基于公平正义、诚实信用、习惯等理念而将此种义务强加给合同债务人，已如前述。

第九百九十七条【人格权侵害禁令】

民事主体有证据证明行为人正在实施或者即将实施侵害其人格权的违法行为，不及时制止将使其合法权益受到难以弥补的损害的，有权依法向人民法院申请采取责令行为人停止有关行为的措施。

规范目的或功能

本条对他人在人格权领域享有的停止侵害请求权做出了规定。根据本条的规定，如果行为人正在实施侵犯他人人格权的某种行为，或者行为人即将实施侵犯他人人格权的某种行为，在行为人实施的这些行为构成违法行为的情况下，他人有权向法院提出申请，要求法官及时采取措施，或者责令行为人停止其正在实施的侵犯行为，或者责令行为人放弃其即将实施的侵犯行为，如果行为人实施的这些行为将会让他人遭受难以弥补的损害的话。

传统民法认为，在行为人侵犯他人享有的某种人格权时，如果他人向法院起诉，要求法官责令行为人对自己承担侵权责任，他人应当证明自己因为行为人实施的侵权行为而遭受了某种可予赔偿的损害，包括可予赔偿的财产损害或者非财产损害，虽然在例外情况下，法律会推定他人因为行为人实施的侵权行为而遭受了某种可予赔偿的损害，如果他人没有因为行为人实施的侵权行为而遭受某种损害，则他人不能够主张侵权请求权。①

传统民法之所以采取此种理论，一方面是因为，传统民法对侵权请求权采取最狭义的理论，认为侵权请求权仅仅是指损害赔偿请求权，不包括损害赔偿请求权之外的任何其他请求权；另一方面是因为，传统民法认为，侵权责任仅仅具有事后补救的功能，没有事先预防或者阻止的功能。所谓事后补救的功能，是指在行为人实施的侵犯行为引起他人损害发生之后，通过责令行为人对他人遭受的损害予以赔偿，侵权责任能够让他人状况恢复到侵害行为之前。所谓事先预防或者阻止功能，是指在行为人实施的非法行为即将或者仍然会引起他人损害发生的情况下，为了防止他人遭受未来损害或者为了防止他人遭受更进一步的损害，民法会责令行为人停止实施其即将实施的非法行为或者中止其正在实施的非法行为。②

传统民法所采取的此种理论存在许多问题，无法对他人提供足够充分的保护。首先，如果行为人正积极准备实施侵犯他人人格权的行为，则他人无法主张侵权损害赔偿请求权，因为他人还没有遭受可予赔偿的任何损害。例如，如果行为人正计划实施杀害他人的行为，则他人无法主张损害赔偿请求权，因为行为人的杀害行为还没有付诸实施，他人还没有遭受任何损害。

其次，如果行为人实施的侵权行为处于持续不断进行当中，却不能够主张损害赔偿请求权之外的请求权，则他人遭受的损害也会不断扩大和增加。

---

① Geneviève Viney Patric Jourdain, Traité De Droit Civil, les effets de la responsabilité, 2e édition, L.G.D.J., 2001, pp.18–24；张民安、铁木尔高力套：《债权法》（第五版），中山大学出版社2017年版，第212—213页。

② Geneviève Viney Patric Jourdain, Traité De Droit Civil, les effets de la responsabilité, 2e édition, L.G.D.J., 2001, pp.18–24；张民安、铁木尔高力套：《债权法》（第五版），中山大学出版社2017年版，第212—213页。

例如，如果行为人不断在社交媒体上泄露他人的私人生活，则他人遭受的精神损害会不断扩大。

最后，在某些情况下，如果他人无法主张损害赔偿请求权之外的请求权，则一旦行为人将其准备实施的侵权行为付诸实施，则他们实施的侵犯行为可能会对他人造成无可挽回的损害。例如，如果行为人准备对他人实施杀害行为时，他人不能够向法院申请，要求法官禁止行为人实施其即将实施的杀害行为，则在行为人杀害了他人之后，即便他人的继承人能够主张损害赔偿请求权，他人的生命也无法挽回了。

为了对他人提供足够充分的保护，本条对人格权领域的停止侵害请求权做出了一般性的规定，认为在他人的人格权面临被侵犯的危险或者面临被持续不断侵犯的危险时，他人有权要求法官采取措施，或者让行为人放弃其即将实施的侵犯行为，或者中断其仍然在实施的侵犯行为。本条之所以对人格权领域的停止侵害请求权做出一般性的规定，其目的在于通过这一侵权请求权实现损害的事先预防和阻止损害持续扩大。

规范内容

一、本条将停止侵害请求权视为人格权的一般性保护方法

在1986年的《民法通则》当中，虽然我国立法者首次对停止侵害请求权做出了规定，但是，在该种请求权的适用范围方面，他们采取了保守和限制的态度，这表现在消极和积极两个方面。

消极方面：《民法通则》仅仅规定，在他人的物权和有形人格权遭受侵犯时，他人能够主张损害赔偿请求权，没有规定他人能够主张停止侵害请求权。根据《民法通则》第117条规定，在他人的物权遭受侵犯时，他人能够主张财产返还请求权、折价赔偿请求权、恢复原状请求权和损害赔偿请求权；根据《民法通则》第119条规定，在他人的身体权和生命权遭受侵犯时，他人能够根据不同情况分别主张不同形式的赔偿请求权，诸如医疗费用的赔偿请求权和丧葬费用的赔偿请求权等。

积极方面：《民法通则》仅仅规定，在他人的知识产权和四种无形人格权

遭受侵犯时，他人能够主张停止侵害请求权。一方面，《民法通则》第118条对知识产权遭受侵犯时他人能够主张的停止侵害请求权做出了说明，该条规定：公民、法人的著作权（版权）、专利权、商标专用权、发现权、发明权和其他科技成果权受到剽窃、篡改、假冒等侵害的，有权要求停止侵害，消除影响，赔偿损失。另一方面，《民法通则》第120条对四种无形人格权遭受侵犯时他人能够主张的停止侵害请求权做出了说明，该条规定：公民的姓名权、肖像权、名誉权、荣誉权受到侵害的，有权要求停止侵害，恢复名誉，消除影响，赔礼道歉，并可以要求赔偿损失。法人的名称权、名誉权、荣誉权受到侵害的，适用前款规定。

在2009年的《侵权责任法》当中，我国立法者第二次规定了人格权遭受侵犯时他人能够主张的停止侵害请求权，这就是其第21条的规定：侵权行为危及他人人身、财产安全的，被侵权人可以请求侵权人承担停止侵害、排除妨碍、消除危险等侵权责任。根据该条的规定，在他人的"人身安全"和"财产安全"遭受危险时，除了能够主张排除妨碍请求权和消除危险请求权之外，他人还能够主张停止侵害请求权。

在我国，《侵权责任法》第21条所规定的"人身安全"当中的"人身"是什么含义？对此问题，除了立法者没有做出说明之外，我国民法学者或者法官均没有做出说明。在我国，《民法通则》第2条对民法的调整对象做出了规定，认为民法除了调整"财产关系"之外还调整"人身关系"。同样，在我国，《民法通则》第五章第四节对"人身权"做出了规定，认为除了夫妻配偶权、亲权等家庭权属于"人身权"之外，生命健康权、姓名权和肖像权等也属于"人身权"。

问题在于，《侵权责任法》第21条所规定的"人身安全"当中的"人身"是指《民法通则》第2条和第五章第四节所规定的"人身关系"和"人身权"当中的"人身"吗？除了立法者没有做出回答之外，我国民法学者和法官均没有做出回答。不过，此种答案非常重要，因为，它是决定《侵权责任法》第21条适用范围的关键：如果该条所规定的"人身安全"当中的"人身"等同于《民法通则》第2条和第五章第四节所规定的"人身关系"和"人身权"当中的"人身"，则除了能够在身份权当中适用之外，第21条所规定的停止侵害请求权还能够在有形人格权、无形人格权当中适用，因为《民法通则》

第2条所规定的“人身关系”和第五章第四节所规定的“人身权”当中的“人身”均是指“人格”和“身份”，其中的“人格”是指作为人格权客体的人格构成要素、人格特征，而其中的“身份”则是指作为身份权客体的家庭成员的身份。

虽然我国立法者、民法学者、法官均没有对《侵权责任法》第21条规定的“人身安全”当中的“人身”做出规定，但是，该条所规定的“人身安全”当中的“人身”并不是《民法通则》第2条或者第五章第四节所规定的“人身关系”或者“人身权”当中的“人身”，因为，第21条所规定的“人身安全”当中的“人身”仅仅是指最原始的、最初的含义，这就是自然人的躯体、自然人的血肉之躯，包括自然人的生命、身体和健康。它们是有形人格权的三种不同客体，这些客体是有形的，因为行为人单凭肉眼就能够看见它们的存在，在这三种有形人格构成要素的基础上所建立的人格权就是生命权、身体权和健康权。①

在我国，《侵权责任法》第21条所规定的“人身安全”当中的“人身”之所以仅仅是指自然人的生命、身体和健康，是因为在讨论“安全”时，包括讨论“人身安全”和“财产安全”时，人们所谓的“人身”仅仅是指能够免受各种具体危险侵害的“生命、身体和健康”，就像人们所谓的“财产”仅仅是指能够免受各种具体危险侵犯的“动产、不动产”一样。为了保障他人的生命、身体和健康免受行为人的侵犯，行为人应当对他人承担某种安全保障义务。②

总之，《侵权责任法》第21条所谓的“人身安全”仅仅是指自然人所享有的保障自己的生命、身体和健康免受行为人侵害的安全，既不包括保障自然人的姓名、肖像、名誉等无形人格免受行为人侵犯的安全，也不包括保障自然人的身份免受行为人侵犯的安全；同样，所谓“财产安全”也是指自然人和其他权利主体所享有的保障自己的动产和不动产免受行为人侵害的安全。

因此，虽然《侵权责任法》第21条规定了停止侵害请求权，但是，该条仅仅规定了两类停止侵害请求权：其一，在他人的物权遭受侵犯或者面临遭

---

① 张民安：《法国民法总论》（II），清华大学出版社2020年版，第38—40页。

② Gérard Cornu, Vocabulaire juridique, 10 e édition, puf, 2014, p.951.

受侵犯的危险时，也就是，在他人的财产所有权、用益物权和担保物权遭受或者面临遭受侵犯的危险时，他人有权根据第21条的规定主张此种请求权；其二，在他人的有形人格权遭受侵犯时，也就是，在他人的生命权、身体权和健康权遭受侵犯或者面临遭受侵犯的危险时，他人有权根据第21条的规定主张此种请求权。

在他人的姓名权、名誉权、肖像权等无形人格权遭受危险或者面临遭受危险时，他人不能够根据《侵权责任法》第21条主张停止侵害请求权，而只能够根据《民法通则》第120条的规定主张此种请求权，已如前述。

本条对人格权遭受侵犯时能够主张的停止侵害请求权做出了一般性的规定。

在2020年之前，《民法通则》第120条仅仅将停止侵害请求权限定在四种无形人格权遭受侵犯的情形，在他人的有形人格权遭受侵犯时，他人无法根据该条的规定主张此种请求权。《侵权责任法》第21条则不同，它仅仅将停止侵害请求权限定在有形人格权遭受侵犯的情形，在他人的无形人格权遭受侵犯时，他人无法根据该条的规定主张此种请求权。虽然他人此时能够根据《民法通则》第120条的规定主张此种请求权，但是，在他人的隐私权或者其他无形人格权遭受侵犯时，他人无法根据该条的规定主张此种请求权，因为第120条将此种请求权限定在四种人格权当中，已如前述。[①]

在他人的隐私权遭受侵犯时，如果他人一定要根据《民法通则》第120条的规定主张停止侵害请求权，则法官要么会驳回他人的请求，要么会对第120条当中的名誉权做出解释，认定该条规定的名誉权包含了隐私权的内容。此种做法所存在的一个主要问题是，它混淆了名誉权和隐私权，除否定了隐私权的独立性之外，此种做法也过分扩张名誉权的范围。在2009年之前，最高人民法院的此种做法可谓情有可原，因为《民法通则》不承认隐私权的存在，而到了2009年之后，此种做法就不甚合理，因为根据《侵权责任法》第2条

---

① 《民法通则意见》第140条第1款规定：以书面、口头等形式宣扬他人的隐私，或者捏造事实公然丑化他人人格，以及用侮辱、诽谤等方式损害他人名誉，造成一定影响的，应当认定为侵害公民名誉权的行为。既然最高人民法院将隐私权视为《民法通则》第120条所规定的名誉权，则在他人的隐私被侵犯或者面临被侵犯的危险时，他人当然也能够按照第120条主张停止侵害请求权。

第2款的明确规定，隐私权是名誉权之外的一种独立的主观权利。

为了解决《民法通则》和《侵权责任法》在人格权保护领域所存在的上述问题，本条最终规定，无论是在有形人格权遭受侵犯或者面临遭受侵犯的危险时，还是在无形人格权遭受侵犯或者面临遭受侵犯的危险时，他人均能够主张该条规定的停止侵害请求权；至少从该条的规定上看，人们能够得出这样的结论，如果他人能够证明“行为人正在实施或者即将实施侵害其人格权的违法行为”，则在一定的条件下，他人就能够主张停止侵害请求权。在这里，本条仅仅用了“人格权”一词，它既没有像《民法通则》第120条那样将“人格权”限定在四种人格权当中，也没有像《侵权责任法》第21条那样将其限定在“人身安全”方面，因此，立法者的意图非常明显，认为在他人享有的所有人格权遭受侵犯或者面临遭受侵犯的危险时，他人均能够主张该条规定的停止侵害请求权。

二、适用本条时应当采取的利益平衡方法

虽然本条对他人人格权遭受侵犯或者面临遭受侵犯时他人能够主张的停止侵害请求权做出了规定，但是，该规定究竟应当如何适用，除规定了两个构成要件之外，该条并没有做出更进一步的说明。

（一）本条所适用的人格权类型

至少从理论上讲，本条能够适用任何人格权，因为作为一般性的规定，该条并没有对能够产生停止侵害请求权的人格权做出任何限制。

（二）本条的适用条件

虽然本条对停止侵害请求权的适用条件做出了规定，但是，它的规定并不完全，因为它至少遗漏了某些程序性的条件，包括申请时担保的提供和法官采取了临时措施之后的合理期限内向法院起诉的程序。

第一，行为人正在实施或者即将实施侵犯他人人格权的行为。他人主张停止侵害请求权的第一个必要条件是，行为人正在实施或者即将实施侵犯他人人格权的某种行为。所谓行为人正在实施侵犯他人人格权的某种行为，是指行为人不仅已经开始实施侵犯他人人格权的某种行为，而且他们所实施的

此种侵犯行为还处于持续进行当中。所谓行为人即将实施侵犯他人人格权的某种行为，是指行为人目前还没有实施侵犯他人人格权的某种行为，但是，他们正准备实施该种行为。

第二，行为人正在实施或者即将实施的侵犯行为在性质上属于非法行为。他人主张停止侵害请求权的第二个必要条件是，行为人正在实施或者即将实施的侵犯他人人格权的行为在性质上应当是非法行为。在民法上，并非行为人实施的一切侵犯他人人格权的行为在性质上均为非法行为，他们实施的某些侵犯行为在性质上属于合法行为。如果行为人实施的侵犯行为在性质上不是非法行为，则他人不能够主张停止侵害请求权。

第三，停止侵害请求权的及时制止性。他人主张停止侵害请求权的第三个必要条件是，如果法官不及时采取停止侵害的法律保护措施，则他人将会遭受难以弥补的损害。换言之，仅仅在行为人正在实施或者即将实施的行为将会给他人造成难以弥补的损害时，为了防止此种损害的发生，他人才能够主张停止侵害请求权。例如，在行为人即将伤害他人时，如果法官不采取措施予以阻止，则他人可能会被行为人打伤、打残甚至打死。为了防止他人被打伤、打残甚至打死，基于他人的请求，法官责令行为人停止实施其即将实施的伤害行为。

第四，担保的提供。在行为人正在实施或者即将实施侵犯他人人格权的某种行为时，如果他人主张停止侵害请求权，他人是否要提供担保？对此问题，《民法典》第997条并没有做出说明，因此，在主张停止侵害请求权时，他人似乎并不需要提供担保。虽然担保提供的免除会极大地便利和刺激他人行使此种请求权的积极性，但是，此种做法也会引起严重的问题。

在我国，在他人向法院提出停止侵害请求权的申请之后，法官仅仅是暂时同意采取措施，责令行为人停止其正在实施或者即将实施的侵犯行为。在法官暂时采取了此种措施之后，他人必须及时向法院起诉，要求法官通过诉讼程序认定行为人实施的行为构成非法行为，并且采取最终的法律救济措施。如果他人向法院提出申请之后不及时向法院起诉，或者如果他人及时向法院起诉之后，法官最终拒绝他人的停止侵害请求权，则他人应当赔偿行为人所遭受的损害，如果他人不提供担保，法官如何责令他人赔偿行为人的损害？

（三）他人人格权的保护与行为人言论自由权之间的平衡

在具备上述四个构成要件的情况下，如果他人根据本条的规定向法院主张停止侵害请求权，法官是否一定会满足他人的要求，暂时责令行为人停止实施或者继续实施侵犯他人人格权的行为？对此问题，本条没有做出回答。实际上，即便符合上述四个条件，法官也未必一定会满足他人的要求，责令行为人停止实施或者继续实施侵犯其人格权的行为，因为至少在某些情况下，法官应当采取利益平衡的方式，平衡他人要求保护的人格权和行为人享有的诸如行为自由权、言论自由权和批评自由权等权利，而不能够一味地牺牲行为人的权利而迁就他人的要求。不过，究竟是否采取利益平衡的方法，这取决于他人享有的人格权的性质。

总的说来，在他人的生命权、身体权和健康权遭受侵犯或者面临遭受侵犯的危险时，法官无需平衡他人享有的这些人格权与行为人享有的行为自由权之间的关系。因为在民法上，他人生命权、身体权和健康权的价值要大于行为人享有的行为自由权的价值，法官应当牺牲行为人的行为自由权而捍卫他人的有形人格权。而在他人的隐私权、名誉权、姓名权等人格权遭受侵犯或者面临遭受侵犯的危险时，法官应当平衡他人享有的这些无形人格权与行为人享有的言论自由权、批评自由权和社会公众享有的信息权、知情权等权利之间的关系。因为在民法上，他人享有的这些无形人格权的价值与行为人享有的这些自由权以及社会公众享有的信息权、知情权之间的价值是一样的，不存在无形人格权的价值大于言论自由权、信息权、知情权的价值的问题。

在考虑各种各样的具体因素之后，法官最终决定究竟是保护他人的无形人格权还是保护行为人的自由权以及社会公众的信息权、知情权：如果法官决定保护他人的无形人格权，则他们会满足他人的要求，暂时责令行为人停止实施或者继续实施其侵犯行为；如果他们决定保护行为人的自由权以及社会公众的信息权、知情权，则他们不会满足他人的要求，不会责令行为人停止实施或者继续实施其侵害行为。

因此，如果作家在即将出版的小说当中披露他人的隐私，他人是否能够主张本条所规定的停止侵害请求权？根据利益平衡的理论，法官不能够仅仅因为作家的小说涉及他人的隐私而禁止作家出版自己的小说，他们应当在作家的创作自由权与他人的隐私权之间进行平衡，要考虑各种各样的具体隐私，尤其要考虑作家所泄露的隐私的性质：所泄露的隐私究竟是一般的隐私，还是他人的亲密隐私，如果仅仅是一般的隐私，则集合其他因素的考虑，法官不得禁止作家出版自己的著作；相反，如果是他人的亲密隐私，尤其是他人的性生活、家庭生活，则集合其他因素的考虑，法官应当禁止作家出版自己的著作。

第九百九十八条【认定人格侵权责任应考虑的主要因素】

认定行为人承担侵害除生命权、身体权和健康权外的人格权的民事责任，应当考虑行为人和受害人的职业、影响范围、过错程度，以及行为的目的、方式、后果等因素。

规范目的或功能

本条对法官在决定是否责令行为人就其侵犯他人人格权的行为对他人承担民事责任时要考虑的各种具体因素做出了规定。根据本条的规定，如果行为人侵犯他人的生命权、身体权和健康权，法官能够单凭行为人实施的侵害行为责令他们对他人（他人的继承人）承担侵权责任；如果行为人侵犯他人的姓名权、名誉权、隐私权和肖像权等人格权，法官不得单凭行为人实施的侵害行为就责令他们对他人承担侵权责任，在决定是否责令行为人对他人承担侵权责任时，除了考虑侵害行为之外，法官还应当考虑该条规定的其他众多因素。

规范内容

在民法领域，尤其是在人格权当中，虽然人们基于不同的标准对人格权做出了不同的分类，[①]但是，他们普遍根据人格权客体是有形的还是无形的，

① Bernard Beignier, Le Droits de la personnalité, Presses Universitaires de France, 1e édition, 1992, pp.11–94; Henri et Léon Mazeaud Jean Mazeaud Francois Chabas, Lecons de DROIT CIVIL, Tome I/Deuxième Volume, Les Personnes, 8 édition, Montchrestien, 1997, pp.378–400.

将人格权分为有形人格权和无形人格权。其中的有形人格权是指自然人享有的生命权、身体权和健康权，这些人格权之所以被称为有形人格权，是因为这些人格权的客体是行为人在行为时能够单凭肉眼看得见的躯体、肉体；而无形人格权则是指自然人享有的姓名权、名誉权、隐私权和肖像权等，这些人格权之所以被称为无形人格权，是因为这些人格权的客体是行为人在行为时单凭肉眼看不见的。①

人们之所以将人格权分为有形人格权和无形人格权，其原因多种多样，最主要的原因有三：②其一，原则上，如果行为人侵犯他人的有形人格权，则他们既要赔偿他人遭受的非财产损害，也要赔偿他人遭受的财产损害。而如果行为人侵犯他人的无形人格权，则他们原则上只赔偿他人遭受的非财产损害，不赔偿他人遭受的财产损害。其二，原则上，如果行为人侵犯他人的有形人格权，除了要对他人承担过错侵权责任之外，他们有时还要对他人承担无过错侵权责任。而如果行为人侵犯他人的无形人格权，则他们仅仅对他人承担过错侵权责任，不承担无过错侵权责任。其三，在认定行为人是否应当就其侵犯他人的人格权对他人承担侵权责任时，法官在有形人格权当中很少采取利益平衡理论，而经常在无形人格权领域采取此种做法。

---

① 张民安：《过错侵权责任制度研究》，中国政法大学出版社2002年版，第429—433页；张民安：《无形人格侵权责任制度研究》，北京大学出版社2012年版，第9—19、821—837页；张民安、丘志乔主编：《民法总论》(第五版)，中山大学出版社2017年版，第307—309页；张民安、林泰松：《人格权在民法典当中的独立地位——人格权为何应当在我国民法典当中独立设编》，中山大学出版社2019年版，第565—567页；张民安：《法国民法总论》(II)，清华大学出版社2020年版，第299—301页；Henri et Léon Mazeaud Jean Mazeaud Francois Chabas, Lecons de DROIT CIVIL, Tome I/Deuxième Volume, Les Personnes, 8 édition, Montchrestien, 1997, pp.378-400; Michel de JUGLART Alain PIEDEEVRE Stéphane PIEDEEVRE, Cours de droit civil, introduction, personnes, famille, Seizième édition, Montchrestien, 2001, pp.117-122; Henri Roland Laurent Boyer, Introuduction au droit, Litec, 2002, pp.430-442; Philippe Malinvaud, Introuduction à l'étude du droit, 15e édition, LexisNexis, 2015, pp.306-340.

② 张民安：《过错侵权责任制度研究》，中国政法大学出版社2002年版，第432—433页；张民安：《无形人格侵权责任制度研究》，北京大学出版社2012年版，第9—13页；张民安、林泰松：《我国〈侵权责任法〉对他人民事权益的保护》，载《暨南学报》2010年第3期。

一、认定行为人是否承担侵权责任时应考虑的因素

除了上述三个最主要的原因之外，本条还规定了区分有形人格权和无形人格权的第四个理由，这就是，在认定行为人是否应当就其侵犯他人的人格权对他人承担侵权责任时，法官要明确区分被行为人侵犯的人格权究竟是有形人格权还是无形人格权：如果行为人侵犯的人格权在性质上是某种有形人格权，法官仅凭侵犯行为本身就能够认定行为人应当对他人承担侵权责任；而如果行为人侵犯的人格权在性质上是某种无形人格权，则法官不得单凭侵犯行为本身就认定行为人应当对他人承担侵权责任，还应当考虑侵犯行为之外的各种具体因素，以便最终决定行为人是否应当对他人承担侵权责任。

根据本条的规定，在行为人侵犯了他人享有的某种无形人格权时，如果他人向法院起诉，要求法官责令行为人就其实施的侵犯行为对自己承担侵权责任，在决定行为人是否应当对他人承担赔偿责任时，除了应当考虑行为人实施的侵犯行为之外，法官还应当考虑多种多样的因素，包括但不限于以下的一些因素：行为人的职业，他人的职业，行为人实施侵犯行为所造成的影响范围，行为人在实施侵犯行为时的过错程度，行为人实施侵犯行为的目的，行为人实施侵犯行为的方式，行为人实施侵犯行为引起的后果。

因此，如果行为人侵犯他人的姓名权，法官不能够仅仅因为他人的姓名被使用、被侵占、被盗用、被假冒而责令行为人对他人承担侵权责任。在决定是否责令行为人对他人承担侵权责任时，法官要考虑包括侵犯行为在内的各种各样的因素，诸如行为人的身份，他人的身份，行为人侵犯他人姓名权所造成的影响范围，行为人侵犯他人姓名权的目的、方式，等等。

如果行为人侵犯他人的隐私权，法官不能够仅仅因为他人的私人生活、个人信息、个人数据被收集、保存、泄露或者公开而责令行为人对他人承担侵权责任。在决定是否责令行为人对他人承担侵权责任时，除了要考虑这些侵犯行为之外，法官还应当考虑其他的众多因素，诸如行为人的身份，他人的身份，行为人收集他人私人信息、个人信息的目的，他人个人信息被公开的范围，等等。

同样，如果行为人侵犯他人的名誉权，法官也不得仅仅因为他人的名誉被毁损而责令行为人对他人承担侵权责任。在决定是否责令行为人对他人承

担侵权责任时，除了考虑行为人实施的毁损行为之外，法官还要考虑毁损行为之外的各种具体因素，诸如行为人的身份，他人的身份，行为人毁损他人名誉的目的、方式，等等。

二、法官在决定是否保护他人的无形人格权时所采取的利益平衡理论

本条的规定本质上是利益平衡理论在人格权领域的体现：在他人享有的某种有形人格权遭受侵犯时，在决定行为人是否应当对他人承担侵权责任时，法官无需在他人的人格权与行为人的人身自由权、言论自由权、批评自由权和社会公众的信息权、知情权等主观权利之间进行利益平衡，因为在民法上，他人享有的生命权、身体权和健康权与行为人享有的各种自由权、社会公众的信息权、知情权并不是平等的主观权利，它们在法律上的地位存在差异：他人有形人格权的价值要大于行为人自由权、社会公众信息权、知情权的价值。①

而在他人享有的某种无形人格权遭受侵犯时，在决定行为人是否应当对他人承担侵权责任时，法官则应当平衡他人的人格权与行为人的人身自由权、言论自由权、批评自由权和社会公众的信息权、知情权，既要防止过分保护他人无形人格权而严重牺牲行为人的自由权以及社会公众的信息权、知情权的做法，也要防止过分保护行为人的自由权以及社会公众的信息权、知情权而严重牺牲他人无形人格权的做法，要在他人的人格权与行为人的自由权以及社会公众的信息权、知情权之间进行反复比较、权衡，以便确定是他人的无形人格权更值得保护还是行为人的各种自由权以及社会公众的信息权、知情权更值得保护。②

经过反复比较、权衡，如果法官认定他人的无形人格权更值得法律保护，他们会责令行为人就其侵犯他人无形人格权的行为对他人承担侵权责任；反之，如果法官认定行为人的自由权和社会公众的信息权、知情权更值得保护，

---

① 张民安、林泰松：《我国〈侵权责任法〉对他人民事权益的保护》，载《暨南学报》2010年第3期；张民安：《无形人格侵权责任研究》，北京大学出版社2012年版，第9—11页。

② 张民安：《无形人格侵权责任研究》，北京大学出版社2012年版，第9—11页。

那他们不会责令行为人就其侵犯他人无形人格权的行为对他人承担侵权责任。在他人的无形人格权遭受侵犯时，法官之所以要采取利益平衡的方法，是因为在民法上，他人的无形人格权与行为人的各种自由权和社会公众的信息权、知情权具有平等的价值，既无所谓他人的无形人格权在价值上要大于行为人的自由权和社会公众的信息权、知情权的问题，也无所谓行为人的自由权和社会公众的信息权、知情权在价值上要大于他人无形人格权的问题。①

法国最高法院对他人私人生活受尊重的权利与行为人享有的言论自由权之间的平等地位做出了明确说明，它指出："他人享有的私人生活受尊重的权利和行为人享有的言论自由权在法律规范层面具有同等价值，它们或者由欧洲人权与基本自由公约第8条和第10条做出规定，或者由法国民法典第9条做出规定。"②

Teyssié也对他人享有的私人生活受尊重的权利同行为人享有的言论自由权、信息权之间的地位平等原则做出了明确说明，他指出："以民生社会作为其基础的言论自由权，尤其是当中所包含的传递信息的权利，直接同他人享有的私人生活受尊重的权利产生冲突。在法国，行为人享有的言论自由权、传递信息的权利不会优先于他人享有的私人生活受尊重的权利，他人享有的私人生活受尊重的权利也不会优先于行为人享有的言论自由权、传递信息的权利。无论是他人享有的私人生活受尊重的权利，还是行为人享有的言论自由权、传递信息的权利，都不是绝对的，它们之间无所谓高低贵贱之分，它们在价值方面是完全平等的。"③

---

① 张民安：《无形人格侵权责任研究》，北京大学出版社2012年版，第9—11页。

② Civ.1re.9 juill.2003.Gaz.Pal.10–11 oct.1, 18.note D.Amson: JCP 2003, II.10139, note J.Ravans.

③ Bernard Teyssié, Droit civil, Les personnes, 12e édition, Litec, 2010, p.63.

第九百九十九条【人格权的合理使用】

为公共利益实施新闻报道、舆论监督等行为的，可以合理使用民事主体的姓名、名称、肖像、个人信息等；使用不合理侵害民事主体人格权的，应当依法承担民事责任。

规范目的或功能

本条对作为行为人的新闻媒体所享有的一种相对免责特权即他人人格特征的合理使用抗辩特权做出了规定。根据本条的规定，如果新闻媒体基于新闻报道或者舆论监督的正当目的而使用他人的姓名、名称、肖像、个人信息等人格特征，即便它们的使用没有获得他人的同意，它们也无需就自己的使用行为所引起的损害对他人承担侵权责任，但是，如果它们的使用构成不合理的使用，则应当就自己实施的不合理使用行为对他人承担侵权责任。

规范内容

一、无形人格特征合理使用抗辩的界定

本条对他人无形人格特征的合理使用抗辩做出了明确规定。所谓他人无形人格特征的合理使用抗辩，也称为无形人格特征的公平使用抗辩、无形人格特征的合理使用规则、无形人格特征的公平使用规则，是指如果行为人基于某种合理的目的、正当的目的而使用他人的某种无形人格特征，在他们对他人无形人格特征的使用构成合理使用的情况下，即便他们的使用行为没有获得他人的明示或者默示同意，他们也不就自己的使用行为引起的损害对他人承担侵权责任，他人不能够向法院起诉，要求法官责令行为人就其擅自使用自己无形人格特征的行为对自己承担侵权责任。

在民法领域，无形人格特征的合理使用抗辩是对他人享有的无形人格权的一种例外限制。根据此种例外限制，一旦他人享有某种无形人格权，行为人就应当尊重他人享有的该种无形人格权，在没有获得他人同意的情况下，如果行为人擅自使用作为该种人格权客体的人格特征，则他们使用他人人格

特征的行为将构成侵权行为，应当对他人承担侵权责任，但是，如果他们在此种情况下的使用行为构成合理的使用行为，则他们无需就自己的使用行为对他人承担侵权责任。

二、无形人格特征合理使用抗辩应当具备的四个条件

在今时今日，两大法系国家的民法均承认无形人格特征的合理使用抗辩。在法国，虽然《法国民法典》没有对私人生活的合理使用抗辩、肖像的合理使用抗辩做出明确规定，但是，在不少司法判例当中，法官不仅承认行为人对他人私人生活的合理使用抗辩，①还承认行为人对他人肖像的合理使用，②认为他们无需就自己使用他人私人生活或者肖像的行为对他人承担侵权责任。在英美法系国家，情况同样如此，虽然立法者没有在他们制定的法律当中对私人生活或者肖像的合理使用抗辩做出规定，但是，法官在大量的案件当中对隐私尤其是其中的合理使用抗辩做出了规定，认为行为人无需就其合理使用他人隐私尤其是肖像的行为对他人承担侵权责任。③

在我国，无论是1986年的《民法通则》还是2009年的《侵权责任法》均没有对无形人格特征的合理使用抗辩做出明确规定。虽然如此，我国民法学者仍然承认，在行为人擅自使用他人的私人生活、④肖像、⑤姓名⑥或者其他人格特征时，如果他们的使用行为构成合理使用行为，则他们有权拒绝对他人承担侵权责任。本条第一次对无形人格特征的合理使用抗辩做出了原则性的、一般性的规定，根据这一规定，如果行为人合理使用他人的姓名、名称、肖像、个人信息等无形人格特征，即便没有取得他人的同意，也无需对他人承担侵权责任。

因此，如果作家在自己严肃的学术著作当中使用他人的私人事实，在他们的使用构成合理使用的情况下，即便他们的使用没有预先获得他人的同意，

---

① 张民安：《无形人格侵权责任研究》，北京大学出版社2012年版，第578、579—581页。
② 张民安：《无形人格侵权责任研究》，北京大学出版社2012年版，第578、705—706页。
③ 张民安：《无形人格侵权责任研究》，北京大学出版社2012年版，第578、706—708页。
④ 张民安：《无形人格侵权责任研究》，北京大学出版社2012年版，第578、581—583页。
⑤ 张民安：《无形人格侵权责任研究》，北京大学出版社2012年版，第578、708—712页。
⑥ 张民安：《无形人格侵权责任研究》，北京大学出版社2012年版，第578、760页。

他们也不就自己的使用行为对他人承担隐私侵权责任，这就是行为人在隐私权领域对他人隐私的合理使用抗辩。[①]如果新闻媒体为了报道某一个犯罪事实而使用了犯罪受害人的肖像，即便他们在使用受害人的肖像时没有获得其同意，他们也不就自己的使用行为对受害人承担侵权责任，如果他们的使用行为构成合理使用的话。[②]

在两大法系国家和我国，无形人格特征的合理使用抗辩制度的灵感源泉是美国版权法即著作权法当中的合理使用抗辩。在美国，就像在法国和我国一样，著作权人（版权人）对自己的文学和艺术作品享有排他性的使用权和其他著作财产权、著作人格权，未经著作权人的同意或者许可，行为人不能使用他人的文学、艺术作品。不过，美国的版权法在坚持这一原则的同时也对这一原则做出了例外规定，在例外的情况下，即便行为人没有取得著作权人的同意或者许可，他们也有权使用著作权人的文学、艺术作品，其中的一个例外就是作品的合理使用抗辩例外，也就是作品的合理使用抗辩或者作品的合理使用规则。[③]

1976年的《美国版权法》（United States copyright law）第107条对著作的合理使用抗辩做出了说明，该条规定：如果行为人基于批评、评论、新闻报道、教学、学术或者研究目的公平使用他人享有版权的某种作品，则他们的公平使用行为并不构成版权的侵犯行为。在决定行为人在某种具体情况下对他人作品的使用行为是否构成公平使用行为时，法官应当考虑的因素包括：（1）使用的目的和特征，包括基于商事目的还是非营利教育目的使用；（2）享有版权的作品的性质；（3）相对于享有版权的整个作品而言，使用的数量或者所占据的比例大小；（4）使用对享有版权的作品的潜在市场或者价值所产生的影响。[④]

根据《民法典》第999条的规定，在他人要求法官责令行为人就其侵犯自

---

① 张民安：《无形人格侵权责任研究》，北京大学出版社2012年版，第578—583页。

② 张民安：《无形人格侵权责任研究》，北京大学出版社2012年版，第578—583页。

③ 17 U.S. Code §107, https://www.law.cornell.edu/uscode/text/17/107，最后访问日期2020年7月20日；张民安：《无形人格侵权责任研究》，北京大学出版社2012年版，第578、720—721页。

④ 17 U.S. Code §107, https://www.law.cornell.edu/uscode/text/17/107，最后访问日期2020年7月20日；张民安：《无形人格侵权责任研究》，北京大学出版社2012年版，第578、720—721页。

己无形人格特征的行为对自己承担侵权责任时，如果行为人以无形人格特征的合理使用作为抗辩，他们应当具备四个构成要素：

其一，行为人使用他人的某种无形人格特征。例如，行为人在自己的文章当中使用他人的肖像，行为人在自己的报纸当中使用他人的私人生活肖像，行为人在自己的小说当中使用他人的姓名，等等。

其二，行为人是基于某种公共利益的目的使用他人的无形人格特征。例如，基于新闻报道的目的或者舆论监督的目的。如果行为人不是基于公共利益的目的使用他人的人格特征，则他们的使用行为不构成合理使用行为，仍然应当对他人承担侵权责任。

其三，行为人在使用他人的无形人格特征时没有获得他人的同意或者明确授权。如果行为人在使用他人的人格特征时已经获得了他人的同意或者授权，则他们的使用行为不构成第999条所规定的合理使用行为，而构成另外一种抗辩事由即他人的同意。[①]

其四，行为人对他人人格特征的使用是诚实的（loyal）、可以接受的（acceptable）、合理的（raisonnable）或者公平的（équitable），即便行为人是为了满足公共利益而使用他人的某种无形人格特征，如果他们对该种人格特征的使用是恶意的、无法让人接受的、不合理的或者不公平的，则他们仍然应当对他人承担侵权责任。

三、判断行为人对他人无形人格特征的使用是否构成合理使用时要考虑的主要因素

根据《民法典》第999条的规定，在行为人使用他人的某种无形人格特征时，如果他人向法院起诉，要求法官责令行为人对自己承担侵权责任，在行为人援引本条规定的合理使用抗辩拒绝对他人承担侵权责任时，法官应当具体确定行为人的使用行为是否构成本条所规定的合理使用行为：如果构成合理使用行为，法官会拒绝责令行为人对他人承担侵权责任；反之，如果不构成合理使用行为，法官则应当责令行为人对他人承担侵权责任。

在具体确定行为人的使用行为是否构成该条所规定的合理使用行为时，法

① 张民安：《无形人格侵权责任研究》，北京大学出版社2012年版，第585—586页。

官应当考虑案件的各种具体因素，包括行为人使用他人无形人格特征的目的；被行为人使用的人格特征与其行为目的之间的关联性；行为人使用他人人格特征的必要性；行为人使用他人无形人格特征的行为对他人所造成的影响等。

（一）行为人使用他人无形人格特征的目的

在判断行为人对他人无形人格特征的使用行为是否构成《民法典》第999条所规定的合理使用行为时，法官首先应当考虑的一个最主要的、最重要的因素是，行为人使用他人无形人格特征的目的是什么。总的说来，行为人越是为了公共利益的目的使用他人无形人格特征，则他们的使用行为越有可能被认定为合理使用行为；反之，行为人越是为了个人利益、个人目的使用他人的无形人格特征，则他们的使用行为越是有可能被认定为不合理使用行为。[①]

所谓为了公共利益的目的，或者是指行为人为了对社会公众提供信息的目的，以便满足社会公众知情权的需要，或者是指行为人为了新闻报道的目的，或者是指行为人为了批评、监督的目的。所谓为了个人利益、个人目的，或者是指行为人为了营利的目的，或者是指行为人为了泄露他人的私人信息的目的，或者是为了对他人进行人身攻击、打击报复或者丑化的目的。[②]

（二）被行为人使用的人格特征与其行为目的之间的关联性

在判断行为人对他人无形人格特征的使用行为是否构成《民法典》第999条所规定的合理使用行为时，法官应当考虑的第二个因素是，被行为人使用的人格特征与行为人目的之间是否存在关联性：行为人使用的人格特征与行为人实现的目的之间越是存在关联性，则他们的使用行为越有可能被视为合理使用行为；反之，行为人使用的人格特征与行为人实现的目的之间越是欠缺关联性，则他们的使用行为越有可能被视为不合理使用行为。[③]

所谓被行为人使用的人格特征与行为人目的之间的关联性，是指被行为人使用的人格特征应当是同行为人使用其人格特征的目的有关系的人的人格

---

① 张民安：《无形人格侵权责任研究》，北京大学出版社2012年版，第578、709—711页。

② 张民安：《无形人格侵权责任研究》，北京大学出版社2012年版，第578、709—711页。

③ 张民安：《无形人格侵权责任研究》，北京大学出版社2012年版，第578、711—712页。

特征。例如，当行为人基于批评、监督目的使用他人的肖像时，他们基于此种目的使用的肖像应当是与行为人批评、监督的事实有密切关系的人的肖像，换言之，他们使用的肖像应当是被批评者、被监督者的肖像，他们不能基于批评、监督的目的使用同被批评的事项、被监督的事项没有任何关系的人的肖像。①

（三）行为人使用他人无形人格特征的必要性

在判断行为人对他人无形人格特征的使用行为是否构成《民法典》第999条所规定的合理使用行为时，法官应当考虑的第三个因素是，行为人使用他人人格特征的行为是否有必要，如果有必要，究竟有多大的必要。例如，在新闻媒体报道犯罪案件时，如果新闻媒体在自己的新闻报道当中使用了犯罪嫌疑人/罪犯或者受害人的姓名、肖像，法官要审查新闻媒体使用犯罪嫌疑人/罪犯或者受害人姓名、肖像的行为是否有必要、在多大程度上有必要，如果新闻媒体不使用他们的姓名、肖像，它们的报道是否受到影响、受到多大的影响，等等。

（四）行为人使用他人无形人格特征对他人造成的影响

在判断行为人对他人无形人格特征的使用行为是否构成《民法典》第999条所规定的合理使用行为时，法官应当考虑的第四个因素是，行为人使用他人无形人格特征的行为对他人是否造成影响以及造成什么影响。例如，如果新闻媒体在报道犯罪案件时使用了犯罪嫌疑人/罪犯的姓名、肖像，法官要判断它们使用犯罪嫌疑人/罪犯姓名、肖像的行为对犯罪嫌疑人/罪犯造成的影响：它们的使用行为会让犯罪嫌疑人/罪犯被亲朋好友或者社会所孤立吗，如果会让犯罪嫌疑人/罪犯被孤立，会在多大程度、范围内被亲朋好友、社会孤立，等等。

---

① 张民安：《无形人格侵权责任研究》，北京大学出版社2012年版，第578、711—712页。

第一千条【消除影响、恢复名誉、赔礼道歉等民事责任的承担】

行为人因侵害人格权承担消除影响、恢复名誉、赔礼道歉等民事责任的，应当与行为的具体方式和造成的影响范围相当。

行为人拒不承担前款规定的民事责任的，人民法院可以采取在报刊、网络等媒体上发布公告或者公布生效裁判文书等方式执行，产生的费用由行为人负担。

规范目的或功能

本条对他人的人格权遭受侵犯时行为人的三种侵权责任即消除影响、恢复名誉和赔礼道歉的承担和强制履行方式做出了原则性的规定。根据本条的规定，在行为人侵犯他人的人格权时，如果他人向法院起诉，要求法官责令行为人对其承担消除影响的民事责任、恢复名誉的侵权责任或者赔礼道歉的民事责任，法官有权责令行为人在与自己行为的具体方式和所造成的影响范围相当的范围内对他人承担这些侵权责任；如果行为人拒绝按照法官的裁判承担这些侵权责任，则法官有权采取强制执行措施，例如，在有关报刊上或者网络上发布公告，或者在有关报刊或者网络上公开法院的生效裁判文书，等等。

规范内容

一、适用范围

本条所规定的三种侵权责任即消除影响、恢复名誉和赔礼道歉的侵权责任在哪些人格权当中适用？对此问题，本条并没有做出具体的说明，它仅仅规定，这三种侵权责任因为行为人侵害他人的“人格权”而承担，并没有规定行为人因为侵犯他人的哪些“人格权”而承担。

在民法当中，被行为人侵犯的“人格权”多种多样，诸如生命权、身体权、健康权、名誉权、隐私权、肖像权、姓名权等，在行为人侵犯他人的生命权、身体权或者健康权时，行为人显然无需对他人承担本条所规定的这三种侵权责任。因为，在行为人将他人打死、打残、打伤时，他们的行为既没有给他人带来恶劣影响，也没有让他人的名声变差，不需要通过这三种侵权责任予以消除或者恢复。

在行为人侵犯他人的名誉权（或者荣誉权）时，他们当然应当承担本条所规定的这三种侵权责任，因为，在行为人毁损他人的名誉时，他们的毁损行为既给他人带来了恶劣影响，也让他人的名声变差，他人需要借助于本条所规定的这三种侵权责任消除行为人的行为给自己造成的恶劣影响和将自己的名誉恢复到毁损行为之前的状态。

问题在于，除了适用于他人享有的名誉权之外，本条所规定的这三种侵权责任是否能够适用于他人享有的其他无形人格权？如果能够适用，还能够适用于他人享有的哪些无形人格权？对此问题，虽然立法者没有做出明确回答，但他们至少做出了默示的肯定回答。一方面，本条明确规定，这三种侵权责任是因为行为人“侵害人格权”而产生的，其中的“人格权”显然包括但不限于名誉权，否则，立法者会直接规定这三种侵权责任是因为行为人“侵害名誉权”而产生的。另一方面，本条并不是立法者的独创，它是《民法通则》第120条规定的延续和改进。根据《民法通则》第120条的明确规定，这三种侵权责任除了适用于他人的名誉权之外还适用于他人的姓名权、肖像权、荣誉权。本条与《民法通则》第120条的主要差异是，本条对能够产生这三种侵权责任的“人格权”没有施加限制，而第120条则对能够产生这三种侵权责任的“人格权”施加了明确的限制，认为仅仅在他人享有的四种人格权遭受侵犯时行为人才承担这几种侵权责任。

总之，除了适用于名誉权之外，本条所规定的这三种侵权责任也能够适用于他人享有的其他无形人格权，诸如他人的姓名权、肖像权、荣誉权和隐私权等。在他人的名誉权遭受侵犯时，他人能够向法院起诉，要求法官责令行为人承担这三种侵权责任，在他人享有的姓名权、肖像权、荣誉权和隐私权等其他无形人格权遭受侵犯时，他人同样能够向法院起诉，要求法官责令行为人承担这三种侵权责任。

在我国，本条的此种规定所存在的主要问题是，它将原本仅在名誉权（或者荣誉权）当中适用的三种特殊侵权责任拓展到其他无形人格权领域。下面我们来看一下两大法系国家是如何规定的。

二、两大法系国家对名誉权遭受侵犯时行为人承担的其他侵权责任做出的规定

（一）法国1881年的《新闻自由法》对名誉权遭受侵犯时的各种侵权责任做出了规定

在大陆法系国家，最早对他人名誉权遭受侵犯时行为人所承担的各种各样的侵权责任做出规定的国家是法国，因为从1814年开始一直到1881年止，法国立法者陆续制定了《新闻自由法》：1814年10月21日的《新闻自由法》,[①]1819年5月17日的《新闻自由法》,[②]1822年3月25日的《新闻自由法》[③]，1835年9月9日的《新闻自由法》[④]，1849年6月27日的《新闻自由法》[⑤]，以及1869年7月20日的《新闻自由法》等。[⑥]在这些《新闻自由法》当中，除了明确规定新闻媒体毁谤他人名誉的行为构成应当遭受刑事制裁的犯罪行为之外，立法者也对新闻媒体侵犯他人名誉权时承担的各种各样的法律责任做出了规定。[⑦]

在这些《新闻自由法》的基础上，法国立法者最终制定了1881年7月29日的《新闻自由法》，并从1881年一直适用到现在。除了在第1条当中明确规定"印刷自由和出版自由"的原则之外，它也对新闻媒体侵犯他人名誉权时所承担的刑事责任和民事责任做出了规定。在民事责任领域，除了规定新闻媒体应当就其侵犯他人名誉权的行为对他人承担损害赔偿责任之外，该法还

---

① Loi du 21 octobre 1814, relative à la liberté de la presse.

② Loi du 17 mai 1819 sur la répression des crimes et délits commis par la voie de la presse, ou par tout autre moyen de publication.

③ Loi du 25 mars 1822 relative à la répression et a la poursuite des délits commis par la voie de la presse ou par tout autre moyen de publication, https://www.legifrance.gouv.fr/affichTexte.do?cidTexte=JORFTEXT000000515176&categorieLien=id.，最后访问日期2020年7月20日。

④ Loi 9 septembre 1835 relative des crimes, délits et contraventions de la presse et des autres moyens de publication.

⑤ Loi du 27 juin 1849 relative r6pression des délits de presse.

⑥ Loi du 20 juillet 1869 sur la presse et les délits commis par les divers moyens de publication.

⑦ 张民安：《名誉侵权的法律救济研究》，载张民安主编：《名誉侵权的法律救济——损害赔偿、回应权、撤回以及宣示性判决等对他人名誉权的保护》，中山大学出版社2011年版，第15—16、20—21页；张民安：《无形人格侵权责任研究》，北京大学出版社2012年版，第396页。

规定了其他侵权责任，诸如责令新闻媒体公开他人针对其具有名誉毁损性的报道所做出的回应，责令行为人矫正自己的陈述，责令行为人撤回自己的陈述等。①

法国历史上的这些《新闻自由法》所产生的影响是非常巨大的，因为从19世纪初期开始，受到法国同时期的《新闻自由法》的影响，其他大陆法系国家也纷纷制定新闻自由法，除了承认新闻媒体所享有的印刷自由权和出版自由权之外，其他国家的新闻自由法也对名誉权遭受侵犯时新闻媒体应当承担的包括损害赔偿责任在内的侵权责任做出了规定。例如，由于受到法国的《新闻自由法》的影响，德国的《新闻自由法》也对作为新闻媒体的行为人所承担的这些侵权责任做出了规定。再如，由于受到法国《新闻自由法》的影响，美国的有关机构和法官也承认行为人所承担的这些侵权责任形式。②

（二）责令行为人公开他人的回应

在两大法系国家，在他人的名誉权遭受侵犯时，法官责令行为人对他人承担除损害赔偿责任之外的第一种主要侵权责任是，责令行为人公开他人的回应。此种侵权责任尤其在新闻媒体侵犯他人名誉权时得到适用，根据此种侵权责任，如果新闻媒体在自己的报纸杂志、电台电视台或者互联网当中公开可能对他人名誉具有毁损性质的报道，他人有权向法院起诉，要求法官责令新闻媒体在其报纸杂志、电台电视台节目或者其互联网当中公开自己对其报道做出的答复，以便让社会公众了解有关的事实真相，澄清可能存在的错误事实，减轻或者消除新闻媒体的报道给自己的名誉造成的不利影响。站在他人的立场，他人享有的此种权利被称为回应权；而站在行为人的角度，他

---

① Loi du 29 juillet 1881 sur la liberté de la presse, Version consolidée au 17 mai 2020, Dernière modification: 24 mars 2020, https://www.legifrance.gouv.fr/affichTexte.do?cidTexte=LEGITEXT000006070722.，最后访问日期2020年7月20日。

② 张民安：《名誉侵权的法律救济研究》，张民安主编：《名誉侵权的法律救济——损害赔偿、回应权、撤回以及宣示性判决等对他人名誉权的保护》，中山大学出版社2011年版，第6—28页；张民安：《无形人格侵权责任研究》，北京大学出版社2012年版，第397—398页。

们承担的此种侵权责任被称为公开他人回应的侵权责任。①

法国1881年的《新闻自由法》第13条对新闻媒体所承担的公开他人回应的刑事责任和民事责任做出了明确规定。根据该条的规定，一旦新闻媒体在自己的日报、日刊上公开对他人的名誉具有毁损性的内容，在接到他人针对其内容做出的回应之后的3日内，新闻媒体必须在日报、日刊的相同位置以相同的字符免费刊登他人的回应；如果新闻媒体在自己的非日报或者非日刊上公开对他人的名誉具有毁损性的内容，新闻媒体应当在接到他人的回应之后的下一期以同样的位置、同样的字符免费刊登他人的回应。如果新闻媒体拒绝采取这些措施，除了应当遭受其他的刑事制裁和对他人承担损害赔偿责任之外，新闻媒体还应当遭受3750欧元刑事罚金的惩罚。同时，在新闻媒体拒绝采取这些措施的情况下，基于他人的请求，法官在收到他人请求之后的10日内责令新闻媒体在自己的报纸杂志上刊登他人的回应。②

在今时今日，除了法国《新闻自由法》对他人享有的回应权做出了规定之外，德国的《新闻自由法》也对他人享有的回应权做出了规定，③美国法官在某些司法判例当中也承认他人享有的回应权，虽然某些法官在另外的一些司法判例当中否定他人享有的回应权。④

---

① Jean-Christophe Saint-Pau et, Droits de la Personnalité, LexisNexis, 2013, pp.1001-1017; 张民安：《名誉侵权的法律救济研究》，载张民安主编：《名誉侵权的法律救济——损害赔偿、回应权、撤回以及宣示性判决等对他人名誉权的保护》，中山大学出版社2011年版，第15—16、20—21页；张民安：《无形人格侵权责任研究》，北京大学出版社2012年版，第396—411页；张民安、林泰松：《人格权在民法典当中的独立地位——人格权为何应当在我国民法典当中独立设编》，中山大学出版社2019年版，第211—213页。

② Article 13 Loi du 29 juillet 1881 sur la liberté de la presse, Version consolidée au 17 mai 2020, Dernière modification: 24 mars 2020, https://www.legifrance.gouv.fr/affichTexte.do?cidTexte=LEGITEXT000006070722.，最后访问日期2020年7月20日。

③ 张民安：《名誉侵权的法律救济研究》，载张民安主编：《名誉侵权的法律救济——损害赔偿、回应权、撤回以及宣示性判决等对他人名誉权的保护》，中山大学出版社2011年版，第10—11、20—21页；张民安：《无形人格侵权责任研究》，北京大学出版社2012年版，第397—398页。

④ 张民安：《名誉侵权的法律救济研究》，载张民安主编：《名誉侵权的法律救济——损害赔偿、回应权、撤回以及宣示性判决等对他人名誉权的保护》，中山大学出版社2011年版，第20—21页；张民安：《无形人格侵权责任研究》，北京大学出版社2012年版，第397—398页。

（三）责令行为人矫正自己的陈述

在大陆法系国家，在他人的名誉权遭受侵犯时，法官责令行为人对他人承担除损害赔偿责任之外的第二种主要侵权责任是，责令行为人矫正自己做出的对他人具有名誉毁损性的陈述，此种侵权责任尤其在新闻媒体侵犯他人名誉权时得到适用。根据此种侵权责任，如果新闻媒体在自己的报纸杂志、电台电视台或者互联网上做出对他人名誉具有毁损性的报道，在它们的报道内容不完全、不准确的情况下，或者在它们提供的信息不全面、不完整的情况下，他人有权向法院起诉，要求法官责令新闻媒体采取措施，对其内容不完全、不准确的报道做出更正，或者对不全面、不完整的信息进行补充，以便减轻、抵消其报道给自己的名誉造成的损害。从他人的角度，他人享有的此种权利被称为矫正权；从新闻媒体的角度，它们承担的此种侵权责任被称为矫正不完全陈述的侵权责任。①

1881年的法国《新闻自由法》第12条对他人享有的矫正权做出了规定，根据该条的规定，如果新闻媒体在自己的报纸杂志上对公职人员的职能行为做出不准确的报道，在公职人员对其报道提出矫正的请求之后，新闻媒体应当在下一期的报纸杂志上刊登公职人员的矫正内容，新闻媒体刊登的矫正内容不得超过新闻媒体报道内容的两倍，如果新闻媒体违反此种规定，则新闻媒体的负责人应当遭受3750欧元刑事罚金的惩罚。②

1881年的《新闻自由法》第12条所存在的一个主要问题是，它仅仅将名誉侵权责任领域的矫正权限定在狭小的范围内，认为仅仅公职人员才享有该种权利，新闻媒体也仅仅对公职人员才承担此种侵权责任。因为这样的原因，德国民法在规定矫正权时没有将其限定在公职人员的范围内。③

---

① 张民安：《名誉侵权的法律救济研究》，载张民安主编：《名誉侵权的法律救济——损害赔偿、回应权、撤回以及宣示性判决等对他人名誉权的保护》，中山大学出版社2011年版，第9—10页。

② Article 12 Loi du 29 juillet 1881 sur la liberté de la presse, Version consolidée au 17 mai 2020, Dernière modification: 24 mars 2020, https://www.legifrance.gouv.fr/affichTexte.do?cidTexte=LEGITEXT000006070722.，最后访问日期2020年7月20日。

③ 张民安：《名誉侵权的法律救济研究》，载张民安主编：《名誉侵权的法律救济——损害赔偿、回应权、撤回以及宣示性判决等对他人名誉权的保护》，中山大学出版社2011年版，第9—10页。

（四）责令行为人撤回自己的陈述

在两大法系国家，在他人的名誉权遭受侵犯时，法官责令行为人对他人承担除损害赔偿责任之外的第三种主要侵权责任是，责令行为人撤回自己做出的对他人名誉具有毁损性的陈述，并且此种侵权责任尤其是在新闻媒体侵权责任当中适用。根据此种侵权责任，如果新闻媒体在自己的报纸杂志、电台电视台或者互联网上做出对他人名誉具有毁损性的报道，在无法通过矫正的方式予以补救时，他人有权向法院起诉，要求法官责令行为人撤回自己的陈述。从他人的立场，他人享有的此种权利被称为撤回权（right of retraction），而从新闻媒体的立场，他们承担的此种侵权责任被称为撤回具有名誉毁损性陈述的侵权责任。[①]

在大陆法系国家，德国法律对新闻媒体所承担的撤回责任做出了规定，认为基于新闻媒体做出陈述的不同情况，他人有权要求法官责令新闻媒体或者全部撤回自己的陈述，或者部分撤回自己的陈述。[②]在美国，美国律师协会（the American Bar Association）在1994年通过了《统一校正或澄清名誉侵权法》（the Uniform Correction or Clarification of Defamation Act，UCCDA），对行为人撤回陈述的时间、撤回程序、充分撤回的构成要素、撤回方式和撤回的效果等内容做出了规定。[③]

（五）其他法律救济措施

在他人的名誉权遭受侵犯时，除了有权要求法官采取上述法律救济措施

① 张民安：《名誉侵权的法律救济研究》，载张民安主编：《名誉侵权的法律救济——损害赔偿、回应权、撤回以及宣示性判决等对他人名誉权的保护》，中山大学出版社2011年版，第9—10、21—25页；张民安：《无形人格侵权责任研究》，北京大学出版社2012年版，第405—411页。

② 张民安：《名誉侵权的法律救济研究》，载张民安主编：《名誉侵权的法律救济——损害赔偿、回应权、撤回以及宣示性判决等对他人名誉权的保护》，中山大学出版社2011年版，第9—10、20—21页；张民安：《无形人格侵权责任研究》，北京大学出版社2012年版，第405—406页。

③ 张民安：《名誉侵权的法律救济研究》，载张民安主编：《名誉侵权的法律救济——损害赔偿、回应权、撤回以及宣示性判决等对他人名誉权的保护》，中山大学出版社2011年版，第22—25页；张民安：《无形人格侵权责任研究》，北京大学出版社2012年版，第406—411页。

保护自己的名誉权之外，大陆法系国家和英美法系国家还规定了其他的一些法律救济措施。首先，英国1952年的《名誉侵权法》规定，在行为人对他人做出具有名誉毁损性的陈述时，他人有权要求法官责令行为人对自己承担赔礼道歉的法律责任，虽然在具体实践当中，行为人往往不会采取此种侵权责任方式。[①]其次，法国民法认为，在行为人侵犯他人的名誉权时，如果法官就他人与行为人之间的名誉侵权做出有利于他人的裁判，他人有权要求法官将其做出的裁判在有关报纸上公开。[②]最后，在美国，某些学者认为，在他人的名誉权遭受侵犯时，他人有权要求法官做出宣示性裁判，宣告行为人做出的陈述在性质上属于侵犯他人名誉权的行为。不过，这些学者的意见并没有获得美国法官或者立法者的认同。[③]

三、本条规定的三种侵权责任的具体实施

根据本条规定，在行为人侵犯他人的人格权时，如果他们承担消除影响、恢复名誉和赔礼道歉的侵权责任，则他们承担这些侵权责任“应当与行为的具体方式和造成的影响范围相当”。所谓“与行为的具体方式和造成的影响范围相当”包括以下三个方面的含义。

首先，行为人承担消除影响、恢复名誉和赔礼道歉侵权责任的方式取决于他们实施侵权的方式，行为人采取什么样的方式侵犯他人人格权，他们就采取什么样的方式承担这三种侵权责任。因此，如果行为人以口头方式侵犯他人人格权，他们应当以口头方式承担消除影响、恢复名誉和赔礼道歉的侵权责任；如果行为人以书面方式侵犯他人的人格权，他们也应当以书面方式

---

① 张民安：《名誉侵权的法律救济研究》，载张民安主编：《名誉侵权的法律救济——损害赔偿、回应权、撤回以及宣示性判决等对他人名誉权的保护》，中山大学出版社2011年版，第21—22页。

② 张民安：《名誉侵权的法律救济研究》，载张民安主编：《名誉侵权的法律救济——损害赔偿、回应权、撤回以及宣示性判决等对他人名誉权的保护》，中山大学出版社2011年版，第14页。

③ 张民安：《名誉侵权的法律救济研究》，载张民安主编：《名誉侵权的法律救济——损害赔偿、回应权、撤回以及宣示性判决等对他人名誉权的保护》，中山大学出版社2011年版，第25—27页；张民安：《无形人格侵权责任研究》，北京大学出版社2012年版，第418—422页。

承担消除影响、恢复名誉和赔礼道歉的侵权责任；如果行为人通过社交媒体侵犯他人人格权，他们应当通过社交媒体承担消除影响、恢复名誉和赔礼道歉的侵权责任；如果行为人通过互联网侵犯他人人格权，则他们应当通过互联网承担消除影响、恢复名誉和赔礼道歉的侵权责任。①

其次，行为人承担消除影响、恢复名誉和赔礼道歉侵权责任的范围取决于他们实施侵权的范围，行为人在多大范围内实施人格权侵权行为，他们就在多大范围内承担这三种侵权责任。因此，如果行为人当着大多数亲朋好友的面侵犯他人人格权，他们应当在大多数亲朋好友的范围内承担消除影响、恢复名誉和赔礼道歉的侵权责任；如果行为人在一家全国发行的报纸杂志上侵犯他人人格权，他们应当在同一报纸杂志上承担消除影响、恢复名誉和赔礼道歉的侵权责任；如果行为人在一个具有400名成员的微信群组当中侵犯他人的人格权，他们应当在同一群组的范围内承担消除影响、恢复名誉和赔礼道歉的侵权责任。

最后，行为人承担消除影响、恢复名誉和赔礼道歉侵权责任期限的及时性。本条仅仅对行为人承担这三种侵权责任的方式和范围做出了原则性的规定，没有对行为人承担这三种侵权责任的期限做出任何规定。实际上，除了应当具体规定承担侵权责任的方式和范围之外，本条也应当对行为人承担这三种侵权责任的期限做出规定。关于行为人承担这三种侵权责任的期限，本条规定应当采取及时承担侵权责任的原则，因为，如果行为人不及时承担侵权责任，则他人的社会关系将会遭受无法恢复的破坏。

总的说来，我们可以借鉴法国1881年《新闻自由法》关于承担侵权责任期限的规定，在行为人侵犯他人人格权之后，如果他人要求行为人对其承担消除影响、恢复名誉和赔礼道歉的侵权责任，则行为人应当在收到他人请求之后的3日内承担这些侵权责任，如果行为人没有在3日内承担这些侵权责任，法官有权按照本条第2款的规定采取强制执行措施。

无论通过什么方式承担这些侵权责任，行为人均应当自费承担这些侵权责任，他们不能够将承担这些侵权责任所产生的费用转嫁给他人。如果行为人拒绝承担这些侵权责任，法官强制执行这些侵权责任所产生的费用也应当

---

① 张民安、铁木尔高力套：《债权法》（第五版），中山大学出版社2017年版，第217页。

由行为人承担。

四、本条的相对性适用

本条所规定的三种侵权责任并不能够随意适用。

一方面，如果动不动就责令行为人就其侵犯他人人格权的行为对他人承担消除影响、恢复名誉和赔礼道歉的侵权责任，则行为人享有的言论自由权、评论自由权、批评自由权和社会公众的信息权、知情权就会被窒息，这一点同停止侵害的侵权责任是一样的。在他人要求法官责令行为人承担这些侵权责任时，法官也应当平衡他人的人格权和行为人的言论自由权、评论自由权、批评自由权和社会公众的信息权、知情权，这一点同法官在决定是否责令行为人承担停止侵害的侵权责任时完全一样。

另一方面，行为人拒绝承担人格权侵权责任的各种抗辩事由完全适用于《民法典》第1000条所规定的这三种侵权责任。在两大法系国家和我国，侵权责任法虽然会保护他人的人格权免受侵犯，但是，侵权责任法对他人人格权的保护仅仅是相对的而不是绝对的，这就是，即便完全符合人格权侵权责任的构成要件，行为人也可能不会对他人遭受的损害承担赔偿责任，因为侵权责任法会借口各种各样的理由免除他们原本应当承担的损害赔偿责任，这就是人格权侵权责任的抗辩事由。人格权侵权责任的抗辩事由多种多样，诸如事实真实的抗辩事由，公正评论的抗辩事由，绝对免责特权的抗辩事由，相对免责特权的抗辩事由，等等。①

除了适用于损害赔偿的侵权责任和停止侵害的侵权责任之外，这些抗辩事由当然也适用于《民法典》第1000条所规定的这三种侵权责任。因此，如果行为人做出的行为是对他人人格具有毁损性的，因为上述抗辩事由，他人不能够要求法官责令行为人根据本条的规定对其承担侵权责任；如果行为人的行为是真实合理的，因为上述抗辩事由，他人也不能够要求法官责令行为人根据本条的规定对其承担侵权责任。

---

① 张民安：《名誉侵权的抗辩事由研究》，载张民安主编：《名誉侵权的抗辩事由——事实真实、公正评论、绝对或相对免责特权等对行为人名誉侵权责任的免除》，中山大学出版社2011年版，第1—26页；张民安：《无形人格侵权责任研究》，北京大学出版社2012年版，第284—369页。

其他问题

在我国，虽然立法者和民法学者普遍使用“消除影响”和“恢复名誉”这样的术语，但是，作为两种侵权责任形式，这两个法律术语是不准确的，因为在民法上，“消除影响”和“恢复名誉”并不是行为人承担侵权责任的方式、手段，而是他们承担侵权责任的目的。

笔者认为，我国《民法典》应当放弃将“消除影响”和“恢复名誉”作为两种侵权责任形式的做法，取而代之的侵权责任形式应当是大陆法系国家和英美法系国家的侵权责任法普遍使用的“回应”、“撤回”和“矫正”等。

第一千零一条【身份权的法律适用】

对自然人因婚姻家庭关系等产生的身份权利的保护，适用本法第一编、第五编和其他法律的相关规定；没有规定的，可以根据其性质参照适用本编人格权保护的有关规定。

规范目的或功能

本条对《民法典》人格权编与《民法典》和其他制定法所规定的身份权之间的法律适用关系做出了说明。根据本条的说明，如果他人享有某种身份权，他人身份权的法律保护原则上不适用《民法典》第四编即人格权编的规定，而仅仅适用《民法典》第一编即总则编、《民法典》第五编即婚姻家庭编以及其他制定法的规定。但是，在《民法典》总则编、第五编或者其他制定法没有规定的情况下，仍然可以参照《民法典》第四编的规定适用。

规范内容

一、身份权的界定

所谓身份权，是指他人对自己的个人身份所享有的主观权利、民事权利。

所谓个人身份，是指能够将他人与别人区分开来的所有因素，换言之，是指能够对他人进行法律上的识别并因此让他人获得个体化的所有因素。[①]个人身份多种多样：家庭身份，诸如夫妻、父母子女和兄弟姐妹；他人个体化的因素：他人的姓名或者名称，他人的住所或者场所，他人的国籍；公司的股东身份、董事身份、高管身份；教师身份和学生身份；等等。当他人对这些个人身份享有主观权利、民事权利时，他人享有的主观权利、民事权利就是身份权。[②]

二、《民法典》第四编关于人格权的规定在身份权当中的参照适用

根据本条的规定，他人的身份权原则上不适用《民法典》第四编的规定，不过，在《民法典》的其他编没有对他人的身份权做出规定的情况下，或者在《民法典》之外的其他制定法没有对他人享有的身份权做出规定的情况下，他人身份权的法律保护仍然能够参照适用《民法典》第四编的规定。所谓参照适用，也就是民法当中的类推适用，是指在制定法没有对法官要处理的某一种案件做出规定的情况下，如果他们能够在制定法当中找到与他们要处理的案件类似的规定，他们有权将制定法的类似规定适用到所要解决的案件当中并据此做出判决。

因此，家庭成员享有的大多数身份权不适用《民法典》第四编关于人格权的规定，而是适用《民法典》第五编即婚姻家庭编的规定，因为第五编对夫妻之间、父母子女之间以及其他家庭成员之间享有的各种身份权做出了规定。家庭成员享有的监护权也不适用《民法典》第四编关于人格权的规定，而是适用《民法典》第一编即总则编的规定，因为，《民法典》总则编第二章第二节对家庭成员享有的监护权做出了规定，包括成年的家庭成员对未成年

---

① Christian Larroumet Augustin Aynès, Introuduction à l'étude du droit, Tome I, 6 e édition, Economica, 2013, pp.313–314.

② Christian Larroumet Augustin Aynès, Introuduction à l'étude du droit, Tome I, 6 e édition, Economica, 2013, pp.313–314；张民安：《法国民法》，清华大学出版社2015年版，第148—153页；张民安、林泰松：《人格权在民法典当中的独立地位》，中山大学出版社2019年版，第203—208页；张民安：《法人的人格权研究（下）——法人人格权的类型、性质及侵害后果》，载《学术论坛》2020年第2期。

的家庭成员享有的监护权和有完全行为能力的家庭成员对无行为能力或者限制行为能力的家庭成员享有的监护权。同样，作者的身份权不适用《民法典》第四编关于人格权的规定，而是适用《著作权法》的规定，因为《著作权法》对作者享有的著作人身权做出了规定。

不过，在《民法典》第五编、第一编对家庭成员享有的身份权做出规定的情况下，或者在《著作权法》对作者享有的身份权做出规定的情况下，《民法典》第四编关于人格权的规定仍然存在参照适用的可能，因为，虽然《民法典》第五编、第一编或者《著作权法》可能对他人享有的身份权做出了规定，但是，它们做出的规定可能不完全。

例如，虽然《民法典》第一编对家庭成员享有的监护权做出了规定，《民法典》第五编对夫妻配偶权做出了规定，但是，它们均没有对监护权、配偶权的特征做出规定：监护权或者配偶权是否能够放弃、转让或者继承？在当事人之间就监护权、配偶权是否能够放弃、转让或者继承的问题发生纠纷时，法官无法从《民法典》第一编或者第五编当中找到可供适用的法律规定，此时，他们可能参照适用《民法典》第四编当中的第992条并因此得出监护权、配偶权不能够放弃、转让、继承的结论，该条规定：人格权不得放弃、转让、继承。

再如，虽然《民法典》第五编对夫妻之间的姓名权问题做出了规定，但是，它没有对夫妻一方是否能够授权对方使用自己的家庭姓氏的问题做出规定。当一方授权另外一方使用自己的家庭姓氏时，如果夫妻双方就家庭姓氏的授权使用行为效力究竟有效还是无效发生纠纷，法官无法在《民法典》第五编当中找到可供适用的法律规定。此时，他们有权参照《民法典》第四编第993条的规定解决当事人之间的法律纠纷，因为该条规定，原则上，民事主体可以将自己的姓名、名称、肖像等人格特征许可他人使用，已如前述。

三、《民法典》第四编关于人格权的规定能够在身份权当中参照适用的原因

在我国，《民法典》第四编关于人格权的规定之所以能够在身份权当中参照适用，一个最主要的原因是，身份权与人格权的传统性质相同，因为传统民法认为，无论是身份权还是人格权在性质上均是一种非财产权，而不是一

种财产权。

在法国，民法学者普遍承认，除了人格权在性质上是一种非财产权之外，身份权尤其是其中的家庭权在性质上也是一种非财产权。[①]在我国，无论是1986年的《民法通则》第2条、2017年的《民法总则》第3条还是2020年的《民法典》第3条均采取传统民法的理论，认为身份权就像人格权一样在性质上是一种非财产权。根据《民法典》第3条的规定，权利主体享有的民事权利分为三类：人身权利、财产权利以及其他合法权益，其中的人身权独立于财产权。传统民法之所以认定身份权和人格权在性质上属于非财产权，是因为身份权和人格权是两种无法以金钱方式确定其价值大小的主观权利、民事权利。

身份权的性质与人格权的性质相同，身份权的特征与人格权的特征相同，所以，身份权可以参照适用有关人格权的法律规范。

---

① Henri Roland Laurent Boyer, Introuduction au droit, Litec, 2002, pp.429–430; GERARD CORNU, Droit civil, Introuduction au droit, 13 e édition, Montchrestien, 2007, pp.39–43; Christian Larroumet Augustin Aynès, Introuduction à l’étude du droit, 6e édition, Economica, 2013, pp.312–314; 张民安：《法国民法》，清华大学出版社2015年版，第72—73页；张民安：《法国民法总论》（II），清华大学出版社2020年版，第148—151页。

第二章

生命权、身体权和健康权

第一千零二条【生命权的内容】

自然人享有生命权。自然人的生命安全和生命尊严受法律保护。任何组织或者个人不得侵害他人的生命权。

历史由来

本条规定了生命权的内容，为民事法律的新增规定，但以往民法上早已确立生命权。《民法通则》第98条规定："公民享有生命健康权。"虽有学者将"生命健康权"视为一项独立权利，[①]但通说认为，"生命健康权"是生命权、健康权和身体权的统称，生命权为独立的人格权。[②]后来的司法解释也遵循了通说的立场，如《侵权精神损害赔偿解释》第1条、《人身损害赔偿解释》第1条均将生命权、健康权和身体权并列。《侵权责任法》第2条规定了独立的生命权、健康权，但并未规定身体权。《民法总则》第110条完整规定了生命权、身体权和健康权。

《民法典人格权编（草案）》（征求意见稿）第13条将生命权界定为"生命利益"，《民法典各分编（草案）》第783条则规定："自然人享有生命权，有权维护自己的生命安全。"在此基础上，《民法典人格权编（草案）》（二审稿）第783条增加了"生命尊严"的内容。2020年5月22日提交审议的《民法典（草案）》调整了表达方式，最终形成本条。

民法典草案学者建议稿虽然明确了生命权及其不可侵性，但均未规定生命权的内容。如梁慧星教授主持的《中国民法典草案建议稿》第18条规定："自然人享有生命权。禁止一切侵害自然人生命或者有可能导致生命丧失的非法行为。"[③]王利明教授主持的《中国民法典学者建议稿》第309条规定："自然人享有生命权。生命权不得抛弃或转让，也不得受法定或意定的限制。非

---

① 参见周元伯主编：《〈中华人民共和国民法通则〉释义》，南京大学出版社1986年版，第120—121页。

② 参见王利明、杨立新、姚辉编著：《人格权法》，法律出版社1997年版，第50页。

③ 梁慧星主编：《中国民法典草案建议稿附理由：总则编》，法律出版社2013年版，第50页。

依法律规定，任何人不得非法剥夺自然人的生命。”[1]两相比较，本条规定既符合人格权编确定权利边界的要求，也反映了学说的最新发展，值得肯定。

规范目的或功能

本条是对生命权内容的规定，旨在确定生命权的范围与边界，禁止对他人生命安全和生命尊严的侵害，宣示生命权在法律上的神圣不可侵犯。首先规定生命权，是因为生命权的极端重要性：“盖生命不保，则万事皆休。”[2]生命权为绝对权，可对抗权利人之外的所有人，故“任何组织或者个人不得侵害他人的生命权”。

本条为不完全法条。因此，侵害生命权的损害赔偿责任，应依《民法典》侵权责任编相关规定确定；停止侵害、排除妨碍、消除危险、恢复名誉等请求权则可诉诸《民法典》第995条、第997条处理。但即便如此，只要认识到人格权的“受尊重权”属性，把作为权利对象的人格自由区别于对物支配，则维持生命安全与尊严本身就是积极权能。

规范内容

一、生命安全及其表达

关于生命权的内容，传统民法形成了两种不同主张。第一种意见认为，生命权是生命主体依法支配（利用）自己生命的权利。这种主张立足于权利客体理论，认为离开支配关系谈权利内容言不及义，因而把生命权界定为主体的支配利益。[3]第二种意见从生命安全的角度来界定生命权。如史尚宽先生认为，生命权为享受生命安全人格利益的权利。[4]龙显铭先生谓：“生命权者，

---

① 王利明主编：《中国民法典学者建议稿及立法理由：人格权编·婚姻家庭编·继承编》，法律出版社2005年版，第60页。

② 参见郑玉波：《民法债编总论》，中国政法大学出版社2003年版，第127页。

③ 参见李锡鹤：《民法原理论稿》（第二版），法律出版社2012年版，第508—509页。

④ 参见史尚宽：《债法总论》，中国政法大学出版社2000年版，第146页。

不受他人妨害，而对于生命之安全，享受利益之权利也。”[①]也有学者表达为性命维持和安全利益。[②]关于生命安全的具体内容，学界在强调生命维持权的同时，多强调生命利益的有限支配性。[③]

就上述学说而言，应当说明的是：生命是法律上不可放弃的价值，即便是有限支配也有违其伦理属性，且未必有立法实益，更可能产生负面效果。[④]而认为生命权是对生命依法支配的主张，既是对生命自由与对物支配的混淆，也是对权利客体的误解：哲学上的主、客体关系体现为支配关系，但法律作为调整人与人之间关系的实践科学，具有“主体—主体”和“主体—客体”的双重结构。[⑤]二者分别对应于权利的规范性/事实性、形成机制/自由领域、权利客体/权利对象。作为一种权利的形成机制，权利客体并不体现其支配性。因此，从支配的角度来理解生命权并不妥当，生命安全应体现为生命利益的维持自由。当然，这主要是从民事权利角度来说的，就作为基本权利的生命权而言，任何人非经正当程序和依法审判，国家不得剥夺其生命。

二、生命尊严

传统学说之所以承认生命利益的有限支配，主要还是想对献身、安乐死等问题作出说明。“现代人格权法理论主张有限制的生命利益支配权，认为生命尽管对于个人来说具有最高的人格价值，但是当个人认识到个人的生命利益与社会公共利益相比，后者具有更高的价值的时候，权利主体若自愿放弃自己的生命利益，乃是对于自己生命利益的处分。”[⑥]笔者认为，认可对生命的有限支配固然为献身、安乐死提供了合法性基础，但其本质是牺牲生命的伦理属性所作的利益衡量，与生命的无价性和人格权非财产性相悖，因而不可

---

① 龙显铭：《私法上人格权之保护》，中华书局1949年版，第42页。

② 参见张俊浩主编：《民法学原理》（修订三版）（上），中国政法大学出版社2000年版，第143页。

③ 参见王利明：《人格权法研究》（第三版），中国人民大学出版社2018年版，第267—270页；姚辉：《人格权法论》，中国人民大学出版社2011年版，第151页；郭明瑞：《民法总则通义》，商务印书馆2018年版，第169页。

④ 参见温世扬：《民法典人格权编草案评议》，载《政治与法律》2019年第3期。

⑤ 参见任平：《马克思主义交往实践观与主体性问题》，载《哲学研究》1991年第10期。

⑥ 姚辉：《人格权法论》，中国人民大学出版社2011年版，第152页。

取。所谓对生命的有限支配，仍然是从财产权角度观察生命权的结果。

于此背景下，生命尊严理论应运而生。如有学者指出，传统学说对生命的界定并不完整，生命权不仅要维护物理意义上的生命延续，更要追求生命的高质量；不仅意味着一个人在生命受到威胁的时候有权受到法律的保护，同样也意味着他在生命质量非常低下的时候，有权按照自己的意愿有尊严地离开。[①]因此，生命不仅是自然造物的结果，也是生命自主展现和实现的进程。[②]确实，越来越多的学者认识到生命的尊严层面，认为生命不仅有生物（自然）生命，还包含精神（伦理）生命。[③]“伦理生命是相对于自然生命而言的自由生命。从自然生命到伦理生命（或自由生命）是生命自身的质的变化和提升。”[④]事实上，不仅生命权的伦理属性要求我们从尊严角度理解生命权的内容，也只有从伦理的要求、尊严的角度，我们才可以周全地解释自杀、献身和安乐死问题。因此，本条规定生命尊严，是对学说发展的肯定与确认。

三 其他问题

一、自杀的违法性问题

生死向来为人之大事，自杀则是跨学科的亘古话题。在民法学上，人们对自杀行为的评价，多认为其因违反公序良俗而无效。[⑤]但这种诉诸外部秩序的价值判断，无助于理解自杀行为的内在属性。与之不同，在刑法学界，虽然也存在自杀违法的立场，但我国传统刑法理论并不认为自杀构成犯罪。[⑥]更有刑法学者直言：“自杀行为本身体现着个人对自身生命加以支配和处分的自由。不论是从社会层面还是从个人权益保护抑或道德哲学的角度，都没有理

① 参见马俊驹：《人格和人格权理论讲稿》，法律出版社2009年版，第251页。

② 参见刘召成：《生命尊严的规范构造与制度实现》，载《河南社会科学》2019年第7期。

③ 参见易军：《生命权：藉论证而型塑》，载《华东政法大学学报》2012年第1期。

④ 任丑：《生命与伦理如何生成为伦理生命》，载《吉林大学社会科学学报》2016年第1期。

⑤ 参见王利明：《人格权法研究》（第三版），中国人民大学出版社2018年版，第269页；张平华：《生命权价值的再探讨》，载《法学杂志》2008年第1期。

⑥ 参见高铭暄、马克昌主编：《刑法学》（第九版），北京大学出版社、高等教育出版社2019年版，第454页。

由对这种自由加以限制。”[①]其实，只要我们意识到生命的道德性，自杀行为就不可能具有合法性：“人并不是物件，不是一个仅仅作为工具使用的东西，在任何时候都必须在他的一切行动中，把他当作自在目的看待，从而他无权处置代表他人身的人，摧残他、毁灭他、戕害他。”[②]只是自杀既在事实上无法避免，于法律上也无从加以处罚。

人的生命和能力都是有限的。人既无法避免生老病死的自然规律，在大自然面前又渺小、卑微，以至于无法认识、无力抗拒。基于人自身的局限性，自杀具有高度的主观性，无法真实体现人的尊严：常人因无力摆脱困境而悲观寻死，天才因无力摆脱人类局限而寻求“解脱”。对此，王国维先生置有高见：“至自杀之事，吾人姑不论其善恶如何，但自心理上观之，则非力不足以副其志而入于绝望之域，必其意志之力不能制其一时之感情，而后出此也。而意志薄弱之社会反以美名加之，吾人虽不欲科以杀人之罪，其可得乎！”[③]因此，在生命安全可得维护的前提下，寻求结束自己的生命，本质上是对生命价值的背叛，而非生命自由、尊严的体现，因而具有不法性。

二、献身的合法性问题

在献身（限于奉献生命）的情形，从利益衡量角度赋予其合法性的弊端已如前述，还应从生命的道德性本身去寻找答案。人是伦理的存在，道德是实践活动的根基。在这一点上，虽然中国与西方在几千年的历史演进中走向了不同的道路（前者以儒家伦理为中心，后者以基督宗教为核心），但二者具有同样的收摄人心、整合社会的作用。[④]正因为道德的重要性，康德虽然在《纯粹理性批判》中将上帝、灵魂归为无法认识的物自体，但在《实践理性批判》中又认可上帝不死、灵魂不朽。法律理性必须兼顾道德的正当性，献身

---

① 王钢：《自杀的认定及其相关行为的刑法评价》，载《法学研究》2012年第4期。

② ［德］康德：《道德形而上学原理》，苗力田译，世纪出版集团、上海人民出版社2012年版，第37页。

③ 王国维：《教育小言十则》，转引自詹春花：《王国维对尼采的译介——兼及王国维对“自杀”的阐释》，载《同济大学学报》（社会科学版）2008年第4期。

④ 参见任建涛：《内在超越与外在超越：宗教信仰、道德信念与秩序问题》，载《中国社会科学》2012年第7期。

虽然牺牲了作为存在的自然生命，但因其本身的道德性、精神性、社会性而成为作为尊严的精神生命的体现。

献身与自杀的区别是，前者基于一种客观的善，此种善是人的本性所追求的，如为民族解放而献身；后者则是主观意志缺乏毅力的体现，与人的本性的善相悖。“自杀者的行为相当于让自由的道德存在者屈从于动物性属性，即仅仅将人格中的人性视为手段……对于一个舍生取义的人来说，他选择牺牲自己的生命是为了‘义’，为了‘道德’。此时，他的行为并未贬损人格中的人性，而是彰显了其作为自由的道德存在者的尊严和崇高。”[①]

所以说，与其认为献身是对生命的支配，毋宁是人实现生命尊严的自由。另应注意的是，阻止他人自杀、无谓牺牲的行为，也因具有维护生命安全的正当性，而不属于对他人自由的干涉。[②]

三、关于安乐死

安乐死是对死亡方式的描述，意指无痛苦死亡，无所谓乐不乐。[③]一般所谓的安乐死，是指患不治之症的病人在垂危状态下，由于精神和躯体的极端痛苦，在病人和其亲友的要求下，经医生认可，用人道方法使病人在无痛苦状态中结束生命的过程。[④]这其实就是通常所谓的消极安乐死，即生命缺乏正常维持前提的无痛苦死亡。当然，也有学者认为，这并不是安乐死，而是自然死亡或者听任死亡。[⑤]可以认为，作为一个有意义的法律问题，安乐死的内涵应限于消极的情形，从而与自杀区别开来。“生命尊严所包含的人对其生命的自我决定的权利，必须限定于生命已丧失自我维持的能力以及人格陷入不可逆转的自主性丧失的情况下才能行使。”[⑥]关于消极安乐死，我国学者虽然态

---

① 王福玲：《“人是目的”的限度——生命伦理学视域的考察》，载《中国人民大学学报》2017年第6期。

② 参见曹相见：《人格权法定的宪法之维与民法典编纂》，载《浙江社会科学》2020年第2期。

③ 参见傅伟勋：《死亡的尊严与生命的尊严》，北京大学出版社2006年版，第25页。

④ 参见韩大元：《论安乐死立法的宪法界限》，载《清华法学》2011年第5期。

⑤ 参见刘三木、汪再祥：《关于安乐死的若干争议问题之讨论》，载《法学评论》2004年第6期。

⑥ 参见刘召成：《生命尊严的规范构造与制度实现》，载《河南社会科学》2019年第7期。

度不一，但其分歧本质上还是对生命价值本身的不同考量。

可以认为，在消极安乐死的意义上，生命尊严可以为安乐死提供正当性基础。理由在于，虽然生命本身作为目的而存在，维持生命是生命权的第一要务，但生命并非与死亡无关。“生命包含着、预示着死亡，向着死亡而生存并在最终走向死亡的过程中完成自身。任何死亡都是生命的死亡，任何生命都是死亡着的生命。死亡和生存是贯穿生命始终的生命程序的内在本质规定。”[①]因此，当生命延续已经无望、死亡即将来临，生命的安全价值荡然无存，与其痛苦地走向毁灭，不如无痛地、有尊严地走向死亡。此时，生命尊严与生命安全的矛盾是表面的，实则二者存在内在的统一。

正因为如此，民法学者多认为，《民法典》第1002条可为（消极）安乐死提供正当化依据。[②]而实践中也有此需求，如在1986年，王明成因为身患绝症的母亲实施“安乐死”，被检察机关以故意杀人罪提起公诉。后最高人民法院批复陕西省高级人民法院：“你院请示的蒲连升、王明成故意杀人一案，经高法讨论认为，‘安乐死’的定性问题有待立法解决，就本案的具体情节，不提‘安乐死’问题，可以依照刑法第十条的规定，对蒲、王的行为不做犯罪处理。”[③]因此，在被关押1年零3个月后，王明成被法院宣告无罪释放。不过，即便如此，本条尚不能成为消极安乐死的法律依据。因为作为决定生死的人之大事，安乐死还涉及严格的程序设计，而这应由汇聚民意、体现民主的立法作出明确规定。当然，这已是行政法的调整范围。

---

① 任丑：《死亡权：安乐死立法的价值基础》，载《自然辩证法研究》2011年第2期。

② 参见石佳友：《人格权立法的进步与局限》，载《清华法学》2019年第5期；杨立新：《人格权编草案二审稿的最新进展及存在的问题》，载《河南社会科学》2019年第7期。

③ 《蒲连升、王明成故意杀人案——我国首例“安乐死”案》，载正义网http://www.jcrb.com/xztpd/ZT2018/fogang/fzjs/dayaoan/201812/t20181218_1943984.html，最后访问日期2020年8月6日。

第一千零三条【身体权的内容】

自然人享有身体权。自然人的身体完整和行动自由受法律保护。任何组织或者个人不得侵害他人的身体权。

历史由来

本条规定了身体权的内容，属于民事法律的新增规范，但以往民法上早已确立身体权。虽然迟至《侵权责任法》，我国民事法律均未规定身体权，但相关司法解释在生命权、健康权之后明确规定了身体权（如《侵权精神损害赔偿解释》第1条、《人身损害赔偿解释》第1条）。后来，《民法总则》第110条将身体权单独规定于生命权之后、健康权之前。

鉴于身体权与健康权的紧密关系，《民法典人格权编（草案）》（征求意见稿）第14条将二者一并规定，同时将身体权的内容界定为维护身体完整与行动自由。《民法典各分编（草案）》第784条首次将身体权独立规定，并删除了行动自由的内容，但《民法典人格权编（草案）》（二审稿）第784条恢复了行动自由的规定。2020年5月22日提交审议的《民法典（草案）》调整了表达方式，最终形成本条。

在民法典起草过程中，各学者建议稿均采禁止加害式定义，且均未规定行动自由：王利明教授主持的《中国民法典学者建议稿》将身体权规定于健康权之后，同时强调身体的可处分性。①梁慧星教授主持的《中国民法典草案建议稿》则将身体权规定于健康权之前，强调人体组成部分不得作为财产权的标的。②显然，学者建议稿的禁止加害式定义与侵权责任法存在交叉，削弱

---

① 其第313条规定："自然人享有身体权。自然人在不损害自己的生命健康的情况下，可以自己或允许他人将身体的一部分分离或进行其他形式的处分。禁止以任何方式侵害自然人身体，破坏自然人身体的完整性，非法搜查自然人身体、对身体实施暴力或侵扰等行为。"王利明主编：《中国民法典学者建议稿及立法理由：人格权编·婚姻家庭编·继承编》，法律出版社2005年版，第60页。

② 其第19条第1—2款："自然人的身体受法律保护，人体、人体各部分，不得作为财产权的标的，但法律另有规定的除外。自然人的身体的完整性受法律保护。为自然人的健康而进行手术治疗，须经本人同意或者符合法律规定的条件。"梁慧星主编：《中国民法典草案建议稿附理由：总则编》，法律出版社2013年版，第51页。

了人格权编的确权功能，不如《民法典人格权编（草案）》《民法典（草案）》的做法妥当。

规范目的或功能

本条是对身体权内容的规定，旨在确定身体权的范围和边界，禁止他人对身体权的侵害。身体作为生命的生物存在，规定于健康权之前具有合理性。身体权作为绝对权，其义务人为权利人之外的所有人，故“任何组织或者个人不得侵害他人的身体权”。由于本条为不完全法条，侵害身体权的损害赔偿责任，应依《民法典》侵权责任编相关规定确定；停止侵害、排除妨碍、消除危险、恢复名誉等请求权则可诉诸《民法典》第995条、第997条处理。

规范内容

《民法通则》《侵权责任法》未规定身体权；在民法典编纂过程中，也并非一开始就有身体权的一席之地，身体权的脆弱可见一斑。事实上，关于身体权的争议历史上早已有之，只是其与健康权相互区别亦有共识。如龙显铭先生谓：“健康权是否为独立之权利，学说及立法例尚未一致。有认为其为身体权之一部分，惟身体是肉体的构造，健康系生理的机能，二者非不可区别。”[①]对此，张俊浩教授也置有高见：“身体权与健康权密切相连，然而这两项权利的内容却非同一。身体权所保护的客体是肢体、器官和其他组织的完满状态；而健康权的保护客体则是各个器官乃至整个身体的功能健全。”[②]

一、身体完整与身体尊严

关于身体权内容的认识，我国台湾地区学者与大陆学者认识不同。台湾地区学者多侧重身体的安全或完整，如史尚宽、郑玉波、孙森焱等学者认为，

① 龙显铭：《私法上人格权之保护》，中华书局1949年版，第59—60页。

② 张俊浩主编：《民法学原理》（修订三版）（上），中国政法大学出版社2000年版，第144页。

身体权是以保持身体完全为内容的权利。[①]龙显铭先生亦谓："身体权者，不为他人所妨害，而就身体之安全享受利益之权利也。"[②]还有学者从侵权的角度认为，身体权旨在保护身体完整性免于被破坏，如王泽鉴、黄立教授持此立场。[③]

我国大陆学者则多强调主体对身体的支配。如张俊浩教授认为："身体权是自然人对其肢体、器官等的支配权。"[④]这一认识获得了理论与实践的广泛认同。[⑤]但在身体权的具体内容上，又存在两种不同意见。一是强调主体对身体的全面支配，如马俊驹教授认为，身体权的支配性不仅表现在权利人有权保持其身体组织器官的完整性上，也表现在其有权对自己的肢体、器官和其他组织进行合法的转让，献血、捐献器官和精子等都是这种支配权的表现。[⑥]二是把主体对身体的支配界定为特定情形下的有限支配，如郭明瑞教授认为，身体权包含身体组织完整的维护权、身体安全的维护权、身体及其组成部分的支配权。[⑦]

对于此种不同，可能的原因是，台湾地区学者多沿袭民国时期学者关于身体权的定义，而依当时的科技发展，器官捐献等人体分离技术尚不发达，故多侧重身体的安全与完整。而就大陆学者而言，由于其对身体权等人格权的关注主要在20世纪80年代以后，此时器官捐献、人体科技等发展迅速，因而有予以法理解释的必要，故多强调身体权的支配性。另外一个原因则是，

---

① 参见史尚宽：《债法总论》，中国政法大学出版社2000年版，第148页；郑玉波：《民法债编总论》，中国政法大学出版社2003年版，第128页；孙森焱：《民法债编总论》（上），法律出版社2006年版，第187页。

② 龙显铭：《私法上人格权之保护》，中华书局1949年版，第59页。

③ 参见王泽鉴：《人格权法》，北京大学出版社2013年版，第101页；黄立：《民法债编总论》，台北元照出版有限公司2006年版，第269页。

④ 张俊浩主编：《民法学原理》（修订三版）（上），中国政法大学出版社2000年版，第143页。

⑤ 参见王利明、杨立新、姚辉：《人格权法》，法律出版社1997年版，第74页；李锡鹤：《民法原理论稿》（第二版），法律出版社2012年版，第515页；"柯某某、王某某与某公司生命权、健康权、身体权纠纷案"，海南省海口市中级人民法院（2015）海中法民一终字第139号民事判决书。

⑥ 参见马俊驹：《人格和人格权理论讲稿》，法律出版社2009年版，第252页。

⑦ 参见郭明瑞：《民法总则通义》，商务印书馆2018年版，第169—170页。

我国大陆学者多基于支配权、请求权、形成权、抗辩权的类型划分，把人格权的绝对性等同于支配性，从而也影响到对身体权属性的判断。

但是，身体权既然属于人格权，则不应像物权一样，认为其具有支配属性。如同生命权具有尊严属性一样，身体权也具有伦理属性。维护身体完整，既是生命的必要组成，也是健康的基础，构成人格的生物依托。而在人体组织、人体器官的捐献等情形，则因行为的道德性、精神性、社会性而认为其为维持身体完整的人格自由，无须借道于支配权来进行说明。也就是说，身体权也存在身体的尊严要素。“作为一种人格权，身体权的本质与核心内容是，对通过躯体所表现出来的人格自我发展和自我决定予以保护，躯体保护只是该自我决定保护的内在要求和必然结果。因而，身体权应被界定为：以人格发展为目的对于身体排他的自我决定权。”[①] 相应地，自残行为则因不具有伦理上的正当性，虽然事实上无法避免，但法律绝不认可和提倡。[②]

二、“行动自由”不是身体权的内容

与民法典草案学者建议稿不同，自《民法典人格权编（草案）》（征求意见稿）开始，虽然表达方式不同，人格权编（草案）一直将“行动自由”作为与“身体完整”并列的身体权内容。也许，立法者认为，身体与自由紧密关联，有身体即有行动自由，无身体则无行动自由，因而将二者并列规定。但这种做法其实有失妥当。其一，就内涵而言，身体权旨在维持“身体完整”，其虽然也包含尊严要素，但也只是“身体尊严”，与行动自由截然二物。丧失行动自由与伤害身体的关系，如同丧失劳动力一样，其实都是身体被侵害后的间接损失。[③] 其二，就体系而言，在《民法典》第1011条已专门规定行动自由的情况下，如此定义身体权也会模糊身体权的边界。有鉴于此，本书主张限缩解释本条关于身体权的定义，使身体权成为保护“身体完整”和“身体尊严”的权利。

---

① 刘召成：《身体权的现代变革及其法典化设计》，载《当代法学》2020年第2期。

② 参见曹相见：《人格权法定的宪法之维与民法典编纂》，载《浙江社会科学》2020年第2期。

③ 参见曹相见：《人格权法定的宪法之维与民法典编纂》，载《浙江社会科学》2020年第2期。

三、身体界定的特殊情形

身体权的身体，应指人的整个肉体的完整，包括体外的躯体与四肢，体内的器官及牙齿等。[①]侵害身体权的典型行为，就是针对身体有形组织的侵害。应当说明的是，学界多认为，假肢、假牙已构成肢体一部而不可分离的，也属于身体的一部分，而得自由装卸者不属于身体。[②]因为假肢、假牙虽然不是身体自然所生，但其与身体浑然一体，实质发挥身体一部分的功能；而自由装卸者既不是与身体浑然一体，则仍应认为是体外辅助器具而已。就身体构成而言，尚有如下特殊情形值得探讨（捐献人体组成部分以及从事与人体基因、人体胚胎相关的医疗与科研活动也涉及身体权，详见本书关于《民法典》第1006条、第1009条评注）。

（一）发须指甲等再生性人体组织

身体组织的破坏，不以被害人感觉肉体的痛苦为必要。因此，切去他人发须指甲，割取他人赘肉，均构成身体权侵权。[③]但发须指甲虽然属于身体的组成部分，其内容却与其他身体组成部分大为不同。在解释此种情形时，有学者将身体组成部分分为人体要素与产品，认为前者必须以人工方式提取，一般指细胞、组织、器官等；后者则以自然方式即可收集。对于人体要素，强调其不可有偿处置，只能进行捐献；而对于后者，允许其有偿转让。[④]这种解释虽有其合理性但不够严谨。

其一，人体要素与产品的分类不符合身体的伦理属性。发须指甲等虽然生长速度较快，可再生，与人体分离也不会产生疼痛，但其毕竟不是物，不宜称为产品。其二，一般身体组成部分具有不可再生性，体现为不具有可替代性，或者虽可修复但时间较长且会产生疼痛、造成伤害，因此对它的保护以维持完整的存在为目的。发须指甲的不同之处在于具有可再生性，分离不会

---

① 参见王泽鉴：《人格权法》，北京大学出版社2013年版，第101页。

② 参见梁慧星：《民法总论》（第五版），法律出版社2017年版，第93页。

③ 参见史尚宽：《债法总论》，中国政法大学出版社2000年版，第148页。

④ 参见石佳友：《人格权立法的进步与局限》，载《清华法学》2019年第5期。

产生疼痛，且过分生长反而不利于容貌颜值和个人卫生，因此对其保护应兼顾主体的个性尊严，赋予权利人整理发须指甲的自由。其三，一般身体组成即便与人体分离，因主体意志的不同，可能仍然具有身体尊严价值，因此通常不成为物；但发须指甲与人体分离后通常并无身体尊严价值，故可自由转让。在这一判断中，主体的意志而非发须指甲的性质发挥了主要作用。

（二）加之身体但未损害肉体的暴行

关于此种情形，学说上一般认为其构成身体权侵权。“其加他人以暴行，虽未发生伤害结果，例如面唾他人、当头浇粪、未致伤害之殴打，可为身体权之侵害。”①此外，强为接吻、强制性交在侵害他人性自主权的同时，也构成身体权侵权。之所以如此认为，是因为此种行为虽未破坏肉体的完整，但已实际侵害他人的身体尊严，自然应当承担法律责任。②当然，在责任形式上，侵害性自主权与侵害身体权构成请求权聚合。

（三）对身体的检查

因安全维护、财产保护的需要，在机场、车站和某些特定场所（如超市），往往需要进行安检或体检。此种安检、体检以身体或身体组成部分（如血液）的检查为内容，检查主体不限于国家机关，私人团体也可以通过章程的形式为之，因此不以法律保留为原则。在符合比例原则的合理限度内，此种行为有其合法性，从而构成对身体权的限制。如在“肖某某与深圳市某珠宝首饰有限公司一般人格权纠纷案”中，法院认为：“被告的保安员系在原告下班时使用金属探测仪器对其进行检测，并非采取非法搜身的行为。被告作为黄金首饰的生产、加工企业，为防止员工偷盗金料，依据行业惯例及内部管理制度，在不侵害员工人身自由、人格尊严的前提下，采用金属探测仪器等工具，对出厂员工进行检查，并无不妥。”③但若有违比例原则，在一些非必须的

---

① 史尚宽：《债法总论》，中国政法大学出版社2000年版，第148页。

② 就强制性交而言，学界主流看法是构成性自主权侵权［参见张红：《性侵之民事责任》，载《武汉大学学报》（哲学社会科学版）2019年第1期；陈运华：《论作为人格权的性权利及其法律规制》，载《政治与法律》2008年第9期］，但其显然未认识到身体上的尊严意义。

③ 参见广东省深圳市罗湖区人民法院（2011）深罗法民一初字第563号民事判决书。

情形下进行搜身，则构成身体权侵权。如在“绥棱县某商贸有限公司某分公司、刘某某生命权、健康权、身体权纠纷案”中，法院认为：“绥棱县某商贸有限公司某分公司的保安不具有执法权，无权搜查他人身体，其对刘某某非法搜身行为，侵犯了刘某某的人格尊严权。”[①]判决中所谓人格尊严，实为身体尊严。

遗憾的是，《民法典》在第1003条已规定身体权的情况下，又于第1011条规定禁止“非法搜查他人身体”，构成法条重复。且“非法搜查他人身体”的行为，与“剥夺、限制他人的行动自由”截然二物，不应一并规定。从体系解释上看，非法搜查他人身体的规范基础仍应以第1003条为依据。

（四）与身体分离的身体部分

人格权不得抛弃，已为《民法典》所明确。不过，在现代科技条件下，身体器官、精子、卵子等因人工辅助生殖、人体组成部分捐献等可与身体分离，则这些与身体分离的身体组成部分是否仍为身体？对此，德国法上的“冷存精子销毁案”颇具启发意义。在本案中，原告因手术无法生育，为保存生育的可能性，特在术前请被告摘取精子，并加以低温保存。后精子不幸灭失，原告婚后欲取用时方知此事，于是诉至法院。联邦法院判决原告胜诉，认为：“此等将身体部分先为分离，再为结合，依权利主体者的意思，乃在维护或实现身体的功能，仍属权利主体者的自主决定权。因此，从法律规范目的的观点言，应认此等部分在其与身体分离期间，仍与身体构成功能上的一体性。对此等分离部分的毁损灭失，系对身体的侵害。”[②]

对此，我国学界支持者众。如有学者认为：“人体与物的区别，究其根本在于其所发挥之功能的不同。如果某一有体存在经常性地发挥的是社会观念公认的与人格存在及人格发展直接相关的身体的经典性功能，那么就应当归属于身体的范畴。”[③]“在判断人体组成部分的性质时，自由意志占据了主导地位……只要权利人没有作出明确的捐献、抛弃的意思表示，亦应肯认其为人

---

① 参见黑龙江省绥化市中级人民法院（2019）黑12民终463号民事判决书。

② 王泽鉴：《人格权法》，北京大学出版社2013年版，第103页。

③ 刘召成：《身体权的现代变革及其法典化设计》，载《当代法学》2020年第2期。

格的固有利益。科技在此发挥的作用，不是要使人格要素成为外在的物，而是为其提供特定的存在形态。”[①]正因为如此，李锡鹤教授认为：“自然人之断指、断肢，非身体之一部；如可再植，属准人身；再植成活后，为身体之一部。捐献之器官、组织，与供体分离后，属准人身，非供体之一部；移植后，为受体之一部。”[②]

从主体意志和功能一致性角度来判断与身体分离的身体部分的性质，抓住了人格的伦理本质，契合身体权上身体尊严的要求，颇值赞同。

三 其他问题

值得注意的是，在医生为患者做手术的情形，是否适用侵权法上的受害人同意抗辩事由？医生一定要治愈患者吗？是否要求患者的明确同意？

其一，医生为患者做手术，以医院与患者之间存在医疗合同为前提，但并不意味着患者的意思表示构成侵权法上的受害人同意。固然，医生对病人进行手术，须对身体为特定的破坏，但因其行为本质上是为维护身体完整而做的较小牺牲，所以具有伦理上的正当性，因而不被认为构成身体权侵权。患者的同意也限于医生为此种维护身体完整的治疗行为以及为达此目的而做的必要伤害。正因为如此，受害人同意一般不包含对身体的处分。

其二，虽然医生做手术以医院与患者之间的医疗合同为基础，但并不意味着医生负有治愈患者的约定义务。因为虽然手术的目的旨在恢复身体的完整状态，但受人类认识和能力上的局限，手术既无法保证任何病情均可治愈，也无法保证手术百分之百成功。因此，只要医生尽了诊疗义务，即不构成违约。

其三，关于医生手术是否以患者的明确同意为要件，学界存在两种不同意见。一是否定说，如龙显铭先生认为：“医师之手术……即未得同意，亦欠缺违法性，而不成为身体侵害。关于此点之说明方法，颇属分歧，而现时之通说，则系所谓目的说，谓手术系为保全生命或身体之重要部分而为较小之

---

① 房绍坤、曹相见：《〈民法典人格权编（草案）〉的贡献与使命》，载《山东大学学报》（哲学社会科学版）2019年第6期。

② 李锡鹤：《民法原理论稿》（第二版），法律出版社2012年版，第515页。

牺牲，其目的正当，故欠缺违法性。”[①] 二是肯定说，如王利明教授主持的《中国民法典学者建议稿》第320条规定：“需要对患者实施新的治疗方法，实施麻醉、外科手术、切除或移植时，必须得到本人同意；若本人不具有完全行为能力或处于昏迷状态，则必须征得其法定代理人或近亲属的同意；在病人有生命危险，来不及等待其父母、监护人或亲属表示意见的情形，则医疗机构有权作出决定。”[②]

肯定说更具合理性。固然，医生为患者做手术的行为具有合法性，但这是以特定的理想状态为前提，即患者对手术的风险、特性等存在清醒的认识。而在现实情况中，不仅病情复杂、难断，手术方案也是技术含量高且存在不同程度的风险。为此，应赋予患者知情同意权，以化解手术中的信息不对称问题和技术风险，但生命垂危等紧急情况除外。对此，《民法典》第1219条、第1220条设有明文。[③]

第一千零四条【健康权的内容】

自然人享有健康权。自然人的身心健康受法律保护。任何组织或者个人不得侵害他人的健康权。

历史由来

本条规定了健康权的内容，为民事法律的新增规定，但以往民法上早已确立健康权。除《民法通则》将健康与生命一起规定外，《侵权责任法》《民法总则》以及相关司法解释均规定了独立的健康权。在民法典编纂过程中，

---

① 龙显铭：《私法上人格权之保护》，中华书局1949年版，第60页。

② 王利明主编：《中国民法典学者建议稿及立法理由：人格权编·婚姻家庭编·继承编》，法律出版社2005年版，第75页。

③ 第1219条规定：“医务人员在诊疗活动中应当向患者说明病情和医疗措施。需要实施手术、特殊检查、特殊治疗的，医务人员应当及时向患者具体说明医疗风险、替代医疗方案等情况，并取得其明确同意；不能或者不宜向患者说明的，应当向患者的近亲属说明，并取得其明确同意。医务人员未尽到前款义务，造成患者损害的，医疗机构应当承担赔偿责任。”第1220条规定：“因抢救生命垂危的患者等紧急情况，不能取得患者或者其近亲属意见的，经医疗机构负责人或者授权的负责人批准，可以立即实施相应的医疗措施。”

《民法典人格权编（草案）》（征求意见稿）第14条一并规定健康权与身体权，并把健康权的内容表述为“身心健康”。《民法典各分编（草案）》单独规定健康权，2020年5月22日提交审议的《民法典（草案）》调整了表达方式，最终形成本条。就民法典草案学者建议稿而言，梁慧星教授主持的《中国民法典草案建议稿》将健康权规定于身体权之后，但未明确权利内容。[①]王利明教授主持的《中国民法典学者建议稿》虽然规定健康权以“身心健康”为内容，但采取了禁止侵害的侵权角度。[②]

规范目的或功能

本条是对健康权内容的规定，旨在确定健康权的范围和边界，禁止他人对健康权的侵害。健康作为肉体与精神的功能存在，规定于身体权后符合人们的思维习惯。健康权为绝对权，其义务主体为权利人之外的所有人，因此“任何组织或者个人不得侵害他人的健康权”。由于本条为不完全法条，侵害健康权的损害赔偿责任，应依《民法典》侵权责任编相关规定确定；停止侵害、排除妨碍、消除危险、恢复名誉等请求权则可诉诸《民法典》第995条、第997条予以处理。

规范内容

本条关于健康权内容的规定，采用了日常用语的表达。但健康权中的健康不是指无疾病状态[③]，因为疾病于人完全无法避免，法律无法保证人免受疾病侵害。通说认为，健康权是自然人以其器官乃至整体的功能利益为内容的

---

① 该建议稿第20条规定：“自然人享有健康权。”梁慧星主编：《中国民法典草案建议稿附理由：总则编》，法律出版社2013年版，第55页。

② 该建议稿第312条规定：“自然人享有健康权。健康权不得抛弃或转让，也不得受法定或意定的限制。禁止以任何行为和方式侵害自然人的身心健康。”王利明主编：《中国民法典学者建议稿及立法理由：人格权编·婚姻家庭编·继承编》，法律出版社2005年版，第65页。

③ 参见张俊浩主编：《民法学原理》（修订三版）（上），中国政法大学出版社2000年版，第144页。

人格权，[①]或者说是以保持身体内部机能之完全性为内容的权利。[②]

一、身心健康包括身体健康和精神健康

关于健康权的内容，学界通常使用“生理健康”“心理健康”两个概念。围绕健康权是否包含心理健康，学界存在两种不同意见。

第一种意见虽然肯认心理健康受法律保护，但又否认心理健康为身体权的内容。“权利是法律确认的行为资格，本质上是法律确认的意志实现资格。权利受侵害，意味着可实现的意志不能实现，有理由认为权利人的精神活动受到不利影响。这意味着，对自然人任何权利的保护，均间接地保护了主体的心理功能。显然，保护心理功能不是健康权的宗旨。心理功能损害，通常通过精神损害赔偿实现救济。”[③]此为少数说。

第二种意见则认为，健康权的健康不限于器质健康，而且包括功能健康；不限于生理健康，亦包括心理健康。“在当代，心理健康的价值受到日益广泛的肯定与认可。”[④]“不独肉体上健康之侵害，精神上健康之侵害，即引起精神系统之病的状态，亦为健康权之侵害。例如出卖腐肉或私用毒药以害人健康，因名誉毁损或恐吓而引起精神衰弱，或使感染传染病。”[⑤]此为主流学说。

从本条使用“身心健康”的术语上看，立法者采纳了通说的主张，此一做法颇值赞赏。其一，法律上一般所谓“意志”指的是权利主体，在人格的多重含义中，其与作为权利对象的人格截然二物，且前者是一个被抽离五脏六腑、喜怒哀乐的抽象的人，无所谓“精神活动受到不利影响”。而所谓“对自然人任何权利的保护，均间接地保护了主体的心理功能”实际上指的是作为权利对象的人格，其与作为主体资格的“意志”有别。由此可见，少数说的论者存在思维跳跃。其二，精神损害赔偿制度不独对精神性人格权，在侵

---

① 参见张俊浩主编：《民法学原理》（修订三版）（上），中国政法大学出版社2000年版，第144页。

② 参见史尚宽：《债法总论》，中国政法大学出版社2000年版，第148页。

③ 李锡鹤：《民法原理论稿》（第二版），法律出版社2012年版，第514页。

④ 张俊浩主编：《民法学原理》（修订三版）（上），中国政法大学出版社2000年版，第144页。

⑤ 史尚宽：《债法总论》，中国政法大学出版社2000年版，第148页。

害生物性人格权的场合，也有其适用的余地，这已为《民法典》侵权责任编明确规定。因此，认为心理功能由精神损害赔偿救济，从而不属于健康权的内容的意见也是不合适的。

当然，即便本条“身心健康”包含生理健康与心理健康，也应明确，所谓心理健康，不是精神活动免受不利影响的“心理状态”，而是作为身体机能体现的“精神健康”。正因为如此，王泽鉴教授说：“健康，指人之生命过程的功能，与其相对者，系‘疾病’，因此关于健康的侵害，应依当前医学加以认定。”①温世扬教授直言，“精神健康”不等于“心理健康”，精神性疾病与心理的痛苦、焦虑、抑郁等状态不同，前者影响了人体机能的正常发挥，后者则是心理上的不舒服状态，任何人均可能有之，不宜纳入健康权的范畴。②

就司法实践而言，对他人心理的侵害，也只有在导致精神性疾病时，才能获得法院支持。当然，导致此种精神性疾病的原因，既可能是语言谩骂、身体威胁，也可能是对权利人行为的蛮横阻挠。如在“朱某与朱某海生命权、健康权、身体权纠纷案”中，法院认为：“被告的谩骂、训斥、恐吓、威胁行为，导致原告出现急性而短暂精神性障碍，伴急性应激，已构成侵权。”③在“韩某1、丁某1、李某1、张某某与李某3生命权、健康权、身体权纠纷案”中，法院认为：“原告与被告韩某1、丁某1、李某1虽没有肢体上的接触，但韩某1手拿棒球棒和丁某1、李某1在李某3的寝室外对李某3进行恐吓、威胁，促使李某3病情发生，因此被告韩某1、丁某1、李某1应负完全责任。”④

又如，在“梁某荣与梁某根、周某芳生命权、健康权、身体权纠纷案”中，因梁某荣在建的围墙存在过界，梁某根、周某芳夫妻采取拆除模板、砸坏围墙、堵塞化粪池和下水管道、毁损摄像头等方式予以阻止，梁某荣先后七次进行报警处理。后梁某荣因身体不适被送至医院，经诊断为慢支、反应性抑郁症。法院认为，“梁某荣现已年近85周岁，并患有慢支，梁某根、周某芳理应预见到其行为可能对梁某荣带来伤害，但是该两被告依然多次与梁某

---

① 王泽鉴：《人格权法》，北京大学出版社2013年版，第106页。

② 参见温世扬：《民法典人格权编草案评议》，载《政治与法律》2019年第3期。

③ 河北省唐山市中级人民法院（2013）唐民四终字第138号民事判决书。

④ 吉林省白城市中级人民法院（2017）吉08民终875号民事判决书。

荣发生纠纷，足以认定梁某荣于2017年12月25日入院治疗与该两被告的侵权行为存在因果关系。”①

二、健康权具有尊严属性，不属于支配权

与生命权、身体权不同，健康作为一种身体机能，似乎天然缺乏支配属性。对此，民法学界确实存在更多反对意见，但认为健康权为支配权的主张仍占主流地位。②对此，有学者解释道：“民法上的支配权不仅意味着对客体的任意支配，只要是绝对权，就应该具有支配性，只是因为各种权利的类型不同，所以支配的效力和范围也不同。”③

虽然健康权涉及为研制新药、医疗器械等的临床试验，但仍不足以支持其为支配权的立场。

其一，认为健康权属于绝对权即为支配权的见解实为误解：绝对权描述的是法律关系中的义务人的不特定性，支配权则旨在说明权利对象（如物）的属性，二者属于不同层次的法律概念。遗憾的是，我国学者在描述支配权时，往往既侧重权利人对权利对象（即所谓的权利客体）的支配，又强调支配权的排他效力，因而造成了这种假象：支配权属于绝对权，人格权亦属绝对权，因此人格权亦为支配权。对此，有学者正确指出：“将绝对性作为支配权的核心要素，容易使人错误地将支配权等同于绝对权。”④

其二，即便在为研制新药、医疗器械的临床试验中，虽然可能将人体健康置于某种不确定的风险中，但此种行为并非对健康的放弃，而是为寻求健康而做的新探索，是在为个人（如新型肺炎患者因无特定药物治疗而尝试新药实验）、为他人的健康做贡献，其正当性无须借道“支配权”概念，从人格权的伦理属性本身即可获得答案。其后果就是，临床试验的试验者对受试人因试验所受损害负无过错的治疗义务。因此，与生命权、身体权一样，健康

---

① 广东省中山市第一人民法院（2018）粤2071民初4446号民事判决书。

② 参见李锡鹤：《民法原理论稿》（第二版），法律出版社2012年版，第513页；马俊驹：《人格和人格权论稿》，法律出版社2009年版，第254页；姚辉：《人格权法论》，中国人民大学出版社2011年版，第153页；杨立新：《人格权法》，法律出版社2011年版，第371页。

③ 王利明：《人格权法研究》（第三版），中国人民大学出版社2018年版，第325页。

④ 汪渊智：《支配权略论》，载《晋阳学刊》2015年第2期。

权也具有尊严属性。正是在这个意义上，我们说人格权是“受尊重权”。

其他问题

在讨论健康权内容时，一种流行的意见认为，劳动能力也是健康权的内容，[①]其理由多以劳动能力不具有独立人格利益地位为基础。[②]劳动能力是否属于独立的人格权或人格利益，并非其为健康权内容的充分条件。一般所讲劳动权，是公民向国家主张的基本权利，即要求国家保障公民享有劳动的机会。在民法上，劳动能力不是作为权利存在的，其作为一项未权利化的自由利益，主要涉及的是因劳动对行动自由的限制是否妥当的问题，因而也不属于健康权的内容。事实上，丧失劳动能力不过是侵害健康权的间接损失（纯粹经济损失），如同侵害身体权也可能导致生命权、健康权损害一样，我们并不因此将生命权、健康权纳入身体权的内容。正因为如此，王利明教授虽然赞同劳动能力属于健康权内容的主张，其理由却是基于损害的分析：“侵害健康权可能损害劳动能力，侵害身体权也可能损害劳动能力。对侵害劳动能力造成的损害一般也不能单独计算，而应该将其纳入身体权和健康权受到损害的补偿内容中。”[③]

第一千零五条【危难情形下的法定救助】

自然人的生命权、身体权、健康权受到侵害或者处于其他危难情形的，负有法定救助义务的组织或者个人应当及时施救。

历史由来

本条规定的是自然人生命权等生物型人格权（物质性人格权）处于危难情形时的法定救助义务，是民事法律的新增规范，与《民法典》第184条规定

---

① 参见马俊驹：《人格和人格权论稿》，法律出版社2009年版，第254页；杨立新：《人格权法》，法律出版社2011年版，第371页。

② 参见姚辉：《人格权法论》，中国人民大学出版社2011年版，第153页。

③ 王利明：《人格权法研究》（第三版），中国人民大学出版社2018年版，第331—332页。

的自愿实施紧急救助行为的民事责任相得益彰。[①]《民法典人格权编（草案）》（征求意见稿）第15条规定，危难对象为生命权、身体权和健康权；义务主体为机构和人员。《民法典各分编（草案）》第786条将“立即施救”改为“依法及时施救”，《民法典人格权编（草案）》（二审稿）第786条将“机构和人员”改为“组织或者个人”，并删除“依法及时施救”中的“依法”二字，最终形成本条规定。

但本条规定并非无迹可寻。2002年《民法（草案）》人格权编第12条规定：“自然人因灾害、事故等原因致使生命健康处于危险状态，急需抢救而不能立即支付医疗费用，有关医疗机构应当救助。”王利明教授主持的《中国民法典学者建议稿》第311条规定：“当权利人因发生事故或疾病有生命危险时，发现人有义务实施救助，或将其送往医疗机构；无论支付报酬与否，国家、集体或私人医疗机构必须使用现有的医疗手段尽力救治，不得拒绝救治。”[②]显然，《民法典》的规定扩张了法定救助义务的范围。

就比较法而言，《越南民法典》第32条第2款规定：“当个人因发生事故或疾病有生命危险时，发现人有责任将其送往医疗机构；医疗机构不得拒绝救治，应当用尽现有的各种医疗手段和能力给予救治。”[③]《葡萄牙民法典》第486条规定：“基于法律或法律事务，有义务为一行为而不为时，单纯不作为在符合其他法定要件下即产生弥补损害之义务。”[④]一般认为，该条规定的作为义务即包含救助义务。

三 规范目的或功能

与自愿实施的救助义务不同，法定救助义务源于法律规定，具有强制性。“见义勇为是道德要求，但对于处于危急状态的生命，实施救助是一项法律义

① 《民法典》第184条规定：“因自愿实施紧急救助行为造成受助人损害的，救助人不承担民事责任。”

② 王利明主编：《中国民法典学者建议稿及立法理由：人格权编·婚姻家庭编·继承编》，法律出版社2005年版，第64页。

③ 《越南社会主义共和国民法典》，吴远富译，厦门大学出版社2007年版，第8页。

④ 《葡萄牙民法典》，唐晓晴等译，北京大学出版社2009年版，第86页。

务，是尊重生命、维护人类共同生活的要求。”[①] 关于“法定”的理解，应包含法律明确规定，以及法律明确规定的体系解释（当然解释）。由于本条仅规定了履行法定救助义务的主体与要件，缺乏履行法定救助义务法律后果的规定，故为不完全法条，应通过法律解释确定其法律后果。至于因未履行或不当履行法定救助义务致人损害的，应按照一般过错责任处理，并在行为人为工作人员时，有适用《民法典》第1191条用人单位替代责任的空间。

规范内容

一、负有法定救助义务的主体

《民法典人格权编（草案）》（征求意见稿）将负有法定救助义务的主体规定为“机构和人员”。从语义上看，此处规定的“人员”应属于“机构”的工作人员。基于“征求意见稿”与学者建议稿的承继关系，我们有理由认为，该条所谓的“机构和人员”即指医院及其工作人员。不过，《民法典人格权编（草案）》（二审稿）将此前各草案规定的“机构和人员”改为了“组织或者个人”。这表明，立法者有意扩大负有法定救助义务的主体范围，即不限于医院及其工作人员，还包含其他法律规定的组织或者个人。不唯如此，本条所谓的“法定”，既包含其他特别法的规定，也包含《民法典》本身的规定。具体而言，有如下类型：

（一）特别法上的救助主体

特别法上的救助义务往往由负有法定职责的主体承担。基于职责的法定性，其救助义务往往较为严格，包含在危险情况下予以救助的内容。

1.医疗机构及其工作人员

救死扶伤是医院和医生的使命，医生也因而有着白衣天使的美誉。《医疗机构管理条例》第31条规定：“医疗机构对危重病人应当立即抢救。对限于设备或者技术条件不能诊治的病人，应当及时转诊。”《执业医师法》第24条

---

① 王利明主编：《中国民法典学者建议稿及立法理由：人格权编·婚姻家庭编·继承编》，法律出版社2005年版，第64页。

规定："对急危患者，医师应当采取紧急措施进行诊治；不得拒绝急救处置。"此外，《道路交通安全法》第75条第1句规定："医疗机构对交通事故中的受伤人员应当及时抢救，不得因抢救费用未及时支付而拖延救治。"之所以特别针对交通事故受害人，要求医院不得因未及时支付费用而拖延救治，原因在于交通事故的突然和惨烈，受害人往往没有或难以立即筹够所需医疗费用。

2. 警察、武装警察、军人和消防员

《人民警察法》第21条第1款规定："人民警察遇到公民人身、财产安全受到侵犯或者处于其他危难情形，应当立即救助；对公民提出解决纠纷的要求，应当给予帮助；对公民的报警案件，应当及时查处。"《人民武装警察法》第28条规定："人民武装警察遇有公民的人身财产安全受到侵犯或者处于其他危难情形，应当及时救助。"警察以保护人民为天职，从上述条文的表述上看，警察、武装警察不分工作时间，只要遇到公民人身、财产安全受到侵犯或者处于其他危难情形，就要履行救助义务。

军人、消防员则与之不同。《国防法》第58条规定："现役军人应当发扬人民军队的优良传统，热爱人民，保护人民，积极参加社会主义物质文明、精神文明建设，完成抢险救灾等任务。"虽然该条也出现了"保护人民"的表述，但军人保护人民的方式主要是与外敌战斗，地方治安则属于警察的职责范围，因此不宜认为其为军人设定了对公民的强制救助义务。但若对公民生命权、身体权、健康权的侵害发生于军人执行抢险救灾任务的过程中，则军人也负有法定的救助义务，因为"抢险救灾"是军人的法定义务。

就消防员而言，《消防法》第44条第4款规定："消防队接到火警，必须立即赶赴火灾现场，救助遇险人员，排除险情，扑灭火灾。"因此，消防员仅在救火的职责范围内负有法定救助义务。

3. 海事主管机关和船长

《海商法》第174条规定："船长在不严重危及本船和船上人员安全的情况下，有义务尽力救助海上人命。"之所以规定船长的海上救助义务，是因为航海历来存在重大风险，个人一旦发生危险即为极度之危险，若不及时施救几无生还可能。其与一般道德救助义务的区别是，只有严重危及自身安全时才得豁免，而道德救助义务则在任何时候都不具有强制性。

而就海事主管机关而言，《海商法》第192条规定："国家有关主管机关从事或者控制的救助作业，救助方有权享受本章规定的关于救助作业的权利和补偿。”该条从权利角度规定国家主管机关从事或控制的救助行为，似乎未为其设定强制义务。但按举轻以明重的解释原则，既然普通船长都负有法定救助义务，国家机关更没有理由不承担。而实际上，《交通运输部主要职责内设机构和人员编制规定》第2条第4项即规定了交通运输部的“救助打捞”职责。交通运输部也下设救助打捞局、海上搜救中心，建有专门的救助队伍和搜救力量。例如，《中国海上搜救中心水上险情应急反应程序》第1条规定的立法目的亦为：“保证对水上人命安全和水域环境受到威胁的险情做出迅速反应并组织有效地救助，以避免或减少人命伤亡。”

（二）《民法典》上的救助主体

与特别法对救助义务主体有明确规定不同，《民法典》从未明确特定主体负有“救助义务”，但依据举重以明轻的当然（体系）解释原则，仍可从具体条文的体系解释中得出相关主体负有救助义务的结论。有学者将此种法律规则称为“具体化的隐形规定”①。在这些具体规定中，无一不是存在特殊关系：或者为亲属身份关系，或者为劳动用工关系，或者负有安全保障义务。与特别法上的救助义务相比，《民法典》上的义务主体原则上不承担危险情况下的救助义务，但父母对子女的救助义务构成例外。

1.父母对子女的救助义务

《民法典》第1068条规定：“父母有教育、保护未成年子女的权利和义务。未成年子女造成他人损害的，父母应当依法承担民事责任。”该条虽未明确规定“救助义务”，但从其规定的“保护”义务上看，包括阻止正在进行的侵权行为。当然，在此种存在危险的情形中，认定父母的救助义务尚需具备相应的救助能力。而如果是无危险的救助，依据举重以明轻的原则，父母当然无法回避。

2.夫妻之间的救助义务

《民法典》第1059条第1款规定：“夫妻有相互扶养的义务。”关于其与救助义务的关系，学界存在三种不同意见。一种意见认为，夫妻之间负有相互

① 张玉东：《论我国侵权法中作为义务的认定机制》，载《法学论坛》2018年第4期。

扶养的义务，如果不履行这种义务，就有可能构成遗弃罪。但法律并未规定夫妻救助义务，救助只是夫妻之间道德关系的内容。①第二种意见从该规定（《婚姻法》第20条）出发，认为夫妻自愿进入婚姻共同体的意义之一，就是要进行互相的保护和照料，任何一方都有权利相信在自己处于紧急状态时对方会给自己提供保护，而不需要进行反复的约定和考验。②第三种意见认为，夫妻之间存在救助义务，但其无法包含于扶养义务中。③

本书赞同第三种意见：救助义务不同于扶养义务，二者不能等同；但与长期的扶养义务相比，危难情况下不危及自身的救助实在是举手之劳，也是夫妻伦理的题中之义，因此在法律解释上，应肯定夫妻之间的法定救助义务。对此，《法国民法典》堪称典范，其第212条规定："夫妻双方应相互忠诚、相互救助与扶助。"④

3.用人单位对其工作人员的救助义务

在劳动关系中，工作人员须按照用人单位的指示工作，那么用人单位是否对工作人员负有救助义务？《民法典》第1191条规定了工作人员因执行工作任务造成他人损害时用人单位的替代责任以及劳务派遣单位的过错责任，且只有在工作人员有故意或者重大过失时用人单位才享有追偿权。其虽然体现了对劳动者的保护，但尚不足以推出用人单位的救助义务。但经由《工伤保险条例》的体系解释，仍可推出用人单位对其工作人员的救助义务。

依《工伤保险条例》第2条规定，用人单位应为其工作人员缴纳工伤保险费，用人单位的工作人员有权按照规定享受工伤保险待遇。⑤同时，《工伤保险条例》第62条还规定了用人单位未按照规定参加工伤保险的法律责

---

① 参见陈兴良主编：《刑事法评论》（第3卷），中国政法大学出版社1999年版，第218页。

② 参见冯军：《论配偶刑法上的作为义务》，载《政治与法律》2017年第5期。

③ 参见张莉琼：《夫妻间刑法作为义务的法理分析》，载《法学评论》2008年第2期。

④ 《法国民法典》，罗结珍译，法律出版社2005年版，第197页。

⑤ 该条规定："中华人民共和国境内的企业、事业单位、社会团体、民办非企业单位、基金会、律师事务所、会计师事务所等组织和有雇工的个体工商户（以下称用人单位）应当依照本条例规定参加工伤保险，为本单位全部职工或者雇工（以下称职工）缴纳工伤保险费。中华人民共和国境内的企业、事业单位、社会团体、民办非企业单位、基金会、律师事务所、会计师事务所等组织的职工和个体工商户的雇工，均有依照本条例的规定享受工伤保险待遇的权利。"

任。[①]举重以明轻，既然用人单位应当为其工作人员缴纳工伤保险，说明用人单位同时对其工作场所和工作活动负有人身安全保障义务，要求其在不危及自己安全时救助处于危难情形中的工作人员乃理所当然。当然，用人单位对其工作人员的救助义务也可以从劳动合同关系中解释出来。

那么，个人劳务关系中接受劳务的一方是否负有此种救助义务？答案是肯定的。《民法典》第1192条规定："个人之间形成劳务关系，提供劳务一方因劳务造成他人损害的，由接受劳务一方承担侵权责任。接受劳务一方承担侵权责任后，可以向有故意或者重大过失的提供劳务一方追偿。提供劳务一方因提供劳务使自己受到损害的，根据双方各自的过错承担相应的责任。提供劳务期间，因第三人的行为造成提供劳务一方损害的，提供劳务一方有权请求第三人承担侵权责任，也有权请求接受劳务一方给予补偿。接受劳务一方补偿后，可以向第三人追偿。"该条同样规定了提供劳务一方致害时接受劳务方的替代责任，只是在提供劳务方造成自己损害时，按照双方各自过错承担责任；在第三人侵权的场合，接受劳务方还可能承担补偿责任。既然如此，如同用人单位责任一样，使接受劳务方负有救助义务，并不违背法理。

4.安全保障义务人的救助义务

《民法典》第1198条分两种情形规定了经营场所经营者、公共场所管理者以及群众性活动组织者违反安全保障义务的侵权责任：在一因一果的情形，由经营者、管理者、组织者承担责任；在多因一果的情形，由第三人承担责任，经营者、管理者、组织者承担补充责任。[②]

① 该条规定："用人单位依照本条例规定应当参加工伤保险而未参加的，由社会保险行政部门责令限期参加，补缴应当缴纳的工伤保险费，并自欠缴之日起，按日加收万分之五的滞纳金；逾期仍不缴纳的，处欠缴数额1倍以上3倍以下的罚款。依照本条例规定应当参加工伤保险而未参加工伤保险的用人单位职工发生工伤的，由该用人单位按照本条例规定的工伤保险待遇项目和标准支付费用。用人单位参加工伤保险并补缴应当缴纳的工伤保险费、滞纳金后，由工伤保险基金和用人单位依照本条例的规定支付新发生的费用。"

② 该条规定："宾馆、商场、银行、车站、机场、体育场馆、娱乐场所等经营场所、公共场所的经营者、管理者或者群众性活动的组织者，未尽到安全保障义务，造成他人损害的，应当承担侵权责任。因第三人的行为造成他人损害的，由第三人承担侵权责任；经营者、管理者或者组织者未尽到安全保障义务的，承担相应的补充责任。经营者、管理者或者组织者承担补充责任后，可以向第三人追偿。"

安全保障义务可以分为物的安全保障义务和人的安全保障义务。由于人的安全保障义务本身就包含对正在遭受的侵权行为的阻止义务，所以从中解释出经营者、管理人和组织者的救助义务并不困难，这也符合举重以明轻的原则。

5.教育机构的救助义务

《民法典》第1199—1201条规定了教育机构的侵权责任。从本质上说，教育机构的责任也是违反安全保障义务的侵权责任。因此，与经营场所经营者、公共场所管理者和群众性活动组织者相似，教育机构对其无民事行为能力人、限制民事行为能力人也负有救助义务。

二、履行法定救助义务的要件

（一）须受害人的生命权、身体权、健康权处于危难情形

关于处于危难情形的权益，王利明教授主持的《中国民法典学者建议稿》限定于生命权，《民法典人格权编（草案）》（征求意见稿）规定为生命权、身体权、健康权。应当认为，《民法典人格权编（草案）》（征求意见稿）的做法是恰当的。因为虽然最为危难的情形是对生命权的侵害，但生命权是以身体权、健康权为依托的，侵害身体权、健康权后若未得到及时救助，往往也会危及生命权。例如，在交通肇事的场合，基于交通工具的危险性，直接丧失生命的情形并不少见，即便未危及生命，也往往对身体、健康造成严重损害，若不及时予以救助，受害人仍将失去生命。为此，《刑法》特别规定行为人的救助义务，使其在逃逸后适用更重的刑罚。①

值得注意的是，违法犯罪的行为人、嫌疑人也可能成为被救助的主体。如在“梁某树与台州市公安局路桥分局不履行法定职责案”中，被告工作人员在巡逻过程中发现梁某琴有违法犯罪的嫌疑，梁某琴为逃避调查控制寻机

---

① 交通肇事中行为人是否负有救助义务？一种意见认为，行为人犯罪后为逃避法律追究而逃逸，对犯罪人而言又可谓“人之常情”，因此“交通肇事后逃逸加重处罚”的规定构成双重评价，应予废除。（参见姜涛：《“交通肇事后逃逸加重处罚”的合宪性思考》，载《比较法研究》2019年第2期）但主流意见认为，逃逸规定的规范目的仅在于救助伤者，交通肇事后逃逸存在肇事与不救助两个行为。（参见劳东燕：《交通肇事逃逸的相关问题研究》，载《法学》2013年第6期）

跳河游向河对岸准备脱逃。梁某琴跳入水中后，被告工作人员曾劝其上岸，但梁某琴未听劝阻并仍然游向对岸伺机脱逃。后在梁某琴出现水中呼救并开始沉入水中的情形下，被告工作人员与现场群众及时下水救助但无果，其后被告又及时组织多名公安、消防、医务人员等赶赴现场实施救援、打捞。法院认为，被告已及时合理地履行了救助义务，原告起诉理由不成立。[①]

（二）须基于法定职责或身份进行救助

人格权所处的危难情形存在危险性上的不同，救助义务人也存在法定职责、身份的不同，因此救助人的救助行为应与其职责或身份相称。以是否危及救助人的安全为标准，自然人的生命权、身体权、健康权所处的危难情形有两种：一是会危及救助人的正在遭受不法侵害、自然灾害或身患烈性传染病的情形，二是遭受不法侵害、自然灾害后或者身患无传染风险的疾病等不危及救助人的情形。相应地，法定救助义务也可以分为积极、消极两种类型。

所谓积极的法定救助义务，是指积极与正在进行的危险的不法侵害、自然灾害等斗争，以救助处于危难中的受害人的义务，警察、武装警察、军人、消防员、海事部门的专业救援力量、父母在其职责范围内负有此种义务，船长的积极救助义务则相对较轻，以不严重危及本船和本船人员为前提；所谓消极的法定救助义务，则指对因遭受不法侵害、自然灾害后，或者处于疾病中等不危及自身安全的情况下，对生命权、身体权、健康权处于危难之中的受害人进行救助的义务，《民法典》中的其他救助义务主体负有此类义务。就医师而言，虽然一般情况下的救治行为并无危险，但在突发公共卫生事件中，高度传染性、致命性疾病随时可能危及人的安全，因此也属于负有积极救助义务的主体。

在救助义务的具体判断上，应依符合义务人身份的专业职责为限。如在“崔某连、顾某娟等与上海市公安局嘉定分局封浜派出所行政公安案”中，法院认为：“原告认为被告民警到场后消极等待，未安排庇护场所、未采取强制醒酒等有效救助措施导致崔某挺死亡，属于未全面履行法定救助义务。对此，本院认为被告接警后的一系列行为可以证明被告积极实施了救助行为，且被告工作人员并非专业救护人员，不具备对醉酒人员进行救护的专业知识及能

① 参见浙江省台州市中级人民法院（2014）浙台行终字第32号行政判决书。

力。对崔某挺事发现场情况该采取何种有效救助方式，应由专业医疗救护人员进行处置。在此情况下，并不能简单以崔某挺的死亡结果来判断被告是否已履行法定救助义务。”[①]

又如，在“贾某与固原市公安局交通警察支队不履行法定义务案”中，法院认为：“被告固原市公安局交通警察支队执法人员在接到报警后两分钟内到达现场，到达现场三分钟后对伤者贾某光进行询问。因贾某光无明显外伤，且并未昏迷，遂告知其通知家人陪同检查治疗。在这一处警过程中，被告的履职行为并无不当。原告父亲贾某光虽然最终因颅脑损伤导致死亡，但被告对这一结果显然无法预判。”[②]在“唐某秀、汪某红等与东莞市救助管理站、东莞市公安局案”中，法院认为，李某雄到派出所求助，值班民警向李某雄了解情况后，根据其意愿，当日即将其送到东莞救助站，并与救助站工作人员做好了移交登记工作。东莞市公安局对李某雄的求助进行的救助，符合《公安派出所执法执勤工作规范》第44条规定。东莞救助站在接收了由公安机关移交的求助人员李某雄后，为其办理入站手续，提供衣物清洗、食物、住宿并为李某雄购买回家的车票，并在其次日自愿办理离站手续后，将其送至车站，救助过程符合规定。[③]

（三）须救助义务人具有救助能力

即便负有法定职责或身份的救助义务人，也可能存在能力丧失的情形，此时不宜苛求救助义务人履行与其职责、身份相应的救助义务，而应令其履行与其当时能力相当的救助义务。例如，警察在与歹徒搏斗时受伤无法制止犯罪行为，但只要及时向总部报告，向周围同事、群众求援，亦应认为已尽法定救助义务。又如，夫妻一方落水，另一方不会游泳，即不能要求岸上一方下水救人，只要其报警或向他人求救即可认为履行了救助义务。法律不强人所难，在法定救助义务上也不例外。

---

① 上海市静安区人民法院（2019）沪0106行初156号行政判决书。

② 固原市中级人民法院（2016）宁04行终24号行政判决书。

③ 参见东莞市第三人民法院（2015）东三法行初字第78号行政判决书。

三、履行法定救助义务的后果

自愿实施的救助行为适用无因管理规则，[①]履行法定救助义务不属于无因管理，自不得适用无因管理规则。但就行为人的报酬请求权、费用偿还请求权、损害赔偿请求权而言，尚需进行类型分析。

（一）报酬请求权

其一，就警察、武装警察、军人、消防员而言，与犯罪斗争、抢险救灾、救援灭火为其本职所在，国家又有相应的经费和制度保障，不应享有救助行为的报酬请求权。例如，《人民警察法》第40条规定：“人民警察实行国家公务员的工资制度，并享受国家规定的警衔津贴和其他津贴、补贴以及保险福利待遇。”第41条规定：“人民警察因公致残的，与因公致残的现役军人享受国家同样的抚恤和优待。人民警察因公牺牲或者病故的，其家属与因公牺牲或者病故的现役军人家属享受国家同样的抚恤和优待。”又如，《消防法》第49条规定：“国家综合性消防救援队、专职消防队扑救火灾、应急救援，不得收取任何费用。单位专职消防队、志愿消防队参加扑救外单位火灾所损耗的燃料、灭火剂和器材、装备等，由火灾发生地的人民政府给予补偿。”第50条规定：“对因参加扑救火灾或者应急救援受伤、致残或者死亡的人员，按照国家有关规定给予医疗、抚恤。”

其二，海难救助较为特殊，因救助主体为主管机关或船长而有不同。就主管机关的海难救助报酬请求权而言，虽然在财产救助中，交通部、国家物价局曾发布《交通部国内航线海上救助打捞收费办法》（已废止）和《交通部国际航线海上救助打捞收费办法》（已废止）明确救助打捞享有报酬请求权，实践中法院也往往统一赋予主管机关报酬请求权，[②]但在人命救助上，主管机关并不享有报酬请求权。

就船长的救助行为而言，在传统海难救助法律体系中，人命救助报酬始终依附于财产救助报酬与环境救助报酬，无法获得独立的救助报酬。但考虑

---

① 参见关涛：《救助他人行为的私法构造》，载《法学》2017年第9期。

② 参见刘长霞：《公共当局海难救助报酬请求权研究》，载《河北法学》2015年第4期。

到海难救助的特殊环境和巨大风险，为事实公平和社会功能计，应承认独立的人命救助报酬并建立报酬支付制度体系。[①]

其三，就医疗机构以及医师而言，由于其并非国家公务员，而是承担公益职责的事业单位，同时与患者又存在医疗服务合同，因此依据合同解决费用问题即可，无须单列单独的报酬请求权。

其四，就其他私主体而言，有学者认为，先在义务的有无并非决定介入者是否享有报偿诉权的绝对因素。在私主体实施救助行为的场合，基于该救助义务不具有“重大危险”且“容易”，所以救助人一般不会有损失，即使有也是轻微的，对此损失，一律由国家财政负担目前尚缺乏可操作性，而由被救助人承担则既符合道德，也不会造成经济上的压力。[②]但问题并没有这么简单，事实上，无论是否存在身份关系抑或安全保障义务，救助既然是一种法定义务，救助人自然无要求报酬的道理。至于救助人损失轻微、不宜由国家承担则是一种误解：既然私主体的救助义务是法定的，自然无国家承担的道理；既然损失是轻微的，由救助人承担更加名正言顺。

（二）费用返还请求权

虽然费用返还请求权与报酬请求权互相独立，但必要费用的支出是履行救助义务的必要成本，因此二者在规范目的上具有一致性。由于救助义务是法定的，所以费用返还请求权的有无应与报酬请求权相同，此不赘述。值得注意的是，船长在海上履行救助义务往往成本巨大，因此不同于其他主体，应享有费用返还请求权，但其往往包含于报酬请求权当中，这也是船长应享有报酬请求权的原因之一。

（三）损害赔偿请求权

法律规定救助义务的目的，旨在为危难中的受害人提供救助，除因履行救助义务的轻微费用外，无意使救助人承担人身伤害和财产损失。因此，法

---

① 参见袁曾：《海难人命救助的法律义务与现实困境之间矛盾的破解》，载《政治与法律》2020年第1期。

② 参见李中原：《论民法上的救助行为》，载《学习与探索》2014年第3期。

定救助义务人的损害赔偿请求权具有独立性。而在履行救助义务时，无论是积极的法定救助，还是消极的法定救助，损害均在所难免。但因警察、武装警察、军人、消防员、海事主管机关执行职务遭受损失时由国家提供救济和保障，故无损害赔偿请求权。医生虽非公务员，但因其负有救死扶伤的法定职责也不得主张损害赔偿请求权。夫妻、父母与子女则因夫妻共同财产制、家庭共同财产制的原因，无法也无须享有损害赔偿请求权。因此，只有船长、用人单位、安全保障义务人、教育机构享有损害赔偿请求权。

举证责任

船长的报酬请求权以救助成功为限，提起请求时应证明其实施了救助行为。但法定救助人提起损害赔偿请求权时应负何种举证责任？其一，对其所受损害承担证明责任。若无法证明损害存在，则承担举证不利败诉的后果。其二，证明自己实施了救助行为。值得注意的是，即便此种救助行为具有强制性，但仍不失其道德性，因此在救助人进行举证后，被救助人若提出抗辩应承担举证不能的法律后果。其三，就救助行为与损害之间的因果关系负举证责任。当然，若被救助人认为救助人的不当救助导致其损害，则应证明救助人存在故意或者重大过失，此与不当无因管理的规则类似。

其他问题

法定救助义务只是救助义务的一部分，救助义务又只是作为义务的一部分。与本条相关但不相同的问题是，一般救助义务是否有承认的必要？对此，刑法学界存在持续多时的争论，司法实践也有诸多探索。

一、刑法、民法对救助义务的不同态度

在刑法上，一般认为，法律规定、职务或业务行为、先前行为与法律行为是作为义务的四种形式来源。[①]对此，有学者认为，这种形式角度的认定既

---

① 参见高铭暄、马克昌主编：《刑法学》（第九版），北京大学出版社、高等教育出版社2019年版，第64—65页。

存在理论上的缺陷，也导致司法实践中确定的保证人范围不合理。[①]为此，源自德国、日本的作为义务实质说开始流入我国，支配理论为其典型。虽然依据支配理论，先前行为无法与其他具有支配力的保证人地位相比，但张明楷教授仍认为实施了危险先前行为的行为人对损害结果的发生具有支配力，从而仍负有刑法上的作为义务。[②]这样，刑法上的作为义务就比法律的明确规定要丰富得多。

在比较法上，二战之后，几乎所有大陆法系国家的刑法典都包含了惩罚见危不救的条款。[③]典型如《德国刑法典》第323条C款规定："意外事故、公共危险或困境发生时，根据行为人当时的情况救助有可能，尤其对自己无重大危险且又不违背其他重要义务而不进行救助的，处一年以下自由刑或罚金刑。"[④]接下来的问题是，违反救助义务的刑事违法性能否直接作为民事违法性？对此，有学者考察认为，法国法院在一些案件中直接将刑法规定作为民事判决的依据，确立了对危难者的救助义务，并对故意不履行救助义务的被告处以民事赔偿责任。但是德国在此问题上的态度尚不明朗，德国法院也很少判决"见危不救"者承担民事赔偿责任。[⑤]

但即便在法国法上，与违反救助义务的刑事责任相比，法院对违反救助义务的民事责任的承认要晚得多，审判实践曾长期拒绝"见危不救"罪的受害人获得损害赔偿。[⑥]其实，在救助义务的问题上，刑法与民法的态度并不相同。道理可以从两方面来说：其一，固然，刑事违法性要高于民事违法性，依据举重以明轻的原则，违反救助义务的形式违法性似乎可直接移植到民法，但欧洲国家之所以普遍规定见危不救的刑事责任，主要还是"基于基督教教义或道德的要求，是宗教法世俗化或法律道德化的表现"。[⑦]在宗教伦理的层面上，以讲究价值中立、维护行为自由的民法没有理由跟风。其二，

---

① 参见张明楷：《不作为犯中的先前行为》，载《法学研究》2011年第6期。

② 参见张明楷：《不作为犯中的先前行为》，载《法学研究》2011年第6期。

③ 参见桑本谦：《利他主义救助的法律干预》，载《中国社会科学》2012年第10期。

④ 《德国刑法典》，徐久生、庄敬华译，中国方正出版社2004年版，第159页。

⑤ 参见李中原：《论民法上的救助行为》，载《学习与探索》2014年第3期。

⑥ 参见叶名怡：《法国法上的见义勇为》，载《华东政法大学学报》2014年第4期。

⑦ 参见徐国栋：《见义勇为立法比较研究》，载《河北法学》2006年第7期。

刑事责任与民事责任的理念并不相同，前者侧重于行为，所以犯罪未遂也需承担刑事责任，后者关注于结果，所以损害（含迫切的危险）为必不可少的要件。

值得注意的是，我国法院普遍认为，刑法上的先前行为可导致法定救助义务。如在“蔡某英与王某波生命权、健康权、身体权纠纷案”中，法院认为：“王某的死亡系王某波实施侵害行为导致，因此负有法定救助义务的人是被告王某波，被告谢某、曹某桥并无法定救助义务，该二被告对王某的死亡后果承担责任无法律上规定。”[①]在“周某保与叶某凤、合肥和瑞出租车有限公司机动车交通事故责任纠纷案”中，法院认为：“在本起事故中，原告周某保与被告叶某凤的行为共同导致交通事故造成第三人胡某受伤，则周某保及叶某凤对于第三人胡某存在法定救助义务。”[②]在“冯某霞诉张某海义务帮工人受害责任纠纷案”中，法院认为：“由于原告的原因导致火灾的发生，原告的点火行为即产生了参与救火的法定义务，因原告救火是履行因侵权行为产生的法定救助义务，故原、被告之间不存在义务帮工关系。”[③]

二、民法是否需要承认一般救助义务

从学理上看，民法上的作为义务也不仅来源于法律的特别规定。[④]司法实践也不乏此类判决。如在“温某风、陈某东与李某前、徐某转等生命权、健康权、身体权纠纷案”中，法院认为：“陈某东及六被告基于共同爱好，以旅游、娱乐或探险为目的，通过网络相约，自由组合成临时活动团队。成员间虽然事先并未就权利义务等进行明确约定，但在活动过程中，均应相互关怀、同舟共济，尤其在发生危险时，除应自我救助外，也有在力所能及的情况下对他人进行救助的义务。”[⑤]

那么，民法是否应承认法定之外的一般救助义务呢？对此，学界存在两种不同意见。一种意见认为，基于民法的公序良俗原则，法院可以确认严重

① 福泉市人民法院（2017）黔2702民初1479号民事判决书。
② 合肥市蜀山区人民法院（2016）皖0104民初9136号民事判决书。
③ 甘肃省正宁县人民法院（2016）甘1025民初654号民事判决书。
④ 参见冯珏：《安全保障义务与不作为侵权》，载《法学研究》2009年第4期。
⑤ 温州市中级人民法院（2014）浙温民终字第943号民事判决书。

违反人伦行为的违法性。因此，追究“见危不救”行为的民事责任在中国民法理论上并不存在根本性障碍。[①]“基于功利主义理论，生命、健康价值具有相对于行为自由的优益性，为保护生命、重大健康而有必要确立一般性的民事救助义务。”[②]另一种意见则认为，我国并不存在承认一般救助义务的土壤，而比较法上的一般性救助义务立法不仅居于少数，实际效果也不理想，为区分道德与法律计，不应承认民法上的一般性救助义务。[③]

第二种意见更为合理，也更符合《民法典》的内部体系：鼓励见义勇为，但除了《民法典》第1005条规定的法定救助外，均为自愿救助。法律与道德之间是一种有机的各司其职关系。虽然乐于助人、见义勇为是一种高尚的道德，但法律不宜将其上升为普遍性的强制义务，而是采取类型化的方式，将那些具有特定身份、严格安全保障义务的主体规定为法定救助义务主体，同时将具有危险性的法定救助义务交由人民警察、消防员等负有特定职责的主体承担，除此以外，不宜承认其他救助义务。遗憾的是，司法实践中，基于救济受害人的理念，往往会突破这一原则。

例如，在“陈某义、余某如等与郭某提供劳务者致害责任纠纷案”中，法院认为：“郭某华、黎某成在自己工作的鱼塘范围内，拦住陈某等人去路的先行行为，导致他们对陈某等人在当时的基本人身安全有相应的注意及救助义务。而事实上在他们发现陈某等人跳水逃走之后，明知可能有危险，而没有尽到适当的安全注意及救助义务，这种不作为应认定为侵权行为。”[④]而事实上，仅仅是拦住对方，并不是一个产生危险性的先前行为，受害人跳进池塘溺亡与被告并无法律上的因果关系。

又如，在“高某文、林某惠生命权、健康权、身体权纠纷案”中，法院认为：“林某跳入五里河后，高某文基于情侣身份、同行以及明知林某系酒后等事实对林某具有法律上的救助义务，而高某文在林某跳河后未采取及时报警、向路过的车辆求助等救助措施，半个小时后才拨打林某亲属、朋友电话，

---

① 参见李中原：《论民法上的救助行为》，载《学习与探索》2014年第3期。

② 参见吴婷：《一般性民事救助义务的法定化》，载《研究生法学》2013年第2期。

③ 参见杨立新、王毅纯：《我国善意救助者法的立法与司法》，载《求是学刊》2013年第3期。

④ 湖北省黄梅县人民法院（2018）鄂1127民初113号民事判决书。

一个多小时后才报警，和林某错过最佳救助时机导致死亡后果存在因果关系，一审法院认定高某文违反了救助义务，应对林某的死亡承担侵权责任并无不当。"[①]但事实上，情侣身份不同于夫妻关系，因为在恋爱关系或者因订亲所成立的亲戚关系中，仅仅包含着对未来共同生活的承诺，还不是已经成为现实的共同生活本身，此种不确定关系双方可自由取消。[②]

最为典型的是共同饮酒导致的民事责任问题。通常，只要共同饮酒过程中受害人处于某种危险状态，法院即认为共同饮酒人存在救助义务。如在"李某禧、李某光生命权、健康权、身体权纠纷案"中，法院认为："李某禧作为潘某的共同饮酒人，因共同饮酒的先行行为使得潘某处于醉酒的危险之中，故其在潘某醉酒后有安全护送义务和注意义务。本案中，李某禧在护送潘某回家的过程中已经发现潘某有两次冲向马路的危险行为，在此情况下，其应当预见放任潘某独自回家发生危险的可能性较寻常情形更大些，即其需要承担高度的注意义务。"[③]仅在饮酒过程中未出现危险状态时，法院才否认共同饮酒人的救助义务。如在"李1、刘某琴等与韦某望等生命权、健康权、身体权纠纷案"中，法院认为："李1、刘某琴认为在李某喝醉酒后，韦某望、朱某民、李2未尽到及时将李某送去医院的救助义务，理由不能成立。韦某望、朱某民、李2没有判断李某可能出现生命危险的认知能力，不产生将醉酒的李某送到医院救治的义务。"[④]

---

① 福州市中级人民法院（2018）闽01民终3263号民事判决书。

② 参见冯军：《论配偶刑法上的作为义务》，载《政治与法律》2017年第5期。

③ 佛山市中级人民法院（2018）粤06民终7454号民事判决书。

④ 珠海市香洲区人民法院（2018）粤0402民初8029号民事判决书。

第一千零六条【人体组成部分、遗体的捐献】

完全民事行为能力人有权依法自主决定无偿捐献其人体细胞、人体组织、人体器官、遗体。任何组织或者个人不得强迫、欺骗、利诱其捐献。

完全民事行为能力人依据前款规定同意捐献的，应当采用书面形式，也可以订立遗嘱。

自然人生前未表示不同意捐献的，该自然人死亡后，其配偶、成年子女、父母可以共同决定捐献，决定捐献应当采用书面形式。

历史由来

本条为民事法律的新增规范，但行政法规中已有人体器官捐献的相关规定。例如，《人体器官移植条例》第7条规定了器官捐献的自愿、无偿原则，[①]第8条规定了器官捐献的主体以及捐献的同意规则。[②]《民法典人格权编（草案）》一并规定了人体组成部分和遗体的捐献。《民法典人格权编（草案）》（征求意见稿）第16条规定："自然人有权依法自主决定无偿捐献其人体细胞、人体器官、人体组织、遗体。任何组织和个人不得强迫、欺骗或者利诱自然人捐献。因捐献人体细胞、人体器官、人体组织所实施的提取或者摘取行为不得危及自然人的生命，也不得损害除提取或者摘取行为产生的直接后果之外的正常生理功能。"第17条规定："自然人同意捐献的意思表示应当采用书面形式或者有效的遗嘱形式，并且可以随时撤销该同意。"《民法典各分编（草案）》删除了捐献不得危及捐献人生命的规定，但将捐献人限定为完全民事

① 本条规定："人体器官捐献应当遵循自愿、无偿的原则。公民享有捐献或者不捐献其人体器官的权利；任何组织或者个人不得强迫、欺骗或者利诱他人捐献人体器官。"

② 本条规定："捐献人体器官的公民应当具有完全民事行为能力。公民捐献其人体器官应当有书面形式的捐献意愿，对已经表示捐献其人体器官的意愿，有权予以撤销。公民生前表示不同意捐献其人体器官的，任何组织或者个人不得捐献、摘取该公民的人体器官；公民生前未表示不同意捐献其人体器官的，该公民死亡后，其配偶、成年子女、父母可以以书面形式共同表示同意捐献该公民人体器官的意愿。"

行为能力人，且合并为一个条文。[①]《民法典人格权编（草案）》（二审稿）第787条删除了捐献意思的可撤销规定，增加了“不得利诱自然人捐献”的规定。《民法典人格权编（草案）》（三审稿）第787条恢复了死后捐献同意认定的规则。2019年12月公布的《民法典（草案）》第1006条增加了死后捐献同意形式的规则，2020年5月提交审议时略作文字调整，最终形成本条。

就民法典草案学者建议稿而言，梁慧星教授主持的《中国民法典草案建议稿》在身体权中一并规定人体组成部分的捐赠，明确了捐献的同意原则和隐私保护原则。[②]王利明教授主持的《中国民法典学者建议稿》则用四个条文分别规定了人体组织、器官自主捐献原则、严重损害捐献人无效原则，遗体自主捐献原则，人体器官、体液及遗体捐献的自主、补偿原则、捐献的同意形式及撤销，以及遗体解剖相关规则。[③]

三 规范目的或功能

人体组成部分的捐献本质上属于身体权内容，但因涉及身体伦理、事体重大，所以有专门规定的必要。人体组成部分包含人体细胞、人体组织和人

---

① 《民法典各分编（草案）》第787条规定：“完全民事行为能力人有权依法自主决定无偿捐献其人体细胞、人体器官、人体组织、遗体。任何组织或者个人不得欺诈、胁迫自然人捐献。自然人同意捐献的意思表示应当采用书面形式或者有效的遗嘱形式，并且可以随时被撤销或者撤回。”

② 该“建议稿”第19条第4款规定：“为治疗或者医学试验的目的，在符合法律规定的条件下，自然人可以捐赠其身体的部分器官，但非经捐赠人和受捐赠人同意，不得扩散可以鉴别捐赠人身份和受捐赠人身份的任何信息。”梁慧星主编：《中国民法典草案建议稿附理由：总则编》，法律出版社2013年版，第51页。

③ “建议稿”第315条规定：“自然人有权决定将自己身体的血液、脊髓等体液和器官捐献给医学科研、教学、医疗机构或者他人。自然人对其身体的体液和器官的捐献，如果对其人身的完整性和生命健康造成严重损害，该捐献行为无效。”第316条规定：“自然人有权决定在自己死亡后将自己遗体的全部或一部分捐献给医疗机构、科学研究机构或者其他需要利用遗体的公共机构。”第317条规定：“就人体器官、体液和遗体的捐献行为应当遵循自愿、补偿原则。该捐献行为须本人书面作出，不得由他人代理。权利人可随时撤销其捐献身体器官、体液和遗体的行为，仅对相对人因信赖其行为而支付的合理费用负赔偿责任。”第318条规定：“解剖死者遗体必须有死者生前明确同意或在死后经死者近亲属同意，方可进行。但有关国家机关作出决定的，也可以进行遗体解剖。”王利明主编：《中国民法典学者建议稿及立法理由：人格权编·婚姻家庭编·继承编》，法律出版社2005年版，第70—73页。

体器官。所谓人体组织，是指角膜、骨髓等组织；所谓人体器官，是指具有特定功能的心脏、肺脏、肝脏、肾脏或者胰腺等器官的全部或部分。人体各组成部分的捐献中，人体细胞、人体组织捐献于自然人健康影响较小，因此多为活体捐献；人体器官捐献因对自然人健康影响较大，故以尸体捐献为主。遗体的捐赠虽然以尸体的整体为对象，但本质上仍属于尸体捐献。活体捐献体现了身体尊严，尸体捐献则涉及公序良俗。活体捐献的限制要大于尸体捐献。

关于活体捐献的性质，流行的意见以身体权的支配理论为依据："每个人都享有身体权，而身体权就是自然人对自己的身体组成部分完整性的支配权……捐献血液、脊髓等，就是权利人支配自己的身体权，将自己身体的组成部分捐献给他人。"[①]但本书认为，身体是不能支配的，否则与其伦理性相悖。活体捐献因其道德性而体现为身体尊严，后者与身体完整一起构成身体权的全部内容。因此，器官捐献与其说是身体的支配、利用，不如说是身体的尊严与自由。

本条为不完全法条。违反本条规定侵害他人身体权的，应结合《民法典》侵权责任编、《民法典》人格权编相关规定处理。非法买卖人体组成部分、遗体的，应依据《民法典》第1007条规定处理。

规范内容

一、与身体分离的人体组成部分及尸体的性质

关于活体捐献中与身体分离的人体组成部分的性质，有学者认为构成法律上的物。[②]"这种与活体脱离的器官已经不再属于身体的组成部分，失去了维护身体完整性的功能……此时器官的'物'之属性已超出了'人格'属性，

---

① 王利明主编：《中国民法典学者建议稿及立法理由：人格权编·婚姻家庭编·继承编》，法律出版社2005年版，第71页。

② 参见余能斌、涂文：《论人体器官移植的现代民法理论基础》，载《中国法学》2003年第6期。

从而转化为另一种静态的物。”[①]王泽鉴教授也认为：“人的身体，虽不是物，但人体的一部分如已分离，不问其分离原因如何，均成为物（动产），由其人当然取得所有权，而适用物权法的一般规定（得为抛弃或让与）。”[②]但也有学者使用了“准人身”的概念，认为“捐献之器官、组织，与供体分离后，属准人身，非供体之一部；移植后，为受体之一部”[③]。本书认为，活体捐献中的人体组成部分因捐献的目的，在与身体脱离后仍然属于人格，其虽未与供体结合，但并不因此丧失事实和法律上的人体功能。“科技在此发挥的作用，不是要使人格要素成为外在的物，而是为其提供特定的存在形态。”[④]

尸体捐献与之不同。无论是捐献遗体的器官还是遗体本身，主体既已死亡则其性质必非人格。关于遗体的性质，学理上存在物说和非物说的两种立场。物说认为，遗体是包含社会伦理道德因素的特殊物。[⑤]据此，遗体的器官在未与遗体分离前为物的组成部分，医生摘取之后即构成独立之物。[⑥]非物说则认为，遗体不可交易但可移转，不应将其作为民法上的物，而应将其作为人格遗存加以特殊对待。[⑦]本书赞同非物说：遗体虽为有形存在，但因不具备民法上物的功能，故为自然之物。近亲属于其上存在祭奠、追思的合法利益。即便是基于科研、医疗需要的利用，遗体也不是作为物而存在，毋宁是因为科研、医疗行为顺应人格的道德性所以合法，如同人体可为临床试验但不因此成为物一样。当然，遗体虽然不适用物权法的一般规则，但为实现遗体上的人格利益，死者近亲属享有占有的权利。非物说更有利于解释（尸体）器官捐献的无偿原则以及对人体器官买卖的禁止。

---

① 张海燕：《从尊重生命权看人体器官移植相关法律问题》，载《山东大学学报》（哲学社会科学版）2008年第4期。

② 王泽鉴：《民法总则》，北京大学出版社2009年版，第175页。

③ 李锡鹤：《民法原理论稿》（第二版），法律出版社2012年版，第515页。

④ 房绍坤、曹相见：《〈民法典人格权编（草案）〉的贡献与使命》，载《山东大学学报》（哲学社会科学版）2019年第6期。

⑤ 参见梁慧星：《民法总论》（第五版），法律出版社2017年版，第154页。

⑥ 参见余能斌、涂文：《论人体器官移植的现代民法理论基础》，载《中国法学》2003年第6期。

⑦ 参见温世扬：《民法总则中“权利客体”的立法考量》，载《法学》2016年第4期；陈国军：《死者有形人身遗存的法律属性辨析》，载《政治与法律》2015年第11期。

二、自主捐献与无偿原则

作为自然人身体尊严的体现，捐献人体组成部分必须遵循自主捐献和无偿原则。

（一）自主捐献原则

虽然人体组成部分的捐献体现了利他主义的崇高道德，但捐献人享有自主选择是否捐献的自由。在此，也可以看到承认身体尊严的优势：若承认自然人得自主支配其身体，则人体捐献将更多地受到公共利益约束，从而腐蚀自主捐献原则。因为尊严具有主观性，全凭主体的自我认识；支配则具有客观性，外界存在较为统一的看法。

1. 自主决定的内涵

本条第1款第1句规定了自主决定原则。所谓自主决定，又称知情同意、明示同意，即对于活体捐献而言，需要本人了解摘取手术的过程、风险及可能发生的后果等信息后作出同意的意思表示。自主决定原则是人体组成部分捐献合法性的首要尺度，体现了对捐献者身体尊严的尊重和保护。在尸体捐献中，由于死者丧失了主体资格，遗体成为近亲属占有的自然之物，但法律仍会尊重死者的生前意愿。为保障捐献的自主决定，本条第1款第2句规定："任何组织或者个人不得强迫、欺骗、利诱其捐献。"

2. 自主决定的形式

按照本条第2款的规定，同意捐献应当采用书面形式，或以遗嘱为之。据此，自主决定的形式因活体捐献、尸体捐献而有不同，前者为书面同意，后者为有效遗嘱。法律之所以作此要求，主要还是因为人体组成部分、遗体捐献事关重大，非有明确、肯定的意思表示不可，而明确、肯定的意思表示只能采取特定形式，理论学说与比较法莫不如此。值得注意的是，活体捐献不同于尸体捐献，其同意捐献的意思表示具有严格的人身性质，在民法法理下还应受到禁止让渡或代理行使的限制。①

---

① 参见余能斌、涂文：《论人体器官移植的现代民法理论基础》，载《中国法学》2003年第6期；郭自力：《论器官移植的法律问题》，载《中外法学》1998年第5期。

3. 自主决定的保障

人体组成部分（尤其是器官）移植被誉为现代医学之巅，其原理、风险不易为常人掌握。因此，即便不存在强迫、欺骗、利诱，但由于主体间信息上的不对称，也会妨碍捐献人的自主决定。为此，应从三方面予以保障。

其一，医疗机构应履行充分告知义务，使捐献人对捐献事项充分知情。如《人体器官移植条例》第19条第1款规定："从事人体器官移植的医疗机构及其医务人员摘取活体器官前，应当履行下列义务：（一）向活体器官捐献人说明器官摘取手术的风险、术后注意事项、可能发生的并发症及其预防措施等，并与活体器官捐献人签署知情同意书；（二）查验活体器官捐献人同意捐献其器官的书面意愿、活体器官捐献人与接受人存在本条例第10条规定关系的证明材料；（三）确认除摘取器官产生的直接后果外不会损害活体器官捐献人其他正常的生理功能。"

不唯如此，为避免心理因素妨碍自主决定的作出，在履行告知义务之前，禁止医疗机构及其医务人员使用鼓励达成目标的诱导行为，例如讨论当前的情形、做血液检查、做组织相容性或健康适应性的检查等。"通常在经过这一系列活动后，一个人在心理上就很难再拒绝捐献了。"①

其二，应允许捐献人自由撤销同意捐献的意思。《人体器官移植条例》第8条第1款规定："捐献人体器官的公民应当具有完全民事行为能力。公民捐献其人体器官应当有书面形式的捐献意愿，对已经表示捐献其人体器官的意愿，有权予以撤销。"捐献既非让与，也非赠与，因此不受法律行为约束。且捐献行为对捐献人而言，所获利益主要是精神上的愉悦和褒奖，而面临的健康风险又甚大。②因此，为保障捐献人的自由，应允许其随时予以撤销。事实上，《民法典各分编（草案）》也曾明确捐献人此种撤销权。

其三，同意应当经过伦理委员会的审查。《人体器官移植条例》第17条规定："在摘取活体器官前或者尸体器官捐献人死亡前，负责人体器官移植的执

---

① 蔡昱：《对活体器官捐献者的保护原则及立法建议》，载《山东大学学报》（哲学社会科学版）2012年第6期。

② 参见霍原：《论〈民法典〉对器官捐献自己决定权的规范回应》，载《学术交流》2017年第6期。

业医师应当向所在医疗机构的人体器官移植技术临床应用与伦理委员会提出摘取人体器官审查申请。人体器官移植技术临床应用与伦理委员会不同意摘取人体器官的，医疗机构不得做出摘取人体器官的决定，医务人员不得摘取人体器官。”第18条规定：“人体器官移植技术临床应用与伦理委员会收到摘取人体器官审查申请后，应当对下列事项进行审查，并出具同意或者不同意的书面意见：（一）人体器官捐献人的捐献意愿是否真实……经2/3以上委员同意，人体器官移植技术临床应用与伦理委员会方可出具同意摘取人体器官的书面意见。”

4. 自主决定的限制

虽然捐献行为是身体尊严的体现，捐献人可以自主决定。但为保护捐献人的健康，法律对其设有两重限制。一是，确立尸体捐献优先原则。与人体细胞、人体组织不同，器官捐献对身体损害较大，因此，《欧洲人权和生物医学权利公约》第19条规定，只有在对接受者带来医疗益处、从死者身上不能获得合适的器官或组织并且无其他具有同等功效的医疗方法可供选择时，才允许从活体捐献者身上摘取器官或组织。二是，优先考虑供体原则。这意味着，在活体捐献中，捐献者的身体健康和生命安全应当受到优先考虑，任何可能导致捐献者无法不依靠医疗帮助继续生存的器官捐献都应该禁止。①《民法典人格权编（草案）》（征求意见稿）第16条第2款也曾规定：“因捐献人体细胞、人体器官、人体组织所实施的提取或者摘取行为不得危及自然人的生命，也不得损害除提取或者摘取行为产生的直接后果之外的正常生理功能。”虽然《民法典》最终未保留这一规定，但为捐献人的健康考虑也是题中之义。

（二）无偿原则

与自主决定原则一样，无偿原则也是身体尊严的体现。但是，无偿捐献不等于不能有任何费用。基于人道主义的考虑，同时也是基于鼓励捐献的目的，人体捐献往往能获得适当补助。“对于自愿捐献自己器官的行为，国家应该表现出极大的尊敬和关爱，除了给予精神上的褒奖外，还应给予物质上的

---

① 参见蔡昱：《对活体器官捐献者的保护原则及立法建议》，载《山东大学学报》（哲学社会科学版）2012年第6期。

奖励。这种奖励不是物质交换，也不是补偿，而是对于无私奉献的高尚精神的鼓励。它的目的是使更多的人受到鼓励而学习捐献行为，愿意捐献出自己的器官。”[①] 此种补助或称奖励，在活体捐献中属于捐献人，在尸体捐献中则属于近亲属共有，而非遗产。

如在“谷某扶、冯某建等与冯某国等共有纠纷案”中，法院认为：“冯某青死亡后因器官捐献得到的补偿款154000元不属于其个人的遗产，也不是冯某青与谷某扶的夫妻共同财产，系获得捐献机关对捐献人的直系亲属因其器官捐献行为给予的精神抚慰和经济补偿，故本案中冯某青死亡后因器官捐献得到的补偿款，其父母、配偶、儿女均有权请求分配。”[②] 又如，在“杜某翔、杜某、冯某愚、张某解因财产损害赔偿纠纷案”中，法院认为：“中华医学会器官移植学分会器官捐献管理委员会支付的60000元救援金是对捐献器官者冯某因病住院产生的医疗费用、办理丧事费用以及遗留子女生活和抚养补助的一种救助、慰藉，而不是对所捐献器官支付的对价，也不属于冯某的遗产。”[③]

关于此种补偿的范围，一般认为应当包括医疗费、误工费、营养费等。[④] 此外，还有学者认为，补偿应包含对捐献行为的奖励，并给予器官捐献者及其家属在日后需要器官移植时的优先获得器官供给权。[⑤] 此种做法既避免了人体组成部分、遗体捐献的伦理难题，又有利于鼓励捐献行为，以缓解当下的供需难题。

三、捐献的主体与受体

（一）捐献的主体

本条将捐献主体限定为完全民事行为能力人。一般而言，活体捐献限于

---

① 龚波：《人体器官获取行为的法律规制及其模式选择》，载《法制与社会发展》2014年第3期。

② 河南省扶沟县人民法院（2017）豫1621民初1238号民事判决书。

③ 河南省开封市中级人民法院（2012）汴民终字第325号民事判决书。

④ 参见焦艳玲：《生物科技研究中人体组织提供者补偿模式研究》，载《法律科学》2011年第1期。

⑤ 参见龚波：《人体器官获取行为的法律规制及其模式选择》，载《法制与社会发展》2014年第3期。

完全民事行为能力人，是各国的通常做法。但未成年人的活体捐献也并非绝对禁止，而是存在更严格的限制。世卫组织《人体细胞、人体组织和器官移植指导原则》第4条规定："除了在国家法律允许范围内的少数变通例外情况，不可出于移植目的在未成年活人身上摘取任何细胞、组织或器官。"而各国器官移植立法也通常将未成年人器官捐赠的受赠人限定为家庭直系亲属。[①]我国台湾地区"人体器官移植条例"第8条也规定，未满18岁的未成年人经其法定代理人出具书面同意，经最高卫生主管机关组成的委员会审议许可，可以捐赠部分肝脏给五亲等以内的亲属。

事实上，这也是我国法律的一贯要求。如《献血法》第2条规定："国家实行无偿献血制度。国家提倡十八周岁至五十五周岁的健康公民自愿献血。"《人体器官移植条例》第9条规定："任何组织或者个人不得摘取未满18周岁公民的活体器官用于移植。"

当然，如果是尸体捐献，则未成年也不在禁止之列。

（二）捐献的受体

捐献的受体仍因活体捐献或尸体捐献而有不同。基于尸体捐献优先原则，同时也是为了防止器官买卖行为，活体捐献的范围受到严格限制。《人体器官移植条例》第10条规定："活体器官的接受人限于活体器官捐献人的配偶、直系血亲或者三代以内旁系血亲，或者有证据证明与活体器官捐献人存在因帮扶等形成亲情关系的人员。"实践中还存在"交叉移植"的特殊情形，即在两个独立的受体家庭中，作为家庭成员的供体均不符合移植要求，但交叉移植则符合要求。对于此种情形应否予以承认，实践中存在不同做法。反对意见认为，受体与供体之间互不相识，既不存在亲属关系，也未形成因帮扶等形成的亲情关系，因此不应允许。肯定立场则通过扩大解释"因帮扶等形成的亲情关系"而予以认可。

交叉移植应当获得承认。一方面，从文义上看，救人一命胜造七级浮屠，交叉移植既然可拯救两个家庭，当然属于"因帮扶等形成亲情关系"的范围。另一方面，从规范目的上看，法律限缩活体捐献受体范围的目的，就是禁止

---

① 参见郗立军：《未成年人器官捐赠研究》，载《青少年犯罪研究》2013年第5期。

器官买卖。“交叉移植”既然不存在器官买卖的风险，自然应该允许。

尸体捐献的受体则不受此严格限制。但基于身体尊严的考量，同时也是保护当事人隐私的需要，非经捐献人和受捐献人的同意，医疗机构或者科研单位不得擅自披露双方的身份信息。[①]

四、尸体捐献中的同意规则

本条第3款规定，自然人生前未表示不同意捐献的，其配偶、成年子女、父母可以共同决定捐献。对此，学界存在不同意见。反对意见认为，基于对本人意志自由和人格尊严的尊重，如果本人生前未表示捐赠遗体，其近亲属只能依法律和习惯处理遗体，不能擅自作主捐献，更不能出卖。也不能认为，只要当事人生前未明示反对捐献，死后就允许其亲属捐献。因为这种推定不符合我国社会的习惯，不尊重本人的意志和尊严，也使现在通行的遗体捐赠协议失去其存在意义。[②]这种意见颇具代表性。

本款规定具有合理性，值得肯定。其一，死者不具有权利主体资格，也不享有任何人身权利，法律对死者的保护其实是保护死者生前形象上的各种利益。就死者的生前意愿而言，法律基于公序良俗的考量予以尊重，但这并不意味着死者意志在其死后仍然具有法律效力。这一问题与继承的根据一脉相承。关于继承的根据，比较法上存在意思说、家族协同说、死后扶养说之分，三者分别将继承的效力诉诸被继承人的意思、家族协同生活以及扶养亲属之需要。[③]其中，意思说为比较法上的主流学说，且不因继承形式不同而有异，因为法定继承可视为是对被继承人意思的推定。[④]但实际上，人死之后权利能力消灭，其生前意思对生者不应具有拘束力。只是尊重死者及其遗愿是人类（尤其是中国人）的普遍伦理，法律才赋予死亡这一事实以物权变动的

---

① 参见梁慧星主编：《中国民法典草案建议稿附理由：总则编》，法律出版社2013年版，第52页。

② 参见王利明主编：《中国民法典学者建议稿及立法理由：人格权编·婚姻家庭编·继承编》，法律出版社2005年版，第72页。

③ 参见史尚宽：《亲属法论》，中国政法大学出版社2000年版，第4—6页。

④ 参见史尚宽：《亲属法论》，中国政法大学出版社2000年版，第4页；陈益民：《谈法定继承与遗嘱继承的统一》，载《政法论坛》1986年第5期。

效果，而不是任由被继承人财产处于无主状态。因此，虽然被继承人的所有权是继承权的前提，但不能由此认为继承权是被继承人所享有的一种民事权利。[①]可见，在尸体捐献中，由近亲属共同决定，既不会损害死者的利益，也与遗体捐献协议的效力不冲突。

其二，依本条第3款的反面解释，若自然人生前表示不同意捐献的，其近亲属无权共同决定。可见，在尸体捐献中，其实也体现了法律对死者遗愿的尊重，不妨碍公序良俗。因此，为缓解当前器官移植的供需矛盾，在自然人生前未表示不同意捐献的，由其特定近亲属共同决定是否捐献，也符合利益衡量的原则。并且，此种规定也是比较法上的普遍做法，在我国生命法学界、刑法学界获得了普遍支持。[②]事实上，近亲属在决定是否捐献的时候，也并不总是出于金钱的考虑，因其基于与死者的亲密关系，既要承受亲人离去的悲伤，又要考虑外人和社会的看法。正因为如此，本条最终做此规定。

第一千零七条【买卖人体组成部分、遗体的禁止】

禁止以任何形式买卖人体细胞、人体组织、人体器官、遗体。

违反前款规定的买卖行为无效。

历史由来

本条是对人体组成部分、遗体买卖的禁止规定，属于民事法律的新增规范，但行政法规中早已有类似条文。《人体器官移植条例》第3条规定："任何组织或者个人不得以任何形式买卖人体器官，不得从事与买卖人体器官有关的活动。"在民法典的编纂过程中，立法者也一直对人体组成部分、遗体买卖持明确禁止态度。《民法典人格权编（草案）》（征求意见稿）第18条规定了人体细胞、人体组织、人体器官、遗体买卖的禁止，并规定了非法买卖的无效后果。后经《民法典各分编（草案）》第788条、《民法典人格权编（草案）》

---

① 参见周强：《论继承权》，载《法学杂志》1992年第4期。

② 参见申卫星、王琦：《论人体器官捐献与移植的立法原则》，载《比较法研究》2005年第4期；郭自力：《论器官移植的法律问题》，载《中外法学》1998年第5期。

（二审稿）第788条的语言调整，最终形成本条规定。

规范目的或功能

本条为完全法条，旨在禁止人体细胞、人体组织、人体器官、遗体的买卖行为，从民法角度否定其法律效力，但无效的具体法律后果仍须经由解释来确定。值得注意的是，虽然禁止买卖人体组成部分、遗体在今天取得了广泛的共识，但它经历了一个逐渐接受的过程。作为现代医学上的明珠，人体组成部分（尤其是人体器官）的移植与医疗行为直到20世纪后期才变得普遍。而时至今日，除了伊朗等极少数国家允许器官交易外，大多数国家都以立法形式禁止人体器官的买卖。①

规范内容

一、禁止人体组成部分、遗体买卖的合理性

虽然《人体器官移植条例》明确禁止人体器官的买卖，但由于以人体器官为代表的人体组成部分、遗体作为稀缺资源，供需矛盾十分突出，因此学界从未停止关于人体组成部分、遗体买卖合法化的讨论。如有学者直接主张将移植器官纳入产品范围以扩大移植供体的来源、保障移植器官的质量；以肯定限制说取代绝对否定说，建立一个统一的器官交易市场，同时制定相应法律对其进行严格规范。②经济学者则基于经济学第一福祉定理，认为在没有垄断、外部作用（空气污染等）、无知等因素的前提下，市场经济的自动调节会达到效率最优。此时，允许人体器官合法买卖会让所有人从中获利。③否定立场则多从身体伦理和平等原则出发，认为“人体器官买卖是一种严重危及人类生命伦理秩序稳定的反社会行为，对这种行为，法律应当坚决予以禁

---

① 参见刘劲松：《人体器官交易能否“合法化”》，载《自然辩证法研究》2011年第8期。

② 参见陈云良：《人体移植器官产品化的法律调整》，载《政治与法律》2014年第4期。

③ 参见黄有光、桑本谦：《人体器官可否合法买卖？——一次经济学家和法学家的对话》，载《学习与探索》2016年第3期。

止……更为重要的理由在于，人体器官买卖只会加剧人们在生死面前显现出的不平等，从而危及人类社会文明所赖以存续的基础”[①]。

本书赞同现行法的立场，认为法律应当禁止人体细胞、组织与器官的买卖。其一，买卖行为将人体细胞、组织和器官物化，既是对身体尊严的蔑视，也是对人类尊严的践踏，允许其合法存在将侵蚀人类道德体系。“物”之价值在“用”，“人体组成部分”可用却非为用而存在。[②]其二，固然，允许人体组成部分的买卖，将缓解日益突出的供需矛盾，但其作用也是有限的，因为能作为买方的总是富人，而作为卖方的只能是穷人。事实上，器官出售者总是因家庭变故、生活窘迫才作出出卖的决定，不可能真正作出真实、自愿的意思表示。[③]并且，经验证明，市场上出售的器官比自愿捐献的质量低，出卖者为了钱常常隐瞒自己的病史和遗传史，结果将疾病传染给接受器官移植的人。[④]其三，从社会的角度上说，“人体器官的商品化可能会带来难以控制的社会风险。与促进社会福利相反，人体器官合法买卖可能还会减损国家的竞争力、导致控制成本上升，甚至增加盗窃器官的犯罪率”[⑤]。

从公共生活的角度上说，买卖应以符合伦理为原则。否则，市场在促进资源优化的同时，也将侵蚀公共生活的基本伦理，从而引起行为失范、秩序失序。其后果将是颠覆性的，可能一举摧毁宗教、文化、法律、核心价值观等要素长期的共同努力。从历史的动态过程上说，道德从来不是主观的抽象存在，而是通过人的思想进而影响行为、秩序的社会规范。当然，禁止人体组成部分买卖，也无法杜绝非法买卖，但这并非买卖合法化的理由。如同禁止犯罪也无法杜绝犯罪一样，人体组织的非法买卖也是如此。我们绝不能因为存在非法买卖，就牺牲生活的基本伦理，助长犯罪和反人类行为。科技的

---

① 刘长秋：《人体器官买卖的法律规制研究》，载《自然辩证法研究》2012年第12期。

② 参见焦艳玲：《生物科技研究中人体组织提供者补偿模式研究》，载《法律科学》2011年第1期。

③ 参见郭自力：《论器官移植的法律问题》，载《中外法学》1998年第5期；谭德凡：《人体器官买卖与捐赠法律问题研究》，载《社会科学家》2009年第11期。

④ 参见郭自力：《论器官移植的法律问题》，载《中外法学》1998年第5期。

⑤ 黄有光、桑本谦：《人体器官可否合法买卖？——一次经济学家和法学家的对话》，载《学习与探索》2016年第3期。

进步极大地增强了人的能力，也同样催生了人的欲望，但生老病死本是人不可摆脱的规律，不能牺牲部分人的健康来满足部分人的欲望。事实上，就穷人而言，出售人体组成部分只能解燃眉之急，他们并不会因此而变得富裕。摆脱贫困是一个世界难题，最终解决要依赖经济发展、国家保障和个人努力。

遗体买卖虽不涉及人伦，但却违背公序良俗，已如前述。

二、人体组成部分、遗体买卖无效的法律后果

人体组成部分、遗体不得买卖，只能无偿捐献，后者并非法律行为，因此不得适用合同法律规则。但人体组织、器官的买卖具有创设法律关系的意图，只是因违反法律规定而归于无效，因此，仍可参照无效法律行为的法律后果进行解释。

《民法典》第157条规定："民事法律行为无效、被撤销或者确定不发生效力后，行为人因该行为取得的财产，应当予以返还；不能返还或者没有必要返还的，应当折价补偿。有过错的一方应当赔偿对方由此所受到的损失；各方都有过错的，应当各自承担相应的责任。法律另有规定的，依照其规定。"关于本条的适用，应区分不同情形：如果是以遗体（无论是遗体的全部还是部分）为交易对象，则直接适用《民法典》第157条，卖方返还价款，买方返还遗体或遗体组成部分。如果是以人体为交易对象，则应区分交易的不同阶段。

其一，在买卖合同达成后，人体组成部分尚未与卖方分离时，《民法典》第157条可直接适用，即终止合同履行，并由卖方返还价款。

其二，在人体组成部分已与卖方分离但尚未与买方结合时，如何处理？理论上应该终止履行，并由卖方返还价款。至于卖方由此支出的费用（含人体组成部分的摘取与植入费用），则应依双方过错各自承担。

其三，人体组成部分或者尸体器官与买方身体结合之后应如何处理？与财产的可替代性不同，人体组成部分无法适用返还和折价的责任方式。就返还的责任方式而言，人体组成部分与买方身体结合以后，即构成其身体的组成部分，受买方身体权的保护。[①]此时若允许反向摘取和植入，将威胁到买方

---

① 参见邹卫强：《无效活体器官移植的民法探讨》，载《法学论坛》2014年第4期。

的生命健康，甚至直接导致其死亡，这种行为无异于故意杀人。[①] 从社会成本上看，人体组成部分从卖方身体摘取已导致相当损害、耗费相当成本，再从买方身体摘除，又是一重损害和成本，得不偿失。

即便与买方身体结合的人体组成部分不宜再反向摘取和移植，也不意味着对卖方的人体组成部分可以折价补偿，因为身体是无价的。但卖方可以依据缔约过失责任要求买方赔偿其损失，此种损失应当是医疗费、误工费以及身体完整受侵害的赔偿，与买方支付的价款并不相同。当然，医疗费、误工费等费用有适用与有过失原则的余地。

第一千零八条【临床试验的行为准则】

为研制新药、医疗器械或者发展新的预防和治疗方法，需要进行临床试验的，应当依法经相关主管部门批准并经伦理委员会审查同意，向受试者或者受试者的监护人告知试验目的、用途和可能产生的风险等详细情况，并经其书面同意。

进行临床试验的，不得向受试者收取试验费用。

历史由来

本条属于民事法律的新增规定，以往民法上没有关于临床试验主管机关批准、伦理审查、知情同意等的规定，但相关内容仍可从行政法律法规中觅得痕迹。如《执业医师法》第26条第2款规定："医师进行实验性临床医疗，应当经医院批准并征得患者本人或者其家属同意。"《药品管理法》第19条第1句规定："开展药物临床试验，应当按照国务院药品监督管理部门的规定如实报送研制方法、质量指标、药理及毒理试验结果等有关数据、资料和样品，经国务院药品监督管理部门批准。"《药物临床试验质量管理规范》第3条规定："药物临床试验应当符合《世界医学大会赫尔辛基宣言》原则及相关伦理要求，受试者的权益和安全是考虑的首要因素，优先于对科学和社会的获益。

---

① 参见龚波：《人体器官获取行为的法律规制及其模式选择》，载《法制与社会发展》2014年第3期。

伦理审查与知情同意是保障受试者权益的重要措施。”

《民法典人格权编（草案）》（征求意见稿）第19条规定了临床试验的主管机关批准和知情同意原则及经同意可随时撤销规则，《民法典各分编（草案）》第789条又明确了知情的内容，增加了禁止支付报酬、可给予必要补偿的规定，《民法典人格权编（草案）》（二审稿）第789条首次引入了伦理审查，并删除了同意可撤销、禁止支付报酬但可予以补偿的内容，《民法典人格权编（草案）》（三审稿）第789条又增加了不得收取试验费用的规定，最终形成本条规定。

此外，本条规定也可在2002年《民法（草案）》和民法典草案学者建议稿中找到原型。2002年《民法（草案）》人格权编第11条规定："有关科研机构开发新药或者新的治疗方法，需要在人体上进行试验的，经卫生等主管部门批准后，还应当向接受试验的本人告知可能产生的损害，并经其同意。”王利明教授主持的《中国民法典学者建议稿》第321条规定："经过国家行政主管部门批准，在人的身体上施行治疗方法或药品试验的，应当向接受试验者详细阐明可能遭受的损害，并经过本人或者其法定代理人、近亲属的同意。”[①]

三 规范目的或功能

临床试验，又称人体试验，是以人体为研究对象的生物医学试验，指在生物学、医学领域内，以自然人作为试验的对象，以验证科学推理或者假定为方法，进行新药物、新医疗设备、新治疗方法试验研究的行为。[②]《药物临床试验质量管理规范》第11条第1项规定："临床试验，指以人体（患者或健康受试者）为对象的试验，意在发现或验证某种试验药物的临床医学、药理学以及其他药效学作用、不良反应，或者试验药物的吸收、分布、代谢和排泄，以确定药物的疗效与安全性的系统性试验。”本条将临床试验的目的表述为“为研制新药、医疗器械或者发展新的预防和治疗方法”，从而排除了基于

---

① 王利明主编：《中国民法典学者建议稿及立法理由·人格权编·婚姻家庭编·继承编》，法律出版社2005年版，第76—77页。

② 参见满洪杰：《人体试验法律问题研究》，复旦大学2009年博士学位论文，第2页。

商业目的的临床试验。在体系上，本条为不完整法条，因参与临床试验导致损害的，应依《民法典》侵权责任编及相关特别法的规定处理，同时在损害认定等要件、举证责任上有其特殊性。

人类历史同时也是与疾病的斗争史，作为人类最离不开的学问，医学也是最古老的学科。有效的医学必须进行临床试验，临床试验必须保护参与者的利益和健康。历史地看，滥用医生的特权和优势地位，侵犯病人人格权益的事件层出不穷，突出表现为二战时纳粹医生的人体实验、日本731部队的细菌实验等。而事实上，战后临床试验侵害事件仍连绵不绝，如2012年曝光的美国大学利用我国儿童做转基因大米试验的“黄金大米事件”等。

鉴于二战以来临床试验领域出现的一系列伦理问题，1964年6月，在芬兰赫尔辛基召开的第18届世界医学大会通过了《关于以人体为对象的生物医学研究国际伦理指导原则》（俗称《赫尔辛基宣言》）。①作为关于涉及人类受试者的医学研究有关伦理原则的声明，宣言明确：“医学研究应符合的伦理标准是，促进并确保对所有人类受试者的尊重，并保护他们的健康和权利。”这成为国际社会影响最大的有关人体试验伦理的规范。我国《药物临床试验质量管理规范》《医疗器械临床试验质量管理规范》《涉及人的生物医学研究伦理审查办法》《药物临床试验质量管理规范》均明确贯彻《赫尔辛基宣言》确立的原则。

规范内容

一、临床试验的法律关系

《民法典人格权编（草案）》“征求意见稿”和“一审稿”均使用“有关科研机构”来指代义务主体，有失偏颇。因为临床试验的义务主体包含试验者（又称研究者）和申办者（也称发起人）。按照《药物临床试验质量管理规范》第11条规定，研究者是指实施临床试验并对临床试验质量及受试者权益和安全负责的试验现场的负责人（第6项）；申办者则是负责临床试验的发起、管

---

① 该宣言经历了多次修订，目前的有效版本为2013年修订本。

理和提供临床试验经费的个人、组织或者机构（第7项）。同时，申办者可以将其临床试验的部分或者全部工作和任务委托给合同研究组织，[①]但申办者仍然是临床试验数据质量和可靠性的最终责任人，应当监督合同研究组织承担的各项工作。合同研究组织应当实施质量保证和质量控制。[②]

按照本条规定，进行临床试验还应经过主管部门批准。本条所谓主管部门，即国务院药品监督管理部门。因此，加上参加试验的受试者，临床试验法律关系至少包含研究者、申办者、主管部门以及受试者四方主体。在民法典编纂过程中，有学者建议，因试验者（研究者）和发起人（申办者）的资格与要求涉及专业性管理，不宜在民法典中加以规定，建议民法典虚化义务主体，主要从受试者权利的角度做正面界定。[③]《民法典人格权编（草案）》（二审稿）采纳这一建议，删除了临床试验义务主体的规定，仅规定了受试者权利以及临床试验应当依法经相关主管部门批准。

二、临床试验的伦理审查

临床试验因对受试者的健康影响巨大，所以必须尊重受试者的人格，保护受试者的健康。为此，临床试验必须精心设计、操作，使其实现有助于人类健康、寻找新的治疗药物和方法最快、途径最安全的目的。[④]《赫尔辛基宣言（2013）》也规定，涉及人类受试者的医学研究，其基本目的是了解疾病的起因、发展和影响，并改进预防、诊断和治疗干预措施（方法、操作和治疗）。即使对当前最佳干预措施也必须通过研究，不断对其安全性、效果、效率、可及性和质量进行评估。我国在实施“重大新药创制”科技重大专项后，时代背景发生了从以仿制药物研发为主、临床试验以验证性研究为主，向探

---

① 所谓合同研究组织，指通过签订合同授权，执行申办者或者研究者在临床试验中的某些职责和任务的单位。参见《药物临床试验质量管理规范》第11条第8项。

② 参见《药物临床试验质量管理规范》第33条第1项。

③ 参见满洪杰：《关于受试者知情同意权的立法建议》，载《四川大学学报》（哲学社会科学版）2018年第3期。

④ 参见杨立新：《人格权编草案二审稿的最新进展及存在的问题》，载《河南社会科学》2019年第7期。

索性强、风险性高、技术复杂的创新药物临床试验转变，[①]这也对临床试验中的受试者保护机制提出了新要求。而在受试者保护机制中，伦理审查与知情同意为其主要保障措施。

伦理审查即伦理委员会进行的审查。[②]关于伦理委员会的设置模式，比较法上存在两种模式：一是以美国为代表的研究机构内审查模式，二是荷兰等国所采用的行政审查模式，即在研究机构之外设立行政性审查机构。[③]我国《涉及人的生物医学研究伦理审查办法》第7条第1款规定："从事涉及人的生物医学研究的医疗卫生机构是涉及人的生物医学研究伦理审查工作的管理责任主体，应当设立伦理委员会，并采取有效措施保障伦理委员会独立开展伦理审查工作。"可见，我国采纳的是美国式的研究机构内审查模式。该模式虽然具有便利性、低成本等优势，但也存在独立性和中立性不足的缺点。

关于伦理委员会的组成与职责，《涉及人的生物医学研究伦理审查办法》第9条规定："伦理委员会的委员应当从生物医学领域和伦理学、法学、社会学等领域的专家和非本机构的社会人士中遴选产生，人数不得少于7人，并且应当有不同性别的委员，少数民族地区应当考虑少数民族委员。必要时，伦理委员会可以聘请独立顾问。独立顾问对所审查项目的特定问题提供咨询意见，不参与表决。"第8条后半句规定："对本机构开展涉及人的生物医学研究项目进行伦理审查，包括初始审查、跟踪审查和复审等；在本机构组织开展相关伦理审查培训。"第11条规定："伦理委员会对受理的申报项目应当及时开展伦理审查，提供审查意见；对已批准的研究项目进行定期跟踪审查，受理受试者的投诉并协调处理，确保项目研究不会将受试者置于不合理的风险之中。"

伦理审查的原则主要有：（1）知情同意原则。尊重和保障受试者是否参加研究的自主决定权，严格履行知情同意程序，防止使用欺骗、利诱、胁

---

① 参见钟皎、王丽萍：《创新药物临床试验风险与受试者保护》，载《中国新药杂志》2016年第24期。

② 所谓伦理委员会，是指由医学、药学及其他背景人员组成的委员会，其职责是通过独立地审查、同意、跟踪审查试验方案及相关文件、获得和记录受试者知情同意所用的方法和材料等，确保受试者的权益、安全受到保护。参见《药物临床试验质量管理规范》第11条第5项。

③ 参见满洪杰：《从"黄金大米"事件看未成年人人体试验的法律规制》，载《法学》2012年第11期。

迫等手段使受试者同意参加研究，允许受试者在任何阶段无条件退出研究。（2）控制风险原则。首先将受试者人身安全、健康权益放在优先地位，其次才是科学和社会利益，研究风险与受益比例应当合理，力求使受试者尽可能避免伤害。（3）免费和补偿原则。应当公平、合理地选择受试者，对受试者参加研究不得收取任何费用，对于受试者在受试过程中支出的合理费用还应当给予适当补偿。（4）保护隐私原则。切实保护受试者的隐私，如实将受试者个人信息的储存、使用及保密措施情况告知受试者，未经授权不得将受试者个人信息向第三方透露。（5）依法赔偿原则。受试者参加研究受到损害时，应当得到及时、免费治疗，并依据法律法规及双方约定得到赔偿。（6）特殊保护原则。对儿童、孕妇、智力低下者、精神障碍患者等特殊人群的受试者，应当予以特别保护。①

《涉及人的生物医学研究伦理审查办法》还规定了严重不良反应或严重不良事件的报告制度，以及已批准实施项目的跟踪制度。其第26条规定："在项目研究过程中，项目研究者应当将发生的严重不良反应或者严重不良事件及时向伦理委员会报告；伦理委员会应当及时审查并采取相应措施，以保护受试者的人身安全与健康权益。"第27条规定："对已批准实施的研究项目，伦理委员会应当指定委员进行跟踪审查。跟踪审查包括以下内容：（一）是否按照已通过伦理审查的研究方案进行试验；（二）研究过程中是否擅自变更项目研究内容；（三）是否发生严重不良反应或者不良事件；（四）是否需要暂停或者提前终止研究项目；（五）其他需要审查的内容。跟踪审查的委员不得少于2人，在跟踪审查时应当及时将审查情况报告伦理委员会。"

此外，为确保伦理审查本身的公正性，《药物临床试验质量管理规范》第15条规定："伦理委员会应当保留伦理审查的全部记录，包括伦理审查的书面记录、委员信息、递交的文件、会议记录和相关往来记录等。所有记录应当至少保存至临床试验结束后5年。研究者、申办者或者药品监督管理部门可以要求伦理委员会提供其标准操作规程和伦理审查委员名单。"

---

① 参见《涉及人的生物医学研究伦理审查办法》第18条。

三、受试者的知情同意权

所谓知情同意，指受试者被告知可能影响其做出参加临床试验决定的各方面情况后，确认同意自愿参加临床试验的过程。①关于受试者知情同意的意义，诚如菲舍尔教授所言："只有他自己才能决定，是否为了人类整体利益而牺牲一些保持自己身体健康与完整的利益，这种牺牲不是法律要求人们作出的。"②就知情同意权的要素而言，有二元说、四元说之分。依据二元说，知情同意权包含试验者的告知义务与受试者的同意权两个要素。③也有学者将其概括为知情同意文件和知情同意过程：前者为知情同意书，是为受试者提供的有关实验目的、过程、计划、潜在的危险和益处以及受试者权利等要素的文件；后者则是一个交流过程，如果受试者或病人愿意参加，受试者或病人就要在知情同意书上签字表示同意。④四元说则把知情同意的要素分为信息的告知、信息的理解、理解的能力和自由的同意四个部分。⑤比较而言，四元说更有利于保障受试者健康。

（一）信息的告知——知情同意书的内容

《涉及人的生物医学研究伦理审查办法》第36条规定："知情同意书应当包括以下内容：（一）研究目的、基本研究内容、流程、方法及研究时限；（二）研究者基本信息及研究机构资质；（三）研究结果可能给受试者、相关人员和社会带来的益处，以及给受试者可能带来的不适和风险；（四）对受试者的保护措施；（五）研究数据和受试者个人资料的保密范围和措施；（六）受试者的权利，包括自愿参加和随时退出、知情、同意或不同意、保密、补偿、受损害时获得免费治疗和赔偿、新信息的获取、新版本知情同意书的

---

① 参见《药物临床试验质量管理规范》第11条第11项。

② ［德］格弗里德·菲舍尔：《人体医学试验的法律问题》，王倩译，载方小敏主编：《中德法学论坛》（第3辑），法律出版社2005年版，第49、51页。

③ 参见张洪松、兰礼吉：《医学人体实验中的知情同意研究》，载《东方法学》2013年第2期。

④ 参见王德彦：《知情同意与人体试验》，载《自然辩证法通讯》2004年第1期。

⑤ 参见邱仁宗：《人类研究的方法论和伦理学》，载《哲学动态》2003年第3期。

再次签署、获得知情同意书等；（七）受试者在参与研究前、研究后和研究过程中的注意事项。”

（二）知情同意的形式与理解

《涉及人的生物医学研究伦理审查办法》第33条规定：“项目研究者开展研究，应当获得受试者自愿签署的知情同意书；受试者不能以书面方式表示同意时，项目研究者应当获得其口头知情同意，并提交过程记录和证明材料。”

为了避免知情同意书因过于专业化而不利于理解，法律规定其应以受试者能够理解的语言文字表达。[①]同时，在获取知情同意的过程中，试验者应按照知情同意书内容向受试者逐项说明，其中包括：受试者所参加的研究项目的目的、意义和预期效果，可能遇到的风险和不适，以及可能带来的益处或者影响；有无对受试者有益的其他措施或者治疗方案；保密范围和措施；补偿情况，以及发生损害的赔偿和免费治疗；自愿参加并可以随时退出的权利，以及发生问题时的联系人和联系方式等。[②]此外，在受试者、监护人缺乏阅读能力时，《药物临床试验质量管理规范》第23条第8项规定：“若受试者或者其监护人缺乏阅读能力，应当有一位公正的见证人见证整个知情同意过程。研究者应当向受试者或者其监护人、见证人详细说明知情同意书和其他文字资料的内容。如受试者或者其监护人口头同意参加试验，在有能力情况下应当尽量签署知情同意书，见证人还应当在知情同意书上签字并注明日期，以证明受试者或者其监护人就知情同意书和其他文字资料得到了研究者准确地解释，并理解了相关内容，同意参加临床试验。”

（三）同意的能力

关于同意的能力的判断，比较法上存在不同做法，我国学者一般以是否成年为标准。[③]那么，不具有同意能力的未成年人参与临床试验应如何补足其

① 参见《涉及人的生物医学研究伦理审查办法》第35条。

② 参见《涉及人的生物医学研究伦理审查办法》第37条。

③ 参见满洪杰：《人体试验法律问题研究》，复旦大学2009年博士学位论文，第117页；程红：《人体实验的刑法学分析》，载《中外法学》2010年第6期。

同意能力？对此，比较法上存在三种模式：一是无须考虑未成年人意愿的监护人代理知情同意模式；二是未成年人知情愿意加监护人知情许可模式（又称“双重同意模式”）；三是未成年人不拒绝加监护人知情许可模式。[①]比较而言，第二种模式强调了未成年人在知情同意中的主体地位，可以更全面地保护未成年受试者的利益。因为未成年人虽然不具备完全的行为能力，但也具有独立的人格和思想，应当尽可能地尊重和保护其自主意愿。[②]如《赫尔辛基宣言（2013）》规定，当一个被认为不具备知情同意能力的潜在受试者能够表达是否参与研究的决定时，医生在设法征得其法定代理人的同意之外，还必须征询受试者本人的这种表达。受试者的异议应得到尊重。

遗憾的是，我国立法在器官捐献中对未成年人持绝对保护立场，禁止未成年人进行器官活体捐献，但在临床试验中却采取了监护人代理知情同意模式。《涉及人的生物医学研究伦理审查办法》第34条规定：“对无行为能力、限制行为能力的受试者，项目研究者应当获得其监护人或者法定代理人的书面知情同意。”这一做法不利于保护未成年人合法权益，在监护人或法定代理人文化水平欠缺时尤其如此。与之不同，《药物临床试验质量管理规范》第23条第10项第1句规定：“受试者为无民事行为能力的，应当取得其监护人的书面知情同意；受试者为限制民事行为能力的人的，应当取得本人及其监护人的书面知情同意。”为保护未成年人利益计，鉴于“办法”位阶较低，建议未来立法统一采用“双同意模式”。

（四）同意的自由

自由意味着同意在没有强迫或利诱的条件下作出。通常情况下，仅从受试者的主观意志即可判断其同意之作出是否为自由。但在一些特殊情况下，临床试验中的自由也与外部环境相关，如参与者贫困、依赖于他人或者在社会中处于边缘地位，就非常可能有隐蔽的强迫。因此，就监狱、收容所、教养所而言，或者不允许在这些单位进行临床试验，或者对这些单位的人参加

① 参见徐喜荣：《论人体试验中受试者的知情同意权》，载《河北法学》2013年第11期。

② 参见满洪杰：《从“黄金大米”事件看未成年人人体试验的法律规制》，载《法学》2012年第11期；徐喜荣：《论人体试验中受试者的知情同意权》，载《河北法学》2013年第11期。

研究有更严格的条件。[①]对于这些因外部原因而无法自由作出决定的人，《药物临床试验质量管理规范》称之为“弱势受试者”，即维护自身意愿和权利的能力不足或者丧失的受试者，其自愿参加临床试验的意愿，有可能被试验的预期获益或者拒绝参加可能被报复而受到不正当影响，包括研究者的学生和下级、申办者的员工、军人、犯人、无药可救疾病的患者、处于危急状况的患者，入住福利院的人、流浪者、未成年人和无能力知情同意的人等。[②]

此外，作为健康尊严的体现，受试者参与临床试验并非处分其健康，因此已作出的同意也可以随时撤回。此点既为《涉及人的生物医学研究伦理审查办法》第36条、37条所规定，也为学者所强调。[③]

但是同意的自由也不是绝对的。虽然健康属于个人的事，但参与临床试验作为健康尊严的体现，存在特定的界限，即不能对受试者健康构成严重威胁或损害，无法预见的除外。因此，就某些临床试验而言，即使它对以后的病人意义重大，但由于它严重威胁到受试者的健康，故应该完全禁止。[④]

（五）知情同意的例外

取得知情同意以可能、必要为前提，某些特殊情况则并不满足这一条件。例如在某些紧急情况下，只有通过实施试验性治疗方有可能挽救患者生命，若仍然囿于知情同意原则可能贻误诊治时机。此时，为患者利益计，试验者（研究者）可不经患者同意而径行实施试验性治疗。[⑤]此外，《涉及人的生物医学研究伦理审查办法》第39条规定：“以下情形经伦理委员会审查批准后，可以免除签署知情同意书：（一）利用可识别身份信息的人体材料或者数据进行研究，已无法找到该受试者，且研究项目不涉及个人隐私和商业利益

---

① 参见邱仁宗：《人类研究的方法论和伦理学》，载《哲学动态》2003年第3期。

② 参见《药物临床试验质量管理规范》第11条第10项。

③ 参见王德彦：《知情同意与人体试验》，载《自然辩证法通讯》2004年第1期；满洪杰：《关于受试者知情同意权的立法建议》，载《四川大学学报》（哲学社会科学版）2018年第3期。

④ ［德］格弗里德·菲舍尔：《人体医学试验的法律问题》，王倩译，载方小敏主编：《中德法学论坛》（第3辑），法律出版社2005年版，第49、51页。

⑤ 参见满洪杰：《人体试验法律问题研究》，复旦大学2009年博士学位论文，第119—120页。

的；（二）生物样本捐献者已经签署了知情同意书，同意所捐献样本及相关信息可用于所有医学研究的。”

四、费用、补偿与赔偿

（一）费用与补偿

《民法典各分编（草案）》曾有“禁止向接受试验者支付任何形式的报酬，但是可以给予其必要的补偿”的规定，但《民法典人格权编（草案）》（二审稿）予以删除，《民法典人格权编（草案）》（三审稿）规定“不得向受试者收取试验费用”。对此，有意见认为，“禁止支付报酬”是人体不得有偿处置原则的重要体现，应予以恢复。[①]本书认为，受试者参与合法的临床试验是其健康尊严的体现，而非让渡健康权，当然不存在对价，但这并不排斥其获得相应补偿。而“禁止支付报酬”的表达可能使人陷入参与临床试验应当免费的误区，所以删除也罢。关于参与临床试验的补偿，现行法规定了免费和补偿原则，即研究者应公平、合理地选择受试者，对受试者参加研究不得收取任何费用，对于受试者在受试过程中支出的合理费用还应当给予适当补偿。[②]

（二）损害赔偿

临床试验旨在增加对生物医学的知识，具有利他性，其与为治疗己身疾病的医疗行为存在本质不同。[③]因此，临床试验的损害赔偿责任在损害、违法性、过错方面也存在特殊性。

一是损害与违法性问题。值得注意的是，在仅侵害知情同意权而健康权未受损的情况下是否存在损害？这就涉及知情同意权与健康权关系的问题。对此，一种意见认为，在临床试验中，知情权附属于健康权，受试者的健康

---

① 参见石佳友：《人格权立法的进步与局限——评〈民法典人格权编草案〉（三审稿）》，载《清华法学》2019年第5期。

② 参见《涉及人的生物医学研究伦理审查办法》第18条第3项、《药物临床试验质量管理规范》第39条。

③ 参见满洪杰：《人体试验法律问题研究》，复旦大学2009年博士学位论文，第154页。

权包含知情权，知情权属于健康权的内容。[①]另一种意见则认为，知情同意是进行合法人体试验的前提，因此，自我决定权应当是一个独立的受保护的权利，可单独获得赔偿。[②]本书赞同第一种意见：知情同意权是健康尊严的体现，在临床试验中起到阻却违法的作用，侵害知情同意权意味着具有违法性，是否存在损害还需结合健康权进行判断。对此，《北京市高级人民法院关于审理医疗损害赔偿纠纷案件若干问题的指导意见（试行）》（京高法发〔2010〕第400号）第39条第2款规定："未尽告知义务，仅损害患者知情同意权而未损害患者人身、财产权利的，医疗机构不承担赔偿责任。"当然，此时，即便健康权未受损，受试者仍享有随时退出的自由。

二是就过错而言，按照《涉及人的生物医学研究伦理审查办法》第18条第5项规定，受试者参加研究受到损害时，应当得到及时、免费治疗，并依据法律法规及双方约定得到赔偿。据此，只要受试者因参加试验致健康权受损，研究者就有免费治疗的义务，只是赔偿须依法或依约处理。因此，研究者的免费治疗义务为无过错责任。就赔偿而言，由于此种情形与一般医疗损害无本质区别，故应与医疗损害责任一样适用过错责任原则。否则，将对我国现行医疗责任的过错责任原则带来冲击，导致医疗保险制度和医疗侵权责任制度无法运行。[③]

三 举证责任

如果要求研究者免费治疗，由于其为无过错责任，受试者仅需证明健康受到损害以及试验与损害之间存在因果关系即可。就因果关系的证明而言，实践中存在两种不同做法。

一是按照一般因果关系举证责任规则处理。如在"高某与中国疾病预防

---

① 参见刘作翔：《试药人：一个特殊人群的健康权保护问题》，载《政治与法律》2008年第9期。

② 参见徐喜荣：《论人体试验中受试者的知情同意权》，载《河北法学》2013年第11期。

③ 参见张力、刘小砚：《论临床试验受试者权益保护——理论基础、现实困境与法律进路》，载《重庆理工大学学报》（社会科学）2015年第12期；满洪杰：《人体试验法律问题研究》，复旦大学2009年博士学位论文，第155—156页。

控制中心性病艾滋病预防控制中心等生命权、健康权、身体权纠纷案”中，法院认为，“高某以生命权、健康权、身体权纠纷之由提起本案诉讼，主张被告为其注射疫苗导致其感染艾滋病，其应就本案符合一般侵权行为的构成要件进行举证，即就被告存在加害行为，高某的生命权、健康权、身体权受到损害，加害行为与损害后果之间存在因果关系，被告存在过错进行举证。现高某未举证证明注射疫苗与其感染艾滋病之间存在因果关系，故其主张医疗费、误工费、交通费、精神损害抚慰金的诉讼请求，证据不足，本院不予支持”[①]。

二是认为临床试验的因果关系具有特殊性。如在“靳某与葛兰素史克（上海）医药研发有限公司等生命权、健康权、身体权纠纷案”中，法院认为，“关于本案所涉的过错及因果关系要件，涉及诊疗与临床试验用药环节，并非依据常识、常理或者一般人群的日常经验能够判断。即使是涉案的专业司法鉴定机构亦曾向一审法院发出书面通知，明确告知本案属疑难复杂类司法鉴定，涉及的临床试验用药极其疑难复杂，需多位专家参与”[②]。

本书认为，考虑到临床试验风险的不确定性，受试者在证明试验与损害之间的因果关系时，应以盖然性因果关系说为标准，即受试者只要证明了试验行为与损害后果之间存在某种程度的因果关联的可能性即尽到了举证责任，[③]而由研究者承担试验与损害不存在因果关系的举证责任。

如果是损害赔偿责任，则在因果关系的证明之外，受试人还须就研究者的过错进行举证。如在前述“靳某与葛兰素史克（上海）医药研发有限公司等生命权、健康权、身体权纠纷案”中，法院认为，“至于关于试药行为是否存在过错以及是否造成损害后果，应由靳某对其主张承担举证证明责任”[④]。

---

① 北京市丰台区人民法院（2017）京0106民初2563号民事判决书。

② 北京市第二中级人民法院（2019）京02民终15332号民事判决书。

③ 参见彭真明、刘学民：《论人体生物医学研究活动中的侵权责任》，载《法商研究》2009年第2期。

④ 北京市第二中级人民法院（2019）京02民终15332号民事判决书。

第一千零九条【从事人体基因、胚胎的医学、科研活动】

从事与人体基因、人体胚胎等有关的医学和科研活动，应当遵守法律、行政法规和国家有关规定，不得危害人体健康，不得违背伦理道德，不得损害公共利益。

历史由来

本条为民事法律的新增规定，以往民法上没有关于从事与人体基因、人体胚胎相关的医学、科研活动的规定，相关规定仅散见于行政法的相关规定之中。如《人胚胎干细胞研究伦理指导原则》第4条规定："禁止进行生殖性克隆人的任何研究。"此外，梁慧星教授主持的《中国民法典草案建议稿》第19条第5款、第6款还规定了亲子鉴定规则："在确定亲子关系的诉讼中，必要时人民法院可以决定通过遗传特征对人进行甄别，但应当征得本人同意。在为医疗或者科学研究目的进行前款规定的鉴别时，应当征得本人同意。"[①]就民法典编纂而言，《民法典人格权编（草案）》（二审稿）第789条之一首次规定，从事人体基因、人体胚胎的医学、科研活动，应当遵守法律、行政法规和国家有关规定，不得危害人体健康，不得违背伦理道德。《民法典人格权编（草案）》（三审稿）第789条之一增加了"不得损害公共利益"的要求，后经个别文字调整，最终形成本条规定。

规范目的或功能

人体基因既是人体组成部分，[②]同时还作为人的"遗传密码"受隐私权保护。人体基因的不当利用会导致复杂的法律、伦理问题，中国基因歧视第一

---

① 梁慧星主编：《中国民法典草案建议稿附理由：总则编》，法律出版社2013年版，第51页。

② 也有学者认为其属于人格性财产或是镶嵌人格利益的物。参见刘红臻：《人体基因财产权研究》，载《法制与社会发展》2010年第2期；冷传莉：《人体基因法益权利化保护论纲》，载《现代法学》2014年第6期。

案[①]、贺建奎基因编辑婴儿事件即为典型。从功能上看，体外胚胎也属于身体的一部分，其处置还与潜在生命的未来利益以及人类伦理相关。据此，人体基因、体外胚胎的应用似乎应当受到严格限制。但反对和拒绝科技不是人类对待新事物的态度。因此，对本条的解释，不可过于保守，而是要为科技进步预留空间。本条原则性的禁止规定，也彰显出《民法典》对科技的开放态度。

本条为不完整法条，从事与人体基因、人体胚胎有关的医学、科研活动，违反法律法规、违背伦理道德、损害公共利益，同时侵害他人身体权、健康权、隐私权的，应当按照《民法典》侵权责任编的相关规定处理，并承担相应的刑事、行政责任；未侵害个人权益的，应承担相应的刑事、行政责任。理解本条应从人体基因检测、人体基因编辑、合法体外胚胎的处置以及非法代孕及其法律后果四个方面入手。

规范内容

一、基因检测的法律规制

基因检测有广义与狭义之分。广义的基因检测是指通过对细胞内的DNA、染色体或基因产物的检测，分析受检者的基因状况，从中获取家族遗传信息、潜在的致病或缺陷基因，或者发现其他优势基因。狭义的基因检测限于医疗层面，不包含家族遗传信息检测，所以又称疾病易感基因检测。[②]本书在广义上使用基因检测概念。与基因检测相近的另一概念是基因筛检，虽然二者均为运用基因科技检测疾病的方法，但又存在重大不同：基因检测是针对个人的医疗行为，费用昂贵、技术先进、检测范围较大、预测性高；基因筛检则是针对群体的公共健康手段，费用低廉、技术相对简单、检测范围小，预测性较低。[③]二者分别应用于公法和私法领域。

---

① 参见“周某、谢某诉广东省佛山市人力资源和社会保障局公务员体检检测地中海贫血基因侵犯隐私权案”，佛山市中级人民法院（2010）佛中法行终字第381号行政判决书。

② 参见耿姗姗、张莉：《商业化基因检测应用的法律规制研究》，载《河南社会科学》2019年第12期。

③ 参见纪红心：《基因筛检受检者权利研究》，载《政法论丛》2014年第4期。

（一）基因检测的私法伦理

基因检测的应用相对安全，在技术上也准确、成熟，因此其伦理争议相对较小，在私法中具有较大自由，但也存在医学伦理和家庭伦理的限制。

1.检测者的保密义务

基因检测的技术背景是，人体基因信息丰富，不仅能检测治疗手段成熟的疾病，还能提前预测很多不可治愈的疾病，由此给被检测者造成很大的心理和生理损害。[①]事实上，不仅检测出无法治疗、预防的基因信息如同坐以待毙，即便是治疗手段成熟的疾病信息，由于其只是意味着有可能发生，也会给被检测者带来无谓困扰，使原本复杂的现代人更加复杂。

于此情形下，为正视人类在生物健康上的不完美性，有必要从医学伦理角度设定检测者对重大疾病基因信息不予告知的义务，从而保护本来就不完美的人类得以正常生活的权利。除非被检测者明确要求或双方明确约定，检测者对被检测者的致病基因信息负有保密义务，否则应当承担侵权责任。

也有学者提出基因不知情权概念，即被检测者享有拒绝知晓其（重大缺陷）基因信息的权利。对基因不知情权的诘难是，它似乎无从行使且与自治相悖，因此在提出之日便遭到了很多反对。支持的意见则认为，不愿意被告知也是权利的行使方式；基于生命的不确定性，自治并不意味着主体能够选择或掌控一切。[②]它强调自我决定的作出本身，而非作出后的结果。因此，不知情权不仅不是个人自主的削弱，反而是个人自主的增强。[③]

本书认为，基因不知情权在基因隐私之外，认识到了主体的自主知情利益，有其合理性，但此种自主利益能否通过权利方式来保护则值得推敲：基因检测往往通过法律行为进行，被检测者进行检测的目的即包含了获得信息的主观期待，只是因基因检测技术过于强大，以至于在获知自身携带潜在的无法克服的疾病基因时难以接受。此时，赋予被检测者不知情权就会陷入一

---

① 参见袁治杰：《基因技术发展背景下的不知情权研究》，载《政治与法律》2016年第5期。

② 参见袁治杰：《基因技术发展背景下的不知情权研究》，载《政治与法律》2016年第5期。

③ 参见田野、刘霞：《论基因不知情权》，载《上海交通大学学报》（哲学社会科学版）2017年第1期。

个悖论：原本进行检测就是想验证自己是否健康，而一旦检测发现潜在的严重后果又不愿知情，因而不可取。

为化解科技给生活带来的伦理风险，宜通过严谨的知情同意程序，以满足不同人对生活的不同追求。基因检测中的知情同意，是指检测者向被检测者详尽告知检测的意义、程序、结果以及风险，由被检测人自主决定是否接受的伦理准则。一般而言，检测者应向被检测者告知如下内容：检测的性质与目的、检测步骤、检测对个人和家庭的风险、检测对他人和科学的好处、检测结果对预期和正确遗传咨询的不确定性、检测过程中的伤害事故的承担者与解决途径、个人撤回的权利、个人以及家庭享受检测中以及检测后的医疗卫生服务权利。①

2.人体基因检测与亲子关系认定

通常，当基因以信息形式存在的时候，它就溢出了身体权的范围，进入隐私权的保护范畴。由于基因不仅可以表征个体的健康预期和健康风险，还能准确地传递家族遗传特征，所以具有“极端私密性”。②在基因技术广泛运用的背景下，基因信息一旦泄露还会对国家安全造成威胁。“发达国家争夺基因资源之战导致我国基因资源大量流失，一旦国外敌对势力利用我国的基因资源研制出针对我国的基因武器，对我国展开生物基因战，将对中华民族的生存与繁衍带来极为严重的危险。”③因此，基因需要受到严格保护，严禁泄露和披露。

但在亲子关系的认定中，基因检测的自由与基因信息的隐私可能受到家庭伦理的限制，此又因亲子关系的否认或确认而有不同。在亲子关系的认定中，一般情况下，母亲与子女的关系依出生即可判断，而父亲与子女的关系则采推定规则，即子女为母亲在婚姻关系中受孕，即推定子女与父亲存在血缘关系：“法律依已知事实，而推究未知事实所下之结论，所谓已知事实，即妻为所生子女之母是；所谓未知事实，即夫为所生子女之父是。”④但此种推定并未解决父亲与子女关系的事实问题，现实中受推定的子女并非母之夫胎的

---

① 参见刘华：《基因研究和运用的伦理准则》，载《政治与法律》2001年第1期。

② 冼志勇：《公民基因隐私权的司法保护研究》，载《西北大学学报》（哲学社会科学版）2013年第3期。

③ 张小罗：《制定我国〈基因安全法〉的重点与难点》，载《政治与法律》2018年第11期。

④ 胡长清：《中国民法亲属论》，台北“商务印书馆股份有限公司”1986年版，第220页。

情形不乏其人。为此，有必要规定亲子关系的否认制度。而在子女为非婚生、抱错、丢失等情形，还有确认亲子关系的必要。

《民法典》第1073条规定："对亲子关系有异议且有正当理由的，父或者母可以向人民法院提起诉讼，请求确认或者否认亲子关系。对亲子关系有异议且有正当理由的，成年子女可以向人民法院提起诉讼，请求确认亲子关系。"在解释上，在衡诸"正当事由"时，仍应本着保护子女最佳利益的原则，比较衡量实施鉴定所取得的利益与拒绝鉴定所保护的利益而定。[①]这也是我国学者的普遍立场。[②]

基因检测因其高度准确性已成为亲子鉴定的通用技术。接下来的问题是，在符合子女利益的亲子关系确认或否认之诉中，相对方是否有予以协助的义务？对此，多数国家规定相对方不得援引诉讼当中拒绝证言的理由来拒绝亲子鉴定的协助义务。[③]那么，在相对方不配合的情况下，法院能否强制进行鉴定呢？对此，比较法上存在两种不同做法：以德国为代表的少数国家采直接强制模式，即对被检测者身体直接施行强制以迫使其履行协助义务；但其他国家多采间接强制模式，即作出不利于被告的拟制，推定原告主张成立。[④]由于基因属于人体组成部分，基因信息又受隐私权保护，因此间接强制模式更为合理。

我国采取的是间接强制模式。《婚姻法解释（三）》第2条规定："夫妻一方向人民法院起诉请求确认亲子关系不存在，并已提供必要证据予以证明，另一方没有相反证据又拒绝做亲子鉴定的，人民法院可以推定请求确认亲子关系不存在一方的主张成立。当事人一方起诉请求确认亲子关系，并提供必要证据予以证明，另一方没有相反证据又拒绝做亲子鉴定的，人民法院可以推定请求确认亲子关系一方的主张成立。"不过，该解释因未考虑子女利益保护原则而广受批评。对此，有学者主张，亲子关系确认之诉以争取抚养费为目的，可适用亲子关系存在的推定；亲子关系否认之诉以离婚和解脱抚养义

---

① 参见周成泓：《亲子关系诉讼中的亲子鉴定协力义务论》，载《法律科学》2012年第2期。

② 参见张海燕：《亲子关系诉讼中亲子鉴定适用问题研究》，载《山东社会科学》2013年第5期。

③ 参见赖红梅：《亲子鉴定诉讼中的检查协助义务》，载《河北法学》2012年第11期。

④ 参见周成泓：《亲子关系诉讼中的亲子鉴定协力义务论》，载《法律科学》2012年第2期；张海燕：《亲子关系诉讼中亲子鉴定适用问题研究》，载《山东社会科学》2013年第5期。

务为目的，不应适用亲子关系不存在的推定。[①]此种主张颇值赞赏，符合《民法典》的解释论。

（二）基因检测的公法限制

基因检测的自主与隐私利益还存在针对公权的面相，此即基因检测的基本权利属性。基于法律对劳动者的加强保护，基因检测的自主与隐私利益也可以向企业主张，以对抗可能存在的就业基因歧视。当然，基本权利本身也存在界限，公权力机关可以基于公共利益的需要对基本权利进行限制，只是对基本权利的限制也受到严格限制，此即基本权利限制的限制。后者要求基本权利的限制应符合法律保留原则以及比例原则。当然，即便强制进行基因检测，检测者也负有详尽的告知义务，并对检测结果予以严格保密。关于基因检测的公法限制，主要发生于公共卫生领域和平等就业上。

1.公共卫生领域的公法限制

自人类诞生以来，就一直处于与病毒战斗状态，历史上的天花、鼠疫等烈性传染病均导致了大量的人类死亡。我国发生于2003年、2019年的非典型肺炎、新型冠状病毒引起的肺炎也给国家和人民带来了重大影响。鉴于公共健康的极端重要性，为公共利益而进行基因筛检，限制个人的自主决定权是有必要的和正当的。[②]对此，《传染病防治法》第12条第1款规定："在中华人民共和国领域内的一切单位和个人，必须接受疾病预防控制机构、医疗机构有关传染病的调查、检验、采集样本、隔离治疗等预防、控制措施，如实提供有关情况。疾病预防控制机构、医疗机构不得泄露涉及个人隐私的有关信息、资料。"

2.就业领域的公法限制

劳动者享有就业不受歧视的权利，用人单位应当平等对待每一个劳动者。但基于工作岗位的特殊要求，用人单位能否强制要求劳动者进行基因检测？在比较法上，除德国、奥地利等少数国家绝对禁止对劳动者进行基因检测外，包含瑞士、美国、葡萄牙在内的多数国家均允许用人单位出于职业健康和安

---

① 参见叶自强：《亲子关系推定的许可与禁止》，载《政治与法律》2013年第8期。

② 参见纪红心：《基因筛检受检者权利研究》，载《政法论丛》2014年第4期。

全的担忧实施特定的基因检测。[①]有学者说，一般性地禁止就业基因歧视，是关于福利的正义安排；例外情况下允许雇主基于工作需要采取合理的差别对待，也不构成基因歧视。“对基因歧视采取一般禁止与特殊例外的制度，是在工作场所中以‘正当的方式’给予每个人‘应得的东西’，可以最大化社会福利、尊重自由、促进德性。”[②]此种见解值得赞赏。

二、人体基因编辑的风险与规制

所谓基因编辑，是指在活细胞的基因组中插入、替换或移除DNA的行为。[③]目前，国际上常用的基因编辑技术有三种，ZFNs、TALENs以及CRISPR/Cas9，其中，CRISPR/Cas9最为先进和成熟。即便如此，若以临床应用为标准，人类基因编辑尚未完全成熟，其有效性、安全性需进一步的科学验证。此时，贸然将不成熟的基因编辑技术直接用于人体，可能对个体甚至人类共同体的利益产生不利影响。[④]若进行的是人类胚胎的基因编辑，更是存在对婴儿个体以及人类后代产生不可预知的双重风险。[⑤]当然，人体基因编辑还面临多重伦理难题。

于此背景下，如何对待人体基因编辑的态度，就存在两种对立的立场。否定论多基于安全风险和尊严视角主张人体基因编辑的完全禁止。例如，以欧盟议会为代表的反对论认为，人体基因编辑违反了伦理道德和对人的尊重原则，侵犯了基本人权。英美的政治哲学家则多从自由主义优生学的角度予以肯定。[⑥]然则，就法律而言，简单的肯定或否定并不可取。为今之计，是要

---

① 参见李锦：《论就业体检应用基因检测之法律规制》，载《湖南大学学报》（社会科学版）2014年第3期。

② 参见王康：《基因正义论——以民法典编纂与基因歧视司法个案为背景》，载《法学评论》2019年第6期。

③ 参见杨建军、李姝卉：《CRISPR/Cas9人体基因编辑技术运用的法律规制》，载《河北法学》2019年第9期。

④ 参见朱晓峰：《人类基因编辑研究自由的法律界限与责任》，载《武汉大学学报》（哲学社会科学版）2019年第4期。

⑤ 参见马路瑶：《风险社会视阈下人类胚胎基因编辑的刑事立法立场》，载《湖北社会科学》2019年第11期。

⑥ 参见朱振：《反对完美？——关于人类基因编辑的道德与法律哲学思考》，载《华东政法大学学报》2018年第1期。

尽快找到法律应对科技负面效应的规范路径。无论是基于风险视角的反对论，还是基于尊严的反对论，抑或基于自由主义优生学的肯定论，均非法律对待高端科技、对待人体基因编辑的应然态度。

其一，当代社会又称为风险社会，科技风险早已超出科技领域成为人类生活必须面对的风险。“从交通事故到环境污染，从传染病暴发到食品安全问题，现代社会所面临的每一种风险都是用科学语言表述、由科学技术的应用导致并且最终需要靠科学技术的手段来应对的风险。”[①]因此，安全风险绝非法律反对人体基因编辑的恰当理由，法律要做的只是承认何种程度上的风险。

其二，就尊严而言，只要符合人类的整体利益，即便承受某种科技风险，甚至是献出自己的生命，在自愿的前提下，也具有法律上的正当性，从而认为是健康尊严、身体尊严、生命尊严的体现。

其三，优生学的概念也是模糊的，一味地强调优生和生命潜能，就会导致自由、自主的绝对化和个别化，反过来破坏自由、平等的价值，是生而不完美、不自由的人类对绝对完美、绝对自由的不切实际的追求。

本书认为，科学作为人从事的造福于人的学问，不同于客观规律本身，必然因人的局限性而具有相对性。科学的相对性既然不可避免，人类就应对其持开放态度。就规制路径而言，应当区分事实与规范，从技术本身和社会共识上分道而行。就技术而言，人体基因编辑尚未臻于完善，有进一步加强技术攻关的必要，以使安全风险降至可接受的范围之内。但科技风险的化解之道，不全在科技本身，还在于人们能在多大程度上形成共识。为此，必须强调民主和公众参与在技术应用中的作用，何况“科技界往往夸大基因编辑能够给人类带来的好处，却往往将其中蕴含的巨大风险轻描淡写”[②]。为此，在技术成熟的情况下，加强立法的民主参与和透明度、建立中立性质的伦理审查机构就尤为重要。

但即便人体基因编辑可以临床应用，也还存在应用限度或称范围的问题。

---

① 郑戈：《迈向生命宪制——法律如何回应基因编辑技术应用中的风险》，载《法商研究》2019年第2期。

② 郑戈：《迈向生命宪制——法律如何回应基因编辑技术应用中的风险》，载《法商研究》2019年第2期。

这又包含两个层面。

一来，人体基因编辑因编辑对象为体细胞或生殖细胞而有不同，后者要受到更为严格的限制。如2003年《人胚胎干细胞研究伦理指导原则》第4条规定："禁止进行生殖性克隆人的任何研究。"第6条规定："进行人胚胎干细胞研究，必须遵守以下行为规范：（一）利用体外受精、体细胞核移植、单性复制技术或遗传修饰获得的囊胚，其体外培养期限自受精或核移植开始不得超过14天。（二）不得将前款中获得的已用于研究的人囊胚植入人或任何其它动物的生殖系统。（三）不得将人的生殖细胞与其他物种的生殖细胞结合。"

二则，人体基因编辑有恢复性（治疗性）和改良性（增强性）之分，法律应予承认的类型限于前者，即以恢复未来健康为标准的基因编辑。[①]因为"无限制的基因增强隐含了某种意义上的决定论，即'美好人生'已经事先被决定了，而非完全是一个人亲身体验与经历的过程"[②]。与优生论的立场一样，增强性的基因编辑也是生来就不完美、不自由的人类对绝对完满、绝对自由的幻想，不仅与人内在的局限性、生活的丰富性相悖，还会如同军备竞赛一样，破坏正常的人际秩序，把基因编辑技术变成富人的专利。而恢复性基因编辑除了治疗不正常的疾病之外，不会导致此种伦理和社会问题。

当然，如同器官捐献、临床试验、基因检测一样，基因编辑也必须贯彻知情同意规则，以充分保障被编辑者的自主与尊严。

三、体外胚胎的性质与处置

此处所谓体外胚胎，是指通过体外受精形成、以备后用的合法胚胎。关于人体胚胎的法律属性，理论上存在三种不同看法。一是特殊物说，即将体外（冷冻）胚胎界定为人体变异物，作为物格中的最高格即伦理物中的物，对其权利行使予以最大的限制。[③]该说认为，将体外胚胎定性为生命伦理物，是对冷冻胚胎潜在生命的尊重和敬畏，也就是生命伦理的价值所在。[④]我国司

---

① 参见陈景辉：《有理由支持基因改进吗？》，载《华东政法大学学报》2019年第5期。

② 朱振：《反对完美？——关于人类基因编辑的道德与法律哲学思考》，载《华东政法大学学报》2018年第1期。

③ 参见杨立新：《人的冷冻胚胎的法律属性及其继承问题》，载《人民司法》2014年第13期。

④ 参见李娜玲：《关于冷冻胚胎的法律属性和处分难题研究》，载《政法论丛》2016年第3期。

法实践多持此说。[1]二是人格或生命体说，即认为胚胎是精卵结合的生命体，是人的种子，可以孕育成人，与物没有关系。[2]本书在论述身体权时，把与身体脱离但保持功能一致性的人体组成部分视为人格，与此说基本相同。三是中间说，即认为体外胚胎是介于人与物之间的过渡存在，是“物—中介—人”三极模式中的一环。[3]“中国胚胎诉讼第一案”的终审判决同此立场。[4]

应当明确，认为体外胚胎既非人又非物的中间立场，脱离了民法的规范语境，缺乏有力的概念论证，故不可取。[5]在特殊物说、人格体说之间，本书赞同人格体说。对此，法国法、英国法的做法可资参考：法国法认为，胚胎不是物，而是“生物学意义上的人”，受法律的特别保护。[6]英国上议院明确肯定，因为人体胚胎具有成为人类生命的潜在可能性，应将其作为有尊严的身份加以对待。英国法院认为，具有特殊地位的人体胚胎应得到“一定程度的保护”，享有人类的部分权利。[7]就我国的实践而言，认为体外胚胎为中间状态或特殊物的做法无法自圆其说。如在“中国胚胎诉讼第一案”中，既然终审判决认为体外胚胎为人、物的中间状态，则原告对胚胎的监管、处置就缺乏权利基础。又如，在“原告王某与被告孙某的离婚案”中，法院一方面认为体外胚胎为特殊之物，同时又认为“原告单方废弃胚胎，构成了对被告身体权、健康权和生育知情权的侵害”[8]自相矛盾无疑。

一旦承认体外胚胎的人格属性，则其处置只能依赖于配子（精子和卵子）提供方的意思。对此，法国法的立场是，伴侣任一方的死亡即构成胚胎移植

---

① 参见江苏省南京市玄武区人民法院（2017）苏0102民初4549号民事判决书；江苏省宜兴市人民法院（2013）宜民初字第2729号民事判决书。

② 参见刘士国：《中国胚胎诉讼第一案评析及立法建议》，载《当代法学》2016年第2期。

③ 参见张善斌、李雅男：《人类胚胎的法律地位及胚胎立法的制度构建》，载《科技与法律》2014年第2期。

④ 法院认为：“胚胎是介于人与物之间的过渡存在，具有孕育成生命的潜质，比非生命体具有更高的道德地位，应受到特殊尊重与保护。”无锡市中级人民法院（2014）锡民终字第01235号民事判决书。

⑤ 参见杨立新：《单方废弃夫妻共有的人体胚胎之侵权责任认定》，载《法律适用》2018年第9期。

⑥ 叶名怡：《法国法上的人工胚胎》，载《华东政法大学学报》2015年第5期。

⑦ 参见李蕊佚：《英国法上的人体胚胎规制体系》，载《华东政法大学学报》2015年第5期。

⑧ 江苏省南京市玄武区人民法院（2017）苏0102民初4549号民事判决书。

和人工生育计划的终结。这主要是基于伦理的考虑：从儿童角度上看，制造一个生来无父的孤儿是对孩子最基本福利的剥夺；从母亲的角度看，她极有可能对只身一人完成生育计划所可能遭遇的各种困难和压力缺乏充分的考虑；此外，还存在社会救助成本问题。[①]与之类似，英国法运用“双方同意”原则来处置体外胚胎。任何一方撤回同意，均导致胚胎无法被利用。[②]因为立法者的意图是，“未经基于人工授精治疗之目的捐赠配子的个人同意，其基因物质不得被他人使用。人工授精本质上是男女双方基于想一起养育孩子的愿望而共同从事的一件事，而不是意在创造一个胚胎供某一方将来使用”[③]。

德国法与之不同，虽然联邦医师公会制定的施行人工生殖纲领明文规定，冷冻卵子在受术夫妻任何一方死亡时均应销毁，但按照《胚胎保护法》，只有故意将卵子与死去之人的精子进行人工生殖的做法才是禁止的。[④]我国台湾地区有权机关也认为，在具备受术夫妻存在事前同意，并于配偶一方死亡后设特定犹豫期的条件下，可有条件地开放死后人工生殖。人工生殖禁止与开放的抉择，应综合考虑和审慎权衡生存配偶的生育权、死亡配偶的同意权和人工生殖子女之利益等。[⑤]

本书认为，法国法、英国法的做法更有合理性。德国法和我国台湾地区的做法虽然考虑了配偶的自主权，却未能兼顾儿童利益的最大化，不利于未成年利益之保护，而从社会经济上看也不是一个好的选择。在我国，有学者力主未来立法应作出“夫妻一方死亡，遗留胚胎即予毁弃”的规定；并认为，从比较法的角度观察，即便允许代孕的国家和地区，法律均规定提供胚胎结合精卵一方死亡胚胎即予毁弃。[⑥]据此，在夫妻均死亡的情形，胚胎更无存在的理由。

---

① 参见叶名怡：《法国法上的人工胚胎》，载《华东政法大学学报》2015年第5期。

② “双方”是指形成胚胎的配子提供者，即精细胞和卵细胞的提供者。

③ 李蕊佚：《英国法上的人体胚胎规制体系》，载《华东政法大学学报》2015年第5期。

④ 参见戴瑀如：《死后人工生殖之禁制与开放》，载《华东政法大学学报》2015年第5期。

⑤ 参见戴瑀如：《死后人工生殖之禁制与开放》，载《华东政法大学学报》2015年第5期。

⑥ 参见刘士国：《中国胚胎诉讼第一案评析及立法建议》，载《当代法学》2016年第2期。

四、禁止代孕的争论与法律后果

（一）代孕的合法化之争

《人类辅助生殖技术管理办法》第3条规定："人类辅助生殖技术的应用应当在医疗机构中进行，以医疗为目的，并符合国家计划生育政策、伦理原则和有关法律规定。禁止以任何形式买卖配子、合子、胚胎。医疗机构和医务人员不得实施任何形式的代孕技术。"可见，现行法对代孕行为持明确的否定态度。

但理论仍就代孕行为的合法化展开激烈争论。肯定说主要立足于公民的生育权，尤其是失独家庭、不孕不育家庭延续香火、传承后代的生育要求，主张代孕行为的（有限）合法化。①还有学者从福利经济学的角度，认为市场机制与人身伦理的关系并非不可调和，在我国现有的约束条件下，代孕合法化的正面效应远大于其负面效应。②否定说则从人的伦理性出发，认为代孕是一种违背人类天性的不合理行为，法律应当予以禁止。③还有学者对代孕合法化的生育权理由进行批判，认为个人自主性本身存在内在张力，无法单独构成权利证成的完整图景，代孕生育权无法满足或促进公共善的要求。④

据学者考察，比较法对代孕行为的规制存在三种不同的立场。一是私法自治型，即国家对于代孕行为只是制定规则，而任由私人之间依据私法途径完成，政府不予监管。美国有些州属于这一类型。二是政府管制型，即政府对于代孕问题进行管制，如无政府的许可，不得实施代孕，代孕行为也要受到政府的监督。英国采取了这一立场。三是完全禁止型，即国家禁止各种形式的代孕，甚至以刑罚加以惩罚。德国、法国、日本等均属于这一类型。⑤

本书认为，完全禁止更有道理，现行法的立场值得赞赏。其一，代孕本

---

① 参见王贵松：《中国代孕规制的模式选择》，载《法制与社会发展》2009年第4期；杨立新：《适当放开代孕禁止与满足合法代孕正当要求》，载《法律适用》2016年第7期；郑英龙：《失独家庭有限代孕权利的国家保障》，载《浙江大学学报》（人文社会科学版）2019年第4期；徐文：《甄别与分类：论代孕案件基础争议的解决进路》，载《河北法学》2019年第11期。

② 参见杨彪：《代孕协议的可执行性问题：市场、道德与法律》，载《政法论坛》2015年第4期。

③ 参见刘长秋：《代孕的合法化之争及其立法规制研究》，载《伦理学研究》2016年第1期。

④ 参见王籍慧：《质疑有限开放代孕生育权说》，载《学术交流》2018年第6期。

⑤ 参见王贵松：《中国代孕规制的模式选择》，载《法制与社会发展》2009年第4期。

质上是妇女子宫、身体的物化，与器官买卖有程度之别而无性质之差，同属对人类基本伦理的破坏和悖反，放开代孕将造成难以估量的道德风险，同时导致亲子关系认定等法律、社会难题。其二，生育权作为主观权利体现了个人生儿育女的利益，但权利本身不是无界限的。代孕无伤人类基本伦理倒也在自由之列，但其既属对身体权之侵害，则只有限制之理由而无放任之道理。其三，从长远看，科技是柄“双刃剑”，其在促进社会进步、满足人类需求的同时，也会导致各种社会和道德危机，此时尤其有给科技上“紧箍咒”，使其在符合人类伦理的轨道上运行的必要。

实践中，法院也往往基于现行法的规定而否认代孕行为的效力。例如，在“深圳某国际商务咨询有限公司与孙某服务合同纠纷案”中，法院认为：“代孕行为涉及代孕者的人格权益，也涉及代孕孕母和委托代孕的父母与代孕所生的子女之间亲属关系确立、抚养等法律、伦理难题。从事代孕有关的行为与我国传统的社会伦理、道德以及公序良俗的基本原则相违背……涉案服务合同内容违背我国社会的公序良俗，自始无效。”[①]

（二）代孕的法律后果

由于代孕行为以生育子女为目的，而婴儿既已出生就不可能“返还”，所以代孕行为的法律后果主要涉及代孕费用的分担以及生育婴儿的亲子关系认定。

其一，就代孕所生费用而言，与买卖人体组成部分、遗体一样，可适用《民法典》第157条规定。[②]例如，在“陈某等合同纠纷案”中，法院认为：“赵某姣提供卵子、陈某提供精子在国外进行代孕生子的行为，属于规避国内法律法规，违反了国家《人类辅助生殖技术管理办法》的规定，赵某姣因此向境外机构支付代孕相关费用、出入境费用，亦属于规避我国法律行为的支出，因此产生的费用应当由当事人自行承担。合同无效或被撤销后，双方

---

① 深圳市中级人民法院（2018）粤03民终9212号民事判决书。

② 该条规定：“民事法律行为无效、被撤销或者确定不发生效力后，行为人因该行为取得的财产，应当予以返还；不能返还或者没有必要返还的，应当折价补偿。有过错的一方应当赔偿对方由此所受到的损失；各方都有过错的，应当各自承担相应的责任。法律另有规定的，依照其规定。”

都有过错的，应当各自承担相应的责任。因赵某姣与陈某在此代孕协议订立和履行过程中均有过错，且由此赵某姣垫付了相应的费用，考虑到双方在此行为中的过错程度应为等同，本院确定双方对于已经发生的代孕费用应当各负担一半。”①

其二，关于代孕亲子关系的认定，存在争议的主要是母亲身份。对此，学界存在分娩说、基因说、儿童最大利益说三种基本立场。本书持分娩说立场。对于其理由，“陈某诉罗某耕监护权纠纷案”的判决可谓经典：“针对人工授精的情形，最高法院1991年函中明确规定，‘夫妻双方一致同意进行人工授精的，所生子女视为夫妻双方的婚生子女’。人工体外授精—胚胎移植的情形与此类似，亦应适用上述规定。由此可见，经夫妻双方一致同意以合法的人工生殖方式所生育的子女，其亲子关系的认定，生母根据‘分娩者为母’原则，生父则以婚生推定方式确定……分娩说符合传统民法中‘分娩者为母’的认定原则，亦与其他两种人工生殖方式中的亲子关系认定标准相同，且符合我国传统的伦理原则及价值观念。另外，‘分娩者为母’的认定原则亦与我国目前对代孕行为的禁止立场相一致。”②当然，与代孕子女共同生活并提供卵子的母亲可通过收养法确认拟制血亲身份。③

三 举证责任

在举证责任上，虽然关于人体基因、人体胚胎的医学和科研活动，均为高科技应用，但在过错及因果关系的证明上，只有基因编辑才具有其特殊性。在基因检测中，要么是检测人违反不告知义务，要么是被检测人不履行协助义务，或者是用人单位存在就业歧视，这些情形均可根据一般举证责任规则妥善处理。

而在基因编辑中，过错与因果关系的证明属于科技难题，有必要在编辑者与被编辑者之间进行利益平衡。建议在基因编辑的未来立法中推定编辑者

① 北京市第二中级人民法院（2019）京02民终13918号民事判决书。
② 上海市第一中级人民法院（2015）沪一中少民终字第56号民事判决书。
③ 参见刘士国：《中国胚胎诉讼第一案评析及立法建议》，载《当代法学》2016年第2期。

的过错情形；被编辑人完成初步举证后，编辑者应承担因果关系不存在的举证责任。当然，知情同意书中的有效免责条款可阻却违法，基因编辑行为不构成侵权责任。

第一千零一十条【禁止性骚扰】

违背他人意愿，以言语、文字、图像、肢体行为等方式对他人实施性骚扰的，受害人有权依法请求行为人承担民事责任。

机关、企业、学校等单位应当采取合理的预防、受理投诉、调查处置等措施，防止和制止利用职权、从属关系等实施性骚扰。

历史由来

本条为民事法律的新增规定，但禁止性骚扰也是《妇女权益保护法》的立场，后者第40条规定："禁止对妇女实施性骚扰。受害妇女有权向单位和有关机关投诉。"只是该条并未明确性骚扰的构成要件。《人格权编（草案）》从一开始就确立了"行为人+用人单位"的反性骚扰机制，但在行为要件、单位范围上有所变化。《民法典人格权编（草案）》（征求意见稿）第20条明确性骚扰的行为方式为语言、行动等，同时确立了用人单位的安全保障义务。《民法典各分编（草案）》第790条明确用人单位安全保障义务为"采取合理的预防、投诉、处置等措施"。2019年12月公布的《民法典（草案）》第1010条突破用人单位的限制，将单位扩张为"机关、企业、学校等"。2020年5月22日提交全国人大会议审议时进一步将性骚扰行为方式明确为"言语、文字、图像、肢体行为等方式"，最终形成本条。

规范目的或功能

本条第1款规定了性骚扰的构成要件和法律后果，似乎为完全法条，但由于侵权责任一般条款的存在，即便没有本条规定，受害人也可以《民法典》第1165条第1款为请求权基础。因此，其意义仍在于规定性骚扰的行为要件。本条第2款仅规定了单位的安全保障义务，为不完全法条，应通过法律解释确定其法律后果。在体系结构上，虽然学界对性骚扰所侵害的利益存在争论，但实践中大多数性骚扰都侵害了受害人的身体权，本条因而安排在“生命权、身体权和健康权”一章。①

规范内容

一、本条的规范结构

性骚扰的法律概念最早由美国女权主义者凯瑟林·麦金侬教授提出。依其主张，所谓性骚扰，是指通过滥用权利，在工作场所、学校、法院或其他公共领域，以欺凌、威胁、恐吓、控制等手段向妇女作出不受欢迎的与性相关的言语、要求或举止的行为。②欧共体法上则将性骚扰界定为“与人的性别相关的非自愿行为……其目的或者结果是侵犯了人格尊严，营造了一个有威胁的、敌意的、有辱人格的或者令人反感的环境”③。二者分别为“反性别歧视”模式和“公民人格尊严”模式：前者以美国为代表，特点是将性骚扰视为男性对女性的歧视行为，类型上主要限于工作场所的情形；后者以欧盟法为代表，强调性骚扰对他人人格尊严的侵犯，侵权行为不限于工作场所。④

也有学者把性骚扰的法律规制概括为“职场主义”和“权利主义”：前者以职场劳动者的保护为中心，保护的是劳动者的权利，其责任以雇主承担为主；后者以人的私权利的保护为中心，保护的是人格权。⑤依其主张，《民法典》第1010条采纳的是以权利保护为主、职场保护为辅的规范体系。⑥此

---

① 参见王利明：《民法典人格权编草案的亮点及完善》，载《中国法律评论》2019年第1期。

② See C Catharine A. Mackinnon, Sexual Harassment of Working Women: A Case for Sex Discrimination, New Haven: Yale University Press, 1979, pp.172–173；吕世伦、范季海：《美国女权主义法学述论》，载《法律科学》1998年第1期。

③ ［德］克里斯蒂安·冯·巴尔、［德］埃里克·克莱夫主编：《欧洲私法的原则、定义与示范规则：欧洲示范民法典草案》，王文胜等译，法律出版社2014年版，第320页。

④ 参见靳文静：《性骚扰法律概念的比较探析》，载《比较法研究》2008年第1期。

⑤ 参见杨立新、张国宏：《论构建以私权利保护为中心的性骚扰法律规制体系》，载《福建师范大学学报》（哲学社会科学版）2005年第1期。

⑥ 参见杨立新：《民法典人格权编草案逻辑结构的特点与问题》，载《东方法学》2019年第2期。

种见解值得商榷，因为两种模式的保护对象是否存在截然区分不无疑问。事实上，权利主义也好，职场主义也罢，二者必然存在保护范围上的重叠，即均保护劳动者的利益，此时二者仅存在名义上的区别：同样是劳动者的利益，在权利主义为私权，在职场主义为劳动权。本书认为，发展路径不同导致的差异主要是对场所的认定不同：职场主义（反性别歧视）的初衷是保护劳动者，因此范围限于工作场所，权利主义（尊严主义）则不存在此种限制。不过，随着时间的推移，职场主义国家对性骚扰的规制范围也由工作场所逐渐发展到非工作场所，[①]二者在场所上的区别已被消弭。因此，本条保护的法益具有同一性，只是两款规定了不同的责任主体。

二、性骚扰的行为构成

（一）实施了性骚扰行为

由于本条第1款使用了“他人”的表述，因此禁止性骚扰不限于异性之间，同性之间的性骚扰也在禁止之列。就类型而言，大多数国家和地区借鉴了美国的立法，将工作场所性骚扰区分为条件交换型性骚扰和敌意工作环境型性骚扰，但随着法律实践的发展，又补充了外来者骚扰等类型。[②]此种类型扩张有利于保护受害人，值得赞赏。有疑问的是，性骚扰行为是否限于单位等公共场所？

对此，不少学者认为，禁止性骚扰应将所有场景的性骚扰一体规制，包括熟人之间发生的非工作场所的性骚扰；[③]而从禁止性骚扰的规范目的上看，似乎也旨在将禁止范围扩张到所有场合。但是，这种见解值得商榷。

禁止性骚扰有两层语境，一是就法益而言，性骚扰因侵害了他人性交流的自由，在任何情况下都是被禁止的。二是在法政策上，公共领域的不断扩

---

① 参见闫清泓：《反性骚扰立法研究——以劳动法为新视野》，载《华中师范大学学报》（人文社会科学版）2007年第1期。

② 参见张新宝、高燕竹：《性骚扰法律规制的主要问题》，载《法学家》2006年第4期。

③ 参见张新宝、高燕竹：《性骚扰法律规制的主要问题》，载《法学家》2006年第4期；靳文静：《性骚扰法律概念的比较探析》，载《比较法研究》2008年第1期；王毅纯：《民法典人格权编对性骚扰的规制路径与规则设计》，载《河南社会科学》2019年第7期。

大增加了人们相处的空间和时间，从而增加了性骚扰的发生概率，通过赋予公共场所所有人或管理人某种责任，既有利于减少损害的发生，也有利于救济受害人。非公共场所的性骚扰，法律不予规定也可通过兜底条款获得保护，纳入本条又不会对损害的预防与填补产生任何效果，因此，从本条的规范目的上看，应使本条限于公共场所的性骚扰。

当然，对场所的理解应采广义解释，不仅指工作的场所、学习的场所，而且还包括其他与工作、学习内容有关的场所、空间，比如出差地、旅馆、饭店等。同时，性骚扰并不限于发生在权力关系不平等的上下级之间（即利用职权、从属关系的性骚扰）、师生之间，雇员之间、同学之间以及不相识的人之间同样存在。①

（二）行为人须有主观故意

在过错方面，就行为人而言，只有故意才叫“骚扰”，性骚扰行为应以故意为要件。②“构成性骚扰要求行为人具有性意图，以获取性方面的生理或心理满足为目的，常常采取性暗示的方式。此外，性骚扰通常以明知其行为或言辞违背对方意愿为前提……过失行为难以构成性骚扰。”③这就将性骚扰与对他人私密部位的“误伤”区别开来。

此外，在集体工作时讲荤段子的情形，对其是否构成侵权的判断，应作此区分：若行为人并未针对特定主体，受害人也没有表示反对的，不应认定构成性骚扰；若行为人针对特定主体，又违背他人意愿的，应当认定构成性骚扰。

当然，就负有安全保障义务的单位而言，存在过失即应承担侵权责任。

（三）侵害了他人的性交流自由

由于性骚扰本身是多种行为的集合，因此其在损害上的特性就是侵害了

---

① 参见靳文静：《性骚扰法律概念的比较探析》，载《比较法研究》2008年第1期；伍劲松：《美国两性平等制度研究》，载《法学家》2004年第3期。

② 参见张新宝、高燕竹：《性骚扰法律规制的主要问题》，载《法学家》2006年第4期；薛宁兰：《性骚扰侵害客体的民法分析》，载《妇女研究论丛》2006年第S1期。

③ 参见石佳友：《人格权立法的进步与局限——评〈民法典人格权编草案（三审稿）〉》，载《清华法学》2019年第5期。

不同的人格权。[①]事实上，不仅性骚扰如此，侵害性自主权（贞操权）的情形也一样。“贞操权的侵害常伴随自由权及身体权的侵害。对贞操权的侵害，当更甚于对自由权之侵害。”[②]还有学者认为，性骚扰在侵害人格权之外，还有侵犯劳动权、平等权、社会经济权利之嫌。[③]

本书认为，所谓的劳动权、平等权、社会经济权属于向国家主张的基本权利，其与民事权利不存在对应关系。在受害人因性骚扰而辞去或失去工作时，与其说是侵害了劳动权，不如说是侵害性交流自由的后果，[④]而这已属于纯粹经济损失的范畴。就民事权利而言，则构成请求权聚合：在接触他人身体时，既侵害了他人的性交流自由，也构成对他人身体权的侵害；在公共场合公然调戏他人时，兼有性交流自由和人格尊严不被侮辱的损害。由于名誉是他人对权利人的社会评价，而侮辱损害的是权利人自己的主观情感（尊严感），所以性骚扰行为本身不构成对名誉权的侵害。

三、单位的安全保障义务

本条第2款规定，机关、企业、学校等单位有采取合理的预防、受理投诉、调查处置等措施以防止和制止性骚扰行为的义务。这就意味着，机关、企业、学校等单位负有预防、处理性骚扰行为的安全保障义务。此种安全保障义务的确立，在预防、处置性骚扰行为的功能之外，也有利于受害人收集证据。

《民法典各分编（草案）》第790条曾将“利用从属关系”规定于第1款，与“以言语、行动”并列，似乎将其作为侵权方式的一种。对此，有学者正确指出，“从属关系”的增加并无必要，因为最终行为人的行为还是通过“言语”和“行动”的方式作出的；虽然《民法典各分编（草案）》将“从属关系”与“言语”“行动”并列，可能是为了起强调作用，并配合该条第2

---

① 参见王成：《性骚扰行为的司法及私法规制论纲》，载《政治与法律》2007年第4期；王毅纯：《民法典人格权编对性骚扰的规制路径与规则设计》，载《河南社会科学》2019年第7期。

② 孙森焱：《民法债编总论》（上），法律出版社2006年版，第188页。

③ 参见张新宝、高燕竹：《性骚扰法律规制的主要问题》，载《法学家》2006年第4期。

④ 在此情形，应当区分侵犯某种人身利益与侵犯该种人身利益引起的结果。参见王成：《性骚扰行为的司法及私法规制论纲》，载《政治与法律》2007年第4期。

款突出对职场性骚扰行为的规制，但这完全可以在不牺牲语言逻辑的前提下做到。①

就本条第2款“防止和制止利用职权、从属关系等实施性骚扰”的理解而言，一种意见认为，只有上级对下级的性骚扰在防止和制止之列，而同级之间甚至下级对上级的性骚扰似乎并不在防止和制止之列。②但这只是文义解释的结果。若依体系解释，既然第1款规定的性骚扰不限于交换式性骚扰，则第2款规定的安全保障义务也不应限于对利用职权、从属关系实施性骚扰的禁止。因此，是否“利用职权、从属关系”不是单位承担责任的构成要件，而是单位安全保障义务的内容依据。

基于单位的安全保障义务，单位有权也有义务开除实施性骚扰行为的职工。如在“林某与广东某实业有限公司劳动和社会保障行政管理再审案”中，法院认为：“林某利用电脑软件在照片上添加对白文字和主题，该文字和主题以公司女同事为对象，带有明显的与性有关的文字故意对照片中的女同事实施上述行为，且从女同事向公司领导投诉和哭诉的事实能够确认林某的行为造成行为对象的羞辱和不适，明显违背了女同事的意志，造成女同事精神上的压力，林某的上述行为已构成性骚扰。且在三名女受害人向某公司投诉后调查期间，林某再次将照片在同事中传播，再次实施性骚扰行为，情节较为恶劣，严重违反了公司规章制度，某公司可根据该公司上述规定解除双方劳动合同。邦达公司作为用人单位，有义务为员工提供正常的工作环境。”③

此外，如果单位违反上述安全保障义务，员工基于人身安全受到威胁为由不予上班，不构成旷工。单位如解除合同，应给予经济补偿。如在“赵某与北京某劳务服务有限责任公司劳动争议案”中，法院认为，“赵某自11月22日起亦未到岗，但其未到岗的原因是因同事的不当行为而三次要求某公司调班而未被准许，其认为其人身安全受到威胁，并于11月23日已经申请仲裁，且未到岗时间并不符合某公司规章制度中可以解除劳动合同的规定。故某公

---

① 参见张红：《〈民法典各分编（草案）〉人格权编评析》，载《法学评论》2019年第1期。

② 参见杨立新：《人格权编草案二审稿的最新进展及存在的问题》，载《河南社会科学》2019年第7期。

③ 广东省高级人民法院（2015）粤高法民申字第2839号民事裁定书。

司主张赵某旷工违反公司规章制度，依据不足，本院不予采纳……某公司与赵某解除劳动合同，属于违法解除，应支付违法解除劳动合同赔偿金。”[①]

四、单位违反安全保障义务的责任形式

本条第2款虽然规定单位有防止和制止性骚扰的安全保障义务，却未言明违反义务时的责任形式，从而留下解释的空间。就比较法而言，美国法的做法是分为三个层次：一是在回报式（交换式）性骚扰中，雇主对管理监督者的性骚扰行为承担无过错责任；二是在敌意工作环境下，雇主知道管理监督者的错误行为，且未采取及时有效的补救措施才承担责任；三是在侵权人为同事或非受雇者的场合，雇主须存在知情但未采取措施的过错才承担民事责任。[②]基于雇主对性骚扰负有合理的预防及救济义务，我国学者也普遍承认性骚扰行为的雇主责任。[③]

在《民法典》颁布前，有学者建议分两层规定雇主责任：一是替代责任，雇员在执行职务中对雇员进行性骚扰的，雇主应当承担替代责任，但可以向有过错的性骚扰行为人追偿；二是补充责任，即在非雇员的第三人对雇员在职场范围内实施性骚扰，雇主未尽职场安全保障义务的，应当承担补充责任。[④]但也有学者认为，无论是通过侵权法还是劳动法，雇主承担的均属过错责任。[⑤]在民法典编纂过程中，也有学者建议，针对利益交换型的性骚扰，用人单位应承担替代责任，而在敌意工作环境型的性骚扰中，用人单位则应承担相应的补充责任。[⑥]

本书认为，雇主责任旨在保护雇员，防止其因执行工作任务而动辄得咎，但（利用职权、从属关系的）性骚扰则超出了这一规范目的，二者不能等同。

---

① 北京市第二中级人民法院（2016）京02民终7778号民事判决书。

② 参见伍劲松：《美国两性平等制度研究》，载《法学家》2004年第3期。

③ 参见张新宝、高燕竹：《性骚扰法律规制的主要问题》，载《法学家》2006年第4期；王成：《性骚扰行为的司法及私法规制论纲》，载《政治与法律》2007年第4期；胡田野：《美国性骚扰法律制度及其借鉴意义》，载《河北法学》2004年第6期。

④ 参见杨立新、马桦：《性骚扰行为的侵权责任形态分析》，载《法学杂志》2005年第6期。

⑤ 参见夏利民、郭辉：《职场性骚扰雇主替代责任说质疑》，载《河北法学》2012年第3期。

⑥ 参见王毅纯：《民法典人格权编对性骚扰的规制路径与规则设计》，载《河南社会科学》2019年第7期。

在性骚扰行为中，单位（尤其是用人单位）承担责任的依据在于：通过个人诉讼无助于解决性骚扰的普遍化，强化单位（尤其是用人单位）责任才是最为高效、低廉的问题解决方式。[①]不过，强调单位责任的强化不宜过于加重，应类推《民法典》关于安全保障义务的补充责任（过错责任）即可，这也符合非工作场所内性骚扰的规制要求。

三 举证责任

性骚扰案件的主要难题在于举证。因为性骚扰行为往往具有封闭性、突发性和隐秘性，多数情况仅有骚扰者和被骚扰者在场，而且由于事发突然，被骚扰者通常没有思想准备，无法及时获取相关的证据。[②]在一典型案例中，被侵权人岑某入职潘某任总经理、法定代表人的国力公司，岑某称经常遭受潘某性骚扰：潘某叫其去办公室，进去后才发现是叫她看黄片，还对自己动手动脚。后潘某向公安部门报案，称岑某侵占公司财物，岑某随后被刑事拘留。法院最终认定岑某侵占货款3840元，因未达到刑事责任标准而判决无罪。南方都市报社记者在分别采访了岑某和潘某后，以《被诉职务侵占两万余元，盼无罪之身她等了三年》进行报道。潘某提起名誉权侵权之诉，但被法院驳回诉讼请求。[③]

关于性骚扰受害人的举证责任，存在三种不同立场。一种意见认为，性骚扰为一般民事侵权，依法应适用“谁主张，谁举证”的证据规则。[④]第二种主张则打破传统的“谁主张，谁举证”原则，将举证责任转移到被告。[⑤]还有一种意见认为，既不能恪守一般举证责任规则，又不能适用举证责任倒置，

---

① 相同立场请参见王成：《性骚扰行为的司法及私法规制论纲》，载《政治与法律》2007年第4期；易菲：《职场性骚扰法律制度研究》，载王利明主编：《民法典·人格权法重大疑难问题研究》，中国法制出版社2007年版，第468页。

② 参见江伟、苏文卿：《性骚扰民事诉讼特别规制研究》，载《河北法学》2009年第5期。

③ 参见广东省珠海市香洲区人民法院（2015）珠香法民一初字第2127号民事判决书。

④ 参见卢杰锋：《职场性骚扰案件证明问题研究》，载《妇女研究论丛》2019年第5期；刘春玲：《性骚扰案件中的证据问题研究》，载《妇女研究论丛》2006年第4期。

⑤ 参见喻术红：《反就业歧视法律问题之比较研究》，载《中国法学》2005年第1期。

而应依《证据规定》第7条规定（现已修订），由人民法院根据公平原则和诚实信用原则，综合当事人举证能力等因素确定举证责任的承担。[①]

本书认为，第一种意见无视性骚扰的特殊困难，虽合法但不合理。第二种意见虽然有利于救济受害人，但既不合法也不利于保护行为人的自由，因为被告证明行为不存在的难度也不小，甚至大于“谁主张，谁举证”下原告证明行为存在的难度。[②]第三种意见合理、合法，也符合比较法上的做法。遗憾的是，《证据规定》在2019年修订时已删除原第7条。为此，在现行法下，性骚扰受害人的举证责任仍与一般侵权责任相同，只能冀望通过单位的安全保障义务来预防和制止性骚扰行为的发生。当然，在规定单位反性骚扰的安全保障义务的前提下，也不应过分强调受害人的困难，因为证明发生在两人之间的加害行为的存在，不只是性骚扰受害人面对的难题。[③]在前述典型案例中，若国力公司和潘某负有防止性骚扰的安全保障义务，对岑某权益的保护将大为不同。

第一千零一十一条【行动自由】

以非法拘禁等方式剥夺、限制他人的行动自由，或者非法搜查他人身体的，受害人有权依法请求行为人承担民事责任。

历史由来

本条为民事法律的新增规定，法条原型为《宪法》第37条，后者规定：“中华人民共和国公民的人身自由不受侵犯。任何公民，非经人民检察院批准或者决定或者人民法院决定，并由公安机关执行，不受逮捕。禁止非法拘禁和以其他方法非法剥夺或者限制公民的人身自由，禁止非法搜查公民的身体。”出于对宪法条文的尊重，本条在规定行动自由的同时，还规定禁止非法搜查他人身体，但后者实为身体权的内容。

关于“行动自由”的名称，《民法典人格权编（草案）》经历了一个演进

① 参见江伟、苏文卿：《性骚扰民事诉讼特别规制研究》，载《河北法学》2009年第5期。
② 参见卢杰锋：《职场性骚扰案件证明问题研究》，载《妇女研究论丛》2019年第5期。
③ 参见王成：《性骚扰行为的司法及私法规制论纲》，载《政治与法律》2007年第4期。

的过程。《民法典人格权编（草案）》（征求意见稿）第21条从确权角度规定了“人身自由”，并将其内容限定为行动自由。《民法典人格权编（草案）》（二审稿）第791条删除了“人身自由”，仅保留“行动自由”的表述。《民法典人格权编（草案）》（三审稿）第791条略作语言修改，最终形成本条。

自由的多义性也体现在民法典草案学者建议稿中。梁慧星教授主持的《中国民法典草案建议稿》在抽象人格的意义上使用“自由”一词，其第16条第1款规定：“自然人的自由、安全和人格尊严受法律保护。”[①]王利明教授主持的《中国民法典学者建议稿》专章规定了自由型人格权，内容上囊括人身自由权、贞操权、隐私权、婚姻自主权。[②]其中，人身自由权又包含身体自由权（第355条）、意思决定自由权（第357条），包含思想、表达、信仰等在内的精神自由权（第358条），从事研究、发明、发现、文艺创作等在内的创造自由权（第359条）。[③]

三 规范目的或功能

人格权的类型存在生物型、自由型、尊严型、标表型的区分，既体现了人格从生物性到社会性的过渡，也反映了人格从客观向主观逃逸的过程。[④]但《民法典》人格权编却在“生命权、身体权、健康权”章下规定行动自由。可能的解释是，民法上的自由虽然十分广泛（法不禁止即自由），但由于大部分自由以未权利化的形式存在，故使得类型化的自由十分之少，以至于无法提供足够的条文来支撑其独立体系地位。

本条规定了行动自由的行为构成与法律后果，似乎为完全法条，但即便本条不予规定，行动自由也可通过《民法典》侵权责任编的规定获得保护。

① 梁慧星主编：《中国民法典草案建议稿附理由：总则编》，法律出版社2013年版，第44页。

② 王利明主编：《中国民法典学者建议稿及立法理由：人格权编·婚姻家庭编·继承编》，法律出版社2005年版，第133页。

③ 王利明主编：《中国民法典学者建议稿及立法理由：人格权编·婚姻家庭编·继承编》，法律出版社2005年版，第135—143页。

④ 参见房绍坤、曹相见：《〈民法典人格权编（草案）〉的贡献与使命》，载《山东大学学报》（哲学社会科学版）2019年第6期。

从这个意义上说，本条的意义仍在于规定行动自由的内容，《民法典人格权编（草案）》（征求意见稿）第21条的确权表达更为合理。至于“非法搜查他人身体”，既然属于身体权的内容，则应以《民法典》第1003条而非本条为规范依据。

规范内容

一、自由的法律层次

自由在法律上具有崇高地位，关于自由的权利也受到《宪法》《民法典》等的确认。但自由也是一个颇具争议的概念，因为人们在谈论“自由”时，通常不仅在描述某件事或状态，还会赋予其某些感情性的意义要素。[①]为此，有必要捋清法律上自由的层次。

一般而言，自由在法律上存在三个语境层次：其一，在最抽象的意义上，如同人格尊严一样，自由既不属于民事权利，也不属于宪法权利，而是所有实证权利的价值基础。[②]如《民法典》第109条规定：“自然人的人身自由、人格尊严受法律保护。”第990条第2款规定：“除前款规定的人格权外，自然人享有基于人身自由、人格尊严产生的其他人格权益。”值得注意的是，与《民法典》的处理不同，我国《宪法》规定的人身自由权、人格尊严权是作为具体权利存在的，其价值基础规范应追溯到“国家尊重和保障人权”条款。至于所有实证权利的价值基础，《宪法》并未规定。其二，自由可以分为公法自由、私法自由，二者在类型技术上并不相同。其三，私法上的自由存在作为权利的自由和未权利化的自由的区别。本条规定的“行动自由”是在第三层次且作为权利的意义上讲的。

---

① 参见雷磊：《法律权利的逻辑分析：结构与类型》，载《法制与社会发展》2014年第3期。

② 关于人格尊严的抽象意义，参见胡玉鸿：《人的尊严的法律属性辨析》，载《中国社会科学》2016年第5期；[日]高桥和之：《“宪法上人权”的效力不及于私人间——对人权第三人效力上的“无效力说”的再评价》，陈道英译，载《财经法学》2018年第5期；黄宇骁：《论宪法基本权利对第三人无效力》，载《清华法学》2018年第3期；陈道英：《从德国法上的一般人格权看宪法权利与民事权利的协调》，载《法学评论》2011年第5期。

二、私法自由不同于宪法自由

自由的法律内涵十分宽泛，在宪法和私法上各不相同。自由的宪法面相是基本权利。而在所有的基本权利中，自由权是最为丰富的。我国《宪法》明文列举的自由就有如下类型：（1）言论、出版、集会、结社、游行、示威的自由（第35条）；（2）宗教信仰自由（第36条）；（3）人身自由权（第37条）；（4）通信自由（第40条）；（5）进行科学研究、文学艺术创作和其他文化活动的自由（第47条）。宪法自由权的特点是呈碎片化态势，因为其类型标准为受国家公权力侵害的可能性。

与之不同，私法自由是针对私人的自由。相应的，其类型标准就是受私主体侵害的可能性。那么，《民法典》应否规定宪法自由？王利明教授主持的《中国民法典学者建议稿》专章规定自由型人格权，内容上包括人身自由权、贞操权、隐私权、婚姻自主权。[①]其中，人身自由又包含身体自由权、意思决定自由权、创造自由权，以及包含思想、表达、信仰等在内的精神自由权。史尚宽先生认为，民法上的自由包含身体动作及精神活动两个层面，后者如信教自由、言论自由、投票自由、契约订立自由等。[②]黄立教授也认为，人身自由、居住迁徙自由、言论自由、学术自由、秘密通信自由等，均在民法自由之列。[③]《埃塞俄比亚民法典》第8条第1款更是直接规定："任何自然人都享有由《埃塞俄比亚宪法》保障的人格权和自由权。"其第11条、第14条、第15条分别规定了迁徙自由、思想自由和宗教自由。[④]

本书认为，在宪法、民法关系背景下，基本权利与民事权利仍然泾渭分明，私法自由不应包含基本权利，原因在于：宪法上的人格尊严（不同于我国《宪法》上的人格尊严）不是基本权利，而是所有实证权利的基础，[⑤]并体

---

① 参见王利明主编：《中国民法典学者建议稿及立法理由：人格权编·婚姻家庭编·继承编》，法律出版社2005年版，第133页。

② 参见史尚宽：《债法总论》，中国政法大学出版社2000年版，第148—149页。

③ 参见黄立：《民法债编总论》，台北元照出版有限公司2006年版，第270页。

④ 《埃塞俄比亚民法典》，薛军译，厦门大学出版社2013年版，第3页。

⑤ 在我国宪法上，由于人格尊严权是具体的基本权利，人权保障条款也只是基本权利的价值基础，因此作为所有实证权利价值基础的规范隐而不见，但在体系和解释上也是存在的。

现为一种“价值暗合”；基本权利与私法违法性不同，不具有价值秩序的一致性；以刚性为特征的基本权利无冲突之可能，所谓的基本权利冲突实为民事权益冲突，只是学者常将未权利化和未类型化的民事利益与基本权利混淆；合宪性解释作为规范控制手段，也无法贯穿民法与宪法的价值秩序。[①]对此，学界存在某种程度的共识。[②]王泽鉴教授亦谓：“‘人格权法’上的自由，乃人格权个别化的一种人格法益，前揭学说见解使此项‘自由人格法益’成为一项维护‘宪法’基本权利的私法上概括条款，是否符合‘侵权行为法’的规范功能，尚有研究余地。”[③]

当然，宪法上的法定自由类型比民法丰富得多，并不意味着私法自由要比宪法自由狭窄（参见“三、行动自由不应包括精神自由”部分）。

三、行动自由不应包括精神自由

关于本条规定的行动自由，传统民法多称为人身自由权，[④]民法典人格权编（草案）也曾这样规定。但这不是唯一的做法。例如，张俊浩教授称之为身体自由权；[⑤]还有学者区分人身自由权的广义与狭义，认为狭义人身自由权为身体自由权，[⑥]或称行动权。[⑦]本条使用了“行动自由”的表达，虽在概念上略显生僻，但内涵十分清晰。

关于行动自由（人身自由、身体自由）的内涵，理论上曾有不同看法。一是身体活动说，该说考虑到精神活动自由的不特定性，从而将行动自由限于身体活动自由。如王利明教授认为，具体人格权所说的自由，主要是指身

---

① 参见曹相见：《基本权利私法介入的否定立场》，载《河北法学》2020年第3期。

② 参见冉克平：《论人格权法中的人身自由权》，载《法学》2012年第3期；谢立斌：《自由权的保护义务》，载《比较法研究》2011年第1期；姜峰：《言论的两种类型及其边界》，载《清华法学》2016年第1期。

③ 王泽鉴：《人格权法》，北京大学出版社2013年版，第112页。

④ 参见王利明：《人格权法研究》（第三版），中国人民大学出版社2018年版，第338页；杨立新：《人格权法》，法律出版社2011年版，第577页。

⑤ 参见张俊浩主编：《民法学原理》（修订三版）（上），中国政法大学出版社2000年版，第151页。

⑥ 参见马俊驹：《人格和人格权理论讲稿》，法律出版社2009年版，第267—268页。

⑦ 参见李锡鹤：《民法原理论稿》（第二版），法律出版社2012年版，第471页。

体自由。“严格地说，所有的人格权甚至整个民事权利都体现了自由的内容和价值，既然我们将人身自由权作为一项具体人格权，其就应当具有特定的客体范围。”[①]王泽鉴、李锡鹤、马俊驹等学者持此立场。[②]事实上，这也是德国和我国台湾地区的通说。[③]《欧洲示范民法典草案》的起草者也指出，“草案”规定的自由为身体行动的自由，也即“离开现在所处的某地的权利和不被强迫前往某地的权利”[④]。

二是身体、精神活动说，该说认为精神活动的自由也是行动自由的范畴。如史尚宽先生认为，“然我民法，将自由与名誉并列，则不独身体动作之自由，精神活动之自由，亦包含在内。精神活动之自由，应包括心理活动表达于外部之自由及意思决定之自由”[⑤]。我国台湾地区学者孙森焱、郑玉波等持此说；[⑥]大陆地区学者杨立新、冉克平等也持此说。[⑦]在比较法上，与德国、我国台湾地区不同，日本法上的自由权包括了身体活动和精神活动两方面的自由：前者有非法拘禁以及妨害道路通行的行为，后者如以欺骗或胁迫的形式剥夺意思决定的自由，以及进行所谓的共同绝交。[⑧]

三是折中说。比较特殊的是，张俊浩教授一方面认为身体自由权以身体的自由活动不受非法干预为内容，另一方面又单设内心自由权以保护意思决

---

① 王利明：《人格权法研究》（第三版），中国人民大学出版社2018年版，第350页。

② 参见王泽鉴：《人格权法》，北京大学出版社2013年版，第110页；李锡鹤：《民法原理论稿》（第二版），法律出版社2012年版，第471页；马俊驹：《人格和人格权理论讲稿》，法律出版社2009年版，第267—268页。

③ 参见［德］马克西米利安·福克斯：《侵权行为法》，齐晓琨译，法律出版社2006年版，第21页；史尚宽：《债法总论》，中国政法大学出版社2000年版，第148页。

④ ［德］克里斯蒂安·冯·巴尔、［德］埃里克·克莱夫主编：《欧洲私法的原则、定义与示范规则：欧洲示范民法典草案》，王文胜等译，法律出版社2014年版，第320页。

⑤ 史尚宽：《债法总论》，中国政法大学出版社2000年版，第148—149页。

⑥ 参见孙森焱：《民法债编总论》（上），法律出版社2006年版，第187页；郑玉波：《民法债编总论》，中国政法大学出版社2003年版，第129页。

⑦ 参见杨立新：《人格权法》，法律出版社2011年版，第577页；冉克平：《论人格权法中的人身自由权》，载《法学》2012年第3期。

⑧ 参见［日］五十岚清：《人格权法》，铃木贤、葛敏译，北京大学出版社2009年版，第179页。

定的独立和不受非法干预。[①]

本书认为，第一种立场不仅更符合法条文义，也与民法的权利构造技术相契合，因而更为可取。

民法奉行“法不禁止皆自由”法则，其对自由的保护系采反面推定模式，即在全面规定禁止事由的情况下，推定未予禁止事项即可自由为之。由于法律禁止的行为有限，自由由此具有一种无所不包的特质，并体现为一种整体而非具体的形象。[②]相应的，民法上权利的设置均有特殊理由，都是围绕“勿伤他人”的禁止事项，对作为整体性的自由的个别化肢解：抛开身份权不论，作为身外之物的资源具有稀缺性，为定分止争、保护正当行为人的自由，同时促进资源的有效利用，法律特设物权及其变动规则；交易的完成离不开交易各方的协力，为此法律以债权的形式明确各方的自由及其边界。

与物权、债权不同，人格权具有固有性、专属性和非财产性，因而缺乏权利变动规则。因此，传统民法并不将其作为权利来对待，而是通过禁止性规定予以保护。但是，随着社会经济的发展、科学技术的进步，人的生活空间日益广泛，人格各要素（尤其是社会性更强的人格要素）不仅日益暴露于可能的侵害之中，同时也产生了安乐死、器官捐献、基因编辑等涉及人格要素的尊严问题，由此产生了自由类型化保护的必要，生命权、身体权、健康权、姓名权、肖像权、名誉权、隐私权等纷纷获得了独立地位。在自由的类型化保护上，即便存在权利变动规则的物权与债权也不例外：对物占有、使用、收益，以及请求他人为特定给付的请求或对债的处分，均属对作为整体的自由的类型化。

立足于自由保护的整体性与类型化视角，可以得出这样的结论：只有在社会生活有加剧侵害的可能，从而需要设立特别的保护规则时，自由才有类型化为权利的必要，否则其作为整体自由的一部分，完全可以通过利益形式获得法律保护。在现代生活背景下，只有行动自由即身体活动自由经常受到侵犯，甚至于讨债都可能通过限制行动自由的方式为之，从而有类型化权利

---

① 参见张俊浩主编：《民法学原理》（修订三版）（上），中国政法大学出版社2000年版，第151页。

② 参见易军：《“法不禁止皆自由”的私法精义》，载《中国社会科学》2014年第4期。

的必要。[①]而私人间所谓创作、研究等精神自由，鲜少有人干预，即便有也只能通过限制行动自由的方式进行；科技也鲜少对其构成挑战，因此无肢解的必要。至于思想自由，除作为具体民事权利的内容外，仍应作为整体自由而获得保护。相反，“若使作为权利的人身自由扩张，将使自由的权利保护与利益保护混为一谈”[②]。就此而言，私法自由的范围并不比宪法自由狭窄。

① 在德国法上，主流意见认为，精神性人格自由的内部构造不能给相应的权利保护请求提供清晰的应受保护的界限，因此原则上无法通过具体的法律规则来实现；而行为自由的内涵外延相对比较清晰，可以满足法律规则适用的确定性、可预见性的要求。参见朱晓峰：《民法一般人格权的价值基础与表达方式》，载《比较法研究》2019年第2期。

② 参见曹相见：《人格权法定的宪法之维与民法典编纂》，载《浙江社会科学》2020年第2期。

第三章

姓名权和名称权

第一千零一十二条【姓名权】

自然人享有姓名权，有权依法决定、使用、变更或者许可他人使用自己的姓名，但是不得违背公序良俗。

历史由来

我国民法自1980年代以来一直重视对姓名权的确认与保护。《民法通则》第99条第1款即规定："公民享有姓名权，有权决定、使用和依照规定改变自己的姓名，禁止他人干涉、盗用、假冒。"《民法通则意见》涉及姓名权的规定包括：（1）盗用、假冒他人姓名构成侵犯姓名权的行为（第141条）；（2）姓名权受到侵害，人民法院可以根据侵权人的过错程度、侵权行为的具体情节、后果和影响确定其赔偿责任（第150条）；（3）侵害他人姓名权获利的，侵权人除赔偿受害人的损失外，其非法所得应当予以收缴（第151条）。最高人民法院《侵权精神损害赔偿解释》明确，侵害姓名权的，受害人可以请求赔偿精神损害（第1条）。2017年起施行的《民法总则》第110条第1款明确，自然人享有姓名权。《民法典人格权编（草案）》（二审稿）第792条规定："自然人享有姓名权，有权依法决定、使用、变更或者许可他人使用自己的姓名。"《民法典（草案）》第1012条沿袭该表述。相对于《民法总则》，本条规定增加了自然人有权"许可他人使用自己的姓名"的规定，从而与《民法典》第993条"民事主体可以将自己的姓名、名称、肖像等许可他人使用，但是依照法律规定或者根据其性质不得许可的除外"之规定相协调。

规范目的或功能

本条之规范目的在于明确自然人享有姓名权以及姓名权的权利内容，具体包括姓名决定权、姓名使用权、姓名变更权、姓名许可权。本条也是一项引致规范，自然人决定、使用、变更或者许可他人使用自己的姓名，其权利范围各依相关法律规定而定。

规范内容

一、姓名权的客体和属性

（一）姓　名

姓名是一个自然人用以标识自己的符号，通过姓名，自然人将自己与他人区分开来。姓名构成个人参与社会交往的媒介，在他人那里建立姓名与姓名主体间的稳定联系。因此，姓名是一个自然人的第一社会身份。姓名主体将对自我的认同寄放于姓名之中，他人将对姓名主体的认知统摄于其姓名之下。[①]

姓名分为广义姓名与狭义姓名。广义的姓名既包括本名即户籍登记和公民身份证件上显示的正式姓名，还包括公民的别名如字、号、笔名、艺名等，而狭义的姓名仅指本名和曾用名。在我国户籍管理工作中，姓名起初采用的是广义的概念，随着户籍管理制度改革的进行，姓名的含义逐渐变窄。1995年12月，公安部《关于启用新的常住人口登记表和居民户口簿有关事项的通知》规定，除继续保留姓名登记项目外，取消了“别名”这一登记项目而代之以“曾用名”，后者仅指“本人过去使用过的正式姓名”。《民法典》区分正式姓名和非正式姓名如艺名、笔名、网名等。本条规定的姓名是狭义概念，指正式姓名（身份证姓名），非正式姓名的保护规定见于《民法典》第1017条。

（二）姓名权的属性

姓名权是人格权，属于所谓标表性人格权之一种。人是社会性的存在，这种社会性存在中包括作为符号而存在。姓名是人的社会性存在的一部分，一个人在一生中不断地为自己编织社会关系之网，姓名就是这张网的结点。[②]

---

① 参见刘文杰：《民法上的姓名权》，载《法学研究》2010年第6期。

② 因此，有学者认为，姓名权不仅是一种人格权，同时也具有身份权的特征。李永军：《论姓名权的性质与法律保护》，载《比较法研究》2012年第1期。

对于姓名的侵害，即是对姓名主体社会性存在的侵害，[①]也将被姓名主体感觉为对其存在的侵害，因此，姓名侵害是一种人格侵害。

二、姓名权的内容

姓名权保护两种类型的人格利益。其一是自然人决定其姓名符号的自由，即姓名决定权、姓名变更权。其二是自然人保持姓名与其本人稳定联系的利益，确保将本人的生活事实归于其姓名之下，将非本人生活事实排除在姓名之外，即身份同一性利益。自然人对于自己的姓名应有排他的支配权，但要限制在维持身份一致性利益所必要的范围内。

（一）姓名决定权

姓名决定权指自然人对其姓氏和名的决定权。法律法规对于姓名决定权的行使设有规定，具体如下：

1.未成年人的姓名决定权

自然人在成年以前，其姓名原则上由其监护人决定。全国人大常委会颁布的《户口登记条例》（1958年施行）第7条规定："婴儿出生后一个月以内，由户主、亲属、抚养人或者邻居向婴儿常住地户口登记机关申报出生登记。弃婴，由收养人或者育婴机关向户口登记机关申报出生登记。"

2.姓氏决定权

自然人对其姓氏的决定权详见本书第1015条评注。

3.姓名符号的选取

姓名符号应当使用规范汉字。根据《国家通用语言文字法》第17条规定，除姓氏中存在异体字可以继续使用外，其他情形应当使用规范汉字，不得使

---

① 对包括正式姓名在内的身份盗用在后果上尤为严重，可能导致受害人"人生被窃取"的骇人结果。据澎湃新闻2020年6月20日报道，在2018—2019年的山东高等学历数据清查工作中，有14所高校曾公示清查结果，其中有242人被发现涉嫌冒名顶替入学取得学历，https://www.thepaper.cn/newsDetail_forward_7925698；据人民日报微信公众号2020年6月25日报道，山东济宁籍女子苟某称，23年前疑两次上大学遭顶替，其中1997年顶替者为此前自己高三班主任的女儿，载人民日报微信公众号https://mp.weixin.qq.com/s/Ue-TcOVCWws4ckZP0KugwA，最后访问日期2020年6月28日。

用诸如繁体字等非规范汉字。《居民身份证法》第4条规定："居民身份证使用规范汉字和符合国家标准的数字符号填写。民族自治地方的自治机关根据本地区的实际情况，对居民身份证用汉字登记的内容，可以决定同时使用实行区域自治的民族的文字或者选用一种当地通用的文字。"依上述规定，姓名一般应当使用汉字简化字，而不能使用字母或其他符号。[①]我国曾有公民在姓名中使用字母，其后进行了改正。[②]少数民族自然人用汉字登记姓名时，汉字姓名应当是其少数民族姓名文字的译写。[③]

4.姓名的内容

姓名的内容表达亦须遵守公序良俗，不得出现损害国家或者民族尊严、违背民族良好风俗习惯、引起公众不良反应的内容，例如使用污言秽语。[④]

5.姓名的长度

姓名不但由姓名主体使用，且为社会、他人所用，不仅具有私法上的功用，还具有公法意义，例如公民行使选举权与被选举权、履行服兵役、纳税义务等场合亦需使用姓名。选取过长的姓名，既给本人也给他人使用造成负担，最终会导致姓名简称的使用，因此可对姓名长度加以适当控制。公安部曾就姓名登记问题起草相关规定，主张姓名用字应当在二个汉字以上，六个汉字以下，民族自治地方的自治机关或者民族良俗，对姓名的字数有规定或约定的，从其规定和约定。该意见可供参考。

---

① 《公安部关于启用新的常住人口登记表和居民户口簿有关事项的通知》(1995年)附件三"常住人口登记表和居民户口簿填写说明"第1条规定："常住人口登记表和居民户口簿应使用国务院公布的汉字简化字填写，民族自治地区可使用本民族的文字或选用一种当地通用的民族文字填写。"另参见2008年《公安部关于对居民身份证姓名登记项目能否使用规范汉字以外文字和符号填写问题的批复》。

② 中国公民取名"赵C"于20世纪80年代进行了户籍登记。2006年，在申请换发第二代身份证时，公安部门要求赵C改名，案件历经两审诉讼，在法院主持下，赵C与登记部门达成和解协议，赵C同意变更姓名后，依法使用规范汉字。参见《调查：用了22年的姓名"赵C"为何引发广泛争议》，载凤凰网http://news.ifeng.com/c/7fYa51JUpAm，最后访问日期2020年7月7日。

③ 公安部曾就姓名登记问题起草相关规定，该规定尚未公布，但实践中按照这一精神进行少数民族姓名的登记。

④ 国外亦有类似规范，例如阿根廷民事及人事登记法律规定，不允许取古怪的、荒唐可笑的、不道德的，或反映政治和意识形态倾向的，或不属于西班牙文的名字等。参见公安部户政管理局:《国外民事登记和户籍管理法规》，群众出版社1996年版。

（二）姓名变更权

姓名变更权是姓名决定权的组成部分。[①]姓名变更权相对于姓名决定权而言，对本人意义更为明显，因为绝大多数人最初的正式姓名是由监护人而非本人所决定的，当自然人想要自主决定其姓名时，通常要借助姓名变更权来实现。有关姓氏变更的法律调整参见本书第1015条评注。

1.因收养关系引起的姓名变更

《收养法》（1998年修正）第24条规定："养子女可以随养父或者养母的姓，经当事人协商一致，也可以保留原姓。"依此规定，则养子女的姓氏由养父母决定，既可以决定姓氏，对地位次于姓氏的名亦可以决定。如收养关系终止，应允许被收养人恢复原有姓氏，到户口登记机关办理变更登记手续。[②]

2.因父母离婚引起的未成年子女姓名变更

《婚姻法》第22条规定，子女可以随父姓，可以随母姓。该规定对离婚后子女的姓名决定未予置喙。关于子女姓氏决定问题，最高法院曾经发布多个批复、复函和意见。1951年《关于子女姓氏问题的批复》、1981年《关于变更子女姓氏问题的复函》均对夫妻离婚后一方单方面改变未成年人子女姓名持否定态度。1993年《关于人民法院审理离婚案件处理子女抚养问题的若干具体意见》第19条规定："父或母一方擅自将子女姓氏改为继母或继父姓氏而引起纠纷的，应责令恢复原姓氏。"2002年《公安部关于父母离婚后子女姓名变更有关问题的批复》明确"离婚双方未经协商或协商未达成一致意见而其中一方要求变更子女姓名的，公安机关可以拒绝受理；对一方因向公安机关隐瞒离婚事实，而取得子女姓名变更的，若另一方要求恢复子女原姓名且离婚双方协商不成，公安机关应予恢复"。[③]

我们认为，子女姓氏选择除考虑监护人意见外，亦需充分顾及未成年人利益，如果夫妻离婚后，一方拒绝履行抚养义务，则抚养一方欲改变子女姓名，

---

① 有观点称之为"自然人姓名权的自然延伸"。参见王利明：《人格权法》（第二版），中国人民大学出版社2016年版，第219页。

② 陈爱国：《浅谈姓名权的户籍立法问题》，载《山东公安专科学校学报》2004年第4期。

③ 1995年《公安部关于抚养人申请变更子女姓名问题的批复》主要针对变更子女姓名的程序问题，并不直接涉及离婚后改变子女姓氏问题。

且子女赞成的，应当准予变更。此外，父母离婚后，一方死亡的，另一方成为唯一的第一顺序监护人，在尊重子女意见基础上，可以单独决定子女姓名。[①]

3.因与外国人通婚而引起的姓氏变更

随着我国对外交流的增加，涉外婚姻逐渐增多，一些国家和地区的风俗习惯是女子结婚后随夫姓，或在自己的姓氏之外加上夫姓。此种情形通常构成变更姓氏的正当事由。[②]

4.成年人的姓名变更

1958年起施行至今的《公安部三局关于执行户口登记条例的初步意见》第9条对成年人变更姓名采严格限制原则，变更须有“充分理由”且须经派出所或乡长乃至“上一级户口管理机关”批准。[③]我国法院倾向于肯定登记机关的相关

---

① 公安部于2006年发布《关于父母一方亡故另一方再婚未成年子女姓名变更有关问题处理意见的通知》，规定：（1）以本人的劳动收入为主要生活来源的16周岁以上未满18周岁的未成年人，自主决定本人姓名的变更；其父亲和继母，或者母亲和继父要求变更其姓名的，必须征得其本人的同意。（2）10周岁以上的未成年人的父亲和继母，或者母亲和继父经协商同意，要求变更该未成年人姓名的，应当征得其本人的同意。（3）不满10周岁的未成年人姓名的变更，由其父亲和继母，或者母亲和继父协商一致后决定。

② 公安部于2001年作出的《关于对北京市公安局人口管理处〈关于张晶申请更改姓名的请示〉的批复》中指出，对于与外国人结婚的女性提出更改姓氏的要求，可以为其办理姓氏变更手续。依照此规定，变更姓氏者在离婚、婚姻撤销或配偶死亡后，如本人有恢复原姓氏的意愿，应予允许。参见陈爱国：《浅谈姓名权的户籍立法问题》，载《山东公安专科学校学报》2004年第4期。

③ 《公安部三局关于执行户口登记条例的初步意见》（1958年）第9条第2款规定：公民申报变更姓名，可参照下列意见处理：

（1）年满18周岁的人，要变更现用姓名时，应适当加以控制，没有充分理由，不应轻易给予更改。有充分理由的，也应经派出所所长或乡长批准，才可以给予更改。不好决定的，应报上一级户口管理机关批准。

妇女原冠夫姓申请去掉夫姓，或称氏改为姓名的，以及僧、道、尼由法名改为俗名的，问明情况后即可给予变更。

上述变更除妇女去掉夫姓和称氏改为姓名外，其余的人在更改后，仍应将原名在户口登记簿上保留，以备日后查考。

（2）18周岁以下的人，申请由乳名改大名的，根据本人或者父母的申报即可给予变更。但被收养或被认领的人，年龄较大的须征得本人同意，才可给予变更。

（3）机关、团体、学校、企业、事业等单位的职工需要变更姓名时，必须有所在单位人事部门准予变更的证明，才可给予变更。

（4）依法被剥夺政治权利的人和正在受刑事处分的人，以及正在劳动教养的人，一律不准变更姓名。

规定，“在没有任何法律、法规、规章对公民的更名权进行具体规定的情况下，公安部制定规范性文件《关于执行户口登记条例的初步意见》对公民更名进行限制的规定有效”①。各地方的户籍登记规定亦标准不一，但多趋向限制姓名变更。②生活中姓名给本人交往造成不便，例如名字容易被颠倒，通常不被登记机关视为改名事由。③登记部门对变更次数亦有限制。④实践中的通常做法是，成年人办理名字变更登记，以一次为限，民族良俗及宗教教规各依其约定或规定。

我们认为，自然人的姓名最初往往为其监护人所选定，可能带有特定历史时期印记或碰巧与令人难堪的事物谐音，变更姓名因此成为其迫切需求，还有人希望通过变更增添姓名的寓意，昭示美好未来等。另一方面，姓名不仅为己所用，且是社会关系网络的节点，有他人及社会正当利益在。基于上述，自然人应当享有变更姓名的权利，但亦应有所限制。对名字变更在规则设计上可以参考我国台湾地区规定，保持灵活性与原则性的统一。⑤

---

① 参见闫某某诉焦作市公安局不予变更姓名案，河南省焦作市山阳区人民法院（2005）山行初字第4号。

② 例如《上海市常住户口管理规定》（2018年）第54条第2款规定：“本市常住户口居民符合下列情形之一的，可以变更名字：（一）佛教教职人员出家的；（二）在同一学校或者工作单位内姓名完全相同的；（三）名字的谐音易造成本人受歧视或者伤及本人感情的；（四）名字中含有国务院公布的《通用规范汉字表》以外的字；（五）依法被收养或者收养关系变更的；（六）父母离婚、再婚的；（七）有其他正当理由的。佛教教职人员还俗的，可以恢复出家前使用的名字。申请人不具有完全民事行为能力申请变更名字的，应当经监护人一致同意。”第59条规定：“本市常住户口居民有下列情形之一的，不予办理姓名、出生日期、公民身份号码变更登记：（一）正在服刑或者限制人身自由的行政处罚尚未执行终结的；（二）正在接受刑事案件或者治安案件调查的；（三）民事案件尚未审结或者尚未执行终结的；（四）刑事案件尚未审结的；（五）被限制出国（境）期限未届满的；（六）依法被禁止从事相关职业，期限未届满或者被法律法规列为职业禁止对象的；（七）因严重失信行为被市人民政府职能部门列入严重失信主体名单的；（八）其他特殊情况。”

③ 参见包某某变更姓名案，上海市浦东新区人民法院（2013）浦行初字第50号。

④ 如河南焦作人闫1先是在1989年更名为闫2，尔后于1998年更名为闫某某，第三次又申请改名为闫某某某，被当地公安机关以频繁更名为由不予办理。参见闫某某诉焦作市公安局不予变更姓名案，河南省焦作市山阳区人民法院（2005）山行初字第4号。

⑤ 我国台湾地区规定可以更改名字的6种情形为：同一单位内重名；与尊亲属名字相同；与同一户籍地内人士重名；与案犯重名；被认领、收养而后撤销、终止者；字义粗俗不雅、音译过长或有特殊原因。如因“字义粗俗不雅、音译过长或有特殊原因”而改名，以3次为限。受通缉或羁押者不得更改姓名，受有期徒刑以上之判决，自判决确定之日起至执行完毕满3年止，期间不得更改姓名。

（三）姓名使用权

姓名使用权是指自然人使用自己姓名以表明身份，以及要求或者许可他人正确使用自己姓名的权利。需指出的是，禁止重名不是姓名权保护的利益。姓名权不是独占特定姓名符号，不得排除在后自然人以相同符号作为自己姓名的权利。例如，叫葛优的明星无权阻止另外其他葛姓人士给自己取名“葛优”。在因姓名相同发生的纠纷案件中，应当禁止的不是取名或改名行为本身，而是利用同名同姓故意制造混淆的行为。①

我国《著作权法》第10条规定，“著作权包括下列人身权和财产权：……（二）署名权，即表明作者身份，在作品上署名的权利”。有观点认为，姓名权与署名权性质不同，前者属于人格权的范畴，后者属于知识产权的范畴，署名权的客体是作品，而作品存在于作者人格之外。此外，署名权可以转让，可以抛弃，亦与姓名权不同。②我们认为，署名权是一种姓名权，更具体地说是姓名使用权之一种。署名权规定在知识产权法中，并不意味着其不属于人格权。我国著作权法关于著作权采取人身权与财产权二分法。署名权所保护的正是维持作者与创作行为之间的身份同一性，通过署名于作品之上，作者向外界表明他是创作者。署名权的客体并不是作品，而是姓名。如果出版社出版某人著作，却没有给作者署名，侵犯的正是姓名权。如果甲创作了剧本，电视剧出品方在电视剧“编剧”一栏除了甲的姓名，又在后面加上了他人姓名，同样侵犯了甲的姓名权。至于署名权可以转让，可以抛弃的说法，则是不正确的。③

通过冒名顶替的手段侵犯了他人财产权，是否应采取“目的吸收手段”

---

① 参见本书第1014条评注。

② 参见王利明：《人格权法》（第二版），中国人民大学出版社2016年版，第216页。

③ 当然，署名权依《著作权法》是属于作者的权利，未创作作品者是不享有的。在著名案件“吴冠中诉上海朵云轩、香港永成古玩有限公司出售假冒其署名的美术作品纠纷案”中，原告吴冠中称，被告上海朵云轩、香港永成古玩有限公司出售的画作假冒自己署名。法院认为，被告公开拍卖假冒吴冠中亲笔署名的美术作品，构成了对吴冠中著作权的侵犯。我们认为，如该画确非吴冠中所作，属于假冒行为，侵犯的是吴冠中的姓名使用权，由于署名权维护的是作者与作品之间的联系，如不存在作品，则争议未落入著作权法调整范围，不涉及署名权问题。判决书载于中国法院网：https://www.chinacourt.org/article/detail/2002/11/id/17957.shtml，最后访问日期2020年6月30日。

的方法，不再认定姓名权侵害的存在？我们认为，在认定侵犯财产权之外，对于冒提货物、冒领存款等行为，原则上还应当认定姓名权侵害。理由是，在冒名顶替侵犯财产权场合，特定主体的两项相互独立的利益即身份一致性利益和对财产客体的支配利益都受到了侵犯。在冒名上学、冒提存款、冒名出售他人物品甚至冒名行使股东权场合，仅仅取消加害人的就学资格，责令加害人归还存款、物品，只是恢复了受害人的经济利益，没有使受害人的身份一致性利益得到恢复，第三人的误认仍未消除。①

（四）姓名许可权

姓名许可权实质上是姓名使用权的一项内容，即许可他人使用自己姓名于特定场合的权利。姓名许可通常发生在商业场合，例如许可企业使用自己的姓名进行产品或者服务的宣传，②但也可能发生在公益场合，例如许可慈善机构在其姓名前冠以“××公益大使”称号并加以使用等。对于名人而言，公众对其姓名的认知往往具有商业价值。文化、娱乐、体育界的明星或其他领域名人可以通过授权他人使用自己姓名而取得经济利益。姓名具有财产价值，实际上是姓名主体的声誉具有财产价值，姓名作为这一声誉的载体可以帮助被许可人获得市场竞争优势。③故《民法典》第993条规定：“民事主体可

---

① 当然，在交易相对人没有留下错误印象场合，例如即时交易或口头简单交易场合，被告虽然侵害了原告的姓名权，但因未造成姓名权上的损害后果，也就无需被告恢复原告的身份一致性。

② 在德国联邦最高法院判决的Marlene-Dietrich案中，被告将已去世的著名演员的姓名注册为商标，并有偿许可厂家在其产品上和逝者的肖像一起使用该文字商标，法院对人格特征的财产价值做了论述：肖像、姓名以及其他人格特征，例如声音，都可能含有巨大的商业价值，这种价值的大小通常取决于姓名主体在公众中的知名度和声望。这种知名度和声望的取得，往往来自于个人在某一领域中的成就，常见的如体育、艺术领域。知名人士可以收取报酬为条件，允许他人将自己的肖像、姓名或有识别功能的其他人格特征用于商品和服务广告，从而将公众对他的关注及与此联系的其在人们心目中的形象加以商业化。未经本人允许而对其人格特征进行商业化利用，常见形式是广告，此时，对精神利益的损害往往并不显著，与此相比，损害更多地表现在当事人的商业利益上。此种场合，当事人所感受到的名誉和声望伤害，比经济上的损失要小得多。BGHZ 143，214，223.

③ 对姓名商业价值的支配权在美国被确认为独立于服务于尊严保护的隐私权的“公开权”（publicity right）。参见［澳］胡·贝弗利－史密斯：《人格的商业利用》，李志刚、缪因如译，北京大学出版社2007年版，第178页以下。

以将自己的姓名、名称、肖像等许可他人使用，但是依照法律规定或者根据其性质不得许可的除外。”《民法典》第1023条第1款规定：“对姓名等的许可使用，参照适用肖像许可使用的有关规定。”未经本人许可，在产品外包装上以题字落款形式使用科学家姓名属于商业使用，则属于侵犯姓名许可权。[①]

其他问题

一、姓名权与名誉权、荣誉权的区分

在姓名权之外，《民法典》还规定了名誉权和荣誉权。设立名誉权、荣誉权的目的在于防止通过诽谤、侮辱、非法剥夺等手段使特定主体的社会评价降低或人格尊严受侵犯。[②]名誉权和荣誉权保护的着眼点之一在于阻止发生不正确的负面社会印象，侵犯名誉权的责任方式包括消除影响和赔礼道歉，从中可以看出，名誉权、荣誉权是具体的身份同一性权。[③]恢复了受害人的名誉或荣誉也就恢复了受害人的身份同一性。因此，诽谤、侮辱、非法剥夺荣誉等行为中的指名道姓不构成侵犯姓名权，而构成侵犯名誉权、荣誉权。[④]

姓名权仍负责防止生成正面或中性的错误印象。这种情况并非罕见，例如，为某人杜撰一段发言，甚至为某人杜撰一段经历，强安上一项荣誉、身份，将他人与自己联系起来（例如声称某人与自己是亲朋故旧）等，从杜撰

---

① 参见袁隆平农业高科技股份有限公司与湖北农华农业科技有限公司姓名权纠纷、商业贿赂不正当竞争纠纷案，湖北省高级人民法院（2017）鄂民终3252号。

② 侮辱“是指故意使用贬损他人人格的语词或动作进行侵犯”，诽谤“是指捏造、散布虚假的事实，使得社会公众对被侵害人的社会评价降低”。“侵害荣誉权的方式主要表现为，否定、亵渎、贬低他人的荣誉或者非法剥夺他人的荣誉。”参见最高人民法院侵权责任法研究小组编著：《中华人民共和国侵权责任法条文理解与适用》，人民法院出版社2010年版，第22页。

③ BVerfG NJW 1980，2070，2071.

④ 对人格标识如姓名、肖像等加以丑化，应纳入何种具体人格权调整的问题，《民法典》做了这样的区分：一方面，《民法典》第1024条规定，任何组织或者个人不得以侮辱、诽谤等方式侵害他人的名誉权。而无论诽谤还是侮辱，往往都指向姓名这一人格标识。另一方面，《民法典》第1019条规定，任何组织或者个人不得以丑化、污损，或者利用信息技术手段伪造等方式侵害他人的肖像权，丑化、污损之类侮辱行为如以肖像为作用对象，则属于肖像权调整范围。

内容看并不会导致当事人名誉的降低，但仍然侵害了本人姓名权。[①]例如，将在世之人宣称为已作古，[②]严重干扰姓名主体的生活安宁，对其造成精神伤害。对此类行为，可以纳入姓名权调整，亦可参照名誉权或生活安宁权规定调整。

二、姓名权与商标权的联系

姓名作为符号，就其形式而言也可以注册为商标。关于将他人姓名申请注册商标的问题，商标法上的调整原则为将姓名权作为“在先权利”保护，《商标法》(2019年修正)第9条规定，“申请注册的商标，应当有显著特征，便于识别，并不得与他人在先取得的合法权利相冲突”。第32条亦规定，“申请商标注册不得损害他人现有的在先权利，也不得以不正当手段抢先注册他人已经使用并有一定影响的商标”。如商标注册与在先的姓名权发生冲突，应当不予核准或进行无效宣告。通常，在先姓名权的“姓名”是指有社会知名度人士的姓名。[③]

---

① 德国联邦最高法院审理的“读者来信”案即涉及此种情况，本案不存在对原告名誉的侵犯，但是杂志社通过将原告代表他人发出的律师函当成读者来信加以发表，造成了公众关于原告的错误印象，因而侵犯了原告的一般人格权。正是该案判决以法官造法的方式确立了德国民法上的一般人格权，BGHZ 13，334f.

② 例如北京市原宣武区人民法院受理的李某诉北京某报社侵犯名誉权案件中，被告北京某报社将曾在电视连续剧《红楼梦》中饰演贾赦的演员李某报道成“已死亡”。被告答辩称刊发涉案文章的本意是为了赞扬和追忆，对原告没有主观恶意。在北京市海淀区人民法院受理的陈某某诉某报社、某杂志社等侵犯名誉权案件中，被告某报社下属的某读书报将中科院院士、化学工程学家陈某某列为2004年度去世的科学家并配发了相关照片。被告答辩称，涉案文章从立意到标题、内容都没有任何侮辱贬损之意，主观上是为了彰显院士的成就和社会贡献，表达人们对他们的敬意和缅怀。

③ 国家商标局《商标审查及审理标准》(2017)在“容易使公众对商品或者服务的产地、来源产生误认的”之下规定，审查机构应当审查“商标由他人姓名构成，未经本人许可，易导致公众对商品或服务来源产生误认的”情形是否存在，“姓名包括户籍登记中使用的姓名，也包括别名、笔名、艺名、雅号、绰号等”。并在“损害他人在先权利审理标准”中规定：“2.4.4 认定系争商标是否损害他人姓名权，应当以相关公众容易将系争商标在其注册使用的商品上指向姓名权人或者与姓名权人建立对应联系为前提，既包括系争商标与他人姓名完全相同，也包括虽然系争商标与他人姓名在文字构成上有所不同，但反映了他人的主要姓名特征，在相关公众的认知中指向该姓名权人。”

第一千零一十三条【名称权】

法人、非法人组织享有名称权，有权依法决定、使用、变更、转让或者许可他人使用自己的名称。

历史由来

我国一直比较重视对名称权的确认和保护。《民法通则》第99条第2款规定："法人、个体工商户、个人合伙享有名称权。企业法人、个体工商户、个人合伙有权使用、依法转让自己的名称。"该条在为特定类型主体确立名称权的基础上，明确商事主体可以依法转让其名称。《民法通则意见》涉及名称权的规定包括：（1）盗用、假冒他人名称构成侵犯名称权的行为（第141条）；（2）名称权受到侵害，人民法院可以根据侵权人的过错程度，侵权行为的具体情节、后果和影响确定其赔偿责任（第150条）；（3）侵害他人名称权获利的，侵权人除赔偿受害人的损失外，其非法所得应当予以收缴（第151条）。《民法总则》第110条第2款规定："法人、非法人组织享有名称权、名誉权、荣誉权等权利。"《民法典人格权编（草案）》（二审稿）第792条之一规定："法人、非法人组织享有名称权，有权依法使用、变更、转让或者许可他人使用自己的名称。"该草案条文在《民法通则》"使用、转让"基础上，增加了变更、许可两项权利内容，形成现在的表述。

规范目的或功能

本条规定之目的在于明确法人、非法人组织享有名称权以及名称权的权利内容，具体包括名称使用权、名称变更权、名称转让权及名称许可权。本条也是一项引致规范，法人、非法人组织决定、使用、变更或者许可他人使用自己的姓名，其权利范围各依相关法律规定而定。

规范内容

一、名称权的客体：名称

名称权的客体是名称，它是法人、非法人组织用以标识自身，区别于他人的符号。法人、非法人组织通过拥有和使用名称，参与社会交往、交易。[①]民法将名称权确认为人格权，乃是基于名称表明主体身份之功能。名称权的客体在形式上是名称，实质是名称所表彰的法人、非法人组织的社会身份。

广义的名称包括全称、字号（商号）以及相关公众认可的简称。所谓字号（商号），传统上指自然人如个体工商户或个人合伙经营的店名，现常泛指企业名称中的核心部分。例如，《企业名称登记管理规定》（2012年修订）第7条规定，“企业名称应当由以下部分依次组成：字号（或者商号，下同）、行业或者经营特点、组织形式”。所谓相关公众认可的简称，是指全称的简化称谓，如“北大”通常指北京大学，“上交大”通常指上海交通大学等。

本条所指的名称是指法人、非法人组织的正式名称（全称），对字号、简称的调整问题参见本书第1017条评注。

二、名称权的性质

名称权是法人、非法人组织依法支配其名称，防止他人干涉、盗用、假冒的权利，一般被划入标表性人格权范畴。名称权的具体性质为何，存在争议。有观点认为，名称权本质上是一种财产权。由于名称是营业组织的标志而不是营业者人格的标志，因此不属于人格权范畴而属于财产权范畴。[②]更有观点认为，名称权的性质为一种无体财产权，其作为一种工业产权而受到保护。[③]我国加入的《保护工业产权巴黎公约》第8条规定，“厂商名称应在本联盟一切国家内受到保护，没有申请或注册的义务，也不论其是否为商标的一部分”。另有观点认为，名称权的性质是人格权，理由是，名称权的客体是法人等的人格利益，名称使得主体之间相互区分，无名称则无人格。[④]还有观

---

① 例如，《民法通则意见》第45条第1款规定：“起字号的个人合伙，在民事诉讼中，应当以依法核准登记的字号为诉讼当事人，并由合伙负责人为诉讼代表人。合伙负责人的诉讼行为，对全体合伙人发生法律效力。”

② 盛杰民：《对企业名称权的法律思考》，载《法商研究》1997年第6期。

③ 有观点认为，名称权在性质上应从属于知识产权，其设定是为了消极保护商事利益。参见王占明：《企业名称权的法律再定位——兼论企业名称权与商标权的冲突解决》，载《法学》2003年第2期。

④ 杨立新：《人格权法》，法律出版社2015年版，第186页。

点认为，名称权的性质具有双重性，名称权具有人格权的基本属性，但也具有一定的财产属性，能够为权利人带来一定的经济利益。企业的名称本身是一项无形资产，可以作为财产出售。[①]

我们认为，由名称服务于表明法人、非法人组织身份之功能视之，名称权属于人格权，但就权利内容而言，则须区分具体情况。对于非营利组织，其名称的财产属性不明显，名称的功能主要体现在标识主体身份上，例如，红十字会作为公益机构，可以许可他人使用红十字会名称从事公益慈善活动，但不能将名称投入商业活动之中。就企业而言，企业本身可以作为财产概括转让，名称可以随之一并移转，此时名称具有鲜明的财产属性。还需明辨的是，企业名称固然服务于表明营业主体身份，但此身份与自然人之身份性质迥然不同，企业名称连同企业本身是财产集合，对企业名称的盗用或者假冒的救济方式主要是财产赔偿，不适用精神损害赔偿。[②]

三、名称权的内容

本条对名称权主体未作排除性规定，依文义可解释为一切法人、非法人组织均享有作为民事权利的名称权。然而，政府机关法人、政党机关法人的名称保护一般通过公法实现，假如有人假冒“某某市公安局”的名义从事活动，将触犯《治安管理处罚法》之规定，乃至受到刑法的制裁。[③]实践中，名称权规定主要适用于企事业单位、社会团体、群众组织等主体的名称保护。

（一）名称使用权

名称使用权是指法人、非法人组织使用其名称参与社会交往、交易的权利。例如，法人、非法人组织有权使用其名称订立合同、开设银行账户、拥有动产和不动产等。广义的名称使用权也包括名称许可权。

---

① 王利明：《人格权法》（第二版），中国人民大学出版社2016年版，第231页。

② 《侵权精神损害赔偿解释》第5条明确，法人或其他组织人格权利受侵害的，不适用精神损害赔偿。

③ 《治安管理处罚法》第51条规定：“冒充国家机关工作人员或者以其他虚假身份招摇撞骗的，处五日以上十日以下拘留，可以并处五百元以下罚款；情节较轻的，处五日以下拘留或者五百元以下罚款。冒充军警人员招摇撞骗的，从重处罚。”

（二）名称变更权

名称变更权为名称决定权之组成部分，本条未设名称决定权，盖因决定权不在法人、非法人组织，而在其创办者。[①]

就名称变更而言，不同主体及决策程序依法律规定而有不同，例如个体工商户登记使用的名称发生变更的，其权利在于开设店铺的公民，股份有限公司、有限责任公司名称变更属于章程变更事项，须经公司股东会（《公司法》第37条）或股东大会（《公司法》第99条）批准，由公司执行。

为维护交易安全及市场经济秩序起见，我国就企业名称构成要素设有多项规定，企业名称变更时需要遵守。例如，有限责任公司必须在公司名称中标明有限责任公司或者有限公司字样，股份有限公司必须在公司名称中标明股份有限公司或者股份公司字样（《公司法》第8条）。法人、非法人组织名称使用关乎交易安全与交易秩序，故商事主体名称须经登记，一经登记，不得擅自改变。[②]《企业名称登记管理规定》（2012年修订）第22条规定："企业名称经核准登记注册后，无特殊原因在1年内不得申请变更。"

---

① 企业名称多在其设立阶段由其所有人或发起人确定，而非企业自主设定。名称设定之时，企业往往还不存在，不可能享有和行使名称设定权。例如，依我国《公司法》（2018年修正）规定，有限责任公司设立时，由股东共同制定公司章程（第23条），章程应当载明公司名称和住所（第25条）。《个体工商户登记管理办法》（2019修订）第2条规定，"有经营能力的公民经市场监督管理部门登记，领取个体工商户营业执照，依法开展经营活动"。第6条规定，"个体工商户的登记事项包括：（一）经营者姓名和住所；（二）组成形式；（三）经营范围；（四）经营场所。个体工商户使用名称的，名称作为登记事项"。

② 《企业名称登记管理规定》（2012年修订）第26条规定："违反本规定的下列行为，由登记主管机关区别情节，予以处罚：（一）使用未经核准登记注册的企业名称从事生产经营活动的，责令停止经营活动，没收非法所得或者处以2000元以上、2万元以下罚款，情节严重的，可以并处；（二）擅自改变企业名称的，予以警告或者处以1000元以上、1万元以下罚款，并限期办理变更登记；（三）擅自转让或者出租自己的企业名称的，没收非法所得并处以1000元以上、1万元以下罚款；（四）使用保留期内的企业名称从事生产经营活动或者保留期届满不按期将《企业名称登记证书》交回登记主管机关的，予以警告或者处以500元以上、5000元以下罚款；（五）违反本规定第二十条规定的，予以警告并处以500元以上、5000元以下罚款。"

（三）名称转让权

名称转让权是指法人、非法人组织转让自身名称给他人的权利。本条虽然不加区分地规定一切法人、非法人组织享有名称转让权，实际上名称得为交易客体的主要是企业。不过，名称是作为特定企业的身份标识而存在的，脱离了企业实体，它就只是一个符号，不再是企业名称。无实体伴随的名称转让涉嫌欺诈公众。因此，所谓企业名称转让其实是指名称随营业一并让与。《企业名称登记管理规定》（2012年修订）第23条规定，“企业名称可以随企业或者企业的一部分一并转让。企业名称只能转让给一户企业。企业名称的转让方与受让方应当签订书面合同或者协议，报原登记主管机关核准。企业名称转让后，转让方不得继续使用已转让的企业名称”。依此规定，名称只能随企业一起转让，不得单独转让。此外，企业转让时，转让者往往不是企业，而是企业的所有人，也就是说，不是企业享有名称转让权，而是其所有人享有名称转让权。例如，一家叫“荣鑫便利店”的个体店在“外兑”时，转让主体不是店铺，而是店铺的所有人。

（四）名称许可权

名称许可权是指法人、非法人组织许可他人使用自己名称的权利。名称许可的典型领域是商业特许经营，又称“加盟”，是指拥有注册商标、企业标志、专利、专有技术等经营资源的企业（特许人），以合同形式将其拥有的经营资源许可其他经营者（被特许人）使用，被特许人按照合同约定在统一的经营模式下开展经营，并向特许人支付特许经营费用的经营活动。[①]需要指出的是，名称许可通常是字号许可，但也可能是全称许可，例如，“××学校”许可他人使用“××学校分校”名义或者“××学校培训学院”等。未经许可而使用他人名称用于商业目的，构成侵犯名称许可权的行为。[②]

---

① 《商业特许经营管理条例》（2007年施行）第3条。

② 在上海某乐团与北京某文化公司擅自使用他人企业名称、姓名纠纷一案中，被告擅自使用“弦乐上海某乐团室内乐团”表述为其制作发行的歌曲做宣传。事实上，被告与上海某乐团并无合作，也不存在名为“上海某乐团室内乐团”的主体。法院认为，原被告均从事演出和文化艺术交流活动，具有竞争关系，被告的行为属于擅自使用他人有一定影响的社会组织名称，构成不正当竞争。北京市朝阳区人民法院（2018）京0105民初32667号。

其他问题

一、企业名称的内容限制

与自然人姓名不同，企业名称主要作为交易媒介而存在，涉及市场秩序及诚信竞争，故相关法规对企业名称设限制性规定，包括：（1）原则上只能使用一个名称；（2）企业名称应当由以下部分依次组成：字号（或者商号）、行业或者经营特点、组织形式，且应当冠以企业所在行政区划名称；（3）应当使用汉字或通用的民族文字；（4）不得欺骗或者误导；（5）内容不得违反公序良俗。[①]

二、名称权与商标权之区分

名称所标识的是法人、非法人组织，因此不能脱离其标识的主体而转让，商标标识的对象是产品和服务，可以单独转让。企业名称中的字号可以注册为商标。关于企业名称权与商标权的冲突，处理上遵循在先权利保护原则和防止混淆原则。《商标审查及审理标准》（2017）在“损害他人在先权利审理标准”之“2.1字号权”中规定：“将与他人在先登记、使用并具有一定知名度的字号相同或者近似的文字申请注册为商标，容易导致中国相关公众混淆，致使在先字号权人的利益可能受到损害的，应当认定为对他人在先字号权的损害，系争商标应当不予核准注册，或者予以无效宣告。”[②]

三、名称权与名誉权之区分

侵害法人、非法人组织名誉权的行为类型为侮辱、诽谤，行为表现为编造负面虚假事实，或以贬损性方式呈现，造成法人、非法人组织社会评价降低的后果。《反不正当竞争法》第11条的禁止性规定“编造、传播虚假信息或

---

① 参见《企业名称登记管理规定》第6—13条，《个人独资企业登记管理办法》（2019年修订）第6条，《个体工商户名称登记管理办法》第5—12条、第18条。

② 另参见《最高人民法院关于审理注册商标、企业名称与在先权利冲突的民事纠纷案件若干问题的规定》（法释〔2008〕3号）。

者误导性信息，损害竞争对手的商业信誉、商品声誉”，属于侵害法人、非法人组织名誉权的情形。对法人、非法人组织名称权的侵害则表现为盗用和假冒，行为后果通常为因利用名称而获利。

四、名称权的承继

名称权承继主要限于企业名称承继问题。名称是企业的标识，如企业发生分立、合并，其名称可以由在后企业承继。如企业终止，则名称失去存在的意义，随企业注销而注销。就《继承法》适用而言，当企业作为营业财产可以发生继承时，其名称可随企业一起发生继承，但应依有关规定办理变更登记。

第一千零一十四条【禁止干涉、盗用、假冒】

任何组织或者个人不得以干涉、盗用、假冒等方式侵害他人的姓名权或者名称权。

历史由来

本条源于《民法通则》第99条第1款规定：“公民享有姓名权，有权决定、使用和依照规定改变自己的姓名，禁止他人干涉、盗用、假冒。”该款将侵犯姓名权的行为区分为干涉、盗用和假冒，对侵犯名称权的行为类型未作界定。《民法通则意见》第141条规定：“盗用、假冒他人姓名、名称造成损害的，应当认定为侵犯姓名权、名称权的行为。”该条将盗用、假冒规定为姓名权、名称权的侵害行为类型，未规定干涉。《民法典人格权编（草案）》（二审稿）第793条采“任何组织或者个人不得以干涉、盗用、假冒等方式侵害他人的姓名权或者名称权”，形成现在的表述。

规范目的或功能

本条旨在对侵害姓名权或者名称权的行为类型作出列举。法条设计上虽然采取闭合式列举方法，但从姓名权、名称权作为绝对权的性质出发，如以干涉、盗用、假冒以外的方式对姓名权或者名称权构成侵害，亦在禁止之列。本条为不完全法条，是否构成以干涉、盗用、假冒等方式侵害他人的姓名权或者名称权，仍须依侵权责任构成的一般条款而定。

规范内容

本条以反面列举的方法禁止他人以干涉、盗用、假冒等方式侵害姓名权、名称权。

一、干涉姓名权或名称权的行使

（一）干涉自然人姓名权的行使

是指妨碍自然人决定、变更或使用其姓名，造成其难以实现这些姓名权利。

就未成年人而言，其姓名由监护人决定，他人不得干涉。未成年人被收养的，依《收养法》第24条，其姓氏由养父母决定，生父母不得干预。

对成年人而言，干涉行为首先体现为：（1）在特定场合要求使用非本人姓名，例如要求在本人创作的作品上署他人姓名或加署他人姓名；（2）违背本人意愿，要求其更改正式姓名，或要求其使用其不欲使用的艺名、笔名、网名等，或要求其更改艺名、笔名、网名等；（3）违背本人意愿，要求本人许可他人使用其姓名。此外，干涉行为还可表现为登记机关无合理理由拒绝姓名登记或姓名变更登记。

（二）干涉法人名称权的行使

对法人和其他组织而言，干涉行为系对其名称使用、变更、转让或许可的妨碍，具体表现与干涉姓名权情形类似。

二、盗用他人姓名或者名称

（一）盗用自然人姓名

是指未经本人同意而擅自使用其姓名，制造混淆的行为。自然人的姓名为他人所使用是生活中的常见现象，并非只要使用某人姓名均需取得其同意，在不触及身份同一性利益的前提下，原则上使用他人姓名并不构成侵犯姓名权。[①]盗用之所以构成侵害姓名权，在于盗用者打着本人的旗号从事混淆行为，即让他人误以为盗用者对姓名的使用系出自本人的授权、指令、同意等。例如，广告中以某明星名义宣传商品或服务，而明星并不知情或未予许可，或在本人不知情的情况下将某人列为某社团理事加以宣传，借以抬高社团身价，均属于盗用行为。

（二）盗用法人、非法人组织名称

是指未经法人、非法人组织许可而擅自使用其名称，以制造混淆、误认的行为。盗用的特征在于，盗用者并未制造自己就是名称权人的印象，而是制造自己获得名称权人许可或与名称权人存在某种联系的印象，从中渔利。例如，在“中国书画装裱工艺学院诉朱某侵犯企业名称权和注册商标专用权纠纷案”中，曾在中国书画装裱工艺学院工作的朱某在离开原告处后，未经该学院许可，以“中国书画装裱工艺学院山东分院”名义进行宣传和招生培训，该行为给人以朱某就职于中国书画装裱工艺学院分支机构的印象，即构成盗用。[②]

三、假冒他人姓名或者名称

（一）假冒自然人姓名

是指通过使用他人姓名来冒充他人的行为。盗用与假冒的区别在于，盗用是打着他人的旗号，盗用者以被盗用者的信使、代表或关联方身份出现；而冒用则是冒名顶替，冒用者向他人宣称自己就是被假冒者。例如，引起社会关注并导致最高人民法院作出批复[③]的齐玉苓案即涉及冒名顶替行为，即假

---

① 例如，《民法典》第999条规定：“为公共利益实施新闻报道、舆论监督等行为的，可以合理使用民事主体的姓名、名称、肖像、个人信息等；使用不合理侵害民事主体人格权的，应当依法承担民事责任。”

② 参见山东省济南市中级人民法院（2007）济民三初字第64号民事判决书。

③ 对批复的批评参见梁慧星：《最高人民法院关于侵犯受教育权案的法释〔2001〕25号批复评析》，载梁慧星主编：《民商法论丛》（第23卷），金桥文化出版（香港）有限公司2002年版。

冒他人姓名，持发给他人的录取通知书进入高校学习。[①]再如，在王某文因创作包括《国画》在内的官场题材小说而知名后，王某山将其姓名改为“王某文”，并以此名出版《国风》一书，其意图引发公众误认的行为构成了假冒。换言之，自然人固有权更改其姓名，但不得在相关公众间制造其为另一人的假象。[②]1996年，在国内首例电子邮件冒名案中，薛某戈收到美国密执安大学为其提供奖学金的电子邮件，而其同窗张某却以薛的名义向密执安大学发送电子邮件，表示拒绝密执安大学的邀请，亦属于典型的假冒侵权。[③]

（二）假冒他人名称

是指通过使用名称来冒充法人、非法人组织的行为。假冒的特征在于，假冒者通过使用法人、非法人组织的名称，制造自己就是该法人、非法人组织的印象。例如假冒新华社上海分社图片社名义，对企业实施诈骗，再如对外谎称自己系阿里巴巴旗下达摩院，以帮助客户进行推广等名义收取定金、报名费、佣金等钱款等。[④]假冒法人、非法人组织名义往往亦构成应受处罚的

① 2008年年底，最高人民法院自行废止了上述“受教育权”批复。此后出版的由最高人民法院侵权责任法研究小组编著的法条释义中，著者列举了三种侵犯姓名权的主要方式，即擅自使用他人姓名、假冒他人姓名和采取违法悖俗方式使用他人姓名，并特别指出假冒他人姓名包括假冒他人姓名盗取上学机会。最高人民法院侵权责任法研究小组编著：《中华人民共和国侵权责任法条文理解与适用》，人民法院出版社2010年版，第22页。

② 法院指出，被告的改名行为并不违反法律规定，依法享有自己的姓名权，但公民在行使自己的权利时，不得侵害他人的合法权利，故其使用姓名的方式不得与他人在特定领域已具有的标识作用相冲突。被告在没有发表过作品的情况下，其在自书简介中，作出自己“已发表作品近百万字，并触及敏感问题，在全国引起较大争议”的虚假宣传，图书宣传资料中则突出使用“王某文”名字，并使用“《国画》之后看《国风》”“风行全国的第一畅销小说”等词句，使消费者产生其作品与原告王某文相关之联想，在两个王某文之间产生混淆。参见长沙市中级人民法院（2004）长中民三初字第221号。

③ 校内调解不成后，薛某戈向北京市海淀区人民法院起诉，后在法庭主持下，双方当庭达成协议，被告向原告承认错误，赔礼道歉，并赔偿对方各项损失12000元。参见张楚、刘利凯：《祸起冒名电子邮件——薛某戈诉张某冒名发送电子邮件侵权案》，载《计算机安全》2004年第10期。

④ 参见张熠、江跃中：《假冒知名企业电信诈骗10余万元》，载《新民晚报》http://xmwb.xinmin.cn/html/2019-03/22/content_24_1.htm.，最后访问日期2020年7月2日。

行政违法行为甚至刑事犯罪。[①]需要指出的是，无论是盗用、假冒法人、非法人组织全称，还是其字号、简称等，均构成侵犯名称权。[②]

四、其他侵害姓名权或者名称权的行为

是指其他影响姓名符号、名称与主体之间的正确联系的行为，例如出于故意或者过失将他人姓名、名称读错或者写错等。

三 其他问题

本条下的姓名权、名称权保护禁止盗用、假冒等行为，《反不正当竞争法》对姓名、企业名称亦有类似保护条款。《反不正当竞争法》第6条规定："经营者不得实施下列混淆行为，引人误认为是他人商品或者与他人存在特定联系：……（二）擅自使用他人有一定影响的企业名称（包括简称、字号等）、社会组织名称（包括简称等）、姓名（包括笔名、艺名、译名等）……"根据这一规定，有观点认为，使用有一定影响的姓名、名称，例如商家使用篮球明星的姓名进行商品宣传，既构成姓名权侵害，又构成不正当竞争，[③]还有观点认为，《反不正当竞争法》保护的自然人姓名不同于一般意义上的人身权。[④]实际上，《反不正当竞争法》中有关姓名、名称保护的规定是姓名权、名称权保护的特别法，其领域集中于防止"足以引人误认姓名、名称与其他主体、商品或服务存在特定联系"的混淆行为。《民法典》关于姓名权、名称权的规

① 《企业名称登记管理规定》第27条规定：擅自使用他人已经登记注册的企业名称或者有其他侵犯他人企业名称专用权行为的，被侵权人可以向侵权人所在地登记主管机关要求处理。登记主管机关有权责令侵权人停止侵权行为，赔偿被侵权人因该侵权行为所遭受的损失，没收非法所得并处以5000元以上、5万元以下罚款。对侵犯他人企业名称专用权的，被侵权人也可以直接向人民法院起诉。

② 另参见《民法典》第1017条评注。

③ 参见姚某与武汉某公司侵犯姓名权、肖像权纠纷案，湖北省武汉市中级人民法院（2011）武民商初字第66号。

④ 参见姚某与武汉某公司侵犯姓名权、肖像权纠纷案，湖北省高级人民法院（2012）鄂民三终字第137号。

定则属于一般法。两者并非各自独立的两套制度。法律适用应当遵循特别法优于一般法的原则，特别法有规定的，优先适用其规定，特别法没有规定的，则适用有关姓名权、名称权保护的一般法规定。

第一千零一十五条【自然人姓氏的选取】

自然人应当随父姓或者母姓，但是有下列情形之一的，可以在父姓和母姓之外选取姓氏：

（一）选取其他直系长辈血亲的姓氏；

（二）因由法定扶养人以外的人扶养而选取扶养人姓氏；

（三）有不违背公序良俗的其他正当理由。

少数民族自然人的姓氏可以遵从本民族的文化传统和风俗习惯。

历史由来

本条规定来源于全国人大常委会关于姓氏选取的法律解释，该解释的作出又起因于实际发生的争议案件。2009年1月，吕晓峰拟给刚诞生的女儿起名“北雁云依”，既没有采父姓吕，亦未采母姓张。在办理户口登记时，遭到派出所拒绝。吕晓峰遂向济南市历下区法院提起行政诉讼。法院经审理认为，双方当事人主要是对《民法通则》第99条第1款和《婚姻法》第22条的理解与适用存在争议，遂中止审理。经济南市中院、山东省高院层报至最高人民法院，提请全国人大常委会对这两个法律条款进行立法解释，明确公民在父姓和母姓之外选取姓氏如何适用法律。全国人民代表大会常务委员会研究后认为，公民依法享有姓名权。公民行使姓名权属于民事活动，既应当依照《民法通则》第99条第1款和《婚姻法》第22条的规定，还应当遵守《民法通则》第7条的规定，即应当尊重社会公德，不得损害社会公共利益。在中华传统文化中，“姓名”中的“姓”，即姓氏，体现着血缘传承、伦理秩序和文化传统，公民选取姓氏涉及公序良俗。公民原则上随父姓或者母姓符合中华传统文化和伦理观念，符合绝大多数公民的意愿和实际做法。同时，考虑到社会实际情况，公民有正当理由的也可以选取其他姓氏。[①]基于此，2014年11月1日，全国人大常委会通过了《关于〈中华人民共和国民法通则〉第九十九条第一款、〈中华人民共和国婚姻法〉第二十二条的解释》："公民依法享有姓名权。公民行使姓名权，还应当尊重社会公德，不得损害社会公共利益。公民原则上应当随父姓或者母姓。有下列情形之一的，可以在父姓和母姓之外选取姓氏：（一）选取其他直系长辈血亲的姓氏；（二）因由法定扶养人以外的人扶养而选取扶养人姓氏；（三）有不违反公序良俗的其他正当理由。少数民族公民的姓氏可以从本民族的文化传统和风俗习惯。"

《民法典人格权编（草案）》（二审稿）第794条将上述法律解释第2款"少数民族公民的姓氏可以从本民族的文化传统和风俗习惯"修改为"少数民族自然人的姓氏可以遵从本民族的文化传统和风俗习惯"，其他内容未作改动，形成现行法表述。

规范目的或功能

本条旨在对自然人姓氏选取的原则作出规定，尤其是对自然人在父姓与母姓之外选取第三姓氏的自由作出限定。

规范内容

除了选取父姓或母姓，实践中还产生了自然人能否在父母姓氏之外选择

① 姓氏是家族和血缘系统的记录。依据我国汉族传统习俗，子女从父姓，妻从夫姓，一个家族内同一辈成员名的第一字也相同，通过名字即可确定该成员在家族中的辈分。中华人民共和国成立以后，随着男女平等观念深入人心，姓氏选取的传统规则发生动摇。我国1950年《婚姻法》改变了"妻冠夫姓"的传统，该法第11条明确规定"夫妻有各用自己姓名的权利"，1980年《婚姻法》第10条以及2001年修改后的《婚姻法》第14条沿袭这一规定。在对子女姓氏选择的问题上，1980年《婚姻法》第16条规定"子女可以随父姓，也可以随母姓"。2001年《婚姻法修正案》删除了"也"字，改为第22条"子女可以随父姓，可以随母姓"，是以凸显贯彻男女平等、夫妻平等，移除父系家长制度和宗法家族观念的目的。参见黄泷一：《姓氏选择、公序良俗与法律解释——最高法院第89号指导案例与姓名权立法解释评述》，载《法治研究》2018年第5期。

第三姓氏的问题，有人甚至提出可否在传统姓氏之外自创姓氏或者干脆不取姓氏的问题。本条规定对此作出回答。

一、自然人选取姓氏的范围

自然人正式姓名的姓氏原则上应当在如下范围内选取：（1）父姓或者母姓；（2）其他直系长辈血亲的姓氏；（3）法定抚养人以外的抚养人姓氏；（4）育婴机关确定的姓氏。[①]

二、自然人选取法定范围以外的姓氏

自然人选取上述范围以外的姓氏，须有“不违反公序良俗的其他正当理由”，立法作此规定，暗示选取姓氏时“应当符合中华传统文化和伦理观念”。主张自主选择第三姓的学术观点未得到立法支持。[②]

正当理由首先是指选取法定范围姓氏与自然人正当利益相悖的情形，例如自然人由法定抚养人以外的人抚养，而抚养人又虐待被抚养人。其次是指与我国传统文化及伦理观念不相冲突的风俗习惯，例如中国女性与外国男性结婚，愿意按国外习俗改姓男方姓氏等。[③]公安部相关批复曾指出，对于与外国人结婚的女性提出更改姓氏的要求，可以为其办理姓氏变更手续。还有观点认为，如果子女采用父姓加母姓或者母姓加父姓的复姓形式作为自己的姓氏，可参照国际通行做法予以承认。[④]再如，自然人家族本为复姓，例如令狐，后改为令，希望恢复祖姓，也属于正当事由。

---

① 《户口登记条例》第7条规定：“婴儿出生后一个月以内，由户主、亲属、抚养人或者邻居向婴儿常住地户口登记机关申报出生登记。弃婴，由收养人或者育婴机关向户口登记机关申报出生登记。”

② 支持自主选择第三姓的观点参见刘练军：《姓名登记规范研究》，载《法商研究》2017年第3期；章志远：《姓名、公序良俗与政府规制——兼论行政法案例分析方法》，载《华东政法大学学报》2010年第5期。反对自主选择第三姓的观点参见张红：《姓名变更规范研究》，载《法学研究》2013年第3期。

③ 2004年，上海市民王某英申请更改姓名为柴冈英子，王女士的丈夫徐先生是日本人的继子，作为日本柴冈家唯一的儿媳，同时也是合法继承人，家里人一直称王女士为“柴冈英子”。对于王某英的变更姓名申请，当地公安机关不予批准，王某英诉至法院，经过两审，王皆败诉。参见上海市第一中级人民法院（2005）沪一中行终字第33号。

④ 陈爱国：《浅谈姓名权的户籍立法问题》，载《山东公安专科学校学报》2004年第4期。

另一方面，因个人喜好而随意创设姓氏，则不属于本条所指的正当理由。因此，以意境风雅为由所取的“北雁云依”遭到法院的否定。[①]

三、少数民族的姓氏从其本民族的文化传统和风俗习惯

我国各少数民族在姓名选取上有其风俗习惯，本条明确，少数民族同胞在选取姓名时，仍依其本民族文化传统和风俗习惯。以维吾尔族的取名习俗为例，维吾尔族人的名字由本名加父名而成，因此没有恒定的姓氏。维吾尔族人到中年特别是老年时，除了本名和父名外，还常附加一些称谓以表示其地位、职位。考虑到重名情况，在正规场合和文书中，可能需要加上父名甚至祖父名、曾祖父名以及出生地名来作区分。

---

① 前述“北雁云依”案恢复审理后，法院认为，随意选取姓氏或创造姓氏，会增加社会管理成本，容易使社会管理出现混乱，增加社会管理的风险性和不确定性，也会对文化传统和伦理观念造成冲击，因此，本案父母自创姓氏的做法，不符合公序良俗的要求。《全国人民代表大会常务委员会关于〈中华人民共和国民法通则〉第九十九条第一款、〈中华人民共和国婚姻法〉第二十二条的解释》第2款第3项的“其他正当理由”，是指选取父母姓氏以外其他姓氏的行为应当具有“合目的性”，例如抚养关系变动、有利于未成年人身心健康、维护人格尊严等。取古诗词，以“北雁云依”作为姓名，仅凭个人喜好愿望创设姓氏，具有随意性，不符合“正当理由”。2017年11月15日，“北雁云依”案被最高人民法院作为第89号指导案例发布。归纳的案例裁判要旨为：公民选取或创设姓氏应当符合中华传统文化和伦理观念。仅凭个人喜好和愿望在父姓、母姓之外选取其他姓氏或者创设新的姓氏，不属于《全国人民代表大会常务委员会关于〈中华人民共和国民法通则〉第九十九条第一款、〈中华人民共和国婚姻法〉第二十二条的解释》第2款第3项规定的“有不违反公序良俗的其他正当理由”。

第一千零一十六条【姓名、名称登记】

自然人决定、变更姓名，或者法人、非法人组织决定、变更、转让名称的，应当依法向有关机关办理登记手续，但是法律另有规定的除外。

民事主体变更姓名、名称的，变更前实施的民事法律行为对其具有法律约束力。

历史由来

本条第1款源于《户口登记条例》及一些关于法人、非法人组织的登记管理法规，第2款与《民法典》合同编第532条所作“合同生效后，当事人不得因姓名、名称的变更或者法定代表人、负责人、承办人的变动而不履行合同义务”的规定功能雷同。在民法典编纂过程中，本条规定首见于《民法典人格权编（草案）》（二审稿）第796条，条文表述为“民事主体决定、变更自己的姓名、名称，或者转让自己的名称的，应当依法向有关机关办理登记手续，但是法律另有规定的除外。民事主体变更姓名、名称的，变更前实施的民事法律行为对其具有法律约束力”，《民法典（草案）》将“民事主体”替换为“自然人”“法人、非法人组织”，形成现行法表述。

规范目的或功能

本条第1款规定是对《户口登记条例》《民法典》及其他法律法规有关姓名、名称登记规定的申明，是否以及如何完成登记，各依相关规范，所以本款属于引致规范。[①]本条第2款就姓名、名称与民事主体之间的“名与实”关

① 1958年，全国人民代表大会常务委员会颁布《户口登记条例》，同年，《公安部三局关于执行户口登记条例的初步意见》发布，就自然人姓名的初始登记、变更登记等事项作出规定。《民法通则》第26条就个体工商户的字号登记、第33条就合伙企业的字号登记、第41条就企业法人登记作出规定，同时，其第50条明确，有独立经费的机关及依法不需要办理法人登记的事业单位、社会团体，从成立之日起，具有法人资格。《民法总则》沿袭《民法通则》的立法特色，规定个体工商户的登记（第54条）、营利法人的登记（第77条）及非法人组织的登记（第103条），同时明确特别法人不需要办理登记（第96条以下），对非营利法人则区分依法须办理登记和依法不需要办理登记的情形（第88条以下）。《民法典》第一编“总则”沿袭了《民法总则》上述有关登记的规定。

系加以明确，即单纯的姓名、名称变动不影响民事主体先前实施的民事法律行为的约束力。

规范内容

本条规定包含四项内容：自然人决定、变更姓名，应当依法办理登记手续；法人、非法人组织变更、转让其名称，法律规定应当办理登记手续的，从其规定；法律对法人、非法人组织变更、转让名称另有规定的，从其规定；民事主体姓名、名称的变更，不影响此前实施民事法律行为对该民事主体的约束力。

一、自然人应办理姓名初始登记、变更登记

自然人的正式姓名是其开展社会交往、实施民事法律行为的媒介，亦关乎他人信赖保护，也是其实施公法上行为如选举、被选举、纳税等的媒介，故法律规定，自然人决定、变更其正式姓名，应当依法办理登记手续。

（一）姓名初始登记

姓名的初始登记规定于《户口登记条例》（1958年），其第7条规定："婴儿出生后一个月以内，由户主、亲属、抚养人或者邻居向婴儿常住地户口登记机关申报出生登记。弃婴，由收养人或者育婴机关向户口登记机关申报出生登记。"此外，《公安部三局关于执行户口登记条例的初步意见》（1958年）第5条第2款规定："被遗弃的婴儿，其出生登记，应当根据收养人或者育婴机关的申报办理。其姓名、民族和出生日期均根据收养人或者育婴机关的意见确定，并以其申报出生登记的地方为出生地。"办理初始登记的手续由相关细则加以规定。

（二）姓名变更登记

姓名变更登记规定于《户口登记条例》第18条，其内容为："公民变更姓名，依照下列规定办理：（一）未满十八周岁的人需要变更姓名的时候，由本人或者父母、收养人向户口登记机关申请变更登记；（二）十八周岁以上的人

需要变更姓名的时候，由本人向户口登记机关申请变更登记。”目前，姓名变更之条件及手续主要由户籍登记部门的相关细则加以规定。

二、法人、非法人组织依法进行名称变更、转让登记

法人、非法人组织的名称是其民事主体身份的标识，法律法规就其登记设有规定。《民法典》第65条规定：“法人的实际情况与登记的事项不一致的，不得对抗善意相对人。”企业名称还关乎交易安全及市场竞争秩序之维系，因此登记机关亦有一定审核权限，例如《个体工商户名称登记管理办法》（2009年施行）第18条规定：“在同一登记机关管辖区域内个体工商户名称申请有下列情形之一的，不予核准登记：（一）与已登记注册或已预先核准的企业、个体工商户名称相同；（二）与其他企业变更名称未满1年的原名称相同；（三）与被吊销营业执照未满3年的企业或者被吊销营业执照未满1年的个体工商户名称相同的；（四）与注销登记未满1年的企业名称相同的。”

依据《民法典》总则编规定，应当依法办理登记的法人、非法人组织，其名称变更、转让需办理登记，登记完成，始发生变动、转让之效果。就相关法人、非法人组织办理包括名称变更、转让在内的登记手续，我国设有分门别类的规定，包括《工商企业登记管理条例》（1982年发布，1988年废止）、《社会团体登记管理条例》、《基金会管理条例》、《民办非企业单位登记管理暂行条例》、《企业法人登记管理条例》、《公司登记管理条例》、《企业名称登记管理规定》、《合伙企业登记管理办法》、《个人独资企业登记管理办法》、《外商投资合伙企业登记管理规定》、《个体工商户名称登记管理办法》等。[①]

三、法律对法人、非法人组织变更、转让名称另有规定的，从其规定

成立不需要办理登记的事业单位法人、社会团体法人、特别法人等，其

---

① 2018年8月3日，民政部公布了《社会组织登记管理条例（草案征求意见稿）》全文，征求社会各界意见，意见反馈截止时间为2018年9月1日。新条例正式施行后，《社会团体登记管理条例》、《基金会管理条例》和《民办非企业单位登记管理暂行条例》三大条例将同时废止。参见：民政部关于《社会组织登记管理条例（草案征求意见稿）》公开征求意见的通知，http://yjzj.mca.gov.cn:8280/consult/noticedetail.do?noticeid=52，最后访问日期2020年7月5日。

名称发生变更，或名称转由其他主体使用的，不需要办理登记，而只需经过上级机关或业务主管单位批准。

四、民事主体姓名、名称的变更对先前实施的法律行为不产生影响

民事法律行为约束的对象是实施该行为的主体而非其姓名、名称符号，自然人变更其姓名，法人、非法人组织变更其名称，均不影响此前实施民事法律行为对该民事主体的约束力，此为当然之理，无须赘述。

第一千零一十七条【知名笔名、艺名、网名、字号、姓名和名称简称的保护】

具有一定社会知名度，被他人使用足以造成公众混淆的笔名、艺名、网名、译名、字号、姓名和名称的简称等，参照适用姓名权和名称权保护的有关规定。

历史由来

本条主要吸收了《反不正当竞争法》及司法解释的相关规定。对具有一定社会知名度的姓名（包括笔名、艺名等）、名称（包括简称、字号等）的保护，在我国主要存在关于知识产权的相关法律规定中。《反不正当竞争法》（1993年）第5条规定："经营者不得采用下列不正当手段从事市场交易，损害竞争对手：……（三）擅自使用他人的企业名称或者姓名，引人误认为是他人的商品；……"《反不正当竞争法》（2017年修订）第6条规定："经营者不得实施下列混淆行为，引人误认为是他人商品或者与他人存在特定联系：……（二）擅自使用他人有一定影响的企业名称（包括简称、字号等）、社会组织名称（包括简称等）、姓名（包括笔名、艺名、译名等）；……（四）其他足以引人误认为是他人商品或者与他人存在特定联系的混淆行为。"《反不正当竞争法》（2019年修订）沿袭上述规定。最高人民法院《商标授权确权规定》（2017年）第20条规定："当事人主张诉争商标损害其姓名权，如果相关公众认为该商标标志指代了该自然人，容易认为标记有该商标的商品系经过该自

然人许可或者与该自然人存在特定联系的，人民法院应当认定该商标损害了该自然人的姓名权。当事人以其笔名、艺名、译名等特定名称主张姓名权，该特定名称具有一定的知名度，与该自然人建立了稳定的对应关系，相关公众以其指代该自然人的，人民法院予以支持。”第21条规定：“当事人主张的字号具有一定的市场知名度，他人未经许可申请注册与该字号相同或者近似的商标，容易导致相关公众对商品来源产生混淆，当事人以此主张构成在先权益的，人民法院予以支持。当事人以具有一定市场知名度并已与企业建立稳定对应关系的企业名称的简称为依据提出主张的，适用前款规定。”《民法典人格权编（草案）》（二审稿）第797条规定：“具有一定社会知名度的笔名、艺名、网名、字号、姓名和名称的简称等，被他人使用足以致使公众混淆的，与姓名和名称受同等保护。”《民法典（草案）》将“致使”修改为“造成”，形成现行法表述。

规范目的或功能

本条旨在明确，在自然人正式姓名、法人、非法人组织名称之外，其他能够起到标识主体身份的符号如笔名、艺名、网名、字号、姓名和名称的简称等，法律给予其姓名权、名称权客体的地位。基于此，笔名、字号等保护参照适用姓名、名称保护之规定，故本条同时具有引致规范之属性。

规范内容

本条规定的内容是，有较高知名度的自然人、法人、非法人组织对其笔名、艺名、简称、字号等所蕴含的价值享有独占权。对该价值的利用往往发生在经济生活领域，即所谓“商品化权”[①]的实现领域。

① 参见杜颖、赵乃馨：《缓行中的商品化权保护——关于〈审理商标授权确权行政案件若干问题的规定〉第22条第2款的解读》，载《法律适用》2017年第17期；谢晓尧：《商品化权：人格符号的利益扩张与衡平》，载《法商研究》2005年第3期。

一、保护客体：笔名、艺名、网名、译名、字号、姓名和名称的简称等

（一）笔名、艺名、网名、译名、字号、姓名和名称的简称等：指代特定民事主体

笔名、艺名、网名等非正式姓名、姓名简称（如少数民族同胞的姓名简称、在华外国人的简称等）以及字号、名称简称（如“北大”“清华”“中石化”等）等为民事主体在社会生活中经常使用。作家常常使用笔名，如鲁迅、莫言、北岛、海子、天下霸唱、九夜茴等。演艺界人士使用艺名也是常见现象，例如秦汉（原名孙祥锺）、成龙（原名陈港生）、舒淇（原名林立慧）、伊能静（原名吴静怡）、刀郎、Angelababy等。互联网时代背景下，网络用户使用网名亦极为普遍。①

（二）笔名、艺名、字号、简称等具有专属性

笔名、艺名、网名、姓名简称以及字号、名称简称等如持续用于社会交往，从而起到标识特定主体的作用，就具有了和正式姓名、名称同样的识别功能，成为其参与社会交往、交易的媒介，②与主体不可分割，构成姓名权、名称权保护的对象，不得通过约定加以剥夺、禁止使用或转予他人。因此，经艺人持续、稳定使用，被公众认知为指代该特定艺人的艺名，即专属于该艺人，他人不能通过约定加以剥夺，法院在审查艺名归属时亦不能以合同约定为据，③如他人对艺名的知名度（蕴含商业价值）作出贡献，可以通过合同合理约定经济补偿。

---

① 笔名、艺名、网名等往往只是名字，其中不含姓氏元素，即便看似包含姓氏，也并无彰显家族传承之意，亦不会发挥姓氏传承之功能，例如，戏剧作家曹禺的本名为万家宝，他的子女均姓万，而不姓曹。

② 《个体工商户名称登记管理办法》第19条规定：“个体工商户名称牌匾可以适当简化，但不得对公众造成欺骗或者误解。”《企业名称登记管理规定》第20条规定：“企业的印章、银行账户、牌匾、信笺所使用的名称应当与登记注册的企业名称相同。从事商业、公共饮食、服务等行业的企业名称牌匾可适当简化，但应当报登记主管机关备案。”

③ 参见钮某某、北京某艺术推广有限责任公司与北京某音乐文化传播有限公司、卞某某不正当竞争纠纷案，北京市第三中级人民法院（2014）三中民终字第07228号。

二、保护范围

本条给予“具有一定社会知名度”的笔名、字号、简称等以法律保护，对于“一定知名度”可以存在两种理解：（1）有较高知名度，被公众广泛认知为特定主体的身份标识；[①]（2）仅在有限社会交往范围被该范围内的成员认知为特定主体的身份标识。从“被他人使用足以造成公众混淆”的表述来看，本条所指应为第一种含义。

就一定社会知名度的取得，实践中的考量要素包括相关公众对该笔名、艺名、网名、译名、字号、姓名和名称的简称的知晓程度，主体对该笔名、艺名、网名、译名、字号、姓名和名称的简称稳定、持续使用的时间，对该标识的宣传工作的持续时间、程度和地理范围，媒体对该笔名、艺名、网名、译名、字号、姓名和名称的简称的报道，笔名、艺名、字号、简称等受保护的记录等。例如，艺人使用“云菲菲”作为艺名所演唱的歌曲在众多网站上广泛传播，并为媒体广泛报道，该艺人还以“云菲菲”艺名参加中央电视台等单位组织的演出，可以认定该艺名具有较高知名度。[②]

从本条“被他人使用足以造成公众混淆”的表述来看，具有一定社会知名度的笔名、字号、简称等标识的法律保护限于防止造成公众混淆。然而，此类标识既然已经在公众那里建立了主体与标识之间的稳定联系，[③]其保护原则上应同于姓名权、名称权，即禁止干涉、盗用和假冒。故适用本条宜应作扩大解释，主体不但有权防止混淆（盗用、假冒），亦有权排除他人的干涉。当然，实践中的侵权行为主要表现为制造混淆。

---

① 参见南昌经济技术开发区人民法院（2016）赣0192民初447号。

② 参见钮某某、北京某艺术推广有限责任公司与北京某音乐文化传播有限公司、卞某某不正当竞争纠纷案，北京市朝阳区人民法院（2013）朝民初字第37679号。

③ 因此，对字号、简称等的保护亦关乎公众利益，参见最高人民法院（2008）民申字第758号民事裁定书。

对他人笔名、艺名、网名[①]、译名、字号、简称等的侵权主要发生在经济生活领域，[②]因此，案件事实符合《反不正当竞争法》有关保护知名身份标识规定的责任构成要件的，即通过该法规定加以解决。[③]此外，该法还就行政责任作了规定。[④]需要说明的是，反不正当竞争法、商标法中关于姓名、名称的规定，属于民法上姓名权、名称权的特别规定，并非独立于民法一般性规定的制度。所谓姓名、名称的商业价值并非是这些符号自身具有商业价值，而是使用该姓名、名称的主体的社会身份具有商业价值，这一商业价值又部分地依附在姓名、名称等标识之上。唯有如此理解，方能在相关争议中正确判定相关笔名、艺名、字号、简称等的归属。[⑤]在案件事实不满足《反不正当竞争法》等特别法的责任构成要件时，他人对笔名、艺名、名称、简称等的利用仍可能构

---

① 例如，法院认为："韩某某作为游戏主播和电竞选手，在游戏领域具有一定的知名度，……经过相关媒体的大量报道，相关公众对MISS（Miss）、MISS（Miss）大小姐和韩某某之间的对应关系有了广泛的认同度，并具有公开化和长期化的稳定性，使得MISS（Miss）、MISS（Miss）大小姐这一名称特定化，这一特定名称本身也具有了相应的商业价值，故（Miss）、MISS（Miss）大小姐应当和韩某某的真实姓名一样受到姓名权的保护。"法院据此认定被告经营的淘宝网站经营游戏电竞产品，并且在经营网站的页面显示"MISS大小姐电竞外设店——电竞达人MISS专营店""MISS电竞""MISS推荐"等字样，构成了对韩某某姓名权的侵犯。不过，就这一符合《反不正当竞争法》责任构成的案件，判决并未援引《反不正当竞争法》，而仅适用了《侵权责任法》。参见北京市朝阳区人民法院（2017）京0105民初1832号。

② 北京某传媒技术有限公司、桂某某与胡某某不正当竞争纠纷案，北京市朝阳区人民法院（2015）朝民（知）初字第22629号、北京知识产权法院（2016）京73民终8号。

③ 《反不正当竞争法》第17条规定："经营者违反本法规定，给他人造成损害的，应当依法承担民事责任。经营者的合法权益受到不正当竞争行为损害的，可以向人民法院提起诉讼。因不正当竞争行为受到损害的经营者的赔偿数额，按照其因被侵权所受到的实际损失确定；实际损失难以计算的，按照侵权人因侵权所获得的利益确定。经营者恶意实施侵犯商业秘密行为，情节严重的，可以在按照上述方法确定数额的一倍以上五倍以下确定赔偿数额。赔偿数额还应当包括经营者为制止侵权行为所支付的合理开支。经营者违反本法第六条、第九条规定，权利人因被侵权所受到的实际损失、侵权人因侵权所获得的利益难以确定的，由人民法院根据侵权行为的情节判决给予权利人五百万元以下的赔偿。"

④ 《反不正当竞争法》第18条规定："经营者违反本法第六条规定实施混淆行为的，由监督检查部门责令停止违法行为，没收违法商品。违法经营额五万元以上的，可以并处违法经营额五倍以下的罚款；没有违法经营额或者违法经营额不足五万元的，可以并处二十五万元以下的罚款。情节严重的，吊销营业执照。经营者登记的企业名称违反本法第六条规定的，应当及时办理名称变更登记；名称变更前，由原企业登记机关以统一社会信用代码代替其名称。"

⑤ 上海市浦东新区人民法院（2016）沪0115民初58613号。

成违反民事一般法规定的情形，例如将体育明星的姓名注册商标，[①]或使用知名足球俱乐部的简称宣传被告的家具商品，[②]或使用一定地域内知名个体经营者的小名等。[③]

三 其他问题

需要指出的是，一个民事主体采用的笔名、艺名、网名等不具备较高知名度，同样可能发生混淆问题，伤害其身份同一性利益，这属于民事一般法所要规范的情形，而知名度大小涉及的则是保护范围问题。例如，某自然人以特定网名参加了网络上的一个主题交流群，之后其网名在群里被他人冒充使用，发表不当言辞，导致网友误判而将该自然人逐出交流群，则他人的冒

① 2016年，最高人民法院就“迈克尔·杰弗里·乔丹因与国家工商行政管理总局商标评审委员会、乔丹体育股份有限公司商标争议行政纠纷一案”作出再审判决，判决认为，姓名权属于商标法规定的在先权利，自然人就特定名称主张姓名权保护时，应当满足必要的条件：该特定名称应具有一定知名度、为相关公众所知悉，并用于指代该自然人；该特定名称应该且已经与该自然人之间建立稳定的对应关系。姓名权人对其姓名的使用行为并非其姓名获得在先权利保护的必要条件。乔丹体育股份有限公司在明知他人姓名知名度的前提下，仍注册与之相同的商标，且不能就该商标使用缘由给出合理、令人信服的解释，可以认定商标申请人具有主观恶意，有违诚实信用的原则，侵害了姓名权人的在先姓名权。即使系争商标申请人经过多年的经营为该商标的商誉累积做出一定贡献，仍不能赋予其恶意注册行为以合理性。参见最高人民法院（2016）最高法行再27号行政判决书。

② 申花足球俱乐部诉特雷通贸易有限公司侵害名称权纠纷案，上海市静安区法院依据《民法通则》第99条和《民法通则意见》第141条规定认定为侵犯名称权的行为，上海市第二中级人民法院于2000年9月维持原判，载中国法院网https://www.chinacourt.org/article/detail/2002/11/id/18107.shtml，最后访问日期2020年7月10日。

③ 在朱某荣与朱某增姓名权纠纷案中，二审法院认为，朱某乳名叫“傻宝”，生前在郸城县石槽镇从事熏鸡的制作和销售，其所制作的熏鸡在当地有一定的知名度与美誉度，被当地人称为“傻宝熏鸡”。虽然朱某已去世，但其乳名“傻宝”在当地仍有一定的商业价值，其女儿可享受因姓名权所延伸出的财产性利益。朱某的侄子在朱某死后，使用“正宗傻宝熏鸡”为店面牌匾并印制在包装袋上，侵犯了朱某姓名权延伸出的财产权，故本案为姓名权纠纷。参见河南省郸城县人民法院（2016）豫1625民初447号；河南省周口市中级人民法院（2016）豫16民终1414号。

充行为同样是对本人的侵犯。[①]因此，可以考虑对本条作扩张解释，将不具备较高知名度但在一定社交范围内建立起与本人稳定联系的笔名、艺名、网名等纳入姓名权保护范围。

---

① 在美国法院审理的John Green v. America Online一案中，原告使用网名Lawyerkill加入“新泽西罗曼司”聊天室，后来，另一个网名为LawyerkiII的用户进入聊天室（大写的i和小写的l非常像），假扮成原告，向聊天室内其他男性发信息，寻求发生同性关系，随后又向聊天室内的女性发信息，自称双性恋。John Green v. America Online 318 F.3d 465（3rd Cir. 2003）.

第四章

肖像权

第一千零一十八条【肖像权的内容】

自然人享有肖像权，有权依法制作、使用、公开或者许可他人使用自己的肖像。

肖像是通过影像、雕塑、绘画等方式在一定载体上所反映的特定自然人可以被识别的外部形象。

历史由来

本条是对《民法通则》第100条的修改、完善，后者规定："公民享有肖像权，未经本人同意，不得以营利为目的使用公民的肖像。"虽然《侵权责任法》和《民法总则》也规定了肖像权，但并未明确其内容。在民法典编纂过程中，本条最初形成于《民法典人格权编（草案）》（征求意见稿）第28条："自然人享有肖像权，有权依法制作、使用、许可他人使用或者公开自己的肖像。本法所称肖像是通过摄影、雕塑、录像、电影等方式在一定载体上所反映的特定自然人可被识别的外部形象。"此后，《民法典各分编（草案）》、《民法典人格权编（草案）》（二审稿）、《民法典人格权编（草案）》（三审稿）稍作文字修改，最终形成本条。

就民法典草案学者建议稿而言，梁慧星教授主持的《中国民法典草案建议稿》相对简单，其第22条规定："自然人享有肖像权。未经本人同意，不得制作、使用自然人的肖像，但法律另有规定的除外。禁止侮辱、丑化自然人的肖像。"[①]王利明教授主持的《中国民法典学者建议稿》则用三个条文来界定肖像权，分别规定了肖像权的内容、肖像的制作规则、肖像的使用规则。[②]

---

① 梁慧星主编：《中国民法典草案建议稿附理由：总则编》，法律出版社2013年版，第59页。

② "建议稿"第336条规定："自然人享有肖像权。前款所称肖像，是指通过绘画、照相、雕塑、录像、电影等造型艺术方式所反映的自然人的面部形象。非经权利人同意，任何人不得以制作、复制、销售、展示等方式使用他人的肖像，若本人死亡或丧失民事行为能力，则应当得到法定代理人或近亲属的同意，但法律另有规定的除外。禁止侮辱、丑化自然人的肖像。"第337条规定："自然人有权通过造型艺术方式及其他形式再现自己的形象。制作他人的肖像，应当征得本人同意。禁止以违背公序良俗的方式制作他人的肖像。"第338条规定："自然人有权自己利用或者许可他人利用本人的肖像。利用他人的肖像，应当征得本人的同意，并以协议方式约定使用范围等有关事项。禁止以违背公序良俗的方式使用肖像。"王利明主编：《中国民法典学者建议稿及立法理由：人格权编·婚姻家庭编·继承编》，法律出版社2005年版，第101、104—105页。

二、规范目的或功能

本条旨在界定肖像权的内容，体现了肖像权的时代发展。虽然《民法通则》规定肖像权侵权须以营利为目的广受质疑，但其恰恰符合标表型人格权从财产权开始演进的历史事实。[①]例如，德国法上的肖像权就是关于肖像传播或公开的权利，不包括单纯的肖像制作。[②]《民法通则意见》第139条则对肖像权的财产属性作了进一步解释："以营利为目的，未经公民同意利用其肖像做广告、商标、装饰橱窗等，应当认定为侵犯公民肖像权的行为。"本条将"制作、使用、公开"包含在内，极大地扩张了肖像权的权能。

关于肖像权的权能扩张，曾有两种学说为之角力。一说认为，未受嘱托或经同意，摄影、写生、公布、陈列或复制他人肖像，构成对肖像权的侵害。另一说则认为，如此急于保护个人之权利，忽视个人所属团体的共同利益，未免太不合理；应限定肖像权的范围，使未经同意而公布、陈列或复制他人肖像的，才构成肖像权侵权。至于摄影、写生，除侵害他人的身体、自由或名誉外，不属于违法行为。[③]后者实际上将肖像的制作权能排除在外。对此，史尚宽先生正确指出："余意肖像权，为以自己之肖像之利益为内容之权利，具有排他独专的性质，无将摄影及写生除外之理由。"[④]

在体系上，本条主要为肖像权内容的规定。至于侵害肖像权的损害赔偿责任，应依《民法典》侵权责任编的规定确定。而停止侵害、排除妨碍、消除危险、恢复名誉的请求权则可诉诸《民法典》第995条、第997条处理。

---

① 参见房绍坤、曹相见：《标表型人格权的构造与人格权商品化批判》，载《中国社会科学》2018年第7期。

② 参见［德］迪特尔·梅迪库斯：《德国民法总论》，邵建东译，法律出版社2000年版，第801页；［德］本德·吕斯特、阿斯特丽德·斯塔德勒：《德国民法总论》，于馨淼、张姝译，法律出版社2017年版，第120页。

③ 参见史尚宽：《债法总论》，中国政法大学出版社2000年版，第156页。

④ 史尚宽：《债法总论》，中国政法大学出版社2000年版，第156页。

规范内容

一、肖像权的权利对象

(一) 肖像权的权利对象为自然人的外部形象

与《民法典》的规定不同，学说上一般所谓肖像，是指通过绘画、摄像、雕塑等形式而形成的视觉形象。龙显铭先生谓："肖像者，人之容姿之摹写也，分绘画、照相、雕刻等类。"[①]德国学者梅迪库斯也认为，肖像是指自然人的照片或图像。[②]当前通说认为，肖像权的权利对象是肖像利益。[③]但利益虽与权利内容不同，却同属权利人的自治领域，本质上均为权利的事实范畴，谓其为权利对象难以服人。[④]因此，在肖像利益说之外，学界还存在肖像说、外部形象说两种有力学说。其中，肖像说为早期通说，强调肖像权的对象为具体的物质形式或曰载体。"在这里，公民的肖像是离开公民本人而独立存在的物质形式。"[⑤]

与之不同，外部形象说认为，肖像权的对象为物质载体体现的外部形象："法律意义的肖像不是外化在物质载体上的映像，更不是肖像作品……肖像是与人身不可脱离的外部形象，包括人的容貌和体貌。肖像权的客体是自然人人身的外部形象。人的肖像，作为人的外部形象，在没有被人体以外的物质载体固定以前，它就自始存在，是人格不可或缺的要素。"[⑥]"自然人只有对自己的形象拥有权利，才能够对形象的再现拥有权利。因此，在肖像权意义上的肖像，既

---

① 龙显铭:《私法上人格权之保护》，中华书局1949年版，第407页。

② [德]迪特尔·梅迪库斯:《德国民法总论》，邵建东译，法律出版社2000年版，第801页。

③ 参见王利明:《人格权法研究》(第三版)，中国人民大学出版社2018年版，第421页；杨立新:《人格权法》，法律出版社2011年版，第445页；姚辉:《人格权法论》，中国人民大学出版社2011年版，第161页；张红:《人格权各论》，高等教育出版社2015年版，第159页。

④ 参见曹相见:《权利客体的概念构造与理论统一》，载《法学论坛》2017年第5期。

⑤ 吕彦:《公民肖像权若干问题探讨》，载《现代法学》1990年第4期。

⑥ 隋彭生:《论肖像权的客体》，载《中国法学》2005年第1期。

指人本身的形象……同时也指形象的再现载体所体现的形象。”[①]本条系采此说。

应当承认，如果着眼于肖像的使用权能，则物质形式作为肖像权的对象有其道理。但当肖像权增加肖像制作权能、登堂入室为人格权时，其权利对象不可能是物质形式。“尽管肖像不能离开某种物质载体而存在，但肖像绝不是固定自然人形象的物质载体。因此，在保护自然人的肖像权上应当将肖像与以某种方式固定自然人形象的物质载体区别开。”[②]值得注意的是，有学者虽然认为肖像权的对象为肖像，但又赋予肖像不同于物质形式的意义，实质上仍为外部形象说。如王泽鉴教授认为，“肖像权系存在于个人自己肖像的权利”，所谓“肖像指个人所呈现之面貌等外部形象”；[③]李锡鹤教授也认为，“肖像权的客体是权利人的肖像，非肖像载体”，“法学中的肖像，指表现在物质载体上的人物形象”。[④]

（二）肖像权的权利对象不限于脸部形象

关于外部形象的范围，存在面貌说与体貌说的分野。面貌说认为，只有面部特征或形象才是肖像权的保护对象。如王利明教授认为：“尽管身体各部位都能反映人的特征，但肖像作为自然人形象的反映，是以人的面部为中心的形态和神态的表现。”[⑤]郭明瑞教授也认为：“肖像须能再现自然人的面部特征，只有含有自然人面部特征的形象，才能称为肖像。如果属于并不含有自然人的面部特征但能够反映自然人的其他特征的形象，则其不属于肖像权的客体。”[⑥]

但显然，作为通说的体貌说更为合理。按照本条第2款规定，肖像是特定自然人可以被识别的外部形象，因此，可识别性而非面部特征才是肖像的本质要素。[⑦]“肖像固以人之面部特征为主要内容，但应从宽解释，凡足以呈现

---

① 王成：《侵犯肖像权之加害行为的认定及肖像权的保护原则》，载《清华法学》2008年第2期。

② 郭明瑞、张玉东：《肖像权三题》，载《浙江工商大学学报》2014年第1期。

③ 王泽鉴：《人格权法》，北京大学出版社2013年版，第140页。

④ 李锡鹤：《民法原理论稿》（第二版），法律出版社2012年版，第521、520页。

⑤ 王利明：《人格权法研究》（第三版），中国人民大学出版社2018年版，第418页。

⑥ 郭明瑞、张玉东：《肖像权三题》，载《浙江工商大学学报》2014年第1期。

⑦ “肖像的核心在于其具有可识别性。”王叶刚：《论肖像的可识别性及其判断》，载《四川大学学报》（哲学社会科学版）2018年第3期。

个人外部形象者，均包含在内，例如拍摄某模特众所周知的‘美腿’作为商品广告，可辨识其人时亦得构成对肖像权的侵害。”[①]“肖像权……不能作‘部分’式的切割……人的体貌也是有个性差异的，只是作为识别的基础，大大逊色于面部。”[②]在“山东某技师学院与北京某互联网信息服务有限公司等肖像权纠纷案”中，法院认为：“某学校网站中使用的不是韩某某的正面脸部照片，而是韩某某戴耳机侧脸的照片。虽没有直接使用肖像权人之清晰面容，但借助其他环境因素‘模糊化’被使用肖像人之形象或特殊记号，仍可被社会一般人识别之场合，同样应认定侵犯肖像权。”[③]

应当说明的是，作为肖像权对象的体貌不包括表演者塑造的形象、声音。肖像是通过特定形式来表彰主体自身，因此即便漫画形象也能构成肖像。[④]但表演者形象是主体塑造的区别于自身的角色，与肖像在功能上截然不同，只能通过著作权获得保护。声音虽然可以表彰主体自身，但并不属于外部形象的范畴，而是与作为文字符号的姓名、作为外部形象的肖像并列的人格标识。

二、肖像的他为性与隐私性

主流意见将肖像使用界定为一种专有权，认为无论是否以营利为目的，擅自使用他人肖像即构成侵权。[⑤]“自然人享有肖像专有权，得以合法方式自行使用其肖像或者许可他人使用其肖像，以满足其精神需要或者以此获得财产利益。”[⑥]此外，本条将肖像公开作为肖像权权能，学说也多予认可。[⑦]但这可能是对肖像他为性和隐私性的误解。

作为表征主体的符号，肖像、姓名等人格标识具有同一性，即符号与主

---

① 王泽鉴：《人格权法》，北京大学出版社2013年版，第141页。

② 隋彭生：《论肖像权的客体》，载《中国法学》2005年第1期。

③ 北京市第一中级人民法院（2019）京01民终6350号民事判决书。

④ 如在“北京某汽车贸易有限公司与张某某等肖像权纠纷案”中，法院认为：“只要卡通漫画所反映的是具有可识别性的自然人形象，则该卡通形象就可以归属于肖像概念的范畴，从而成为我国法律肖像权保护的对象。”北京市第一中级人民法院（2016）京01民终496号民事判决书。

⑤ 参见张俊浩主编：《民法学原理》（修订三版）（上），中国政法大学出版社2000年版，150页。

⑥ 梁慧星主编：《中国民法典草案建议稿附理由：总则编》，法律出版社2013年版，第60页。

⑦ 参见王泽鉴：《人格权法》，北京大学出版社2013年版，第141页；［日］五十岚清：《人格权法》，铃木贤、葛敏译，北京大学出版社2009年版，第130页。

体之间存在稳定联系。可以说，同一性是人格标识的内在属性，没有同一性人格标识就没有存在的意义。人格标识由此具有他为性，方便他人在某种程度上的正确使用，这也是人格标识的价值之一。例如，“姓名起了就是让他人叫的”，通常所谓“某人的姓名”，非指某人才有权使用，而是指该姓名对某人才具有同一性。本质上，肖像也具有他为性，只是肖像的他为性程度较低，仅在特殊必要场合才存在。[①]

不过，姓名、肖像等人格标识的他为性具有相对性。在人格标识上存在隐私期待时，姓名、肖像的他为性就被隐私性取代，未经同意公开姓名、肖像就构成隐私侵权，只是人格标识上的隐私期待应当具备客观上的合理性。而与姓名相比，肖像上的他为性要更低，存在合理隐私期待的情形就更多。例如，身份证、评选表上的肖像具有他为性，但在其他非必要场合擅自公开他人肖像则侵害了权利人的合理隐私期待。所以说，擅自公开他人肖像，与其说是侵害了肖像权，毋宁是侵害了隐私权。或有人认为，肖像公开与许可权一样，实为使用权的内容，没有独立存在的必要。[②]但即便在使用的意义上公开，此种意见也只说对了一半：在肖像商业利用的情形，固然公开为使用所涵盖；但在非商业利用的情形，肖像或者属于隐私的范围，或者也可为他人自由使用（以正确使用为前提），并不能成为独立的权能。

三、肖像权的权能结构

（一）肖像权权能由制作和使用组成

按照本条规定，肖像权的权能为“制作、使用、公开或者许可他人使用”。从文义上看，本条的“使用”是指权利人的非商业利用，“公开”则指权利人自己进行的商业利用。只有这样，“使用”“公开”“许可他人使用”三者才能并列。但就肖像的使用而言，肖像具有他为性，他人在此范围内可自由使用（以正确使用为前提），只有在商业利用或者存在合理隐私期待时，使用他人肖像才应获得许可或同意。因此，除不正确使用侵害肖像的同一性、

① 参见房绍坤、曹相见：《标表型人格权的构造与人格权商品化批判》，载《中国社会科学》2018年第7期。

② 参见张红：《人格权各论》，高等教育出版社2015年版，第175页。

公开肖像构成隐私侵权的情形之外，“使用”“公开”“许可他人使用”实际上规定的是肖像权人的商业利用权。这样，本条实际上只规定了肖像权的制作与商业使用两种权能。

关于肖像权的权能，学界基本围绕肖像的制作与使用展开，只是表述不同。一是明确的二元说。如张俊浩教授在持二元说的同时，指出肖像的公开使用实为肖像权与隐私权的交集。[①]李锡鹤教授也在持二元说的同时，认为非营利行为可擅自使用他人肖像。[②]二是实质的二元说，即名义上认为肖像权由三种以上的权能构成，但其本质上仍是二元说的演绎。如王泽鉴教授、五十岚清教授认为肖像权由肖像制作、公开、营利目的的使用构成。[③]但由于肖像公开或者为隐私所包含，或者为营利目的的使用涵盖，因此并非肖像权内容或者非独立权能。

当然，未区分肖像商业使用和非商业使用的实质二元说仍占主流地位。如郭明瑞教授、张红教授认为肖像权由制作权、使用权、维护权构成，[④]但维护权为权利不可侵性的题中之义，无须作为独立权能。又如，王利明教授主张肖像权由享有权、制作权、使用权、禁止侵害权构成，[⑤]而享有权、禁止侵害权仍为权利的题中之义，非肖像权所独有，故没有必要单列。杨立新教授则认为肖像权由制作专有权、使用专有权、使用转让权、利益维护权构成，[⑥]但使用转让权为使用权的内容，利益维护权仍为权利不可侵性的内容，也无法构成独立之权能。

（二）肖像制作与商业利用性质相异

本条统一规定肖像的制作与商业利用权能，似可得出立法者赞同肖像上

---

① 参见张俊浩主编：《民法学原理》（修订三版）（上），中国政法大学出版社2000年版，第148、150页。

② 参见李锡鹤：《民法原理论稿》（第二版），法律出版社2012年版，第521—522页。

③ 参见王泽鉴：《人格权法》，北京大学出版社2013年版，第141页；［日］五十岚清：《人格权法》，铃木贤、葛敏译，北京大学出版社2009年版，第130页。

④ 参见郭明瑞、张玉东：《肖像权三题》，载《浙江工商大学学报》2014年第1期；张红：《人格权各论》，高等教育出版社2015年版，第173页。

⑤ 参见王利明：《人格权法研究》（第三版），中国人民大学出版社2018年版，第423—424页。

⑥ 参见杨立新：《人格权法》，法律出版社2011年版，第447—448页。

兼有人格利益与精神利益的结论。但从民法典编纂的过程来看，也存在相反解释的可能：《民法典人格权编（草案）》（三审稿）以前，历次草案规定的是“人格权不得放弃、转让、继承，但法律另有规定的除外”，由于学者对人格权商业利用（尤其是人格权商品化）争议较大，所以《民法典人格权编（草案）》（三审稿）删除了但书规定。在学说上，虽然认为人格权兼有精神与财产利益的主张居于主流地位，但反对意见也不在少数。本书认为，同时规定肖像的制作（形成）与商业利用为肖像权权能的做法，是肖像权从商业利用权到人格权的扩张的矛盾产物。肖像的制作与使用性质迥异，无法共存于一个权利对象，应将肖像权限于肖像的制作自由，使肖像使用权作为特殊的财产权。① 对此，一直参与立法的孙宪忠教授也强调，人格标识的许可使用不是人格权的转让；立法将这些制度规定在这里，只是因为写在这里方便一些。②

或有人认为，对物使用的自由，当然也包含人格的因素，因此标表型人格权完全可以兼有人格与财产要素。这种观点似是而非，以物权为例：物权作为以物为权利对象的权利，包含了对物支配的自由，但物权并不因此成为人格权，因此权利内容的自由为权利的共性；同理，使用肖像的自由并不使肖像使用权成为人格权，肖像成为人格权的使命，只能由肖像制作来完成。不过，虽然肖像使用权是财产权，但其价值的体现与物权截然不同，即肖像的商业利用不体现为交换价值（事实上肖像也无法交换），而是体现为肖像所表征的主体的个性化人格的促销价值。如同姓名一样，基于肖像使用权与肖像人格权的血缘关系，同时也考虑到学界关于肖像权权能的习惯思维，将肖像使用权与肖像制作权规定在一起，也是可以接受的做法。

---

① 参见房绍坤、曹相见：《标表型人格权的构造与人格权商品化批判》，载《中国社会科学》2018年第7期。

② 参见孙宪忠、朱宁宁：《民法典分编体例既科学也符合我国国情》，载《法制日报》2020年3月24日，第5版。

其他问题

一、集体肖像问题

上述讨论以个人肖像权为典型，那么，在集体肖像中个人是否享有独立的肖像权？对此，王利明教授认为，集体肖像原则上归属于集体，但个人也享有一定利益：在人数较少、个人肖像可辨识的情形，集体肖像中形象突出的人享有独立的肖像权，不突出的人则只能主张集体肖像权；在人数众多、个人肖像不可辨识的情形，个人只能主张集体肖像权。①郭明瑞教授则认为，个人是否享有独立的肖像权，应视其能否辨识而定：如果能够加以辨识，则其在享有集体肖像权的同时也享有个人肖像权；反之则仅享有集体肖像权，而无个人肖像权。②

在集体肖像的解释中，不能忽视的一个问题是，其利益形态因人格或财产而有不同。就人格利益而言，肖像具有独立性。如同重名不会导致姓名权人的人格混同一样，个人肖像也不因与他人的物理结合而被混淆。“自然人的肖像一旦呈现，其本人便对该肖像拥有法律上之权利，可让与而不可被剥夺。因此，虽有集体肖像之事实，其中个体肖像上之权利依然独立存在。”③因此，集体肖像不具有人格上的独立性，集体肖像权是不存在的。“肖像是自然人形象的外在表现，肖像权只能为自然人享有。”④但在肖像以财产利益出现之时，所谓的集体肖像就是财产利益的共有，其处分应类推适用物的共有规则。

二、所谓的物像权

肖像权保护的是人的肖像，人所拥有的物不能成为肖像权的保护对象。但是，未经允许擅自拍摄他人拥有的物并公开发表时，有对此认可了损害赔

---

① 参见王利明：《人格权法研究》（第三版），中国人民大学出版社2018年版，第441页。

② 参见郭明瑞、张玉东：《肖像权三题》，载《浙江工商大学学报》2014年第1期。

③ 张红：《肖像权保护中的利益平衡》，载《中国法学》2014年第1期。

④ 郭发产：《“集体肖像权”的法律问题》，载《法学》2003年第6期。

偿的判例。[①]对此，有学者提出了物像权的概念，认为其与人格权、知识产权等并行不悖，不隶属于原物物权，而是一类独立的新型物权。由于物像与一定的人格利益紧密相关，属于人格物的范畴。[②]也有学者认为，通过扩张解释物权，可将物像权纳入物权法的调整范围。[③]本书认为，第二种意见更为合理，保护物的独特外观，是物的利用的特殊形式，可作为物权的保护内容。

第一千零一十九条【肖像权侵权的禁止】

任何组织或者个人不得以丑化、污损，或者利用信息技术手段伪造等方式侵害他人的肖像权。未经肖像权人同意，不得制作、使用、公开肖像权人的肖像，但是法律另有规定的除外。

未经肖像权人同意，肖像作品权利人不得以发表、复制、发行、出租、展览等方式使用或者公开肖像权人的肖像。

历史由来

本条为新设规定。《民法典人格权编（草案）》（征求意见稿）第29条规定："任何组织或者个人不得以歪曲、污辱或者其他方式侵害他人的肖像。未经肖像权人同意，他人不得制作、使用、公开自然人的肖像，但法律另有规定的除外。未经肖像权人同意，肖像作品的著作权人不得实施将肖像作品发表、复制、发行、出租、展览等涉及使用和公开肖像的行为。"《民法典各分编（草案）》第799条仅调整部分措辞，《民法典人格权编（草案）》（二审稿）第799条则增加了利用信息技术伪造的侵权行为的禁止规定，最终形成本条。

---

① 参见［日］五十岚清：《人格权法》，铃木贤、葛敏译，北京大学出版社2009年版，第133页。

② 参见宋旭明、刘旭东：《论物像权的独立价值与体系地位》，载《河北法学》2014年第3期。

③ 参见朱体正：《物像权，另一种符号物权》，载《浙江社会科学》2014年第7期。

规范目的或功能

一般而言，对侵权行为的禁止规定属于侵权法的范畴。只要属于侵权法的保护范围，符合侵权责任的构成要件，行为人即应承担相应的侵权责任。但本条的目的不在于凸显侵害肖像权的侵权责任，而是从侵权行为的角度进一步明确肖像权的边界。正因为如此，本条既有基于肖像权权能的禁止规定，也有非基于肖像权权能的禁止规定。从这个意义上讲，本条规定于人格权编有其合理性。当然，在《民法典》第1018条已规定肖像权内容的情况下，再从侵权角度试图进一步明确其边界，在技术上是否有必要值得推敲。

规范内容

一、基于丑化、污损等方式的侵权行为

（一）丑化、污损他人肖像侵害的不是肖像权

按照本条第1款第1句前半部分规定，丑化、污损他人肖像构成肖像权侵权。但肖像作为标表型人格权的权利对象，核心在于肖像与权利人之间的稳定联系，即肖像的同一性是肖像利益的基础。而丑化、污损他人肖像并未妨碍肖像的同一性，也未损及建立在同一性基础上的肖像制作、使用权能，因此难谓构成肖像权侵权。

值得注意的是，名誉作为“他人对民事主体的品德、声望、才能、信誉、信用等的社会评价”，侵权手段多为事实陈述和意见表达。而丑化、污损主要侵害的还是尊严感（自尊心），能否认定为侵害名誉也不无疑问。[①]在解释上，宜将丑化、污损他人肖像认定为侵害法定人格权之外的一般法益。

---

① 参见温世扬：《民法典人格权编草案评议》，载《政治与法律》2019年第3期；曹相见：《人格权法定的宪法之维与民法典编纂》，载《浙江社会科学》2020年第2期。

（二）利用信息技术手段的伪造侵害肖像权

所谓利用信息技术手段伪造的方式侵害肖像权，是指破坏肖像与自然人之间稳定联系的侵权行为。在大数据背景下，通过图像PS技术、视频换脸技术破坏肖像同一性的侵权行为层出不穷。有学者称之为“深度伪造”技术，即通过机器学习，让计算机在生成具有统计相似性的假实例之前从真实数据中学习，创造出虚假的“现实”，让人真假难辨，形成眼见未必为实的后果。[①]与丑化、污损肖像不同，此种信息技术破坏了肖像的同一性，属于不正确使用肖像的行为，因而构成肖像权侵权。当然，不正确使用他人肖像，往往伴随着其他侵权目的，如侮辱他人人格或降低他人名誉。在法律效果上，可以构成请求权聚合。

二、擅自制作、使用、公开他人肖像的行为

本条第1款第2句规定：“未经肖像权人同意，不得制作、使用、公开肖像权人的肖像，但是法律另有规定的除外。”如前所述，肖像权的权能包含肖像制作和商业利用两种，公开他人肖像或者构成隐私侵权，或者为商业利用所囊括，不为独立的权能。因此，本句前半部分实为对《民法典》第1018条的复述。值得注意的是，在侵害肖像权人商业利用权时，既不因受害人为行为人的工作人员而阻却违法，也不需要有营利的事实，只要有营利的主观意图即构成侵权。此外，还应赔偿肖像权人的个性化精神损失。[②]而所谓“法律另有规定”，是指《民法典》第1020条规定的合理使用肖像的行为。

三、肖像权与著作权的冲突及化解

如果肖像制作人并非肖像权人，肖像制作又获后者同意的情况下，就会发生肖像权与著作权的冲突问题。对此，有意见认为，从法益位阶和法的价值位阶上看，肖像权作为民法保护的人格权应当优先。[③]但由于著作权人的肖

---

① 参见杨立新：《人格权编草案二审稿的最新进展及存在的问题》，载《河南社会科学》2019年第7期。

② 江苏省南京市白下区人民法院（2011）白民初字第2413号民事判决书。

③ 参见张红：《民法典之肖像权立法论》，载《学术研究》2019年第9期。

像制作行为已经获得了同意，与著作权冲突的只可能是肖像商业利用或肖像上承载的隐私利益，因而与作为人格的肖像权无关。

关于著作权与肖像权的冲突，首先应当明确的是，在无特别约定的情况下，肖像权人同意的范围限于肖像制作，而不包含肖像的商业利用和隐私利益的放弃。对此，国家版权局《关于对影楼拍摄的照片有无著作权的答复》（国权办〔1997〕12号）第3项也规定，由于照片还可能涉及顾客的肖像权，因此影楼在行使著作权时应遵守民法通则第100条的规定，即营利性使用照片，须事先取得肖像权人的许可。

关于著作权与肖像利用权的关系，有约定的，从其约定。在无约定的情况下，肖像权人可以在尊重作者著作人格权的前提下，基于委托目的使用该作品，而以营利为目的使用因与著作财产权相冲突，必须经著作权人同意。同样的道理，著作权人就该作品行使发表权、著作财产权时，必然涉及与肖像人格权之冲突，亦须经肖像权人同意。①

但若肖像权人为模特的情况下，情况较为不同。模特对自身职业的特殊展示性具有清晰认识，原则上不可以对以其为原型的作品主张肖像权，但这限于作品的艺术使用即发表和展览，不包括复制、发行等营利性使用。因为模特所收取的报酬为劳务费而非肖像许可使用费。②当然，如果模特认识到或应当认识到肖像作品创作人将要发表、展览、复制、发行肖像作品，而没有提出反对意见的，应推定肖像权人同意著作权人行使对肖像作品的著作权，但将作品用于纯商业性目的的情况除外。③

如果著作权的行使涉及隐私，例如作品是裸体作品，则即便肖像权人是模特，作品公开均需经过肖像权人同意。

---

① 参见张红：《肖像权保护中的利益平衡》，载《中国法学》2014年第1期。

② 参见张红：《肖像权保护中的利益平衡》，载《中国法学》2014年第1期。

③ 参见程啸、杨明宇：《肖像权与肖像作品著作权冲突的研究》，载《四川大学学报》（哲学社会科学版）2000年第3期。

第一千零二十条【肖像的合理使用】

合理实施下列行为的，可以不经肖像权人同意：

（一）为个人学习、艺术欣赏、课堂教学或者科学研究，在必要范围内使用肖像权人已经公开的肖像；

（二）为实施新闻报道，不可避免地制作、使用、公开肖像权人的肖像；

（三）为依法履行职责，国家机关在必要范围内制作、使用、公开肖像权人的肖像；

（四）为展示特定公共环境，不可避免地制作、使用、公开肖像权人的肖像；

（五）为维护公共利益或者肖像权人合法权益，制作、使用、公开肖像权人的肖像的其他行为。

历史由来

本条为新设规定，但与《著作权法》第22条存在部分重合。[①]《民法典人

① 《著作权法》第22条规定："在下列情况下使用作品，可以不经著作权人许可，不向其支付报酬，但应当指明作者姓名、作品名称，并且不得侵犯著作权人依照本法享有的其他权利：（一）为个人学习、研究或者欣赏，使用他人已经发表的作品；（二）为介绍、评论某一作品或者说明某一问题，在作品中适当引用他人已经发表的作品；（三）为报道时事新闻，在报纸、期刊、广播电台、电视台等媒体中不可避免地再现或者引用已经发表的作品；（四）报纸、期刊、广播电台、电视台等媒体刊登或者播放其他报纸、期刊、广播电台、电视台等媒体已经发表的关于政治、经济、宗教问题的时事性文章，但作者声明不许刊登、播放的除外；（五）报纸、期刊、广播电台、电视台等媒体刊登或者播放在公众集会上发表的讲话，但作者声明不许刊登、播放的除外；（六）为学校课堂教学或者科学研究，翻译或者少量复制已经发表的作品，供教学或者科研人员使用，但不得出版发行；（七）国家机关为执行公务在合理范围内使用已经发表的作品；（八）图书馆、档案馆、纪念馆、博物馆、美术馆等为陈列或者保存版本的需要，复制本馆收藏的作品；（九）免费表演已经发表的作品，该表演未向公众收取费用，也未向表演者支付报酬；（十）对设置或者陈列在室外公共场所的艺术作品进行临摹、绘画、摄影、录像；（十一）将中国公民、法人或者其他组织已经发表的以汉语言文字创作的作品翻译成少数民族语言文字作品在国内出版发行；（十二）将已经发表的作品改成盲文出版。前款规定适用于对出版者、表演者、录音录像制作者、广播电台、电视台的权利的限制。"

格权编(草案)》(征求意见稿)第32条规定了五类合理使用行为:(1)为个人学习、艺术欣赏、课堂教学或者科学研究,使用他人已经公开的肖像;(2)为报道时事新闻,报刊、电视台、网络等媒体中不可避免地使用、公开他人肖像;(3)国家机关为执行公务、保障公共安全等在必要范围内使用、公开他人肖像;(4)拍摄特定公共环境不可避免地使用、公开他人肖像;(5)其他维护公序良俗的行为。《民法典人格权编(草案)》(二审稿)第800条将第5项"维护公序良俗的适当行为"替换为"为维护公共利益或者肖像权人合法利益"的行为。《民法典人格权编(草案)》(三审稿)略作文字修改,最终形成本条。

就民法典草案学者建议稿而言,王利明教授主持的《中国民法典学者建议稿》用两个条文规定了肖像的合理使用。其第341条规定:"权利人在公共场所的肖像在其不构成肖像制品的主题时,可以被合理使用。公共场所包括:(一)具有纪念意义的事件;(二)人物只是作为图景的点缀;(三)人物参与集会、游行、庆典或类似事件。"第342条规定:"有下列情形的,使用他人肖像不承担民事责任:(一)国家机关为执行公务而确有必要强制使用他人的肖像;(二)为了科学研究和文化教育目的而在必要的范围内使用他人肖像;(三)为了本人的利益而确有必要使用其肖像;(四)在诉讼过程中,当事人确有必要为主张自己的权利、证明案件的事实,而在举证中涉及有关自然人的肖像;(五)其他以社会公共利益为目的而确有必要使用他人的肖像的。"①

三 规范目的或功能

本条是关于肖像合理使用的规定,范围上不包含肖像的商业利用。关于肖像合理使用的法理基础,存在两种不同的解释路径。一是基于肖像权限制的解释,即由于肖像权人对肖像享有专用权,为平衡肖像权人与他人、国家的利益,故对肖像权人的权利作出限制。二是不限于肖像权限制的解释,即承认肖像具有他为性,仅在存在合理隐私期待时,肖像才不能为他人自由使

① 王利明主编:《中国民法典学者建议稿及立法理由:人格权编·婚姻家庭编·继承编》,法律出版社2005年版,第108—111页。

用，但基于公共利益的需要，肖像上的隐私权也可能受到限制。同时，肖像制作权也可能因公共利益而受限制。解释路径的不同将导致法律效果的差异：若依第一种路径，合理使用行为应符合法律保留原则，因此其范围限于法律规定；若依第二种路径，只要存在他为性，非经法律规定也构成合理使用行为。

从学说上看，学界多持第一种解释路径。从《民法典》第1018条的规定上看，其将“使用”与“许可他人使用”并列为肖像权权能，由于在《民法典》语境中，“许可”特指商业利用的许可，“使用”即为非商业利用的使用，因此立法者实际上认为肖像权人享有肖像利用的专有权，故其合理使用为基于肖像权限制的解释。不过，为正确解释法律，保护他人的行为自由，第二种解释路径更有优势，既可以解释非基于公共利益的合理使用行为，又可以解释基于公共利益的合理使用行为。

三 规范内容

本条规定了五种法定合理使用行为。但依不限于肖像权限制的解释，在此之外还存在其他合理使用的情形。

一、肖像合理使用的法定类型

（一）基于他为性的肖像合理使用

基于他为性的肖像合理使用限于非商业目的的肖像使用行为，不包括肖像的制作行为。本条第1项规定即属于此种类型：为个人学习、艺术欣赏、课堂教学或者科学研究，可使用肖像权人已经公开的肖像。此外，在为肖像权人自己利益的情形，肖像也具有他为性。如肖像权人失踪，其亲友为寻人可将其照片登载于寻人启事上。因此，本条第5项规定为肖像权人合法利益而使用、公开其肖像的行为无须肖像权人同意。不过，肖像的他为性是一个相对概念，使用不当可能超出他为性的范围，所以使用要在必要的范围之内。

（二）基于公共利益而制作与使用肖像

肖像权人享有肖像制作的专有权无疑，但在一些特殊场合有予以限制的必要，如本条规定的实施新闻报道、国家机关依法履行职责、展示特定公共环境，以及为维护公共利益或者肖像权人利益的合理情形。有学者认为，自然人出现在公共场所中，其应当认识到自己有被摄录之可能，且其进入公共环境，可视为对他人摄录包含自己的照片、视频的允许，对自己的肖像权益的处分。[①]这种意见把自然人出现于公众场所解释为放弃其肖像权有失公允，既有违人格权不可放弃的特性，也与社会生活事实不符。当然，由于肖像权人对肖像制作享有专有权，因此，除法律的明文列举之外，不能再对其进行限制。

就上述情形中的肖像使用而言，由于肖像的他为性限于肖像权人已公开的肖像，因此，在肖像权人未公开其肖像之时，肖像权人对其肖像存在合理的隐私期待，并且不因是否在公众场合而有不同，此即隐私公开的相对性问题。[②]因此，此时肖像使用的正当性基础与其说是对肖像权的限制，毋宁说是对隐私权的限制。当然，即便是对隐私权的限制，在已有法律规定的情况下，还应遵循比例原则。例如，新闻报道为展示特定公共环境可以公开肖像权人肖像，但若报道内容有损权利人的形象（如报道卖淫嫖娼），则不应公开。

二、肖像合理使用的其他类型

本条第5项规定了为维护公共利益而使用他人肖像的其他合理情形，基于公共利益的模糊性，本项规定具有一定的兜底作用。例如，在解释上，纪念馆、档案馆、博物馆、美术馆等为陈列或保存版本的需要复制、保存、展览肖像的行为即属于本条。但本项规定显然无法对其他非基于公共利益而使用他人肖像的合理行为作出解释。例如，为介绍、评论某一作品或者说明某一问题，可善意使用他人肖像。当然，此种介绍、评论可能与商业利用相关，原则上应予禁止，但若肖像权人已授权他人商业使用，则为说明这一事实，纵使实效上有助于商业推广，也应认定为合理使用。[③]又如，用人单位、评选单位为辨识的必要，得在不侵害隐私的范围内使用员工、参评人的肖像。

---

① 参见张红：《民法典之肖像权立法论》，载《学术研究》2019年第9期。

② 参见房绍坤、曹相见：《论个人信息人格利益的隐私本质》，载《法制与社会发展》2019年第4期。

③ 参见张红：《民法典之肖像权立法论》，载《学术研究》2019年第9期。

第一千零二十一条【有利于肖像权人的合同解释】

当事人对肖像许可使用合同中关于肖像使用条款的理解有争议的，应当作出有利于肖像权人的解释。

历史由来

本条为新设规定。就民法典草案而言，《民法典人格权编（草案）》（征求意见稿）第30条第1款规定：“肖像许可使用合同中就肖像使用的范围、方式等约定不明确的，应当作出有利于肖像权人一方的解释。”《民法典各分编（草案）》、《民法典人格权编（草案）》（二审稿）对此仅略作文字修改。《民法典人格权编（草案）》（三审稿）则调整了表达方式，于第801条规定：“当事人对肖像许可使用合同中关于肖像使用条款的理解有争议的，应当作出有利于肖像权人的解释。”

规范目的或功能

本条确立了在肖像许可使用中优先保护肖像权人的原则，为我国法上的创举。[①] “肖像权作为人格权，对其保护应置于优先地位。这种特殊解释规则的目的在于通过特殊解释方法直接干预具体案件当事人之间的关系，排除不利于肖像权人的解释结果，维护利益平衡。”[②]但作为一种合同解释中的利益平衡，本条尚有从适用前提、适用范围上予以限缩的必要。

规范内容

一、有利于肖像权人解释的适用前提

有利于肖像权人的解释，即不利于被许可人的解释。此种有利于一方、

① 参见温世扬：《民法典人格权编草案评议》，载《政治与法律》2019年第3期。

② 张红：《民法典之肖像权立法论》，载《学术研究》2019年第9期。

不利于另一方的解释方法，又称有利解释或不利解释。罗马法谚有云："歧义理解时应为不利于出卖人之解释。"其当下意义在于："今日社会上通行之定型化契约或附合契约，其条款已由出卖人（他如保险人、运送人、银行）预先拟定，而买受人属于外行，只有同意签订，而无讨价还价之余地。故遇有疑议时，应依照上述法谚之意旨而解释，始足以保护消费者之利益。"①《合同法》第41条与《保险法》第30条也概莫能外，前者不利于格式条款提供方，从而保护处于弱势地位的消费者；后者不利于保险人，从而保护处于弱势地位的被保险人和受益人。②

值得注意的是，无论是《合同法》第41条，还是《保险法》第30条，均强调对格式条款有争议时，首先按照通常理解予以解释。只有在对合同条款有两种以上解释时，方可适用有利解释原则。这在学理上也广受认可，③或者说，如果解释合同没有疑义，即合同条款只有一个合理解释，就不得适用有利解释规则。④而在肖像许可使用中，主体间的强弱失衡并不明显，更有谨慎适用有利解释原则的必要。为此，关于"对肖像使用条款的理解有争议的"解释，应秉持体系解释原则予以限缩：在当事人有争议时，首先诉诸《民法典》第142条第1款、《民法典》第466条第2款予以确定，⑤只有在对合同条款有两种以上解释时，才按照有利于肖像权人的原则进行解释。

关于有利解释原则的适用前提，我国《保险法》的历史演进提供了充分的说明。1995年《保险法》第30条规定："对于保险合同的条款，保险人与

---

① 郑玉波：《法谚》（一），法律出版社2007年版，第87页。

② 参见最高人民法院经济审判庭编著：《合同法释解与适用》（上），新华出版社1999年版，第178页；最高人民法院保险法司法解释起草小组编著：《〈中华人民共和国保险法〉保险合同章条文理解与适用》，中国法制出版社2010年版，第197页。

③ 参见温世扬：《民法典人格权编草案评议》，载《政治与法律》2019年第3期；李泓祎：《有利解释原则的适用与限制》，载《山东社会科学》2011年第11期。

④ 参见崔建远：《合同解释规则及其中国化》，载《中国法律评论》2019年第1期。

⑤ 《民法典》第142条第1款规定："有相对人的意思表示的解释，应当按照所使用的词句，结合相关条款、行为的性质和目的、习惯以及诚信原则，确定意思表示的含义。"《民法典》第466条第2款规定："合同文本采用两种以上文字订立并约定具有同等效力的，对各文本使用的词句推定具有相同含义。各文本使用的词句不一致的，应当根据合同的相关条款、性质、目的以及诚信原则等予以解释。"

投保人、被保险人或者受益人有争议时，人民法院或者仲裁机关应当作有利于被保险人和受益人的解释。”本条未限定有利解释的适用前提，有利解释成为与其他合同解释方法并列甚至是优先的原则。2002年《保险法》沿袭了这一规定，导致部分裁判机关对保险条款争议一律适用有利解释的极端立场。[①]2009年《保险法》最终回归《合同法》的立场，其第30条规定：“采用保险人提供的格式条款订立的保险合同，保险人与投保人、被保险人或者受益人对合同条款有争议的，应当按照通常理解予以解释。对合同条款有两种以上解释的，人民法院或者仲裁机构应当作出有利于被保险人和受益人的解释。”

二、有利于肖像权人解释的适用范围

仅限定有利解释的适用前提，只是确定了有利解释在意思表示解释、合同条款解释中的体系位置。为弘扬私法的意思自治精神，避免法律家长主义的不当干预，还应结合规范目的对有利解释的范围进行界定。如在保险合同的有利解释中，权威司法机关的释义言明：“不利解释规则存在的目的在于运用实质争议的价值目标平衡处于不平等地位保险合同双方的权益，以实现双方权益的公平，因此对于地位平等、基于自主意志确定保险合同的双方当事人而言，其签订的保险合同就没有适用不利解释原则的必要性。”[②]

因此，恰当的做法是，把不存在结构性不平等的肖像许可使用排除在本条的调整范围之外，从而与《民法典》第498条的立场保持一致，将本条的适用范围限定于被许可人提供的格式合同之解释。[③]可资对比的是，在保险合同中，如果投保人为经济实力雄厚的大企业，或者保险经纪公司为适应顾客需要而自拟保险单或者代投保人与保险人进行协商的情形，也不能适用不利解

① 参见任以顺：《论保险合同格式条款的解释原则》，载《保险研究》2009年第12期。

② 最高人民法院保险法司法解释起草小组编著：《〈中华人民共和国保险法〉保险合同章条文理解与适用》，中国法制出版社2010年版，第197页。

③ 《民法典》第498条规定：“对格式条款的理解发生争议的，应当按照通常理解予以解释。对格式条款有两种以上解释的，应当作出不利于提供格式条款一方的解释。格式条款和非格式条款不一致的，应当采用非格式条款。”

释规则。[①]值得注意的是，在肖像权的商业利用中，存在一种不同于肖像使用权的个性化精神利益，旨在防止肖像权人与物和商品发生归属上的混淆，这无疑也应当受到法律的保护。[②]

第一千零二十二条【肖像许可合同的解除权】

当事人对肖像许可使用期限没有约定或者约定不明确的，任何一方当事人可以随时解除肖像许可使用合同，但是应当在合理期限之前通知对方。

当事人对肖像许可使用期限有明确约定，肖像权人有正当理由的，可以解除肖像许可使用合同，但是应当在合理期限之前通知对方。因解除合同造成对方损失的，除不可归责于肖像权人的事由外，应当赔偿损失。

历史由来

本条为新设规定，第1款与《民法典》第563条第2款内容有重合。《民法典人格权编（草案）》（征求意见稿）第31条分三款规定："当事人对肖像许可使用期限没有约定或者约定不明确的，任何一方当事人可以随时解除肖像许可使用合同，但应当在合理期限之前提前通知对方。当事人对肖像许可使用期限有明确约定，肖像权人有正当理由的，可以解除肖像许可使用合同，但应当提前通知对方。因解除合同造成对方损失的，除不可归责于肖像权人的事由外，应当赔偿损失。其他人格权益的许可使用参照适用本章关于肖像许可使用的规定。"《民法典各分编（草案）》第802条对前两款稍作文字调整，并将参照适用部分独立出去，最终形成本条。

---

① 参见最高人民法院保险法司法解释起草小组编著：《〈中华人民共和国保险法〉保险合同章条文理解与适用》，中国法制出版社2010年版，第197页。

② 参见房绍坤、曹相见：《标表型人格权的构造与人格权商品化批判》，载《中国社会科学》2018年第7期。

规范目的或功能

本条以是否明确约定使用期限为标准，分别规定了期限未约定或约定不明确时的任意解除权，以及有明确约定时的特殊解除权。前者旨在结束许可使用期限的不确定性，使当事人摆脱永久受合同束缚的状态，故双方当事人均应享有任意解除权。就后者而言，合同既有明确期限，理应信守合同约定，非有法律明确规定，当事人不得违反约定。但人格标识的许可使用不同于单纯的财产利用合同，由于人格标识的同一性，权利人对建立主体与特定商品的联系具有个性化的精神利益，因此，基于人格尊严和人格权的精神性利益不可放弃的定律，即便当事人未约定解除权，除《合同法》规定的法定解除权外，当事人在具备重大正当事由的情况下仍然可以解除合同，而且这种解除权不能在合同中被排除。①

规范内容

一、期限未约定或约定不明确时的任意解除权

所谓任意解除权，是指享有解除权的一方可以随时解除合同的权利。对此，《民法典》第563条第2款规定："以持续履行的债务为内容的不定期合同，当事人可以随时解除合同，但是应当在合理期限之前通知对方。"值得注意的是，肖像许可合同中的任意解除权非专属于某一方的权利。虽然双方都可以随时解除合同，但应当在合理期限内通知对方，也即解除合同的意思到达对方一段时间后，才能产生法律效果。至于何谓"合理期限"，应当结合具体案情，以对方采取替代措施的准备时间为准。例如，《民法典》第511条第4项规定："履行期限不明确的，债务人可以随时履行，债权人也可以随时请求履行，但是应当给对方必要的准备时间。"

但任意解除权并非毫无限制。以较为典型的委托合同为例，学界的普遍

① 参见刘召成：《人格商业化利用权的教义学构造》，载《清华法学》2014年第3期。

立场是，任意解除权应当根据委托合同为民事无偿还是商事有偿加以区分。民事无偿合同因以信赖关系为基础，故双方当事人均可享有任意解除权；而在商事有偿合同中，对价关系重于信赖关系，故当事人不应享有任意解除权。[①]此外，还有学者认为，如果合同中兼有委托合同和其他合同的类型要素，则当事人不得享有任意解除权。[②]典型如演艺经纪合同，由于其融委托、行纪、居间、规划培养、许可利用、公司管理、劳动等多种合同于一体，故无委托合同任意解除权的适用空间。[③]

那么，人格标识许可使用合同的任意解除权要不要受限呢？本书认为，人格标识许可使用虽然属于商业利用，并不以当事人之间的人身信赖为前提，但当事人的任意解除权仍不应受到限制。理由在于，人格标识的商业价值系通过与人格标识具有稳定联系的主体的个性化人格的促销功能实现的，不可避免地涉及人格标识个性化精神利益，由于其既涉及人格利益的自主性，价值发挥也依赖于主体的人设，故无法完全适用传统民法以财产为中心的合同解除规则，而应授予各方在合理期限内的任意解除权。但由此造成的损害范围应是解除时间不当造成的直接损失和可得利益。

二、期限明确时肖像权人的特殊解除权

一般而言，关于合同的解除，除法定任意解除、双方协议解除、约定解除的情况下，只能适用法定解除。关于合同的法定解除，《民法典》第563条第1款规定："有下列情形之一的，当事人可以解除合同：（一）因不可抗力致使不能实现合同目的；（二）在履行期限届满前，当事人一方明确表示或者以自己的行为表明不履行主要债务；（三）当事人一方迟延履行主要债务，经催告后在合理期限内仍未履行；（四）当事人一方迟延履行债务或者有其他违约行为致使不能实现合同目的；（五）法律规定的其他情形。"（原《合同法》第94条）

按照本条第2款规定，当事人对肖像使用期限有明确约定的，肖像权人在

---

① 参见刘承韪：《论演艺经纪合同的解除》，载《清华法学》2019年第4期；吕巧珍：《委托合同中任意解除权的限制》，载《法学》2006年第9期。

② 参见崔建远、龙俊：《委托合同的任意解除权及其限制》，载《法学研究》2008年第6期。

③ 参见刘承韪：《论演艺经纪合同的解除》，载《清华法学》2019年第4期。

有正当理由的情况下，可以解除肖像许可使用合同。这就赋予肖像权人在现有解除类型之外的特殊解除权。关于“正当理由”的解释，学界存在两种不同意见。一种意见持谨慎态度，认为此处的正当理由应限于《合同法》第94条规定的情形，除不可抗力导致合同目的不能实现、迟延履行、对方根本违约等情形外，不可随意解除合同。①在民法典编纂之时，也有学者主张，人格权编关于许可合同的规定与合同法的规定重复，应予删除。②开放态度也分为两种立场：一是认为因时间流逝导致许可基础不存在，或商业利用行为侵害了许可人的一般人格权，才能构成许可人解除合同的正当理由；③二是主张正当理由为影响人格权人尊严的因素，个人价值、宗教信仰、政治立场、兴趣偏好等均在此列。④后者实际上是主张赋予人格权人任意解除权。⑤

本书认为，在任意解除权之外赋予肖像权人非合同法上的特别解除权，是基于人格标识许可使用合同特殊性的正确考量，因为人格标识上的个性化精神利益有优先保护的需要。由于肖像权人的目的在于获得经济利益，被许可人在依约支付费用的情况下，几无适用《民法典》第563条第1款（《合同法》第94条）的余地，因而需要其他的救济路径以保护肖像权人的个性化精神利益。就正当理由而言，无论是“因时间流逝导致的许可基础不存在”，还是诉诸肖像权人的人格尊严，均将因过于主观而消解正当理由作为限制条件的功能，甚至导致法定解除权事实上沦为任意解除权的不利后果。

既然法律特别保护肖像权人的理由是基于个性化精神利益的考虑，那解除合同也应限于与个性化精神利益冲突的情形，否则无异于赋予肖像权人任意解除权，严重破坏合同应当信守的信条。所谓与个性化精神利益冲突，是指被许可人因违法或不道德行为导致声誉降低，进而可能对肖像权人的形象造成不利影响。否则，不得解除合同。如在“王某某与德清县新闻传媒发展

① 参见张红：《民法典之肖像权立法论》，载《学术研究》2019年第9期。

② 参见尹田：《论人格权独立成编的技术障碍》，载《政法论丛》2016年第1期。

③ 参见刘召成：《人格商业化利用权的教义学构造》，载《清华法学》2014年第3期。

④ 参见廖焕国：《论人格权许可使用合同的法定解除》，载《暨南学报》（哲学社会科学版）2019年第8期。

⑤ 参见王叶刚：《人格权商业化利用与人格尊严保护关系之辨》，载《当代法学》2018年第3期。

中心、浙江德清农村合作银行肖像权纠纷案”中，王某某参与了某“年画宝宝”大赛，同意大赛使用其照片制作挂历，后王某某要求退出比赛。法院认为，“原告王某某同意参加比赛，实际上是同意了两被告广告宣传的条件，在当事人之间形成了肖像权许可使用协议；王某某要求退出比赛，实际上是要求解除或撤销该协议，其主张应当有法定或者约定的事由，本案中并不存在此种事由，因此，原告的主张不予支持”①。

值得注意的是，肖像权人在行使特殊解除权时，仍应在合理期限内通知对方，并赔偿对方因解除合同造成的损失，但存在不可归责于肖像权人的事由除外。

第一千零二十三条【肖像许可的参照适用与声音保护】

对姓名等的许可使用，参照适用肖像许可使用的有关规定。

对自然人声音的保护，参照适用肖像权保护的有关规定。

历史由来

本条为新设规定。《民法典人格权编（草案）》（征求意见稿）第31条第3款规定：“其他人格权益的许可使用参照适用本章关于肖像许可使用的规定。”《民法典各分编（草案）》第803条仅作部分修辞完善。《民法典人格权编（草案）》（二审稿）第803条则明确了声音的保护。《民法典人格权编（草案）》（三审稿）第803条将声音的保护单列为一款，又将参照适用的人格权益限缩为姓名、名称等。《民法典（草案）》第1023条又将名称从参照适用的人格权益中删除，最终形成本条。

此外，王利明教授主持的《中国民法典学者建议稿》第343条规定：“自然人可以自由制作或允许他人制作自己的语音载体，可以自由使用或者允许他人使用自己的语音载体。非经权利人同意，任何人不得以制作、复制、销售、广播等方式使用他人的声音，但法律另有规定的除外。禁止用侮辱性或者其他违背公序良俗的手段模仿、使用他人的语音。自然人的肖像、语音以

① 参见浙江省湖州市中级人民法院（2010）浙湖民终字第458号。

外的，具有显著特征足以辨别权利人身份的其他人格标识，也准用肖像权的规定予以保护。”①

规范目的或功能

《民法典》第993条规定了姓名、名称、肖像等可以许可他人使用，本条第1款规定则是姓名等的许可使用的具体规则。之所以在肖像权章而不是姓名权章规定人格标识许可使用的具体规则，可能的解释是，在所有标表型人格权中，姓名权最为特殊，规则也更为丰富，肖像权则相对简单，若将许可使用规则规定于姓名权部分，将导致二者条文数量的失衡。至于本款为何不在“一般规定”部分一并规定，应是立法者顾忌人格标识许可使用的财产属性，规定过多将冲淡总则部分的人格属性。②

本条第2款规定声音的保护参照适用肖像权保护的有关规定，应指声音许可使用之外的其他保护规则。对此，有学者认为，本条确认了声音权的独立属性。③当然，由于本款为不完全法条，因此侵害声音权的法律后果应按照《民法典》侵权责任编、《民法典》合同编的规定处理。

规范内容

一、肖像许可使用的参照适用

关于参照适用的范围，本条第1款只作了“姓名等”的笼统规定。对此，学界存在两种不同理解。一是认为除生命权、身体权、健康权等物质性人格

① 王利明主编：《中国民法典学者建议稿及立法理由：人格权编·婚姻家庭编·继承编》，法律出版社2005年版，第112页。

② 在《民法典》编纂过程中，考虑到人格标识许可利用与人格权的性质差异，笔者曾主张将其与法人“人格权”一起规定于一般规定、自然人人格权之后。参见房绍坤、曹相见：《〈民法典人格权编〉的贡献与使命》，载《山东大学学报》（哲学社会科学版）2019年第6期。

③ 参见杨立新：《人格权编草案二审稿的最新进展及存在的问题》，载《河南社会科学》2019年第7期。

权与人身无法分离之外，其他人格权益原则上均可以进行商业化利用。[①]二是将商业利用的范围限于标表型人格权。“艺人、明星或名人将自己的肖像、姓名、声音等人格要素使用在商品或服务上是现代社会非常普遍的现象，被称之为‘人格权的商品化’。”[②]由于我国学者通常在第二种意见的意义上使用人格权商品化概念，人格标识许可使用的范围也应限定于标表型人格权。[③]应当强调的是，由于人格权本身不能商品化，因此许可使用的只是人格标识的商业利用。

值得注意的是，《民法典》第993条将法人的名称也包含在内，《民法典人格权编（草案）》（三审稿）第803条也曾将名称列入，但2019年12月公布的《民法典（草案）》又将其删除。因此，在解释上应认为，法人、非法人组织的名称虽得许可使用，但不能参照适用肖像许可使用的有关规则。事实上也确实如此，与姓名等人格标识的许可使用不同，法人、非法人组织的名称的许可使用以不丧失企业名称的唯一性为前提，必须采取标识许可使用的地域等方式与原企业名称区别开来。因此，本条第1款关于“姓名等”的规定，应解释为包含姓名、声音等的人格标识。

就参照适用的对象（即规则）而言，既然是参照“肖像许可使用的有关规定”，那就限于《民法典》第1021条的有利解释规则，以及第1022条的任意解除权、特殊解除权。

二、自然人声音保护的参照适用

声音应受法律保护无疑，但如何保护却存在不同的意见。一种意见主张通过肖像权的扩张保护来实现声音权保护的目的，这实际上是使声音的保护类推适用肖像许可利用规则。[④]另一种意见认为，从权利的构成来看，声音权符合独立人格权的要求，也有独立的事实和逻辑基础，民法典应将其规定为

---

① 参见王叶刚：《人格权商业化利用与人格尊严保护关系之辨》，载《当代法学》2018年第3期。

② 黄芬：《人格要素的财产价值与人格权关系之辨》，载《法律科学》2016年第4期。

③ 参见房绍坤、曹相见：《标表型人格权的构造与人格权商品化批判》，载《中国社会科学》2018年第7期。

④ 参见王利明：《人格权法研究》（第三版），中国人民大学出版社2018年版，第444页。

独立权利。[①]民法典草案规定声音的保护后，有学者认为："这是在规定人格权公开权许可使用规则的基础上，不仅确认了声音权是自然人的人格权，而且对声音权也适用公开权的保护方法。"[②]

确实，在信息社会，不仅姓名、肖像可以成为人的标识，进行商业利用，声音、个人信息也具有这些功能。在体系上，与姓名作为文字标识、肖像作为图像标识不同，声音作为一种语音识别，应获得与姓名、肖像一样的地位。对此，史尚宽先生早有论断："声音表示人格之特征，为人格之重要利益，与姓名、肖像相同。"[③]在比较法上，域外立法也普遍对声音的保护加以规范。例如，《秘鲁共和国新民法典》第15条第1款规定："未取得本人明确授权，不得利用其肖像和声音，或在本人已死亡时，只能按顺位经其配偶、卑血亲、尊血亲或兄弟姐妹同意，方可利用之。"[④]德国法上的一般人格权也保护声音未经同意不被制造和使用的权利。[⑤]

本条第2款规定对自然人声音的保护，参照适用肖像权保护的有关规定。在解释上，应认为是除许可利用特殊规则之外，对声音上人格自由和经济利益的全面保护，包含自然人对其声音的录制专有权、商业利用权。因此，未经同意不得录制他人声音，也不得将他人声音进行商业利用（如用作导航提示）。当然，对声音的保护也应受到合理使用的限制，适用规范则为《民法典》第1020条规定。但声音也具有他为性，因此，在不存在隐私期待和商业利用的情形，他人也得因交流等必要情形使用他人声音。

较为特殊的是，声音可能被他人模仿，那么，模仿他人声音能否构成侵权？对此，应从两个方面进行认定。一是在人格自由的意义上，模仿声音是否构成侵权应以是否混淆声音的同一性（即声音与主体的稳定联系）为标准：如果混淆了他人声音的同一性，本质上就是假冒他人，侵害了权利人对其声音的同一性利益；如果没有混淆同一性，如因交流需要而使用声音，那就在声音的

---

① 参见杨立新、袁雪石：《论声音权的独立及其民法保护》，载《法商研究》2005年第4期。

② 杨立新：《人格权编草案二审稿的最新进展及存在的问题》，载《河南社会科学》2019年第7期。

③ 史尚宽：《债法总论》，中国政法大学出版社2000年版，第157页。

④ 《秘鲁共和国新民法典》，徐涤宇译，北京大学出版社2017年版，第5—6页。

⑤ 参见［德］迪特尔·施瓦布：《民法导论》，郑冲译，法律出版社2006年版，第210页。

他为性范围之内。二是在商业利用的情形下，模仿声音往往以表演的形式出现，是否侵害被模仿者的表演权，应依《著作权法》第22条关于作品合理使用的规定认定。本书认为，在此情形下，行为人既未混淆他人声音的同一性，也未侵害他人的表演权，他人声音对模仿行为的意义，只是作为一个学习对象，因此，即便声音的模仿行为与商业利用有关，也不应认定为侵权。可见，对于声音的模仿不能一概禁止，否则将过分限制一般人的行为自由。①

① 参见张红：《民法典之肖像权立法论》，载《学术研究》2019年第9期。

第五章

名誉权和荣誉权

第一千零二十四条【名誉权的一般规定】

民事主体享有名誉权。任何组织或者个人不得以侮辱、诽谤等方式侵害他人的名誉权。

名誉是对民事主体的品德、声望、才能、信用等的社会评价。

历史由来

相对其他人格权，名誉权是我国民法中的一项传统权利。《民法通则》第101条对此规定："公民、法人享有名誉权，公民的人格尊严受法律保护，禁止用侮辱、诽谤等方式损害公民、法人的名誉。"《民法总则》虽然没有具体规定名誉权的内容，但其在第五章"民事权利"中，也规定了"自然人享有名誉权"。《民法典》延续了这种一贯性，相关条文早在《民法典各分编（草案）》中就已经成型，并且变化不大，只是从《民法典人格权编（草案）》（二审稿）以后删除了第2款中的"信誉"一词，从《民法典人格权编（草案）》（三审稿）以后删除了第2款的"本法所称"一词，并不涉及实质内容的变化，但也体现了立法者希望将"名誉"的这种定义扩张适用到其他相关法律中的意愿。

相对于《民法通则》第101条的规定，本条有几个明显的变化。

其一，将权利主体的表述由"公民、法人"改为了"民事主体"。这种用词上的变化，与《民法总则》相对于《民法通则》的修改保持了一致，使《民法典》的言语更加精准，"公民"虽然是一个法律概念，但并非是一个私法概念，在私法的语境下使用容易产生歧义，《民法通则》当时使用这个词，沿袭自《苏俄民法典》，有其特殊的历史背景。①而将公民、法人改成民事主体之后，整个《民法典》的用词得以统一，更加专业，并且民事主体的内涵更广，可以更为广泛地涵盖名誉权的权利主体。

其二，删除了"公民的人格尊严受法律保护"这一表述。这一表述在我国人格权发展历程中具有非常重要的意义，从这一段表述出发，我国法律学

---

① 参见张俊浩主编：《民法学原理》（修订三版）（上册），中国政法大学出版社2000年版，第94页。

者和司法实践逐渐开始保护抽象的人格尊严，并最终实现了对一般人格权的保护。[①]鉴于保护人格尊严已经成为《民法典》人格权编的核心内容，并且在《民法典》总则编第109条已作明确规定，为了节省立法资源，减少规范冲突，《民法通则》中的相关表述，自然应当删除。

其三，相比《民法通则》第101条，本条增加了第2款，即对“名誉”概念的定义。本款明确名誉的内涵，认为其是一种对民事主体某项特征的社会评价。尤其需要注意的是，本款在定义名誉的内涵时，特别明确了“信用”这项特征，在实质上是将理论上所谓“信用权”的内容，归入名誉权的保护范围，虽然在司法实践中已经普遍认可，但这是在民事实体法律中第一次涉及此概念，也是我国民法制度的重大发展，对此将在下文中详细论述。

三 规范目的或功能

本条分为两款，但表述了三方面的内容。首先，本条第1款第1句是宣示性条款，表达了立法者认为名誉权是民事主体的民事基本权利的意思。作为宣示性条款，虽然没有明确的法律效果，但对其他条款的解释和适用具有指导性作用，在名誉权和荣誉权一章的语境下，就是要从保护民事主体名誉权的角度出发，对相关法律规范进行解释和适用。其次，本条第1款第2句从反面规定了对名誉权的保护。与一般法律规范不同，本条第2句并没有在宣示之后对名誉权进行定义，而是以反面规定的方式，排除了侵害名誉权的典型行为，本条第2款是第1款的补充性规定，其同样没有对名誉权进行定义，而是去定义名誉权的保护对象——名誉，并以此间接定义名誉权的保护内容。综上，本条很难称得上一个完全法条，其规定了权利的主体，从反面和侧面规定了权利的部分内容，然而对于侵害名誉权的构成要件，以及法律后果，本条的规定并不完全，需要结合其他法律规范，主要是《民法典》侵权责任编的相关法条加以适用。

---

① 参见王利明：《人格权法研究》（第三版），中国人民大学出版社2018年版，第145页以下。

规范内容

一、名 誉

名誉是名誉权所保护的客体，弄清名誉的内涵对明确名誉权的保护范围具有非常重要的意义。

学说上对“名誉”这一概念的认识传统上主要有三种观点。第一，社会评价说主要认为名誉是一种良好的社会评价，它“是指社会上人们对公民或者法人的品德、情操、才干、声望、信誉和形象等各方面的综合评价”①。第二，个人评价和社会评价综合说认为，名誉有两种含义：一是内部的名誉，指对个人内在的价值，即人格价值本身的评价，如自我的评价；二是外部的名誉，指个人外在的价值，即人格价值的社会评价，如人的品格、名声或道德的社会评价等。②第三，人格尊严说认为名誉是指公民的人格尊严，是人在社会上的评价，通常指其人格在社会上所受到的尊重。③公民的人格尊严应受法律保护是公民的名誉权的重要内容。④从这三种观点来看，第二种显然混淆了名誉和名誉感，所谓名誉感是个人对自己社会评价的感受，而非单纯的社会评价本身，对名誉感的保护并不为司法实践所接受，⑤更有判决在其中特别强调“名誉权的损害不以本人感受为依据”⑥。而第三种观点，虽然不能够得出这种观点是错误的结论，但是将名誉等同于

① 参见唐德华：《谈谈审理损害赔偿案件中的几个问题》，载《人民司法》1989年第20期。

② 参见王佑明：《我国法律对名誉权的保护》，载《江西法学》1993年第1期。

③ 参见王泽鉴：《侵权行为法》(第一册)，北京大学出版社2001年版，第111页。

④ 参见罗东川：《论名誉权的概念和特征》，载《政治与法律》1993年第2期。

⑤ 参见陈某与张甲名誉权纠纷上诉案，(2010)沪二中民一(民)终字第1583号判决书；四川省某食品有限公司诉内蒙古某实业股份有限公司侵害名誉权案，(1999)眉中民终字第4号判决书；宣某与吴某某等名誉侵权纠纷上诉案，(2005)云高民一终字第88号判决书；霍某某诉中国电影集团公司等侵害名誉权案，(2007)高民终字第309号判决书；王某某与重庆市某监狱等名誉权纠纷上诉案，(2010)渝五中法民终字第4798号判决书；肖某某与北京某网络科技有限责任公司等名誉权纠纷上诉案，(2007)高民终字第1146号判决书。

⑥ 参见杨某某与某报社肖像权、名誉权、隐私权纠纷上诉案，(2005)沈民(1)终字第2026号判决书。

人格尊严，实在是无助于对名誉的理解，人格尊严的概念极为抽象又极为宽泛，几乎所有的人格权益都能够视为人格尊严的某种体现，实际上混淆了具体人格权和一般人格权的界限。社会评价说则准确反映了名誉的实质，也得到绝大多数学者的认可。

本条第2款的规定，实际上就是在立法的层面，认可了“社会评价说”。本款认定的“名誉”是一种社会评价，而这种社会评价的对象，则是民事主体的某种特质。结合本款的规定，这种社会评价有如下几项特点：其一，这种社会评价是客观、公开且普遍的评价。所谓客观，是指评价来自于民事主体以外的其他主体，而非民事主体本人，如果是主体本人的评价则不是名誉而是名誉感。所谓公开，是指这种评价存在于公共场合，为大众所广泛知悉，而非私下的、秘密的、不为他人所知的评价。所谓普遍，是指来自社会上不特定大众的评价，而非来自某个具体个人的评价，如果只是个别人的评价，则不是社会评价，也不能视为民事主体的名誉。其二，其是从积极方面对社会评价进行的描述。在中文语境下，名誉通常是指一种好的名声，但有时也仅仅是一种中性的描述。[①]从日常使用的“名誉贬损”或者“名誉损害”这种表述来看，名誉所描述的多数还是当事人社会评价中的积极一面，否则就会产生对负面名誉的损害会造成社会评价实质提升的逻辑悖论了。其三，享有名誉的是包括自然人、法人和非法人组织的民事主体。从本条第2款的定义来看，名誉并非自然人所专享，法人也可以有自己的名誉，即对法人和非法人组织的社会评价。当然法人和非法人组织所享有的名誉和自然人有所不同，其更多体现为对组织运营能力的评价，并且较多和财产价值相联系，较少影响人格尊严和自由。其四，名誉的评价对象具有一般性和广泛性。作为一种社会评价的名誉，其评价对象十分广泛，对民事主体任何特质的评价，都会构成民事主体名誉的一部分，本条第2款所列举的品德、声望、才能是其中最

① 旧《辞海》对名誉的解释为：名为令名，誉为美誉，有令名始获美誉，因谓令名曰名誉。但新版《辞海》就将其简单解释为名声，《现代汉语词典》也采同样的解释。参见杨立新：《人格权法》，法律出版社2011年版，第501页。英文的reputation一词既包括正面评价，也包括负面评价，See Webster’s Pocket Dictionary, Trident Press International 1998, p. 448.

为典型，涉及司法案例最多的类型。[①]本条第2款特别将“信用”评价纳入名誉的范畴，让名誉权得以涵盖学理上的信用权的部分保护内容。

二、名誉权

（一）名誉权的概念和特征

自《民法通则》规定名誉权以来，学界对其概念内涵有诸多讨论，通常认为其是指民事主体对其名誉所享有的保有、利用以及维护的权利。[②]所谓对名誉的保有权，是指当事人有权享有自己良好的社会评价，保持自己的名誉不意外降低，并且在知悉自己名誉实际降低时，采取种种措施恢复名誉。民事主体并不能直接支配客观的社会评价，但可以凭借自己的行为和贡献，保持自己的名誉，并享有其所带来的人格利益。所谓对名誉的利用权，是指在人格利益以外，民事主体还可以通过对名誉一定程度的利用和支配，为自己带来社会和经济上利益的权利，如为他人提供担保或者获得交易的便利。当然这种利用是非常有限的，名誉不得抛弃、转让或继承，对其利用也需要符合公序良俗的要求。所谓对名誉的维护权，是指当民事主体的名誉因为他人的行为而不当降低时，权利人有权通过人格权请求权和侵权请求权维护自己的名誉，排除这种不当降低，恢复自己公正的社会评价。

以名誉权的这些权能为基础，在理解和适用名誉权时需要特别注意如下内容：其一，名誉权的客体是民事主体的名誉利益。所谓名誉利益是民事主体的名誉所能带给其各项利益的总和，这种利益可以是人格利益，如通过名誉获得的个人满足感，可以是社会利益，如通过名誉获得的社会认同，也可

---

① 涉及个人品德的案例参见“徐恺诉上海宝钢冶金建设公司侵犯名誉权纠纷案”，载《中华人民共和国最高人民法院公报》2006年第12期（总第122期）；涉及个人声望的案例参见北京市第二中级人民法院（2016）京02民终6272号民事判决书；涉及个人才能的案例参见“李忠平诉南京艺术学院、江苏振泽律师事务所名誉权侵权纠纷案”，载《中华人民共和国最高人民法院公报》2008年第11期（总第145期）。

② 参见王利明：《人格权法》（第三版），中国人民大学出版社2018年版，第464页以下；杨立新：《人格权法》，法律出版社2011年版，第507页；张俊浩主编：《民法学原理》（修订三版）（上册），中国政法大学出版社2000年版，第153页；佟柔主编：《中国民法》，法律出版社1990年版，第486页。

以是经济利益，如通过名誉获得交易的便利。需要注意的是，名誉不同于名誉感，后者是主体对自身价值的自我评价，不具有社会性，也很难存在社会利益和经济利益，法律并不予以保护。其二，名誉权的主体可以是自然人、法人和非法人组织。和名誉一样，名誉权的主体同样具有广泛性。当然，自然人的名誉权体现强烈的人格性，而法人和非法人组织的名誉权其财产性色彩更为突出。其三，名誉权的损害主要表现为社会评价的降低。一方面，这里的社会评价降低是客观上的降低，即社会公认的评价降低，与权利人主观上的感受无关。主观上感觉降低，客观上没降低，仅仅是名誉感受损，不在名誉权的保护范围之内；[①]主观上感觉没有降低，但客观上降低，同样在客观上是对名誉权的损害。另一方面，只有社会评价降低，才会导致名誉权受损，即名誉权损害的判断以结果为准，即便存在客观上对名誉的损毁行为，如果在结果上没造成社会评价的降低，不会构成名誉权损害。而在社会评价提升的情况，即便是虚假的提升，也不会构成对名誉权的损害。

（二）侵害名誉权的责任构成

首先必须要强调，本条在文本上并不涉及侵害名誉权的责任构成问题，相关的请求权基础应当结合《民法典》第1165条第1款加以确定。

对于侵害名誉权的责任构成，通说认为应当满足传统的侵权责任四要件，即损害事实、违法行为、因果关系和主观过错。[②]但也有观点认为侵害名誉权只需要满足三个要件，即散布了有关该自然人道德品质和生活作风方面的情况，所散布的情况是不真实的，以及散布的不真实情况有损于该自然人的名

---

① 参见“霍某某与中国电影集团公司等名誉权纠纷上诉案”，北京市高级人民法院（2007）高民终级字第309号判决书，在本案中原告认为被告所拍摄的电影中对其先人的描述不符合事实，让观众产生原告先人是“一介江湖武夫”并且“无父、无母、无子、无女、无后”的印象，原稿关于名誉权损害赔偿的请求被法院以“影片虽有夸张与虚构之处，但片中并未对这一特定历史人物有侮辱、诽谤之描写，其夸张与虚构内容仍在可容忍的范围之内，故该片并未对原告先人的名誉构成侵犯”的理由被驳回。

② 《名誉权案件解答》第7条第1款规定：是否构成侵害名誉权的责任，应当根据受害人确有名誉被侵害的事实、行为人行为违法、违法行为与损害后果之间有因果关系、行为人主观上有过错来认定。

誉。[①]但实际上这两种观点的核心是一致的。三要件说的第1项和第2项结合起来体现了行为人的主观过错和违法行为，因为这两项的实质是行为人散布虚假信息，这种行为本身具有违法性，而行为人的这种违法行为又在客观上体现出其在主观上的错误。而第3项则体现了损害结果和因果关系。还需要特别指出，三要件说是特别针对散播不实信息的情况来设定的，而名誉权的外延又十分广泛，导致他人社会评价降低并非只有散播不实信息一种类型，典型的如公开个人隐私信息，虽然这些信息是真实的，但同样会造成权利人社会评价的降低，在侵害隐私权的同时，侵害名誉权。[②]因此下文对责任构成的分析，仍然以通说为准。

第一，损害事实。所谓损害事实是指确实发生了权利人的社会评价降低的客观事实。名誉作为一种社会评价，其降低与否，不应当以当事人个人的观感为依据，而是应当以普通公众的一般观念为标准。[③]但在裁判时又无法进行社会调研，[④]因此法院就要代入社会公众的身份，自己判断是否存在社会评价降低的事实，通常来说涉及散布不实信息[⑤]、隐私信息[⑥]或者涉及对人格的侮辱性言语的[⑦]，都会被认为产生了社会评价降低的事实。

第二，违法行为。所谓违法行为是指行为人实施了具有贬损他人社会评价性质的行为。首先，这种行为可以是积极的作为，也可以是消极的不作为，如果行为人依其职权有保护他人名誉权的积极义务，则不履行相关的义务，即消极的不作为也会构成侵害名誉权。[⑧]其次，这种行为应当有明确的指向，

---

① 参见梁慧星：《民法总论》（第五版），法律出版社2017年版，第96页。

② 参见北京市朝阳区人民法院（2008）朝民初字第29276号判决书；江苏省南通市中级人民法院（2011）通中民终字第0952号判决书等。

③ 参见史尚宽：《债法》，台北荣泰印书馆1972年版，第145页。

④ 在个别判决中，也有当事人提供社会调研证据，以证明社会评价降低的事实。参见山东省高级人民法院（2000）鲁民终字第390号判决书。

⑤ 参见北京市第一中级人民法院（2014）一中民终字第9328号判决书。

⑥ 参见湖南省湘潭市中级人民法院（2012）潭中民一终字第46号判决书等。

⑦ 参见北京市第二中级人民法院（2016）京02民终6271号、6272号判决书等。

⑧ 参见上海市第二中级人民法院（2017）沪02民终2507号判决书，在本案中网络平台对平台上发布的信息尽到了审查义务，保证了发布信息的客观性，因此行为不具有违法性；北京市高级人民法院（2010）高民终字第411号判决书，本案中出版社对出版书籍的内容真实性未尽到注意义务，同样构成侵害名誉权。

可以是特定个人或者团体，[①]如果行为人虽然没有明确对象，但以描述内容足以让他人认定具体的个人的，也可以构成对名誉权的侵害[②]。再次，行为人的行为具有贬损他人社会评价的性质，即这种行为具有贬损他人社会评价的可能。此种可能性应当依据社会常理判断，如上文所述，在司法实践中一般存在涉及不实信息、隐私信息或者涉及对人格的侮辱性言语的都会认为具有贬损他人社会评价的性质。从次，行为人实施的贬损他人社会评价的行为，必须要让第三人知悉。侵害名誉权贬损的是社会评价，因此只有让第三人知悉，才会涉及社会评价的提升或者降低，如果相关行为只有行为人自己知悉，或者仅仅是行为人和名誉权人知悉，都不涉及社会评价变动的问题。最后，行为人的行为具有违法性。违法性的问题较为复杂，尤其是其与过错的关系长期争论不休。在这里结合一般观点和本条第1款第2句的内容，只要是属于侮辱、诽谤等会造成权利人社会评价客观降低的行为，那么其就具有违法性。[③]

第三，因果关系。即行为人的违法行为与权利人社会评价降低的损害结果之间存在因果关系。虽然因果关系的判断有多重标准，但在名誉侵权判决中多数表现为直接因果关系，这种因果关系的判断较为简单。[④]但在个别的情况下，也会存在间接因果关系，此时就需要在具体的案件中加以准确判断。[⑤]

第四，主观过错。侵害名誉权属于一般侵权行为，根据《民法典》侵权责任编第1165条第1款的规定，适用过错责任原则，因此权利人必须证明行为人在主观上具有过错。所谓过错包括故意和过失，前者是指行为人追求或者放任损害结果发生，即直接故意和间接故意，后者是指行为人未尽到合理

---

① 参见北京市第一中级人民法院（2014）一中民终字第9328号判决书，在本案中被告在微博上发布的言论并没有指向具体个人，但指向原告团体中的不特定个人，因此原告是适格的当事人。

② 参见北京市第一中级人民法院（2017）京01民终6788号判决书。

③ 关于违法性的一般讨论，参见周友军：《侵权法学》，中国人民大学出版社2011年版，第149页以下。认为过错可以吸收违法性的观点，参见王利明：《侵权责任法研究》（上卷），中国人民大学出版社2010年版，第300页；程啸：《侵权责任法》，法律出版社2011年版，第190页以下。本书以为，既然《名誉权案件解答》第7条第1款明确规定了违法行为，那对行为的违法性确有讨论的必要。

④ 参见马特、袁雪石：《人格权法教程》，中国人民大学出版社2007年版，第262—264页。

⑤ 参见杨立新：《人格权法》，法律出版社2011年版，第519页。

的注意义务，而这里合理注意义务应当以一般理性人的客观标准加以判断。[①]而在侵害名誉权的情况，故意和过失都能够造成名誉权的损害，[②]而这种区分一方面和认定是否成立侵害名誉权有关，例如侮辱和诽谤通常要求行为人主观上存在故意；而另一方面行为人的主观状态对责任范围的确定也有一定的影响，在故意侵权的情况下，通常承担较多责任。

（三）侵害名誉权的责任承担

根据过错责任原则，当行为人实施了侵害名誉权的行为，造成了损害结果，主观上有过错，且又无正当的免责事由时，就需要承担侵害名誉权的责任。根据《民法典》第995条的规定，侵害名誉权主要承担责任的形式包括：停止侵害、消除影响、恢复名誉，如果侵害名誉权的行为还造成了权利人精神上和财产上的损害，还需要承担相应的损害赔偿责任。民法上的责任承担以填补损害为一般原则，在侵害名誉权的情况，侵权行为造成了权利人社会评价降低的客观事实，因此有责任采取必要措施，让已经降低的社会评价恢复原状。停止侵害针对的是正在发生的侵害名誉权的行为，如果侵害行为正在进行，权利人有权要求法院采取强制措施，制止侵权行为的进行。消除影响针对的是已经发生的侵害名誉权的行为，要求行为人采取措施，消除相关行为在社会中造成的影响，消除影响社会评价下降的因素。恢复名誉是特别针对侵害名誉权的责任承担方式，在实际操作中，消除影响和恢复名誉往往难以明确区分，但相对于消除影响来说，恢复名誉往往更倾向于主动给予权利人一个积极的评价。实践中消除影响和恢复名誉的主要措施包括：公开道歉、发布正名声明等。[③]并且消除影响和恢复名誉的措施，还应当与侵权所造成不良影响范围大致相当。[④]如上文所述，名誉利益除了人格利益之外，还具

---

① 参见周友军：《侵权法学》，中国人民大学出版社2011年版，第173页以下。

② 因为主观故意而损害名誉权的案例参见“陈某某诉莫宝兰、莫兴明、邹丽丽侵犯健康权、名誉权纠纷案”载《中华人民共和国最高人民法院公报》2015年第5期（总第223期）；因为客观过失而损害名誉权的案例参见天津市高级人民法院（2014）津高民一终字第0028号判决书。

③ 参见天津市高级人民法院（2014）津高民一终字第0028号判决书；北京市高级人民法院（2010）高民终字第411号判决书。

④ 参见《名誉权案件解答》第10条。

有财产利益，对名誉权的损害还可能造成权利人的财产损失，这一点在法人名誉权的情况，以及将信用纳入名誉的内涵之后，尤为明显。法人并不存在精神损害的问题，对法人名誉权的损害主要就是财产损害。[①]依据最高人民法院《名誉权案件解答》第10条，“公民并提出精神损害赔偿要求的，人民法院可根据侵权人的过错程度、侵权行为的具体情节、给受害人造成精神损害的后果等情况酌定”。可见如果行为人侵害名誉权的行为较为严重，主观恶性较高，在消除影响、恢复名誉之后仍然不能填补权利人的损害的，法院还可以根据具体情况，要求行为人承担精神损害赔偿的责任。[②]

三、侵害名誉权的行为

本条第1款第2句虽然没有明确侵害名誉权的责任构成，但其从反面排除了侵害名誉权的典型行为，即侮辱和诽谤。从文义逻辑上解释，只要认定行为人的行为属于侮辱或者诽谤，那么就构成了对名誉权的侵害。因此明确侮辱与诽谤的含义和具体体现，对于认定侵害名誉权十分重要。

（一）侮　辱

有观点认为，所谓侮辱，是指行为人以语言、暴力或者其他方式，故意毁损他人人格的行为，[③]也有观点认为侮辱通常体现为纯粹的谩骂或者对人身缺陷的公然指摘。[④]究其本质来说，禁止侮辱保护的是当事人的主观名誉感情及尊严免受他人的肆意践踏。[⑤]换句话说，相对于强调虚假陈述的诽谤而言，侮辱所强调的是，行为人所实施的是一种十分激烈的贬损权利人名誉的行为，其往往伴随着行为、言语和文字的暴力，远远超过了一般的名誉贬损。

所谓行为上的暴力，是指行为人以暴力作用于权利人的人身，强迫权利

---

① 参见天津市高级人民法院（2014）津高民一终字第0028号判决书；青海省高级人民法院（2016）青民终字第153号判决书等。

② 参见北京市高级人民法院（2010）高民终字第411号判决书；北京市第二中级人民法院（2009）二中民终字第5603号判决书等。

③ 参见王利明：《人格权法》（第三版），中国人民大学出版社2018年版，第490页。

④ 参见杨立新：《人格权法》，法律出版社2011年版，第522页。

⑤ 参见岳业鹏：《论侮辱侵权责任》，载《法律适用》2014年第1期。

人为一定行为，或者强迫施加一定的行为于权利人，如强迫搜身、限制人身自由、公开示众等严重贬损人格尊严的行为。[①]需要特别指出的是，在行为暴力的情况下，除了侵害名誉权之外，还会侵害人身自由、生命健康等其他人格权，这时需要充分考虑，处理好权利之间的冲突问题。所谓言语上的暴力，主要是指行为人对权利人进行辱骂或者嘲笑。区别于行为暴力，言语暴力并不直接以强制力作用于权利人的人身，而是用一定话语来对他人的人格进行贬损，并期望对方遭受严重的精神痛苦，言语暴力往往发生在双方当事人面对面时。需要注意的是，这里使用的话语，必须远远超出正常范围。[②]所谓文字上的暴力，是指通过书写文字、图案等方式，对他人的人格进行贬损。区别于行为暴力，文字暴力并不实施暴力强制行为；区别于言语暴力，文字暴力并不通过语言实施，而是借助某种载体，通过文字、图案来实现。在这种意义上文字暴力区别于行为暴力和言语暴力，可以不在当面实施。同样的，这些文字、图案也远远超过正常的限度，是社会的一般理性人所无法忍受的。[③]应当承认，在实践中侮辱、诽谤同时存在的情况十分普遍，尤其是诽谤往往伴随着侮辱同时出现，因为行为人在用远超正常语言对权利人进行侮辱时，难免会夸张，并因此涉及虚假事实。

（二）诽　谤

诽谤是最为典型的侵害名誉权的行为，一般认为诽谤是以语言、文字、图画等方式散布针对民事主体的虚假陈述，并致使对方社会评价降低的行

---

① 参见“陈某某诉莫宝兰、莫兴明、邹丽丽侵犯健康权、名誉权纠纷案”，载《中华人民共和国最高人民法院公报》2015年第5期（总第223期），在本案中被告怀疑原告偷窃，于是限制被告人身自由、搜身、扒掉衣服、将其捆绑在电线杆上并挂上“小偷”的牌子当街示众。参见“吴某某等诉闵某等名誉权、人身损害赔偿纠纷案”，载《2012年上海法院案例精选》，上海人民出版社2012年版。

② 参见“吴某某等诉闵某等名誉权、人身损害赔偿纠纷案”，载《2012年上海法院案例精选》，上海人民出版社2012年版。

③ 参见北京市第一中级人民法院（2015）一中民终字第07485号判决书；北京市第二中级人民法院（2009）二中民终字第5603号判决书；北京市第一中级人民法院（2007）一中民终字第4112号判决书等。在这些案例中，被告均使用极其刻薄和污蔑性的言语批评原告，构成侮辱。

为。[①]美国法认为，诽谤的认定需要符合以下四个条件：（1）诽谤是关于他人错误的（false）和中伤的（defamatory）表述；（2）未经许可对第三方公布（unprivileged publication to a third party）；（3）公布者有过错或至少有过失；并且（4）或者陈述本身具有可诉性而无特别损害（special harm）或者存在由于公开造成的特别损害。[②]这里的“公布”则要求这种中伤的表达必须“故意或者由于过失被受诽谤人以外的其他人所获知”，并且如果某人故意或者由于过错而没有消除在其控制之下的诽谤内容，其也需要承担由于继续公开所导致的责任。那些重复或者再发表（republish）诽谤信息的人，也要像原始发布人那样对待。至于那些散布、传播、在电视或广播中播放诽谤事由的人，如果他们知道或者应当知道这些信息本身的诽谤性，也需要承担责任。[③]

英美普通法上，诽谤主要可以分为两种类型，永久形式的诽谤或书面诽谤（Libel），主要包括通过某种载体记录下来的诽谤性表达；短暂性的诽谤或口头诽谤（slander），主要由诽谤性的言语所组成。前者表现为通过书写或者印刷文字等物质载体体现或者其他任何具有书写或印刷文字特征的表达方式，公开发表诽谤性内容。而后者表现为通过口头语言，暂时性的肢体动作，或者其他所有非以书面方式所公开表达的诽谤性内容。[④]区分永久诽谤和短暂性诽谤的目的在于证明损害的条件不同。在书面诽谤中，原告并不需要证明“特别损害”，即无需证明损害的事实，在此情况下，损害是推定的。而对口头诽谤来说，原告必须证明现实的损害。因为言语终究会消失，而记录下的内容则会让丑闻永存。[⑤]

可见诽谤的核心特征是虚假的表述，这就意味着当相对人社会评价的损

---

① 参见王利明：《人格权法》（第三版），中国人民大学出版社2018年版，第492页以下；杨立新：《人格权法》，法律出版社2011年版，第520页以下。

② See Restatement of the Law, Second, Torts, § 558. 所谓中伤的是指通过降低其社会评价或者阻拦第三人和其联系或来往等方式，损害他人的名誉。一个中伤的表述必须同时也是错误的表述。See Restatement of the Law, Second, Torts, § 559.

③ 参见谢远扬：《个人信息的私法保护》，中国法制出版社2016年版，第158页。

④ See Restatement of the Law, Second, Torts, § 568.

⑤ See Ostrowe v. Lee, 175 N.E. 505, 506（N.Y. Ct. App. 1931）.

害是由正确的表述所导致时，并不能够要求行为人承担诽谤的责任，而从过错责任的归责原则出发，如果行为人不知道或者不应当知道表述是虚假的，即没有过错，那么即便散布了这些言论，也不会构成诽谤。这里对于不知道或者不应知道的判断，应当依据一般理性人的标准进行，如果行为人尽到自己的注意义务，仍然无法对其真实性产生充分的怀疑，那么就不构成诽谤。并且这种一般理性人标准也更容易和社会公众形成共识，更容易判断社会评价是否降低。当然这种注意义务也随着行为人的具体身份有所不同，考虑“同职业、同社会交易团体分子一般所应具有之智识能力”，[①]如果行为人是专业人士，则其承担的注意义务显然比普通人高。[②]

（三）其他行为

在侮辱和诽谤之外，自然还有其他侵害名誉权的具体行为。例如，最高人民法院《名誉权案件解答》第7条提到的“因新闻报道严重失实，致他人名誉受到损害的，应按照侵害他人名誉权处理”；第9条提到的“编辑出版单位在作品已被认定为侵害他人名誉权或者被告知明显属于侵害他人名誉权后，应刊登声明消除影响或者采取其他补救措施；拒不刊登声明，不采取其他补救措施，或者继续刊登、出版侵权作品的，应认定为侵权”；还有在将“信用”纳入名誉范围之后，出现的当事人信用记录失实的情况，[③]都属于其他侵害名誉权的行为。

三 举证责任

依据《民法典》第1165条以下的内容，侵害名誉权属于一般侵权，其举证责任遵循“谁主张，谁举证”的一般规则，即权利人/被侵权人应当举证证

---

① 参见王泽鉴：《民法学说与判例研究》（第五册），中国政法大学出版社2005年版，第286页。

② 参见天津市高级人民法院（2014）津高民一终字第0028号判决书，本案被告是中医药科研工作者，其对药品的公开评论未尽到专业的注意义务，构成对原告名誉权的侵害。

③ 参见洛阳市中级人民法院（2010）洛民终字第2331号判决书；上海市第一中级人民法院（2009）沪一中民一（民）终字第716号判决书。

明行为人有侵害名誉权的行为、造成了权利人社会评价降低的客观事实、行为和损害结果之间存在因果关系以及行为人主观上具有过错。而行为人为了减轻或者免除自己的责任，也需要围绕侵权构成要件提出自己的抗辩。需要特别指出的是，行为人可以通过证明主要内容真实，且无侮辱诽谤事实；新闻或者公民的正当舆论监督行为；合理引用；受害人同意；第三人过错；以及履行法律和道德上的义务等事由减轻和免除责任。

第一千零二十五条【侵害名誉权的免责及其例外】

行为人为公共利益实施新闻报道、舆论监督等行为，影响他人名誉的，不承担民事责任，但是有下列情形之一的除外：

（一）捏造、歪曲事实；

（二）对他人提供的严重失实内容未尽到合理核实义务；

（三）使用侮辱性言辞等贬损他人名誉。

历史由来

本条源于对有关司法解释的整合与提升。有关新闻（媒体）侵害名誉权的规定之前并未出现在我国民事法律规范中，但在司法解释中确有涉及新闻（媒体）侵权的内容。

最高人民法院《名誉权案件解答》第6条规定："因新闻报道或其他作品发生的名誉权纠纷，应根据原告的起诉确定被告。只诉作者的，列作者为被告；只诉新闻出版单位的，列新闻出版单位为被告；对作者和新闻出版单位都提起诉讼的，将作者和新闻出版单位均列为被告，但作者与新闻出版单位为隶属关系，作品系作者履行职务所形成的，只列单位为被告。"第7条第4款规定："因新闻报道严重失实，致他人名誉受到损害的，应按照侵害他人名誉权处理。"第8条规定："文章反映的问题基本真实，没有侮辱他人人格的内容的，不应认定为侵害他人名誉权。文章反映的问题虽基本属实，但有侮辱他人人格的内容，使他人名誉受到侵害的，应认定为侵害他人名誉权。文章的基本内容失实，使他人名誉受到损害的，应认定为侵害他人名誉权。"最高人民法院《名誉权案件解释》第9条涉及批评性报道是否认定为侵害名誉权的判断。从这些条款来看，新闻（媒体）侵权认定的关键在于，新闻的内容是否真实，以及是否具有侮辱他人人格的内容。

在学者建议稿的层面，王利明教授主持的《中国民法典学者建议稿》在“特殊的自己责任”（第二章）中以专节规定了“新闻侵权”，内容包括新闻侵权的概念、形式、抗辩事由、公众人物、责任主体、侵害人格权的补救、新闻作品侵权准用等。[①]杨立新教授在其主持的《中华人民共和国侵权责任法草案建议稿及说明》中以“媒体侵权”为标题在“过错的侵权行为”章中对相关侵权责任作出了规定，同时以并列的一节（第二节）规定了“侵害精神性人格权的行为”之侵权责任。在“媒体侵权”一节中，起草者规定了媒体侵权的形式、抗辩事由、公众人物、责任主体、侵害人格权的补救（反报道）、侵害网络用户信息、网络服务者的特殊连带责任、拒绝或者无法提供网络证据的补充责任、文学作品侵权准用。[②]杨立新教授还在《侵权责任法》实施之后，以该法为基础，编写了《中国媒体侵权责任案件法律适用指引》，里面用94条的庞大篇幅，详细阐述了媒体侵权的主体和义务、责任的客体、责任构成要件、侵权行为类型、抗辩事由、网络侵权责任、侵权责任方式等内容。[③]

从《民法典》立法进程启动伊始，立法者就非常注重新闻（媒体）侵权的问题。《民法典各分编（草案）》第805条规定：“行为人为维护公序良俗实施新闻报道、舆论监督等行为，影响他人名誉的，不承担民事责任。但是行为人捏造事实、歪曲事实、对他人提供的事实未尽到合理审查义务或者包含过度贬损他人名誉内容的除外。”其内容和体例虽然和本条有较大差距，但已经确定了本条的基本内容，即新闻报道原则上不承担民事责任，但虚假报道或过度贬损他人名誉（即侮辱）的除外。《民法典人格权编（草案）》（二审稿）对《民法典各分编（草案）》的文字和体例做出重大修订，其第805条规定：

---

① 参见王利明：《中国民法典学者建议稿及立法理由：侵权行为编》，法律出版社2005年版，第79页以下。

② 参见杨立新：《中华人民共和国侵权责任法草案建议稿及说明》，法律出版社2007年版，第17页以下。

③ 参见杨立新等：《中国媒体侵权责任案件法律适用指引》，载《河南财经政法大学学报》2012年第1期。

“实施新闻报道、舆论监督等行为，影响他人名誉的，不承担民事责任，但是有下列情形之一的除外：（一）行为人捏造事实、歪曲事实；（二）对他人提供的失实内容未尽到合理审查义务；（三）相关内容过度贬损他人名誉。”大致形成了本条的立法体例，《民法典人格权编（草案）》（三审稿）第805条仅仅对《民法典人格权编（草案）》（二审稿）进行了文字上的修订：将第1项的“行为人”一词，移动到第1句之前，以“行为人”一词统领整个法条；将第3项改为“使用侮辱性言辞等贬损他人名誉”。用内涵明确的“侮辱性言辞”替换了内容模糊的“内容过度贬损”，这样不仅易于法律解释和适用，也让立法语言变得统一。《民法典》则进一步进行了言语的修订，首先在第1句增加了“为公共利益”的表述，限制了新闻报道、舆论监督等行为的目的，第2项将“失实内容”修订为“严重失实内容”，这就降低了行为人的注意义务标准，将“合理审查义务”改为了“合理核实义务”，从词义上看审查的要求要高于核实，后者是指核对是否属实，而前者除了核实之外还包括对相关内容的仔细检查和分析，进行恰当性的政治判断，这一修改显然降低了行为人的负担，两项修改都扩张了新闻报道的免责范围。

三 规范目的或功能

本条的规范目的是实现新闻监督和名誉权保护之间的平衡，在充分保护新闻报道和舆论监督社会功能的前提下，也可以在必要的范围内保护自然人、法人和非法人组织的名誉权。众所周知，所谓新闻报道的权利是指公民和新闻传播媒体在法律规定或认可的情况下，收集、采访、写作、传递、发表、印制、发行、获知新闻或者其他作品的自主性权利。[①]新闻报道的权利是一项非常重要的基本权利，新闻媒体在国家与社会的良性互动中也发挥着重要的作用。[②]然而由于部分新闻媒体工作者缺乏法律意识或者职业道德，屡屡发生在新闻报道活动中侵害其他主体合法权益的情形，进而产生大量新闻侵权诉

① 参见张军：《新闻自由与隐私权的冲突和平衡》，载《法学评论》2007年第1期。

② 参见周林彬、方斯远：《论新闻侵权中的公正评论原则》，载《当代法学》2008年第1期。

讼。[①]鉴于我国目前并没有《新闻法》一类的专门性法律规范，新闻侵权的纠纷长期处于无法可依的情况，在民事纠纷中，只能借助保护名誉权、隐私权等其他权利得以实现。本条及相关条款就是为了解决这一困境而制定的，也是出于立法者的这个目的，本条的规范体例非常具有特色。本条第1句实际上规定的是责任免除内容，即新闻报道和舆论监督等行为，只要是为了社会公共利益的目的，即便侵害了权利人的名誉权，也无需承担责任。本条第2句但书则是例外条款，即只有在例外的情况下才承担侵害名誉权的责任。这实际上确立了《民法典》关于新闻侵权制度的一项基本原则，即新闻报道和舆论监督，以不承担责任为一般原则，以承担责任为例外。需要特别注意的是，新闻侵权的结果不光会造成名誉权损害，还会造成隐私权、肖像权、姓名权等其他损害，在适用新闻（媒体）侵权的条款时，要特别注意和其他侵权请求权的竞合问题。

规范内容

本条调整新闻（媒体）侵权。所谓新闻（媒体）侵权是指报纸、杂志等媒体故意或者过失地登载诽谤他人的新闻，或者以其他方法实施侵权行为，造成受害人名誉权损害的侵权行为。[②]在《侵权责任法》立法过程中，对于是否需要规定独立的新闻（媒体）侵权制度曾经存在争议。持肯定意见的学者认为新闻侵权在责任构成、归责原则和抗辩事由方面具有特殊性，[③]并且在法院系统中对新闻侵权已经进行了深入的讨论和探索，积累了丰富的经验，[④]因此要独立于传统的隐私权、名誉权等制度独立制定。而否定说的意见则认为新闻侵权并没能够跳脱传统侵权的名誉权和隐私权，新闻侵权的特殊性相当

---

① 参见侯健：《舆论监督与名誉权问题研究》，北京大学出版社2002年版，第4页。

② 参见杨立新：《人格权法》，法律出版社2011年版，第206页。

③ 参见王利明：《中国民法典学者建议稿及立法理由：侵权行为编》，法律出版社2005年版，第79页以下；杨立新：《中华人民共和国侵权责任法草案建议稿及说明》，法律出版社2007年版，第17页以下；王利明、杨立新主编：《人格权与新闻侵权》（修订版），中国方正出版社2000年版，第523页以下。

④ 参见杨立新：《我国的媒体侵权责任与媒体权利保护》，载《中国法学》2011年第6期。

模糊，新闻媒体的界限不清，因此没有独立规定的必要性。[①]显然《侵权责任法》并没有接受肯定说的观点，而《民法典》的立法者似乎也承继了《侵权责任法》的这一思路，没有制定独立的新闻侵权制度，而是将其规定在名誉权项下。实际上，这也是对司法适用惯例的尊重，因为有关新闻侵权的司法解释和法律适用，也大多在保护名誉权的名义之下。[②]也正是基于这种思路，立法者在本条的文字表述上，选择了这种从反面规定例外的方式，而非从正面直接规定构成要件，至少在文字表达上回避了新闻侵权制度。

一、新闻报道的免责

本条第1句确立了新闻报道侵权免责的一般规定，立法者确立这一基本原则有其法学和社会学的依据。首先，新闻报道的自由和权利是一项基本的权利，很多国家的宪法中都有规定。[③]在我国，新闻自由是新闻业为实现其社会服务的目的，依法进行采访、写作、发表、出版新闻作品，不受非法控制、约束的权利。[④]在内涵上一方面是指新闻作者采访、写作、发表新闻作品不受非法控制、约束；另一方面是指新闻单位组织新闻、出版新闻不受非法控制、约束。其次，新闻报道的自由和权利对实现舆论监督具有非常重要的意义。党的十九届四中全会审议通过的《中共中央关于坚持和完善中国特色社会主义制度　推进国家治理体系和治理能力现代化若干重大问题的决定》中强调了健全和完善舆论监督制度对国家治理的重要意义，《光明日报》随后刊载文

① 参见张新宝：《新闻（媒体）侵权否认说》，载《中国法学》2008年第6期。另外中国社会科学院法学研究所的《中国民法典草案建议稿》，以及麻昌华教授起草的《民法典·侵权行为法（学者建议稿）》都没有规定新闻侵权。参见梁慧星主编：《中国民法典草案建议稿》，法律出版社2003年版，第305页以下；张新宝主编：《侵权法评论》（2003年第2辑），人民法院出版社2003年版，第180页以下。

② 司法解释参见《名誉权案件解答》。相关的判决可参见上海市第一中级人民法院（2014）沪一中民四（商）终字第2186号判决书（成都每日经济新闻诉奇虎），上海市第一中级人民法院（2014）沪一中民一（民）终字第1932号判决书（北京天盈九州案），北京市第三中级人民法院（2016）京03民终字第4131号判决书等。

③ 在我国，《宪法》虽然没有明确规定新闻自由，但是在第22条规定了国家有发展新闻广播事业的义务。

④ 参见杨立新：《人格权法》，法律出版社2011年版，第207页。

章，阐明“舆论监督是党和国家监督体系的重要内容，是社会‘免疫系统’不可或缺的一部分”[①]。而新闻报道的自由和权利是实现舆论监督的重要保障措施之一。最后，新闻报道的权利和人格权保护并不冲突。一方面，新闻报道的舆论监督作用，是社会“免疫系统”不可或缺的一部分，致力于“激浊扬清、扶正祛邪”，自然有利于保护个人人格尊严；另一方面，任何自由都有其限制，明确新闻报道自由的范围，也同样有利于个人人格尊严的保护。在这个意义上，本条第1句首先确立了新闻报道免责的原则，就是为了保护新闻报道的权利，让其有充分的条件实现媒体监督的社会功能。需要特别强调的是，在互联网2.0时代，新闻和评论的发布主体范围大大扩展了，除了正规新闻媒体机构之外，互联网中还存在大量的自媒体。但从本条的规范意旨出发，无论其身份是官方还是自媒体，只要其“为公共利益实施新闻报道、舆论监督”的都可以免责。

回到第1句的本文，需要特别注意的内容包括两点：第一，本句所涉及的新闻报道、舆论监督，必须是为了公共利益而实施，与公共利益无涉的报道无法免责；第二，本句所涉及的新闻报道、舆论监督，只能是影响他人名誉，而和其他人格利益无关。

“公共利益”作为禁止权利滥用的一项条件，已经为《民法典》第132条所明确规定。所谓公共利益主要是指一般社会公众，不特定多数人的共同利益。[②]在本条的语境下，这种公共利益与新闻报道和舆论监督具有含义上的同一性：正常的新闻报道出于其向社会公众传播社会异动，表达社会关注的这种“公共性”特征，本身就具有“公共利益”的指向性。[③]而舆论监督，作为新闻报道的重要功能之一，正如上文所述，其对国家治理具有重要的作用，也体现了明显的“公共利益”性。但并非所有的新闻报道都指向公共利益，无论从新闻机构的角度还是新闻从业者的角度，新闻显然都存在着公与私的

---

① 俞文：《完善坚持正确导向的舆论引导工作机制》，转引自中华人民共和国司法部网站http://www.moj.gov.cn/subject/content/2019-12/11/1278_3237714.html，最后访问日期2020年7月16日。

② 参见王利明主编：《中华人民共和国民法总则详解》（上册），中国法制出版社2017年版，第567页。

③ 参见何芳明：《新闻正义论》，新华出版社2016年版，第3页。

冲突，体现为私利对公信的贬损。具体来说包含两种形式：一是有偿新闻或有偿不闻，即新闻记者收受当事人的钱财或其他好处，采写发布当事人需要传播的新闻信息，甚至夸大传播当事人需要传播的新闻信息，或者隐蔽压制当事人不希望传播的新闻信息；二是广告影响新闻或利益集团引导舆论，即新闻媒体因为广告商的意见，对某些与广告商有关联的新闻做出放大、缩小或者不发的安排。[①]这都会造成新闻的失真，让新闻报道失去公共性，进而影响其公共利益的指向性。但在这里还需要讨论的是，这种“公共利益”指向性的判断标准，是主观还是客观，即判断新闻报道是否指向公共利益，是以报道者本人的主观意识为依据，还是以报道的客观效果为依据？传统的新闻理论认为，新闻报道应当追求客观、公正和独立，[②]如果报道者因为受到某种因素的影响，在新闻中隐瞒部分事实、做出倾向性的报道，那么即便报道的内容全部为真，也在客观上贬损了新闻报道的“公共性”，进而影响到公共利益，即应当以报道者本身的主观意识为依据。但需要特别指出的是，由于主观意识通常难以直接证明，和民法中的“过错”类似，新闻的客观公正性也存在一个主观标准客观化的趋势，因此也有观点提出，如果报道者在报道时没有尽到一个一般的新闻工作者的注意义务，则相关的报道就会被认为失去了正当性。[③]在这个意义上，通常新闻报道者只要能够证明自己从事的是正常的新闻报道，尽到了一般新闻工作者的注意义务，就可以满足公共利益的举证责任，免于承担侵害他人名誉权的侵权责任。

二、新闻侵权的责任构成

（一）一般规定

由于《民法典》侵权责任编中没有特别规定新闻侵权的内容，因此作为一项一般侵权行为，新闻侵权的责任构成也需要适用《民法典》第1165条第

---

① 参见何芳明：《新闻正义论》，新华出版社2016年版，第3页。

② ［美］新闻自由委员会：《一个自由而负责的新闻界》，展江、王征、王涛译，中国人民大学出版社2004年版，第11页以下。

③ 参见袁靖华：《媒介正义论：走向正义的传播理论与实践》，载《国际新闻界》2011年第2期。

1款的规定。

首先，新闻侵权的责任主体。最高人民法院《关于侵害名誉权案件有关报刊社是否列为被告和如何适用管辖问题的批复》（已失效）认为，“报刊社对要发表的稿件，应负责审查核实。发表后侵害了公民的名誉权，作者和报刊社都有责任”。[①]可见最高人民法院只将相关出版发行单位和作者列为共同被告，相关的司法判决也与最高人民法院的这一解释相一致。[②]应当认为，我国的这一规定范围相对较窄，相比之下，我国《大清印刷物专律》认为责任主体包括作者、印刷厂、出版社的主人、经理人，发卖人以及分送人；法国认为发行人和出版商同样是责任主体；[③]在美国法中，重复或者发布相关的诽谤性言论会承担所谓的“发布者责任”，而单纯散布这种诽谤性的信息，则会产生所谓的“散布者”（distributor）责任，和发表者不同，诽谤信息的散布者除非被证明本身具有过错，即其知晓或者应当知晓信息的诽谤性，否则不应当承担责任。[④]在实践中需要特别注意的是，如果作者为新闻单位提供稿件是职务行为，那么根据《民法典》第1191条的规定，只由新闻单位作为责任主体，当然，如果作者提供稿件并非职务行为，亦或是新闻媒体只是转载，那么就不能适用替代责任的规定，而是要将两者作为共同被告，一起承担责任。

其次，新闻侵权的违法行为。根据本条第1句的表述，新闻侵权的违法行为就是影响他人名誉的行为，这里的影响，当然是指负面影响，即造成他人社会评价客观降低的效果。而根据《民法典》第1024条第1款的规定，造成名誉贬损最典型的行为就是侮辱和诽谤，新闻侵权也不例外。但需要注意的是，新闻侵权的具体形式主要是新闻作品的发表、编辑与出版，如果新闻作品中虽然含有侮辱、诽谤的内容，但却没有发表，未产生实质的损害后果，也不会构成新闻侵权。对于已经公开发表的侵权新闻作品，作者的侵权行为是完成写作，而新闻单位的侵权行为是发表侵权作品，前者是后者的前提和基础。

最后，新闻侵权的主观过错。虽然根据《民法典》第1165条，新闻侵权

① 参见最高人民法院1988年1月15日法（民）复〔1988〕11号判决书。

② 参见北京市高级人民法院（2010）高民终字第411号判决书；上海市第一中级人民法院（2014）沪一中民四（商）终字第2186号判决书等。

③ 参见杨立新：《人格权法》，法律出版社2011年版，第210页。

④ 参见谢远扬：《个人信息的私法保护》，中国法制出版社2016年版，第161页。

仍然属于一般侵权，属于过错责任，通常来说只要侵权新闻已经发布，就可以视为主观上具有过错。具体区分故意和过失的意义，在于确定是否成立侮辱或者诽谤，以及个案之中的赔偿数额。而作者和新闻单位之间也要区分各自的主观过错状态。作者的注意义务为真实报道，公正评论，而新闻单位的注意义务则是合理核实。因此，在实践中可能出现作者故意而新闻单位过失，或者相反的情况。

根据本条但书，新闻媒体只在三种特定情况下承担侵害名誉权的责任，那么对于但书这三项的认定，就对新闻侵权的成立十分关键。

（二）捏造、歪曲事实

正如上文所述，新闻报道的内容是捏造、歪曲事实即是所谓的诽谤。和侮辱不同，诽谤的判断关键在于是否存在虚假陈述。而所谓捏造，就是无中生有，将没有发生的事当作事实加以报道；而所谓歪曲，就是颠倒黑白，将已经发生的事实加以修改或者加工，改变其重要内容，再予以报道。捏造和歪曲都是制造虚假报道的具体方式，都是新闻诽谤的具体表现。

但这里需要特别注意的是，鉴于新闻媒体重要的社会作用，是否只要是虚假陈述就一定构成诽谤，进而一定构成新闻侵权，比较法上通常需要考虑新闻媒体是否具有“真实恶意”（Actual Malice）。所谓的“真实恶意”标准是一个主观标准，有观点认为其关注于新闻报道时的心理状态，只考虑报道本身是否对所可能的错误持价值中立的态度。这实际上就意味着对相对人来说，除非能够证明新闻报道具有主观上的恶意，否则均不能够通过诽谤制度获得救济。该观点同时认为，在实践中很难证明新闻媒体的真实恶意，因为通常法院采用两种方式来证明信息发布者的主观心理状态：其一，法庭会考察信息发布者在发布信息时可见的行为，看这些行为能否反映行为人的主观心理状况；其二，则是通过行为人自己的陈述，而这两者之中的后者更是法庭主要参考的内容。[①]典型的，在著名的New York Times Co., v. Sullivan案[②]中，《纽

---

① Randall P. Bezanson, The Developing Law of Editorial Judgment, 78 Neb. L. Rev. 754, 763–764,（1999）.

② 即纽约时报诉沙利文案，376 U.S. 254（1964）.

约时报》的部分报道内容失实，联邦最高法院认为为了保障新闻监督，政府官员不得单纯因新闻报道中的内容有失实的部分而提出诽谤起诉。除非他们能证明媒体的报道存在“真实恶意”，并且还需证明自己的实际利益因为这一部分失实的内容确实受到了伤害。

“真实恶意”的标准不仅仅适用于政府公共官员，也可以适用于“公众人物”。在相关的国外判决中，法官认为每个人都有保护自己名誉不受诽谤的权利，然而却认为这种权利的行使需要区分公共官员（public officials）、公众人物（public figures）和普通个人（private individuals）。面对媒体的不实陈述，前两者享有更多的公共渠道可以通过媒体进行直接的回应，并且当一个人主动引起公共关注时，都会引起一种“公共争议”（public controversy），并有义务承受一定的来自于公共媒体不实评论的风险。[①]需要注意的是，普通个人并不能因为仅仅是和某个公众事件相关联就必然转变为公众人物。[②]有观点认为对公众人物的判断应当依照如下三个步骤进行：首先判断社会争议事项，是否涉及公共利益或者公共关注；其次判断当事人对争议事项的介入程度，以及介入的自愿与否；最后判断所诉之诽谤是否和争议事项相关。[③]

当然，我国未必要完全引入美国的“真实恶意”标准，但借鉴相关内容，对新闻真实、法律真实和客观真实之间的关系应当合理看待。新闻真实可能与法律真实、客观真实之间有所落差，新闻真实是报道者通过自己的观察和调查所能取得的真实，而法律真实则是国家机关通过公权力的侦查、检察和审判活动所获得证据所显示的真实，显然前者无法达到后者的高度，而这两者都和客观真实有所差距。因此在新闻报道中，只要报道经过合理的查证，其内容基本符合事实，或者根据报道当时的客观条件限制，基本符合事实，或者是根据国家机关的公开文书或者公开职权行为所进行的报道，并没有明知道虚假还故意报道的情况，一般都认为符合新闻真实，不存在捏造、扭曲事实的情况。[④]

---

① See Gertz v. Robert Welch, Inc., 418 U.S. 323（1974）.

② See Wolston v. Readers Digest Ass’n, Inc., 443 U.S. 157（1979）.

③ See Atlanta Journal–Constitution v. Jewll, 555 S.E.2d 175（Ga. Ct. App.2001）.

④ 参见北京市第三中级人民法院（2016）京03民终字第4131号判决书。

（三）对他人提供的严重失实内容未尽到合理核实义务

如果说捏造、扭曲主要是新闻作者自己主动制造虚假内容，那本项主要指向的则是新闻作者对于引用其他来源内容以及新闻发布者对于发布的内容未尽到自己合理的注意义务。区别于本条但书第1项新闻作者积极主动生产虚假内容，第2项的规定是指新闻作者未尽到合理的核实义务导致引用或者转载了严重失实内容，并导致自己制作的新闻内容其真实性和合法性出现瑕疵。而新闻发布者承担和新闻作者不同的责任，即核实新闻作者的报道作品是否符合真实、合法标准的义务。本项对这种核实义务进行了具体化，明确了未尽到此项义务的两项标准：

其一，是严重失实内容。如前文所述，新闻真实不同于法律真实和客观真实，新闻真实允许在合理范围之内和后两者有所差别，但这里的严重失实，显然超过了这种合理差别的范围。需要注意的是，这种不真实并不意味出现诽谤，因为新闻诽谤通常需要主观过错，甚至主观故意。而这里的严重失实内容，还可能因为时间的经过而产生，即之前新闻发生时基于客观条件的限制，完成报道内容时无法发现的失实，在新闻发布时可以发现了，此时新闻作者虽然没有侵权，但新闻发布者如果未经核实，直接发布，则也会侵害他人的名誉权。

其二，是合理的核实义务。对于合理性的判断详见《民法典》第1026条。这里需要特别说明的是，本条将草案中的“审查”改为了“核实”。应当承认，在语义上审查和核实的含义非常接近，但也有些许差异，前者是指“检查核对是否正确、妥当”，而后者则指“审查核对是否属实”。[①]相对后者，前者除了检查是否和事实相吻合之外，还要从价值上判断，是否和具体的环境相互合适、妥当之意，可见审查的内涵是要大于核实的。此外，在具体适用上，审查多适用于涉及国家公权力机关的场合，涉及国家公权力的行使，如行政审查、司法审查等，而核实则没有这些特殊含义。本项将审查改为核实，一方面表明立法者降低了新闻发布者的注意义务，即只对新闻的内容进行事实的核实，而不对价值取向进行审查；另一方面，强调新闻发布者并非国家公

---

① 参见夏征农、陈至立：《辞海》，上海辞书出版社2009年版，“核实”“审查”条目。

权力机关，因此只能核实，而不具有审查的权力。这一改动降低了《民法典》的政治性，新闻审查是国家公权力的行使，并非私法规范的对象；也回应了当代社会的发展，随着互联网的发展，新闻作者和发布者的群体显著扩大，并非所有的新闻发布者都有能力进行政治审查，因此将政治审查的职责交由专门机关，新闻发布者只负责事实的核实，也是社会发展和分工的必然要求。

（四）使用侮辱性言辞等贬损他人名誉

本项针对的是新闻报道中，关于新闻评论的内容。如前所述，所谓侮辱，在新闻侵权中，主要表现为通过暴力性的言语，严重贬损他人的人格。广义上说，侮辱还是一种对他人人格的否定性评价，而评价性语言，往往出现在对新闻事件和人物进行的评论之中。①

新闻评论是新闻报道的重要组成部分，展现了新闻报道者和新闻发布者对新闻事件和人物的具体态度，是引导社会舆论、弘扬先进思想和精神、揭露和抨击各种腐败现象和不正之风的主要武器。新闻评论，尤其是批评性的评论，尤其容易引发名誉权纠纷，但考虑到新闻监督的重要社会作用，当批评性新闻报道与被批评者的名誉权发生冲突时，应当向维护批评性新闻报道的方向倾斜。②因此有观点认为，对新闻评论导致的侵害名誉权，应当采用所谓“公正评论”原则，即以意见的形式表达的对公共事务的批评，如果建立在真实或者可免责的事实陈述基础上，且评论者确信事实真实，在主观上没有恶意，则评论内容即使侵害了被评论者的相关权利，评论人也得以免责。③

最高人民法院《名誉权案件解答》第8条并没有采纳“公正评论”标准，其一，解释将侵权构成与否的焦点集中在文章内容的真实性上面，而忽略了事实陈述与评论的区分。其二，解释指出评论必须“没有侮辱他人人格的内容”，并不关注评论者的主观意图。相比之下，本项的规定对这两项均有改变，

---

① “如果表达至少在理论上可以为客观标准证明，那么它就是一项事实的陈述；如果包含了道德或者审美上的判断，那么就构成了评论。”See Matusevitch v. Telnikoff, 877 F. Supp. 1（D.D.C. 1995）.

② 参见关丽：《批评性新闻报道侵害名誉权的认定》，载最高人民法院民事审判第一庭主编：《中国民事审判前沿》（2005年第1集），法律出版社2005年版，第92页。

③ 参见周林彬：《论新闻侵权中的公正评论原则》，载《当代法学》2008年第1期。

更加符合“公正评论”的要求。体现在：第一，本项不再强调新闻“反映的问题基本真实”，这就区分了新闻报道和评论，真实与否是新闻报道需要考虑的，评论只是新闻作者和发布者意见的表达，无涉真实与否。第二，本项强调要在行为上使用侮辱性的言辞，相对于之前“侮辱他人人格的内容”更为具体，因为侮辱性言辞往往更具有公认性，通常是一些明确贬义性的词句或者表达。而侮辱人格的内容较为抽象，可能言辞本身并不涉及那些公认的侮辱性表达，但是通过解释，可以达到贬损他人人格的目的，即所谓的“骂人不带脏字”，对于这种情况是否认定为侮辱，实践中确有解释的空间。[①]并且明确性的“侮辱性言辞”，也更加体现出评论人的主观恶意，满足“公正评论”的判断依据。

举证责任

依据《民法典》第1024条第1款和第1165条第1款，新闻侵害名誉权属于一般侵权，其举证责任遵循“谁主张，谁举证”的一般规则，即被侵权人应当举证证明行为人有侵害名誉权的行为、造成了权利人社会评价降低的客观事实、行为和损害结果之间存在因果关系以及行为人主观上具有过错。而新闻报道者和发布者，只要能够证明自己的行为是“为公共利益实施新闻报道”即可以免责。除非被侵权人能够证明本条但书内容，即新闻内容虚假、新闻发布者没有尽到合理核实义务，或者新闻评论的内容涉及对被侵权人使用侮辱性言辞。

① 参见北京市第一中级人民法院（2015）一中民终字第07485号判决书，在本案中法院对当事人双方使用的各种评论性言语是否属于侮辱进行了判断，对于那些明确的贬义性表达，如“流氓”“骗子”等毫无疑问属于侮辱，但对于调侃揶揄的语句，则“应纵观全文，综合考虑上下文语境、言论关涉的话题领域、发言人主观目的及身份等多方面因素”。

第一千零二十六条【合理核实义务的认定】

认定行为人是否尽到前条第二项规定的合理核实义务，应当考虑下列因素：

（一）内容来源的可信度；

（二）对明显可能引发争议的内容是否进行了必要的调查；

（三）内容的时限性；

（四）内容与公序良俗的关联性；

（五）受害人名誉受贬损的可能性；

（六）核实能力和核实成本。

历史由来

本条是对第1025条第2项的补充规定，其内容主要吸收了司法解释的有关规定。最高人民法院《名誉权案件解释》第6条涉及新闻来源的权威性和内容的时限性；第7条涉及新闻提供者的责任；第8条部分涉及公序良俗。《民法典各分编（草案）》第806条规定："行为人对转载的或者他人提供的事实是否尽到合理审查义务，可以根据以下因素确定：（一）信息来源的可信度；（二）对明显可能引发争议的内容是否进行必要的调查；（三）事实的时效性和与公序良俗的关联性；（四）受害人名誉贬损的可能程度；（五）审查能力和审查成本。行为人应当就自己已尽到合理审查义务承担举证责任，但是法律另有规定的除外。"不难发现，虽然有部分表述上的不同，《民法典各分编（草案）》第806条已经确定了本条的主要内容，即信息来源、必要调查、时效性、公序良俗、损害结果、审查能力和成本。《民法典人格权编（草案）》（二审稿）对《民法典各分编（草案）》的文字和体例做出了一定程度的修改：首先，将审查义务的前提和第805条第2项的内容进行衔接，将相对独立的法条变成解释说明性质，节约了立法资源；其次，将第1项的"信息"改为"内容"，这就和第805条第2项的表达相一致；第三，将第3项的"事实"改为"内容"，也是为了和第805条的表述相一致；最后删除了第2款的"但是法律另有规定的除外"，这一更改将行为人的证明责任予以固化，不允许法律对此作出另外的规定。《民法典人格权编（草案）》（三审稿）对《民法典人格权编（草案）》（二审稿）的修改不多，只是将第1款的“可以考虑”改为“应当考虑”，这一修改限缩了法院的自由裁量范围，众所周知法律规范中的“应当”具有义务性色彩。当使用“可以”一词时，意味着司法机关可以参考本条，也可以参考其他的因素。但使用“应当”这一表述时，司法机关就有义务根据本条项下的内容对行为人是否尽到审查义务进行判断。考虑到本条是封闭性的规定，司法机关就只能以本条项下的规定作为判断依据。《民法典》第1026条作出了两项重大的改变：其一，将第806条中的“审查”改为了“核实”，其同样是为了和《民法典》第1025条相一致；其二，将第2款举证责任的内容删除，从逻辑上看《民法典》第1025条但书是被侵权人的举证责任内容，以排除新闻作者和新闻发布者的免责，而《民法典》第1026条则是对第1025条但书第2项未尽到合理核实义务的说明和反驳，理应是新闻作者和新闻发布者的举证责任，因此删除相关条款不影响法条内容，节约立法资源。[①]

在学者建议稿层面，王利明教授主持的《中国民法典学者建议稿》在“特殊的自己责任”（第二章）“新闻侵权”一节中对其有所涉及。[②]杨立新教授在其主持的《中华人民共和国侵权责任法草案建议稿及说明》“媒体侵权”一节中也涉及新闻发布者的审查义务。[③]而在杨立新教授编写的《中国媒体侵权责任案件法律适用指引》中，也阐释了媒体违反审查义务的内容。[④]

三 规范目的或功能

本条是对第1025条第2项关于合理核实义务的补充说明，明确了判断是

---

① 反对观点参见罗斌：《〈民法典（草案）〉“新闻舆论条款”举证责任问题研究》，载《当代传播》2018年第6期。认为该条规定的过失举证责任倒置给新闻舆论监督带来了消极影响，并对侵权法体系稳定性存在威胁。

② 参见王利明：《中国民法典学者建议稿及立法理由：侵权行为编》，法律出版社2005年版，第79页以下。

③ 参见杨立新：《中华人民共和国侵权责任法草案建议稿及说明》，法律出版社2007年版，第17页以下。

④ 参见杨立新等：《中国媒体侵权责任案件法律适用指引》，载《河南财经政法大学学报》2012年第1期。

否尽到合理核实义务的标准，因此是不完全法条。如果新闻作者和发布者的行为满足了本条各项要求，就可以认为其在获得信息的过程中，尽到了合理的核实义务，无需承担新闻侵害名誉权的责任。具体来说，内容来源可信度越高，争议性越低，时限性越高，与公序良俗的关联性越低，受害人名誉受贬损的可能性越低，新闻媒体的核实能力越小，所能承受的核实成本越低，则合理核实义务的要求越低。需要特别说明的是，本条所针对的核实对象，根据第1025条但书第2项的表述，应当只包括新闻事实，而不包括新闻评论。[①]

规范内容

结合《民法典》的立法过程，核实义务的对象一开始是“转载的或者他人提供的事实”，现行核实对象，则依据第1025条但书第2项是指“他人提供的严重失实内容”。在逻辑上，本条的行为人既包括新闻作者，也包括新闻发布者。

一、内容来源的可信度

所谓内容来源的可信度是指新闻的来源依据公认的标准有足够的可信度，新闻作者或发布者无须另行核实，这是从信息来源上排除新闻作者和新闻发布者在获取新闻过程中的过错。具体来说可以包括两种类型：[②]

其一，是受害人提供或同意。如果新闻内容是由受害人本人提供的，那么其自然有足够的可靠性。并且如果受害人主动向新闻媒体提供相关内容，也就意味着其应当承受新闻媒体公开相关内容后所产生的法律后果。这是当事人对自身权利和利益的处分，只要不违背法律和公序良俗，就应当得到承认，自不必多言。需要特别说明的是：（1）如果受害人是未成年人，那么需要得到其法定代理人的同意。（2）受害人的提供和同意必须是自愿的，如果是受欺诈或者胁迫，自然无效。（3）新闻报道的内容必须与受害人提供或者

---

① 参见王伟亮、刘逸帆：《论我国新闻侵犯名誉权“合理审查义务”抗辩的确立与完善》，载《现代传播》2020年第2期。

② 参见郭卫华、常鹏翱：《论新闻侵权的抗辩事由》，载《法学》2002年第5期。

同意的范围相当，内容相同。

其二，是权威信息来源。所谓权威信息来源是指信息的来源具有足够的公信力，足以证明新闻媒体没有主观过错。最高人民法院《名誉权案件解释》第6条规定："新闻单位根据国家机关依职权制作的公开的文书和实施的公开的职权行为所作的报道，其报道客观准确的，不应当认定为侵害他人名誉权；……"这就是国家公文权威性和可信性的法律依据。除此之外，其他还可以视为权威信息来源的包括：为配合特定机关履行职责的需要而发布的信息，如报纸、网站授权发布的国家机关公文以及企业等社会组织就自己的事项向新闻媒体提供的信息。

二、对明显可能引发争议的内容是否进行了必要的调查

本项的规定较为抽象。所谓"明显可能引发争议的内容"是指该内容将显著引发非议，非恶意行为人有理由预见自己的行为可能引发严重的后果。[①]对于这样的定义有几点需要厘清：

首先，这里的"非议和严重后果"应当如何理解？新闻的目的就是引起社会关注和讨论，因此新闻天然就会引发争议。但一般的新闻的关注度和讨论度都有限，尤其是在信息爆炸的时代，绝大多数新闻都会迅速被公众所遗忘。但有些新闻，因为种种原因，会引起超出一般的关注度和讨论度，并会产生广泛的社会影响。而社会影响的大小，就是衡量争议性大小的主要依据。对于这种所谓"爆炸新闻"，新闻媒体在报道时理应尽到充分的查证和谨慎义务。

其次，这里的"明显"是指相关内容会引发社会争议的可能性超出了一般，具有显著的可能性。新闻是否会引发社会关注，是一个概率事件，但有些新闻内容，依据经验来看，其会引发社会关注的可能性大于一般。如社会名人的新闻，揭露社会丑恶的新闻，反映社会主要矛盾的新闻等。

最后，无论是对引发社会关注概率高低的判断，还是对造成社会影响大小的预期，都涉及一个预见力的问题，那么这里是应当以一般社会公众的认识和预见力为标准还是应当以社会一般专业新闻工作者的认识和预见力为标准，本项并没有明确。新闻工作者作为专业人士，其长期从事新闻

① 参见张红：《民法典之名誉权立法论》，载《东方法学》2020年第1期。

制作和发布活动，对于新闻社会效果的预见能力，理应高于社会普通人。然而，在互联网2.0时代，新闻的制作和发布已然大众化，无数社会一般民众都或多或少地参与到新闻的制作和发布活动中，他们显然缺乏新闻工作者的专业性。因此在这里对预见性的判断，不得不采取类型化的方式，对于以制作和发布新闻为业、长期从事制作和发布新闻或者通过制作和发布新闻获得自己主要收入的，其预见能力应当以专业新闻工作者为标准；而对于社会普通民众，通过互联网偶尔从事新闻制作和发布的，则应当适用社会一般理性人的标准。

所谓的“必要调查”是指出于风险规避，根据内容争议性的大小，所应采取相应的对该内容的真实性进行的补充调查。如对热点民生问题的爆料应进行实地走访、拍摄等必要的调查行为。这里的必要性，和新闻内容的争议性成正比，新闻争议性越大，调查的必要性就越高。而调查的具体内容和措施，则应当依据新闻媒体行业的惯例，考虑具体的成本以及现实的可能性加以确定。需要特别注意的是，如果新闻内容争议性特别大，社会影响特别大，则无论调查成本多高都应当进行核实。

三、内容的时限性

新闻都有其时效性，新闻报道越及时，其新闻价值也越大，产生的社会影响也就越大。然而新闻工作者对时效性的追求和保证新闻真实性之间存在客观的冲突。①新闻报道时效性越强，对新闻内容的核实时间就越短，对新闻真实性的保证就越弱。法律虽然追求新闻的真实性，但是从新闻本身的性质来说，保证其时效性，对实现新闻的社会监督功能，保障民众的知情权也具有非常重要的意义。②因此，法律在这里为了实现时效性和真实性的平衡，要求将新闻内容的时限性纳入考虑。一方面，对于时效性强的新闻内容，由于新闻作者和发布者缺乏足够的时间进行充分的核实，并且由于刚刚发生，很

---

① 参见项国雄、乌美娜：《新闻报道真实性与时效性的博弈》，载《传媒观察》2005年第5期。

② 参见许永超、陈俊峰：《“层累地”形成的“时事新闻”》，载《新闻与传播研究》2020年第3期。

多事件的内容在客观上无法核实，那么在合理谨慎的条件下，可以适当降低核实义务；另一方面，对于发生在过去的新闻内容，由于经过了充分的时间，事件内容已经充分展开，新闻作者和发布者就有义务进行充分的核实，保证新闻内容尽量符合真实性。

四、内容与公序良俗的关联性

公序良俗作为一项重要的民法原则，在《民法典》第8条就作了明确规定。所谓公序良俗由“公共秩序”和“善良风俗”两个概念所组成，涉及社会的基本秩序和社会的基本伦理道德，在社会的运转中处于基础性的地位。[①]这就意味着，涉及“公序良俗”的新闻，往往就涉及社会的基础性问题，具有重大的社会影响，也有可能引发社会的广泛争议。和本条第2项的规定类似，对于这种涉及公序良俗等社会根本问题的新闻内容，新闻作者和新闻发布者理应尽到更大的注意义务，以保证其真实性，不要引起无谓的社会争议，甚至社会不稳定。

五、受害人名誉受贬损的可能性

所谓受害人名誉受贬损的可能性，是指当新闻内容公开之后，对于受害人名誉可能造成负面评价的预期。新闻内容对受害人名誉的损害越大，新闻工作者对于新闻内容真实性的核实义务也就越高。和本条第2项一样，本项仍然涉及一个行为人预见力的问题，其具体判断标准，在自媒体时代，仍然需要分类讨论。有观点认为，本项可能代表我国名誉权的保护不要求侵害实际发生，[②]实际上是一种误读。本项是对《民法典》第1025条的补充，而第1025条以实际影响他人名誉权为前提。在逻辑上，本项是在实际发生了影响他人名誉权的客观事实之后，判断新闻作者和新闻发布者在制作和发布新闻时，对于他人提供的失实内容，是否履行了合理的核实义务的依据。如果当时可以预见新闻内容会导致受害人名誉贬损，但行为人并没有采取合理的措施，

① 参见王利明主编：《中华人民共和国民法通则详解》（上册），中国法制出版社2017年版，第39页以下。

② 参见张红：《民法典之名誉权立法论》，载《东方法学》2020年第1期。

排除对内容真实性的怀疑，那么就可以认为其未尽到合理的核实义务。

六、核实能力和核实成本

核实能力与核实成本是考察核实义务合理性最为直接的因素。前者体现行为人的社会运作能力，即行为人在客观上所能采取的所有手段；而后者则包括时间成本和金钱成本。无论是自媒体，还是专业媒体，其调查能力与可供支配的调查资源都是有限的。行为人履行核实义务，都要受到这些调查能力和资源的客观制约。核实能力标准，要求法院在裁判时，针对不同身份的民事主体特点，设定不同程度的要求。简单地说，普通自然人，其核实能力最低；而自媒体从业者，虽然也是自然人，但其作为媒体从业者，理应有相对较高的核实能力；至于专业媒体机构，自然有最高的核实能力。核实成本标准也与此类似，普通自然人、自媒体从业者和专业媒体机构所能承受的核实成本也依次递增。当然，具体的核实成本与核实能力是相互关联的，行为人所能支付的成本在大多数情况下都能决定核实能力的大小。在这种意义上，对于行为人来说核实能力和成本又是一体的，成本是能力的一部分。

与类型化的行为人核实能力和核实成本不同，对于失实内容的核实能力和核实成本的要求，必须以具体的新闻内容为依据，进行个案的衡量。对核实能力的要求，以可以合理证明内容真实与否为客观标准；而对核实成本的要求，则需要结合本条其他款的内容，相关新闻的内容越有争议，越涉及公序良俗，越有可能损害当事人名誉的，行为人所应当承担的核实成本也就越高，对极具争议性或者社会影响极大的新闻，则无论核实成本多高，都应当核实其真实性。与行为人不同，针对具体失实内容，所要求的核实能力和成本则是分离的。新闻内容对核实能力的要求是客观的，不以行为人的不同类型或者身份而变化，因为核实新闻内容的方法是客观的。例如要确定某具尸体的身份，要么去测指纹，要么去询问可能知晓其身份的人。而对核实成本的要求，则是变化的，要结合当时的社会背景，新闻可能产生的社会影响和对当事人的影响加以考虑。

两相比照，如果核实内容失实的能力和成本要求超过了行为人本身的核实能力，行为人穷尽了自己所有可能的核实手段，也无法认定内容失实，那行为人就无须承担虚假内容所造成的侵害他人名誉权的责任。反之，如果核实能力和成本要求均在行为人本身能力范围之内，而行为人未能核实出内容的严重失实，则表明行为人未尽到合理的核实义务，需要对失实内容所造成的权利人名誉权损害承担损害赔偿责任。

行为人是否尽到合理的核实义务，应综合考虑上述各项因素。但核实能力和核实成本的判断，在某种意义上又必须综合以上所有因素。本条抽象的规范内容，如何具体实现，亟待司法实践的补充和完善。

第一千零二十七条【作品与名誉权侵害】

行为人发表的文学、艺术作品以真人真事或者特定人为描述对象，含有侮辱、诽谤内容，侵害他人名誉权的，受害人有权依法请求该行为人承担民事责任。

行为人发表的文学、艺术作品不以特定人为描述对象，仅其中的情节与该特定人的情况相似的，不承担民事责任。

历史由来

本条内容源于司法解释的规定。之前的民事法律规范没有类似条文。最高人民法院1993年《名誉权案件解答》和1998年《名誉权案件解释》均涉及作品侵害名誉权的内容。

《名誉权案件解答》第9条规定：撰写、发表文学作品，不是以生活中特定的人为描写对象，仅是作品的情节与生活中某人的情况相似，不应认定为侵害他人名誉权。描写真人真事的文学作品，对特定人进行侮辱、诽谤或者披露隐私损害其名誉的；或者虽未写明真实姓名和住址，但事实是以特定人或者特定人的特定事实为描写对象，文中有侮辱、诽谤或者披露隐私的内容，致其名誉受到损害的，应认定为侵害他人名誉权。编辑出版单位在作品已被认定为侵害他人名誉权或者被告知明显属于侵害他人名誉权后，应刊登声明消除影响或者采取其他补救措施；拒不刊登声明，不采取其他补救措施，或者继续刊登、出版侵权作品的，应认定为侵权。《名誉权案件解释》第3条规定：新闻媒介和出版机构转载作品，当事人以转载者侵害其名誉权向人民法院提起诉讼的，人民法院应当受理。

在民法典编纂过程中，《民法典各分编（草案）》首先引入作品侵害名誉权的内容，其第807条规定："民事主体发表的作品中的情节与特定人的情况相似，但是不以该特定人为描述对象的，不承担民事责任。民事主体发表的作品描述真人真事，或者以特定人为描述对象，包含侮辱性内容，侵害他人名誉权的，被侵权人可以依法请求侵权人承担民事责任。"《民法典人格权编（草案）》（二审稿）第807条的行文，相较《民法典各分编（草案）》有了较大幅度的变化：首先将"民事主体"改为了"行为人"，这样的修改让责任主体更为明确，并且可以省去《民法典各分编（草案）》中对民事主体进行限定的大量语言，节省了立法资源。其次，将《民法典各分编（草案）》第807条的第1款和第2款互换位置，这样就在《民法典人格权编（草案）》（二审稿）第807条中形成先规定责任，再规定免责的模式，更符合逻辑。第三，将《民法典各分编（草案）》第807条第2款中的"侮辱内容"，改为《民法典人格权编（草案）》（二审稿）第807条第1款的"侮辱、诽谤内容"，这样的表述更加全面，也和《民法典人格权编（草案）》（二审稿）第804条规定的内容相一致。第四，将《民法典各分编（草案）》第807条第2款中的"被侵权人可以"改为《民法典人格权编（草案）》（二审稿）第807条第1款中的"受害人有权"，将"被侵权人"改为"受害人"是为了和《民法典人格权编（草案）》（二审稿）第806条第1款第5项的表述相统一；"可以"的表述较为口语化，而"有权"的表述更加严谨，并且相关条款均使用"有权"，提升法典语言的统一度。第五，《民法典人格权编（草案）》（二审稿）第807条第2款将"不以特定人为描述对象"，放在"情节与该特定人的情况相似"前面，调换了《民法典各分编（草案）》第807条第1款这两项特征的顺位，体现了强调重点的变化，前者强调的核心是不以特定人为描述对象，此时即便情节具有相似性，也不构成侵害名誉权，更符合免责的构成要件。《民法典人格权编（草案）》（三审稿）第807条未对《民法典人格权编（草案）》（二审稿）的内容进行修改。《民法典（草案）》第1027条以及现行《民法典》第1027条，也延续了相关内容，未做修改。

规范目的或功能

文学艺术作品创作是重要的社会活动，是丰富社会文化生活的重要手段，也体现了艺术表达的自由，同样是公民的基本权利之一。但是在文学艺术作品的创作过程中侵害他人名誉权的案件也日益增多，本条就是为了规制相关问题，实现艺术表达自由和保护民事主体名誉权之间的平衡。本条分为两款，第1款规定了作品侵害名誉权的责任构成，是完全法条。其构成要件为“作品以真人真事或者特定人为描述对象，含有侮辱、诽谤内容”，“侵害他人名誉权”，法律效果为“有权依法请求该行为人承担民事责任”。而第2款则规定了作品侵害名誉权的免责事由，可以视为第1款的例外规定，即构成要件为“作品不以特定人为描述对象”。

规范内容

本条的“文学、艺术作品”承接于《著作权法》第1条，对应着去除了“科学作品”以外的，《著作权法》中的“作品”概念。根据《著作权法实施条例》第2条的规定，文学、艺术作品是指文学和艺术领域内具有独创性并能以某种有形形式复制的智力成果。根据《著作权法》第3条，其外延主要包括：（1）文字作品；（2）口述作品；（3）音乐、戏剧、曲艺、舞蹈、杂技艺术作品；（4）美术、建筑作品；（5）摄影作品；（6）电影作品和以类似摄制电影的方法创作的作品等。[①]在这种意义上，新闻同样也是广义上文学、艺术作品的一个具体类型，但考虑到本条的适用，以及和《民法典》第1025条以下的冲突，本条的“文学、艺术作品”应该限缩理解为以文章、戏剧、影视作品为主的文艺创作。[②]

---

① 对我国作品概念的批评和比较法上的借鉴，参见李伟民：《作品定义与分类的理论重构》，载《知识产权》2015年第10期。

② 参见福建省福州市中级人民法院（2019）闽01民终7678号判决书，认为新闻并非文学作品；安徽省合肥市中级人民法院（2019）皖01民终7510号判决书，认为日常聊天记录并非文学作品。

文艺作品是人类在文学艺术领域独创性成果的体现，是人类文明的瑰宝，也是人类精神文明发展的重要标准。作家在现实的基础上通过想象和虚构所创造出的文艺作品，是文学艺术创作的合理表达方式，也是艺术表现自由的体现。[①]而艺术表现自由，是公民表达自由的重要组成部分，是公民的基本权利之一，通过表达自由，体现出一种个人对社会的能动，是民众参与社会生活的重要手段，而通过艺术表现自由，则使得民众可以追求精神上的愉悦和满足，并以此推动整个社会的发展，因此国家应当鼓励有益的文艺创作，给予支持和帮助。[②]而文艺作品这种依托于现实，又脱离于现实的特点，很容易就会成为侵害他人名誉权的主要风险，每年都有大量涉及作品侵害名誉权的案例诉诸法院，成为名誉权侵权的重要类型之一。[③]为了处理好保护艺术表现自由和维护民事主体名誉权之间的关系，法律必须在两者之间实现平衡，尤其需要明确文艺作品侵害名誉权的构成要件，以确定名誉权在文艺作品侵权下的保护界限。

一、文艺作品侵权的构成要件

本条第1款规定了文艺作品侵权的构成要件。

相对于一般侵害名誉权，作品侵害名誉权的特殊性，首先体现在侵权主体上。根据本条第1款的文本，作品侵害名誉权的侵权主体是“行为人”，区别于《民法典》第1024条规定的“任何组织或者个人”。这里的行为人，与新闻侵权类似，既包括了文艺作品的作者，也包括了出版发行文艺作品的公开人，前者完成作品，而后者将作品公之于众，产生社会影响力。从侵害名誉权的责任构成角度，两者缺一不可，没有作品，无从谈及侵害名誉权的具体内容，而没有公之于众，则也不会造成他人社会评价客观降低的实际效果。最高人民法院《名誉权案件解答》第6条就明确规定，作者和新闻出版单位都可以作为被告。需要特别指出的是，如果作品是作者的职务行为，那

---

① 参见张红：《文学作品中的名誉权侵权责任》，载《中南民族大学学报》2012年第6期。

② 参见甄树青：《论表达自由》，社会科学文献出版社2000年版，第59—60页。

③ 参见张红：《民法典之名誉权立法论》，载《东方法学》2020年第1期。

么仅能将单位作为被告。[①]在司法实践中也同样贯彻了这一观点，并且在大多数诉讼中，原告为了保证被告的责任能力，大都将作者和新闻出版单位列为共同被告。[②]

（一）违法行为

侵害名誉权的违法行为是行为人实施的具有贬损他人社会评价性质的行为。而作品侵害名誉权作为一种特殊的侵害名誉权行为，其主要特征就是行为人通过其所制作完成并出版发行的文艺作品的内容，造成他人社会评价客观降低的法律后果。如前文所述，为了鼓励社会中的文艺创作，并非任何的文艺作品都会成为侵权作品。依据本条第1款只有“以真人真事或者特定人为描述对象”的文艺作品，才可能具有侵害名誉权的可能。

这里的“以真人真事或者特定人为描述对象”的文艺作品主要包括两类。其一，所谓以“真人真事”作为描述对象，主要是指纪实文学，即“借助个人体验方式（亲历、采访等）或使用历史文献（日记、书信、档案、新闻报道等），以非虚构方式反映现实生活或历史中的真实人物与真实事件的文学作品，其中包括报告文学、历史纪实、回忆录、传记等多种文体”。[③]纪实文学虽然可以进行一定程度的虚构，但是必须在有限和合理的范围之内，应当尽量贴合真实发生的事件或者人物，不能进行明显的变更。其二，所谓以“特定人”作为描述对象，则是指在纪实文学以外的文艺作品中，如一般的小说、戏剧中，社会一般公众可以将作品中的角色和现实中的特定对象相联系，让公众产生角色就是指特定对象的印象。这里的特定对象可以是自然人，也可以是法人或社会组织。

在司法实践中纪实文学比较容易判断，但是如何认定作品指向“特定人”较为困难，尤其是在一般文艺作品中通过使用“假名”“虚构人物”“含沙射影”的方式，侵害特定人名誉权的，应当综合考虑案件的整个事实。有观点

---

① 参见黑龙江省哈尔滨市中级人民法院（2017）黑01民再2号判决书。

② 参见北京市高级人民法院（2010）高民终字第411号判决书；福建省武夷山市人民法院（2019）闽0782民初119号判决书；北京市第二中级人民法院（2012）二中民终字第03449号判决书。当然也有在个案中只起诉作者的，参见湖南省浏阳市人民法院（2017）湘0181民初3597号判决书。

③ 参见李辉：《给“报告文学”更名》，载《南方文坛》2009年第1期。

认为，此时应当以“一个正常的人在读此书时，是否能看出书中的人物就是原告”这样一种抽象的客观标准为判断依据。[①]具体来说，其判断标准有二：其一，如果特定人具有普通人不具备的，独特的且大众知悉的身份和特征时，行为人虽然未指名道姓，但在文艺作品中明确提到了这一特定身份和特征的，则可以视为作品指向了该特定人；其二，如果特定人具有公众所知悉的或者极易被查证的特定事实或者经历，而行为人在文艺作品中提到了这一事实或者经历的，也同样可以视为作品指向了该特定人。[②]在具体的司法实践中，也大体上遵循这种“身份特征+特定经历”的判断标准，作品中的角色如果与原告的姓名相似，[③]体型外貌相似，[④]社会关系相似，[⑤]或者个人经历相似的，[⑥]都可以认定为指向特定人，当然在具体的判断中，需要综合各项标准，从整体进行评价。需要强调的是，这种指向性必须要能达到一定的程度，即一般人都可以毫无悬念地联想到现实中的特定人。[⑦]如果这种指向性存在客观争议，则从保护创作自由的角度，不宜给予过重的责任。

在明确文艺作品是描述真人真事或者指向特定人之后，法院就需要判断，在作品中针对特定人的描述，是否具有“侮辱、诽谤内容”。关于侮辱、诽谤的含义在此不再赘言。和新闻侵权一样，作品侵害名誉权只能通过文字或者表演的方式，并不涉及直接的行为暴力侮辱。需要特别指出的是，在文艺作品侵害名誉权中也要区分“侮辱”和对角色的正常评价，和新闻类似，文艺作品中也包括事实描述和评价意见，在评价意见的部分，作者难免会对作品

---

① See Bindrim v. Mitchell, 155 Cal. Rptr. 29 (Ct. App. 1979).

② 参见程啸：《侵权责任法》，法律出版社2011年版，第97页。

③ 参见福建省厦门市思明区人民法院（1988）厦思法刑字第1号判决书；“荷花女案”，载《中华人民共和国最高人民法院公报》，1992年第2期；湖南省岳阳市中级人民法院（1998）岳民终字第305号判决书；新疆维吾尔自治区高级人民法院（2001）新民终字第88号判决书。

④ 参见“胡骥超、周孔昭、石述成诉刘守忠《周西成演义》名誉权案”，载《中华人民共和国最高人民法院公报》，1992年第2期。

⑤ 参见浙江省金华市中级人民法院（1999）金中民终字第524号判决书；云南省高级人民法院（2000）云高民终字第115号判决书。

⑥ 参见黑龙江省哈尔滨市中级人民法院（2017）黑01民再2号判决书；湖南省浏阳市人民法院（2017）湘0181民初3597号判决书。

⑦ 参见张红：《民法典之名誉权立法论》，载《东方法学》2020年第1期。

中的角色发表自己的看法，由于文艺作品涉及表达自由，因此对评价意见的部分也不应太过限制。与新闻侵权类似，在评价意见的部分，只要不涉及使用“侮辱性的言辞”来贬损特定人的名誉，即便存在负面性评价或者一定程度的情绪表达，通常都不应当视为违法行为。[①]

（二）主观过错

作品侵权的行为人既然包括作者和出版发行单位，那么和新闻侵权类似，两者在作品侵害名誉权的语境下，也承担着不同的注意义务。对于作者来说，其要保证文艺中“以真人真事或者特定人为描述对象”的内容，没有对特定人进行侮辱、诽谤的内容，这属于文艺创作自由的界限问题。如前文所述，文艺创作自由是表达自由的重要组成部分，是公民的基本权利。但是任何自由都有其必要的界限，这种界限通常以社会公序良俗以及他人的合法权益为依据。正常的文艺表达，即便其内容有部分虚构，即便其评论意见中有负面性评价或者情绪表达，都在表达自由所保护的范围之内。但如果虚构的负面内容达到一定程度，构成了诽谤，或者评论中负面意见表达十分激烈，构成了侮辱，文艺创作显然就超过了必要的限度，侵害了他人的合法权益，自由也就不复存在了。因此，如果作者超过了表达自由的合理范围，在文艺作品中针对特定人有侮辱、诽谤内容的，其在主观上就具有过错了。

这里需要讨论的是，在作品侵害名誉权的情况，尤其是“诽谤”的情况，作者的主观过错，是否需要达到“真实恶意”的程度，即是否要求作者主观上有贬损特定人社会评价的故意，并因此而虚构了相关内容，明知自己的作品发表会产生负面影响，仍然为之。如前文所述，客观真实难以实现，新闻工作者如是，文艺工作者也是如此。再加上文艺作品中原本就可以有合理虚构的内容，真实也并非文艺作品所追求的唯一目标，因此社会公众对文艺作品与客观真实的背离，其容忍度远超新闻。在这种情况下，如果仅仅因为作

---

① 参见北京市西城区人民法院（1998）西民初字第547号判决书；福建省武夷山市人民法院（2019）闽0782民初119号判决书；北京市海淀区人民法院（2016）京0108民初33800号判决书等。在这些案例中，被告在作品中的评论性内容，均不涉及侮辱性言辞，所以不构成侵害名誉权。

者的一时疏忽，存在虚假的内容，就认为构成“诽谤”，显然超过了必要的限度。有观点认为，在作者主观上只有过失的情况下，需要考虑实际的损害结果，如果结果上并没有造成名誉权的实际贬损，或者损害轻微，即便作品内容有虚假成分，也不应当认为构成“诽谤”侵害名誉权。[①]这是非常合理的，同时也为我国司法实践所接受。[②]

和作者不同，文艺作品的发行者虽然不能直接决定文艺作品的内容，但其对所出版发行的作品也负有相应的社会责任，即对所承接出版的作品，应当尽作为诚实信用之人应尽的注意义务，对其内容进行审查，在发现问题时及时采取有效措施予以补救。[③]对于纪实文学，要考察其是否尽量符合真人真事；[④]而对于创作文学，则要考察作品的角色是否可以合理地指向现实中的真实人物，并进一步考察是否存在侮辱或者诽谤的内容。当然这种审核义务的范围也是有限的，必须要考虑发行者的审核能力、审核成本以及作品的体裁，以一般出版发行人的合理注意义务为依据，合理确定。[⑤]但需要说明的是，在实际案例中，在已经判定作品侵害名誉权的情况下，出版发行人很难证明自己尽到了合理的审核义务，因此在大多数案例中，出版发行人很难单独免责。但根据《名誉权案件解答》第9条第3款，法院在司法实践中会将出版发行人事后是否采取有效的补救措施纳入考量，如果出版发行人及时采取了停止侵害、恢复名誉、消除影响、赔礼道歉等补救措施，态度真诚、行为有效的，可不再履行相应的义务。[⑥]反之，若没有及时采取措施，则要承担相应的，甚

---

① 参见梁书文等：《审理名誉权案件司法解释理解与适用》，中国法制出版社2001年版，第137页。

② 参见湖南省浏阳市人民法院（2017）湘0181民初3597号判决书。

③ 参见浙江省金华市中级人民法院（2000）金中民终字第323号判决书。

④ 参见新疆维吾尔自治区高级人民法院（2001）新民终字第88号判决书。

⑤ 参见云南省高级人民法院（2000）云高民终字第115号判决书；“彭家惠诉《中国故事》杂志社名誉权纠纷案”，载《中华人民共和国最高人民法院公报》2002年第6期；浙江省金华市中级人民法院（2000）金中民终字第323号判决书。

⑥ 参见“彭家惠诉《中国故事》杂志社名誉权纠纷案”，载《中华人民共和国最高人民法院公报》2002年第6期。

至是不良影响扩大的责任。[①]

（三）损害事实和因果关系

作品侵害名誉权的损害事实和因果关系的判断，遵循侵害名誉权的一般规则，在此不必赘述。需要指出的是，讨论这两个因素时，在作品侵害名誉权的情况，需要考虑作品的公开程度，如果作品尚未出版发行，或者作者虽然没有发表，但他人未经作者许可进行传播的，作者或者出版发行人，都无需承担责任。前者是因为没有造成损害结果，而后者则是没有因果关系。

（四）责任承担

和一般侵害名誉权的规则一样，本条所指的“民事责任”包括《民法典》第995条规定的停止侵害、消除影响、恢复名誉，如果侵害名誉权的行为还造成了权利人精神上和财产上的损害，还需要承担相应的损害赔偿责任。在将作者和出版发行人列为共同被告的情况下，因为两者的注意义务内容不同，一般不存在共同故意，也不存在共同行为，司法实践中通常让两者各自承担相应的责任，而非连带责任。[②]

二、文艺作品侵权的免责事由

本条规定的免责事由，直接来源于《名誉权案件解答》第9条第1款，本条并未进行实质性修改。其核心判断依据是，作品内容不以特定人为描述对象，即普通的读者或者观众，并不能将作品中的角色和特定人相互联系。具体来说，作品中的角色，既没有和特定人有相同或类似的姓名，也没有体现特定人独特的身份和特征，更没有和特定人有类似的特殊经历，那么就不应当认为作品以特定人为描述对象。

文艺作品虽然可以虚构，但是其仍然植根于现实生活，作品中的人物或多或少地也过着和大众相类似的生活，因此角色特征与情节，难免会与现实

---

① 参见云南省高级人民法院（2000）云高民终字第115号判决书；浙江省杭州市中级人民法院（2000）杭民终字第914号判决书。

② 参见“彭家惠诉《中国故事》杂志社名誉权纠纷案”，载《中华人民共和国最高人民法院公报》2002年第6期；上海市黄浦区人民法院（1992）黄法民字第1067号判决书等。

中的某个特定人存在部分的相似之处。但这种相似性，缺乏指向特定人的独特性，或者说独特性不够强到可以指向具体的特定个人。前者比如说每个人每天都要吃三餐，后者比如说角色仅与特定人出身相似或职业相似，而类似出身或职业的人不在少数。此时如果认定指向特定人，毫无疑问过于宽泛，不仅会导致相关裁判的标准变得模糊，更会严重损害基本的艺术创作自由和表达自由。为了这些基本自由，避免名誉权的保护超过必要的限度，《民法典》在此规定了作品侵害名誉权的免责，只要作品不以特定人为描述对象，即便存在与特定人的类似情节，也不认为应当承担侵权责任。

举证责任

依据《民法典》第1165条以下的内容，作品侵害名誉权也属于一般侵权，其举证责任遵循“谁主张，谁举证”的一般规则：权利人/被侵权人首先应当举证证明行为人有侵害名誉权的违法行为，即公开发表的作品以特定人为描述对象，并含有侮辱、诽谤内容；其次，应当证明该行为造成了权利人社会评价降低的客观事实；再次，应当证明行为和损害结果之间存在因果关系以及行为人主观上具有过错。而行为人为了减轻或者免除自己的责任，也可以围绕侵权构成要件提出自己的抗辩。除了传统的侵害名誉权免责事由之外，行为人还可以通过证明该作品并没有以特定人为描述对象，只是在个别情节上具有相似性的理由来免责。

第一千零二十八条【媒体报道侵害名誉权时的必要措施请求权】

民事主体有证据证明报刊、网络等媒体报道的内容失实，侵害其名誉权的，有权请求该媒体及时采取更正或者删除等必要措施。

历史由来

本条规定表面上看属于新增条款，但在《民法典》之前与其有相似内容的法律条款相当多。《民法通则》第120条第1款规定：“公民的姓名权、肖像权、名誉权、荣誉权受到侵害的，有权要求停止侵害，恢复名誉，消除影响，赔礼道歉，并可以要求赔偿损失。”更正、删除等补救措施就是停止侵害、消除影响的具体方式。《侵权责任法》第2条和第15条规定：侵害名誉权的责任承担方式包括停止侵害和消除影响。第36条第2款、第3款规定：“网络用户利用网络服务实施侵权行为的，被侵权人有权通知网络服务提供者采取删除、屏蔽、断开链接等必要措施。网络服务提供者接到通知后未及时采取必要措施的，对损害的扩大部分与该网络用户承担连带责任。网络服务提供者知道网络用户利用其网络服务侵害他人民事权益，未采取必要措施的，与该网络用户承担连带责任。”在立法模式上《侵权责任法》第36条可以视为本条的主要来源。《民法总则》第110条规定了自然人和法人享有名誉权，第179条延续《侵权责任法》第15条，规定承担民事责任的方式，同样包括停止侵害和消除影响。在司法解释层面，最高人民法院《名誉权案件解答》第10条规定：“人民法院依照《中华人民共和国民法通则》第一百二十条和第一百三十四条的规定，可以责令侵权人停止侵害、恢复名誉、消除影响、赔礼道歉、赔偿损失……”

在《民法典》的立法过程中，《民法典人格权编（草案）》（征求意见稿）和《民法典各分编（草案）》中都没有相关规定，《民法典人格权编（草案）》（二审稿）在第807条下设置了第807条之一，规定：“报刊、网络等媒体报道的内容失实，侵害他人名誉权的，受害人有权请求该媒体及时更正或者删除。媒体不及时履行的，受害人有权请求人民法院责令该媒体限期更正或者删除。”《民法典人格权编（草案）》（三审稿）修改了个别措辞，并未对二审稿的内容进行实质性修改。《民法典（草案）》第1028条对其表达进行较大幅度的修改和精简：首先将“受害人”改为“民事主体”，这样就和《民法典（草案）》第1024条中的表述相一致，并且“民事主体”的表述更为中性，避免事先就给当事人贴上“受害人”的标签；其次，增加了“有证据证明”的表述，明确了民事主体提出相关请求的证据要求；再次，将“侵害他人名誉权的”改为“侵害其名誉权的”，这一改动和《民法典（草案）》第1024条修改了之前的整体表述有关，将关注重点集中于相关民事主体，也明确了权利人；最后，删除了《民法典人格权编（草案）》（三审稿）第807条之一的第2句，这项修改涉及当事人的证明力、媒体新闻报道的自由以及法院裁判的权威性问题。简单来说，当事人要求采取补救措施的权利，是建立于其自己所收集的证据之上，相关证据的证明力，并未经过司法程序的挑战，也未获得司法机关的认可，相关媒体是否一定要采取补救措施，也有权根据当事人所提出的证据，做出自己的判断。如果媒体认为证明力不足，不予更正或删除，当事人诉至法院之后，法院也可能同样认为证据不足以证明其诉请。因此如果媒体不及时采取补救措施，当事人也并不能一定有权请求人民法院责令该媒体在一定期限内履行，还需要司法机关对相关的证据进行实质的审查。《民法典人格权编（草案）》（三审稿）第807条之一第2句的表述，在逻辑上确有不周延之处。

规范目的或功能

本条规定的是媒体报道失实，有侵害名誉权可能的，民事主体在有相关证据的情况下，可以主动请求相关媒体对失实内容采取更正、删除等必要补救措施的权利。在互联网时代，媒体报道速度快，影响范围广，其报道失实的内容一旦发出，就会造成极大的影响。如果此时还要等待漫长的司法程序结束之后，才能要求媒体改正失实内容，其对当事人名誉所造成的负面社会影响已经成为既定事实，难以挽回。因此本条就在诉讼开始之前，赋予了民事主体紧急要求相关媒体及时采取必要补救措施，更正、删除失实内容的权利，以便将侵害名誉权的影响降到最低。但问题是，相关媒体是否有义务进行相应的更正和删除，以及不进行更正和删除的法律后果为何，本条并没有明确规定。因此，本条属于不完全法条。需要注意的是，虽然更正、删除等补救措施在逻辑上包含于停止侵害、消除影响之内，但本条侧重的是，民事主体在有证据证明时，在司法程序介入之前，就可以积极主动地提出采取补救措施的请求，区别于《民法通则》第120条以下的裁判性规范。

规范内容

本条赋予了民事主体请求相关新闻媒体对失实内容采取更正、删除等必要补救措施的权利。这是一项全新的权利，有如下特征：

第一，权利的主体是名誉权受侵害的民事主体。根据本条的文字表述，只有自己的名誉权因为媒体报道上的不实内容受到侵害的主体才能够享有相应的权利。这里的主体应当包括自然人、法人和其他组织，和名誉权的主体范围相一致。但需要注意的是，民事主体是否享有此项权利，并非先验。在经过法院裁判之前，民事主体的名誉权是否被侵害，并无定论，民事主体的证据，因为没有经过法院的认可，并没有法律上的效力。本条表述中的“民事主体有证据证明报刊、网络等媒体报道的内容失实，侵害其名誉权的”，在实践之中往往是指民事主体有证据证明报刊、网络等媒体报道的内容有失实、侵害其名誉权的可能。因此，民事主体是否真的是此项权利的权利主体，在有争议时，还要等待法院最后的判决。如果法院认为证据足以证明媒体报道内容失实，且侵害其名誉权的，民事主体才溯及既往地成为此项权利的主体。如果法院认为证据不足，不能证明媒体报道失实，或者不足以认定侵害名誉权的，那么民事主体自始也就不享有此项要求采取补救措施的权利。

第二，本条针对的对象是报刊、网络等媒体报道的内容失实。众所周知，新闻报道通常包括两种类型，事实陈述和评论意见，只有事实陈述存在失实与否的问题，而评论意见则因为其主观性，并不能用失实与否加以判断。本条明确规定了请求权针对的对象仅有新闻报道的“内容失实”，即仅仅有权针对新闻报道事实陈述部分，要求采取更正、删除等措施。这是因为判断事实陈述部分真实与否相对简单，是一个事实判断，如果民事主体能够举出相反的事实证据，就可以证明新闻报道的内容失实。而评论意见部分，涉及新闻作者自己的主观意思表达，只能用合适与否加以判断，是一个价值判断，难以直接证明。

另外，本条强调的“内容失实”，其在本质上虽然也是内容上的不真实，但却不同于“捏造、歪曲事实”。后者作为新闻侵权中的“诽谤”行为，其不仅仅强调内容上的虚假，更强调行为人主观上的故意，体现新闻侵权中的“真实恶意”要求，而本条中的“内容失实”则没有这种“真实恶意”的色彩。因为核实能力和核实成本的限制，新闻媒体所掌握的新闻真实并非是客观真实，因此在客观上新闻内容就存在失实的可能。造成这种失实的原因，可以是明知失实但仍然报道的故意，可以是未尽到合理调查核实义务的疏忽，也可以是受限于调查核实能力和成本的客观不能。可见“内容失实”仅仅是对新闻失实的一个客观描述，并不涉及对相关媒体主观过错的评价。在很多情况下，发布内容失实的媒体在主观上甚至都没有可责性，此时要求媒体承担完整的侵害名誉权的法律后果，如停止侵害、消除影响、恢复名誉，甚至是物质和精神损害赔偿责任，既不符合权利义务相统一的要求，也不符合侵害名誉权的过错责任原则。

第三，民事主体行使更正、删除等必要措施请求权的前提，是其已经有相关的证据，可以证明内容失实并侵害名誉权。首先，这些证据的证明对象是新闻的事实陈述内容失实，即证明一个客观事实；其次，证据足以证明失实的内容会导致民事主体的名誉权受到损害，在这个意义上民事主体所掌握的证据必须要满足侵害名誉权的构成要件；最后，就证明标准来说，民事主体所能提供的证据必须要达到一定的程度。问题在于，在民事主体行使此项请求权时，其所提供证据的证明力究竟要达到何种程度？在我国民事诉讼中实行的是“高度盖然性”的证明标准。[①]换言之，我国民事诉讼的证明标准，并不要求排除其他的所有可能性，只是要求一方所提供证据的证明力比另一方大，更具有说服力，就可以满足证明要求。但在本条的情况下，民事主体并非参与民事诉讼，而是向新闻媒体提供支持己方诉请的证据，显然并不要求达到民事诉讼所要求的“高度盖然性”标准。

在这里不妨类比具有相似内容的《侵权责任法》第36条。国务院《信息网络传播权保护条例》第14条对《侵权责任法》第36条第2款的“通知与取下”程序作出了详细的规定，其中第3项规定了权利人要向网络服务提供者提交“构成侵权的初步证明材料”。这就是说《侵权责任法》第36条第2款采用了初步证据的证明标准。所谓初步证据，又称表面证据（Prima Pacie），是一种降低了的证明标准，是指当事人所提供的证据虽然存在漏洞但仍然不认为存在真伪不明的状态，裁判者可以借助普遍的生活经验来弥补事实认定中缺失的具体依据或填补信息漏洞。[②]换言之，在初步证据标准下，对于当

① 《最高人民法院关于适用〈中华人民共和国民事诉讼法〉的解释》第108条第1款规定：“对负有举证证明责任的当事人提供的证据，人民法院经审查并结合相关事实，确信待证事实的存在具有高度可能性的，应当认定该事实存在。”从以上规定中“高度可能性”可以看出，我国民事诉讼遵循高度盖然性的证明标准。

② 参见周翠：《从事实推定走向表见证明》，载《现代法学》2014年第6期。

事人所提交的证据，只要没有相反的证据，就认为可以成立。[①]相似的规范模式和相似的制度目的，让我们有充足的理由，在本条也采纳《侵权责任法》第36条所使用的证明标准，只要民事主体提供相关的证据，在新闻媒体没有相反证据的情况下，就应当认可民事主体所提供证据的证明力。在这种情况下，民事主体所需要承担的证明责任非常有限，很容易就能够证明新闻内容的失实。

但容易证明并不意味着一定能够证明，初步证据也不是无须证据，其在本质上是举证责任的降低，只要当事人能够提供最基本的证据，那么举证责任就发生移转，由相对方，即新闻媒体一方承担举证证明其新闻内容属实的证明责任。如果此时新闻媒体一方确有相反证据，并且两方证据相互冲突时，新闻媒体自然可以拒绝民事主体的请求，将双方争议交由司法机关裁定。只不过，根据《侵权行为法》第36条的精神，[②]如果司法机关事后裁定媒体报道确有内容失实，并且侵害名誉权的，对于因为拒绝采取必要措施而导致的损害结果扩大的部分，新闻媒体需要承担损害赔偿责任。

第四，民事主体的请求权内容是，要求相关媒体及时采取必要措施，以消除新闻报道不实内容对其社会评价所造成的负面影响。这里有几个关键词需要准确理解：首先，所谓“及时”，并没有一个唯一的标准，而是在接到民事主体的请求之后，在合理的期间内，采取合理的措施，防止损害进一步扩大，并尽量消除负面影响。对于在具体情况下“及时”的认定，应当充分考虑到当时民事主体提供证据的证明力，采取相关必要措施在技术上的可行性以及难度综合加以分析。其次，所谓“更正”，是指将失实内容修正为属实内容；而所谓的删除，是指将失实内容从媒体平台上完全消除。最后，所谓“必要措施”，应当以实现相关目的所必须采用的手段为判断标准。本项请求权的目的，就是消除不实内容，停止其对名誉权的侵害，并且在合理的范围内，采取可能的手段消除不实新闻内容所造成的影响。参照《侵权责任法》第36条的规定，所谓必要措施还可以包括屏蔽、断开

---

① 参见林洋：《初步证据的内涵冲突与概念匡正》，载《北京理工大学学报》2020年第1期。

② 参见王利明主编：《中华人民共和国侵权责任法释义》，中国法制出版社2010年版，第160页以下。

链接等，它们都是特指在网络媒体环境下，由于客观条件制约无法更正或者删除时，采取的让社会一般公众无法获取相关不实新闻内容的措施。除此之外，相关的必要措施还可以包括消除影响、恢复名誉效果的重新报道、发布更正声明等。

如前文所述，一般的内容失实，相对于新闻诽谤，以及捏造、歪曲事实而言，其行为人的主观过错较低，主观上的可归责性也较低，社会危害性也相对较弱。从过错和责任相统一的角度出发，此时也不应当给行为人设定过重的责任，只要行为人能够及时消除失实新闻内容和其所带来的社会影响，并且没有造成其他严重损害的，就可以免除其他责任了。因此本条也只规定了更正、删除等必要措施，而没有更进一步包括赔礼道歉、损害赔偿等责任承担方式。

第五，媒体不采取必要措施的责任。本条并没有直接规定媒体不采取必要措施的责任。从已经被删除的《民法典人格权编（草案）》（三审稿）第807条之一的第2句的内容看，立法者曾经认为，如果媒体不采取必要措施，那么当事人有权请求人民法院限期强制执行。当然，正如前文所述，这样的规定在逻辑上是不周延的，因为一方面，当事人是否真的有权请求，还需要法院审查；另一方面，当通过漫长司法程序得以强制执行时，这种措施有可能已经失去了其实际意义，对名誉权的损害已经实际发生，并且难以挽回，必须通过赔礼道歉、损害赔偿等其他责任承担方式，才能弥补当事人的损害。但从举证责任的角度分析，只要当事人能够提出相关证据，大多都能满足初步证据的证明要求。而从规避法律风险的角度，相关新闻媒体也越发倾向于，一旦有人提出请求，就立即更正、删除新闻内容，除非新闻媒体确信其掌握充足的证据，足以证明新闻内容的真实性。所以，在实践中，民事主体的这种请求基本上都能得到实现。如果新闻媒体真的拒绝了相关请求，那么即便诉诸司法，媒体所掌握的证据的证明力往往也能压倒民事主体的证据。只有在极个别的情况下，才会出现新闻媒体即便没有反对证据，也拒绝民事主体的请求，此时类比《侵权责任法》第36条第2款的规定，在法院认可确实存在内容失实，并且造成名誉权损害的，如果新闻媒体存在诽谤或者捏造、歪曲事实的情节，则需要对全部的损害承担责任，如果新闻媒体对内容失实没有过失，或者过失轻微的，则需要对因为其拒绝采取必要措施而造成的损害扩大部分，承担责任。

第一千零二十九条【信用评价的维护】

民事主体可以依法查询自己的信用评价；发现信用评价不当的，有权提出异议并请求采取更正、删除等必要措施。信用评价人应当及时核查，经核查属实的，应当及时采取必要措施。

历史由来

本条是对《征信业管理条例》相关规范在民法上的总结和浓缩。《征信业管理条例》第17条规定："信息主体可以向征信机构查询自身信息。个人信息主体有权每年两次免费获取本人的信用报告。"《征信业管理条例》第25条规定："信息主体认为征信机构采集、保存、提供的信息存在错误、遗漏的，有权向征信机构或者信息提供者提出异议，要求更正。征信机构或者信息提供者收到异议，应当按照国务院征信业监督管理部门的规定对相关信息作出存在异议的标注，自收到异议之日起20日内进行核查和处理，并将结果书面答复异议人。经核查，确认相关信息确有错误、遗漏的，信息提供者、征信机构应当予以更正；确认不存在错误、遗漏的，应当取消异议标注；经核查仍不能确认的，对核查情况和异议内容应当予以记载。"不难发现，本条第1句前半段是对《征信业管理条例》第17条的总结，第1句后半段是对《征信业管理条例》第25条第1款的总结，而第2句则是对《征信业管理条例》第25条第2款、第3款的总结。

在《民法典》的制定过程中，《民法典人格权编（草案）》（征求意见稿）第37条规定："民事主体可以依法查询自己的信用评价；发现信用评价错误或者侵害自己的合法权益的，有权提出异议并要求采取更正、删除等必要措施。信用评价人应及时核查，经核查属实的，应当及时采取必要措施。"《民法典各分编（草案）》第808条采用了"征求意见稿"第37条的规定。《民法典人格权编（草案）》（二审稿）第808条对《民法典各分编（草案）》第808条的内容作了进一步修改：删除第1句后半段"侵害自己合法权益"的表述，既然信用是名誉的具体类型，那么信用评价错误，自然会侵害名誉权，侵害自己的合法权益。删掉这个表述使得法条文字更加精练。《民法典人格权编（草案）》（三审稿）第808条没有改变《民法典人格权编（草案）》（二审稿）的内容。《民法典（草案）》第1029条则调整了《民法典人格权编（草案）》（三审稿）中的个别用词：第一，将“信用评价错误”改成了“信用评价不当”，错误是指不正确，是一个事实判断，不当是指不正当、不恰当，含有价值判断的色彩。这一修改实际上是扩大了民事主体有权异议并采取措施的范围，信用评价的判断标准中有客观的部分，也有自由裁量的部分，客观标准的判断出现偏差，是明显的错误，但自由裁量部分出现上下波动，亦或是信用评价不全面不及时，都很难称之为错误，但却属于恰当与否的判断范畴，这样的改动正是将信用评价中的自由裁量部分，也纳入了民事主体的维权范围之中。第二，将有权“要求”采取必要措施改为有权“请求”采取必要措施，从“要求”到“请求”的一字之差，体现的是从日常用语到法律用语的转变，同时也和《民法典（草案）》第1028条的表述相一致。

三 规范目的或功能

本条规定的是民事主体对自身信用评价的维护。本条第1句前半段，赋予了民事主体在法律允许的范围内查询自身信用评价的权利。本条第1句后半段，和《民法典》第1028条的规范模式一样，赋予民事主体在发现信用评价不当时，有权提出异议，并请求信用评价人采取必要措施改正这种不当评价。和《民法典》第1028条不同的是，本条还规定了第2句，有关信用评价人的及时核查义务，对于民事主体的异议和请求，评价人有义务进行配合，及时核查，并在核查属实的情况下，及时采取必要措施。通过本条的规范内容，简单构筑了一套“查询—异议—核查—必要措施”的个人信用评价维护体系。虽然本条并没有直接明确如果评价人不履行核查以及采取必要措施的义务，需要承担怎样的责任，属于不完全法条，但评价维护的机制构建方面，已经规定了最为基本的内容，结合国务院《征信业管理条例》以及《民法典》第1024条的相关规定，也足以填补本条规范的不足，并明确相应的责任构成。

规范内容

随着社会经济的发展，信用经济模式发挥着越来越重要的作用。有观点认为，现在经济在某种意义上就是信用经济，优质的信用经济体系，一方面能够降低交易的风险，减少交易成本；另一方面也能不断创造新的经济模式和交易样态。[①]因此，建立健全完善的征信体系，是当代信用经济不断发展，走向成熟的重要保障。通过征信体系，每个社会经济活动的参与者都能够获得信用评价，信用评价越高，其所能享受的交易便利就越高，其所需要支付的交易成本就越低。鉴于在信用经济中，个人信用评价的重要作用，民事主体理应有权了解其自身的具体信用评价内容，在发现信用评价错误或者不当时，也理应有权要求修正这种不当评价。[②]

一、信用评价和名誉权保护

本条所谓的信用评价是从经济活动的角度对民事主体的偿债能力、履约态度、诚实守信等方面做出的客观评价，不涉及民事主体道德、伦理、品行等方面的主观判断。[③]根据《民法典》第1024条第2款的规定，信用是民事主体名誉的重要组成部分，因此对个人信用评价的维护，也自然成为名誉权保护的内容之一。在这种意义上，学理上所谓的信用权，即民事主体享受并支配其信用及其利益的权利，至少在部分上成为了名誉权的权能。

理论上一般认为，所谓信用权在内容上包括：[④]（1）信用保有权，即民事主体有权享有并维持对其信用完整、客观、全面进行评价的权利。（2）信用维护权，即民事主体维护自身信用评价客观、完整、真实的权利，包括消极的防御和积极的主动维护。（3）信用利益的支配权，即民事主体对自身信用利益的利用和支配权利，这种利用和支配，不仅是指自身利用，还可以在法

① 参见齐爱民：《社会诚信建设与个人权利维护之衡平》，载《现代法学》2007年第5期。

② 参见翟相娟：《个人征信行为中信息主体的知情权研究》，载《河北法学》2012年第6期。

③ 参见王利明：《人格权法研究》（第三版），中国人民大学出版社2018年版，第524页。

④ 参见杨立新：《人格权法》，法律出版社2011年版，第540页；王利明：《人格权法研究》（第三版），中国人民大学出版社2018年版，第528页以下。

律允许的范围内，许可他人利用。仔细比较信用权的内容和名誉权的内容，不难发现，两者确实有所区别，信用权不仅仅具有人格属性，还具有一定的财产属性，因此也有观点认为信用权和名誉权并不相同。[①]然而在之前的《民法总则》中，并没有规定独立的信用权，按照立法者的解释，其是将信用保护纳入了名誉权保护之中。[②]在具体的司法实践中，对信用权的保护也有不同的做法，虽然大部分判决是通过名誉权加以保护，[③]但也有通过“一般人格权”解释出独立的信用权加以保护的判例[④]。

既然《民法典》第1024条明确将信用纳入名誉的范围，对民事主体信用利益的保护，也就应当通过名誉权的路径了。就信用权的内容来说，信用保有权和信用维护权，可以纳入名誉权的保护范围自然没有疑问，但就信用利益支配权来说，因为其明显的财产属性，尤其是对信用利益的支配和利用，甚至许可他人利用的内容，很难纳入传统名誉权的保护范围之中。在此存在两种解决方法：其一，是通过解释扩大名誉权的保护范围，将对个人名誉的支配和利用扩大解释，以涵盖对信用利益的支配权能；其二，是将对信用利益的支配权纳入《民法典》第1034条以下的个人信息保护制度中。显然后一种方法对现有人格权利体系的影响较小，名誉权人格属性较强，财产属性较弱，而个人信息财产属性就要明显得多。将信用支配权纳入个人信息保护制度中，既不会破坏传统名誉权的权利构造，也符合个人信息保护制度的规范目的。《民法典》第1030条有关民事主体与信用评价人之间的关系，适用本编有关个人信息保护的准用性规定，也从一个侧面体现了立法者的这种意思。

二、信用评价的查询

个人征信是指由专门的征信机构收集有关个人的信用信息，并传播给其

---

① 参见王利明：《人格权法研究》（第三版），中国人民大学出版社2018年版，第534页以下；杨立新：《人格权法》，法律出版社2011年版，第539页。

② 参见李适时主编：《中华人民共和国民法总则释义》，法律出版社2017年版，第343页。

③ 参见谢远扬：《个人信息的私法保护》，中国法制出版社2016年版，第150页，脚注1。

④ 参见洛阳市中级人民法院（2010）洛民终字第2331号判决书，以及上海市第一中级人民法院（2009）沪一中民一（民）终字第716号判决书等。

他社会主体，如此，在交易人之间起到信息沟通，促进交易安全的效果。[①]个人征信，在本质上是民事主体让渡出自己一部分个人信息，让社会公众了解自己的偿债能力、履约态度、诚实守信等方面的情况，并以此享受在经济活动方面的便利和利益，即所谓的信用利益。但民事主体完整享受这种利益的前提，是相关信用评价的正确和完整，而为了保证这种正确性和完整性，除了信用评价人内部要建立完善的监督检查机制之外，更需要民事主体自己的外部监督。毕竟相对信用评价人来说，民事主体更有动力监督自己的信用评价，也更有条件了解自己偿债能力、履约态度的实际状况。但民事主体能够顺利监督的前提，是民事主体能够完整知晓自己信用评价的具体状况，因此本条第1句前半段规定了民事主体有权“依法”查询自己的信用评价。

首先，这里的依法，目前主要是指依据《征信业管理条例》。《征信业管理条例》第17条规定：“信息主体可以向征信机构查询自身信息。个人信息主体有权每年两次免费获取本人的信用报告。”这就是说，民事主体向信用评价人查询自身信息的次数没有限制，并且信用评价人应当每年至少保证提供两次免费的信用报告。

其次，查询的内容是自己的信用评价。如果民事主体想查询他人的信用评价，应当取得他人的书面同意，并约定用途。[②]而就信用报告本身来说，除了写明民事主体的信用评价外，还应当示明做出此种信用评价的规则和相关依据。因为只有民事主体完全了解规则和依据之后，才能够做出判断：自己的信用评价是否错误；作为评价依据的个人信息是否正确、全面、及时；以及做出信用评价的规则是否合理。

再次，就查询的概念来说，其是指调查、询问。即民事主体除了有权调查自己的信用报告之外，对于信用报告中自己不懂的内容，以及与信用报告相关的其他合理内容，都可以依法向信用评价人提出疑问。详细来说，民事主体对自己的信用报告有权进行阅读、记录，并使用技术手段对其整体或者

---

① 参见张鹏：《个人征信语境下的信用权问题》，载《浙江工商大学学报》2014年第1期。

② 参见吴国平：《个人信息开放与隐私权保护》，载《法学杂志》2005年第2期。《征信业管理条例》第18条也作了如此规定。

部分进行复制保存。而这里询问的范围，应当以不泄露信用评价人的秘密，不泄露他人的信用评价，以及与本人的信用报告有合理关联性为依据。这样才能保证民事主体充分认识和了解信用报告的内容，为判断信用报告恰当与否创造条件。①

最后，和查询权相对的，信用评价人负有配合民事主体行使查询权的义务。详细来说：首先，信用评价人有义务依据民事主体的申请，向其提供信用报告，并保证每年至少两次免费提供。其次，为民事主体查询自己的信用报告提供便利，比如适合的查询环境，必要的记录和复制设备等，并且还要对民事主体的合理疑问进行解答。最后，如果信用评价人拒绝履行相关义务的，根据《征信业管理条例》第26条的规定，民事主体可以向所在地的国务院征信业监督管理部门派出机构投诉，相关机构应当在受理之日起30日内书面答复投诉人，仍然不满意的，民事主体有权向人民法院起诉；当然，根据《征信业管理条例》第26条第3款，民事主体也可直接向法院起诉。

三、信用评价的异议和请求采取必要措施

通过对信用报告的查询，民事主体可以详细了解自己的信用评价，以及信用评价产生的规则和依据。如果民事主体发现信用评价不当，自然有权提出异议，并请求信用评价人采取必要的措施，消除这种不当。本条第1句后半句就规定了这种提出异议，并要求采取必要措施的请求权。

首先，这里的异议对象是信用评价的不当。在历史由来部分中，我们已经简单分析了“不当”和“错误”的区别。不当的范围要比单纯的错误更为广泛，详细来说这种信用评价的不当主要包括：其一，信用评价的错误，这也是最为直接、最为典型的不当；其二，信用评价虽然正确，但其依据的信息不全面，或者更新不及时，已经不能全面反映民事主体最新的信用评价；其三，信息评价人处理民事主体个人信用信息获得信用评价的规则和程序不合理，在这种情况下，民事主体提出异议的不仅是其自身的信用评价，还包括信用评价人得出信用评价的规则，对规则的评价自然没有正误之分，只有恰当与否的区别了。正如前文已经指出的，“不当”这样的表述，体现的是民

---

① 参见翟相娟：《个人征信行为中信息主体的知情权研究》，载《河北法学》2012年第6期。

事主体的主观感受，对比《民法典》第1028条，本条提出异议的条件要放宽很多，并不需要客观上的失实或者错误，只要民事主体主观上觉得信用评价有不当之处，就可以提出异议。

其次，提出异议的条件。虽然说本条提出异议的条件要放宽很多，无须证明《民法典》第1028条所需的客观失实或者错误，但也并不表明，民事主体提出异议无需任何条件，就算是主观上觉得信用评价不当，也需要民事主体提出相应的理由，并且给出相应的证据。详细来说，如果认为信用评价错误的，那就需要提供错误的证据；如果认为信用评价不全面，或者更新不及时的，则就需要提供全面的、最新的信息；而如果认为信用评价规则不合理，或者信用评价本身不恰当的，则需要给出相应的理由。这里的证明标准可以参照对《民法典》第1028条的解释，只需要达到初步证据即可。

最后，提出异议的目的是要求信用评价人针对信用评价不当的部分采取更正、删除等必要措施。所谓“更正、删除等必要措施”的含义在《民法典》第1028条的解释中已经说明，在此不再赘述。需要强调的是，这里的必要措施，也需要和具体信用评价人的能力相符合。

四、信用评价人核查及采取必要措施的义务

和民事主体的异议和采取必要措施的请求权相对应，信用评价人负担对异议及时进行核查以及及时采取相应必要措施的义务。

首先，这里的两项义务都强调要“及时”。不同于《民法典》第1028条，这里的“及时”有明确的时限，根据《征信业管理条例》第25条第2款规定，是指收到异议之日起20日内进行核查和处理，并将结果书面答复异议人。可见，《征信业管理条例》将信用评价人的核查及采取必要措施的时限，定为收到异议之日起20日，两个及时都应当在这20日内完成。

其次，信用评价人的核查义务。这里核查义务的内容，就是根据民事主体提交的相关材料，判断其所提出的异议是否合理，判断相关的信用评价是否真的有不当之处，是一种实质审。因为信用评价人有保证信用评价真实准确的义务，这个义务不仅仅是面对民事主体本人的私法义务，而且是面对社会上不特定的，想要获得他人信用评价的人的私法义务，更是面对整个社会的，保证个

人征信系统真实有效，保障信用经济顺利运转的公法义务。[①]因此，面对民事主体提出的异议，信用评价人有义务认真核查，不能为了规避法律风险，而随意认可民事主体的异议。而且由于民事主体提交的只是初步证据，是否真的存在错误或者不当，还需要信用评价人自己去进一步实质审核，毕竟相对社会绝大多数普通民事主体，信用评价人往往更有能力，也能承担更大的成本。[②]基于这种保证信用评价真实准确的义务，和《民法典》第1028条的新闻媒体类似，如果信用评价人确实认为异议不合理，或者信用评价没有不当之处，自然也可以拒绝民事主体的请求。根据《征信业管理条例》第25条的规定，信用评价人有义务根据核查的不同结果，采取不同的措施，不能逃避对信用评价不当与否的判断，也充分体现了这种保证真实准确的义务。[③]而相关的司法判决也认可，在民事主体的异议不合理时，信用评价人不应当对信用评价进行更改、删除。[④]

最后，信用评价人应当采取的必要措施，主要就是更正和删除。更正是指将不当的信用评价修改适当，而删除则是将不当的信用评价消除，不让他人再次获得。当然在互联网条件下，除了更正和删除之外，还可以包括屏蔽和断开链接。由于信用评价往往只运用于金融系统内部，并不广泛对社会公开，在司法实践中相关必要措施较少涉及赔礼道歉、发布公告等传统的保护名誉权措施。此外，根据《征信业管理条例》第25条规定，如果核查不存在不当的，应当取消异议标注，而如果经过核查不能确定是否不当的，应当记载异议。在司法实践中，如果信用评价人拒绝采取必要措施的，民事主体当然可以向法院提起诉讼，请求对相关不当信用评价采取更正、删除等必要

---

① 《征信业管理条例》第23条第1款规定："征信机构应当采取合理措施，保障其提供信息的准确性。"

② 参见张鹏：《个人征信语境下的信用权问题》，载《浙江工商大学学报》2014年第1期。

③ 《征信业管理条例》第25条第3款规定：经核查，确认相关信息确有错误、遗漏的，信息提供者、征信机构应当予以更正；确认不存在错误、遗漏的，应当取消异议标注；经核查仍不能确认的，对核查情况和异议内容应当予以记载。本条明确使用了"应当"的表述，明确了相关措施，是信用评价人的义务。

④ 参见河南省焦作市中级人民法院（2016）豫08民终2149号判决书。

措施。[①]

第一千零三十条【民事主体与信用信息处理者之间关系的法律适用】

民事主体与征信机构等信用信息处理者之间的关系，适用本编有关个人信息保护的规定和其他法律、行政法规的有关规定。

历史由来

本条是新设条款。《民法典人格权编（草案）》（征求意见稿）第38条规定："民事主体与依法可以收集或者持有其信用信息的征信机构等信用信息收集人、持有人之间的关系，适用本编有关个人信息的规定和其他法律、行政法规的相关规定。"《民法典各分编（草案）》第809条仅对个别用词进行了修订：将"收集和持有"改为"收集和存储"，这种改变在法律上意义不大，无论持有还是存储都不是法律上的概念，相比持有，存储更强调信用信息的数字化特征，更有时代特点。但是，鉴于后面的"持有人"并未改成"存储人"，这种修订显然是不完全的。《民法典人格权编（草案）》（二审稿）第809条相对《民法典各分编（草案）》做了进一步修改，其将对征信机构的限制性描述"依法可以收集或者存储其信用信息的"删去了，因为无论征信机构是依法收集、存储还是非法收集存储，都可以适用本编有关个人信息保护的规定，尤其是非法存储的情况，所以这种描述属于法律上的同义反复。《民法典人格权编（草案）》（三审稿）第809条的修改是将"持有者"改为"控制者"，这里的控制者（controller）是一个信息法上的概念。持有者是实际持有个人信用信息的主体，但可能自己并无直接对信息进行处理的权利，需要依据实际控制者的指示而为之，而控制者就是强调直接有权对个人信用信息实

---

① 参见江苏省南通市中级人民法院（2016）苏06民终3931号判决书；山东省聊城市中级人民法院（2017）鲁15民终1135号判决书；湖北省咸宁市中级人民法院（2016）鄂12民终283号判决书等。在这些判决中，法院均支持了原告更正、删除不当信用评价的诉请，但都没有支持其他的责任承担方式。

施实际控制力的主体。这里将持有人改为控制人显然更有针对性，因为只有控制人才和民事主体的利益直接相关。《民法典》的修改就更符合信息法的表达了，其将“收集者、控制者”改为“处理者”，后者指的是从事信息处理（Datenverarbeitung）的主体，所谓“信息处理”活动，含义最为广泛，包括对个人信息的收集、存储、加工、转让等活动都是对个人信息的处理活动。在这种意义上采用“处理者”的概念能够更加广泛地涵盖个人信息处理的所有环节，也更方便和本编有关个人信息保护的规定进行对接。

规范目的或功能

本条是准用性法律规范，要求有关民事主体和信用信息处理者之间有关个人信息保护的法律关系，准用人格权编个人信息保护的规定和其他法律、行政法规中有关个人信息保护的规定。有关个人信息保护的规定，是本次《民法典》编纂的重要内容，在人格权编中独立设章。民事主体与征信机构等信用信息处理者之间的关系，其主要内容就是在有关对个人信用信息的收集、存储、加工、转让等处理活动中如何充分保护个人信用信息安全的问题，也是本编个人信息保护规定的主要内容。从节约立法资源的角度，可以直接准用，无需重复规定。

规范内容

本条所准用的相关法律、法规。除了《民法典》第1034条以下有关个人信息保护的规定以外，主要还包括：

一、《加强网络信息保护的决定》（2012年）第1—4条、第9条[①]

本《决定》是全国人大常委会针对网络环境下个人信息保护问题作出的

---

① 1.国家保护能够识别公民个人身份和涉及公民个人隐私的电子信息。任何组织和个人不得窃取或者以其他非法方式获取公民个人电子信息，不得出售或者非法向他人提供公民个人电子信息。（转下页）

基础性规定，凡是涉及网络环境下对个人信息的收集和使用等行为，都受本《决定》所规范，在征信机构处理民事主体信用信息的语境下，只要相关的处理行为发生在网络环境中，就会受到本《决定》规范。

《决定》第1条主要是宣示意义，其第1款表明了国家保护具有识别性的电子化的个人信息以及涉及个人隐私的信息。第2款从反面规定了任何人不得非法获取个人电子信息，以及不得非法向他人提供个人电子信息。

《决定》第2条规定了网络服务提供者收集、使用个人电子信息时的基本三原则，即合法、正当、必要，并且在进行收集和使用时需要以被收集者的同意或者法律、法规的明确规定为基础。

《决定》第3条规定了网络服务提供者对于所收集个人电子信息的保密和安全义务，即不得泄露、篡改、毁损，不得出售或者非法向他人提供相关信息。

《决定》第4条规定了网络服务提供者对于所收集个人电子信息的安全保障义务，要求服务提供者提供安全适格的电子信息存储环境，以及发生危险事件时采取补救措施的义务。

《决定》第9条规定了所有公民对侵害他人电子信息的违法行为，都具有举报的权利，国家机关有保护的义务，被侵权人也有使用法律手段保护自己个人电子信息的权利。

（接上页）2. 网络服务提供者和其他企业事业单位在业务活动中收集、使用公民个人电子信息，应当遵循合法、正当、必要的原则，明示收集、使用信息的目的、方式和范围，并经被收集者同意，不得违反法律、法规的规定和双方的约定收集、使用信息。网络服务提供者和其他企业事业单位收集、使用公民个人电子信息，应当公开其收集、使用规则。

3. 网络服务提供者和其他企业事业单位及其工作人员对在业务活动中收集的公民个人电子信息必须严格保密，不得泄露、篡改、毁损，不得出售或者非法向他人提供。

4. 网络服务提供者和其他企业事业单位应当采取技术措施和其他必要措施，确保信息安全，防止在业务活动中收集的公民个人电子信息泄露、毁损、丢失。在发生或者可能发生信息泄露、毁损、丢失的情况时，应当立即采取补救措施。

9. 任何组织和个人对窃取或者以其他非法方式获取、出售或者非法向他人提供公民个人电子信息的违法犯罪行为以及其他网络信息违法犯罪行为，有权向有关主管部门举报、控告；接到举报、控告的部门应当依法及时处理。被侵权人可以依法提起诉讼。

二、《网络安全法》(2016年)第22条以及第40条以下[①]

《网络安全法》是我国针对网络安全问题，为了维护网络空间主权和国家安全、社会公共利益，保护公民、法人和其他组织的合法权益而特别制定的法律，在征信机构处理民事主体信用信息的语境下，只要相关的处理行为发生在网络环境中，就会受到本法规范。

《网络安全法》第22条第1款规定了网络产品应当满足相应的国家标准，从诚实信用的角度规定排除了恶意程序，以及发现风险之后产品、服务提供者的补救义务。第2款规定了产品、服务提供者有持续提供安全维护的义务。第3款规定了如果产品、服务需要收集用户信息的，应当以当事人的同意和法律、法规的明确规定为基础。

《网络安全法》第40条规定了网络运营者的用户信息保密义务。

---

① 第22条：网络产品、服务应当符合相关国家标准的强制性要求。网络产品、服务的提供者不得设置恶意程序；发现其网络产品、服务存在安全缺陷、漏洞等风险时，应当立即采取补救措施，按照规定及时告知用户并向有关主管部门报告。网络产品、服务的提供者应当为其产品、服务持续提供安全维护；在规定或者当事人约定的期限内，不得终止提供安全维护。网络产品、服务具有收集用户信息功能的，其提供者应当向用户明示并取得同意；涉及用户个人信息的，还应当遵守本法和有关法律、行政法规关于个人信息保护的规定。

第40条：网络运营者应当对其收集的用户信息严格保密，并建立健全用户信息保护制度。

第41条：网络运营者收集、使用个人信息，应当遵循合法、正当、必要的原则，公开收集、使用规则，明示收集、使用信息的目的、方式和范围，并经被收集者同意。网络运营者不得收集与其提供的服务无关的个人信息，不得违反法律、行政法规的规定和双方的约定收集、使用个人信息，并应当依照法律、行政法规的规定和与用户的约定，处理其保存的个人信息。

第42条：网络运营者不得泄露、篡改、毁损其收集的个人信息；未经被收集者同意，不得向他人提供个人信息。但是，经过处理无法识别特定个人且不能复原的除外。网络运营者应当采取技术措施和其他必要措施，确保其收集的个人信息安全，防止信息泄露、毁损、丢失。在发生或者可能发生个人信息泄露、毁损、丢失的情况时，应当立即采取补救措施，按照规定及时告知用户并向有关主管部门报告。

第43条：个人发现网络运营者违反法律、行政法规的规定或者双方的约定收集、使用其个人信息的，有权要求网络运营者删除其个人信息；发现网络运营者收集、存储的其个人信息有错误的，有权要求网络运营者予以更正。网络运营者应当采取措施予以删除或者更正。

第44条：任何个人和组织不得窃取或者以其他非法方式获取个人信息，不得非法出售或者非法向他人提供个人信息。

第45条：依法负有网络安全监督管理职责的部门及其工作人员，必须对在履行职责中知悉的个人信息、隐私和商业秘密严格保密，不得泄露、出售或者非法向他人提供。

《网络安全法》第41条规定了运营者收集、使用个人信息应当符合基本三原则，并且必须以被收集者的同意为基础。

《网络安全法》第42条规定了网络运营者的安全保障义务，即要保证个人信息的安全，不得非法向他人提供。对个人信息的存储要提供适格的环境，并在发生危险时采取必要的补救措施。

《网络安全法》第43条规定了被收集者的删除、更正权。

《网络安全法》第44条和《加强网络信息保护的决定》第1条第2款内容一致。

三、《刑法》（2017年修正）第253条之一[①]

本条规定了侵犯公民个人信息罪，如果征信机关违反国家有关规定，向他人出售或者提供公民信用信息，情节严重的，处3年以下有期徒刑或者拘役，并处或者单处罚金；情节特别严重的，处3年以上7年以下有期徒刑，并处罚金。

四、《征信业管理条例》（2013年）第13条以下[②]

本《条例》是国务院针对征信市场的管理，规范征信机构、信息提供者

---

① 第253条之一【侵犯公民个人信息罪】：违反国家有关规定，向他人出售或者提供公民个人信息，情节严重的，处3年以下有期徒刑或者拘役，并处或者单处罚金；情节特别严重的，处3年以上7年以下有期徒刑，并处罚金。违反国家有关规定，将在履行职责或者提供服务过程中获得的公民个人信息，出售或者提供给他人的，依照前款的规定从重处罚。窃取或者以其他方法非法获取公民个人信息的，依照第1款的规定处罚。

② 第13条：采集个人信息应当经信息主体本人同意，未经本人同意不得采集。但是，依照法律、行政法规规定公开的信息除外。企业的董事、监事、高级管理人员与其履行职务相关的信息，不作为个人信息。

第14条：禁止征信机构采集个人的宗教信仰、基因、指纹、血型、疾病和病史信息以及法律、行政法规规定禁止采集的其他个人信息。征信机构不得采集个人的收入、存款、有价证券、商业保险、不动产的信息和纳税数额信息。但是，征信机构明确告知信息主体提供该信息可能产生的不利后果，并取得其书面同意的除外。

第15条：信息提供者向征信机构提供个人不良信息，应当事先告知信息主体本人。但是，依照法律、行政法规规定公开的不良信息除外。

第16条：征信机构对个人不良信息的保存期限，自不良行为或者事件终止之日起为5年；超过5年的，应当予以删除。在不良信息保存期限内，信息主体可以对不良信息作出说明，征信机构应当予以记载。

第17条：信息主体可以向征信机构查询自身信息。个人信息主体有权每年两次免费获取本人的信用报告。（转下页）

和信息使用者的行为，保护信息主体权益，推进社会信用体系建设而特别制定的行政法规，征信机构的相关行为均受到本条例的制约。

《条例》第13条规定了对个人信息的采集应当以本人同意和法律、行政法规的明确规定为基础。并且对于信用信息至关重要的企业高级管理人员与职务相关的信息，不视为个人信息。①

《条例》第14条规定对敏感个人信息的特别保护，绝对禁止征信机构采集。对于个人经济状况的信息，在有信息主体同意的前提下，可以采集。

《条例》第15条针对采集不良信息的情况，征信机构有义务明确告知。

《条例》第16条规定了个人不良信息的保存期限，最长保存期限为5年。

《条例》第17条规定了信息主体的查询权，并且每年有两次免费查询的权利。

《条例》第18条规定了他人向征信机构查询个人信息的，同样应当以信息主体的同意和法律明确规定为基础。

《条例》第19条针对格式条款中采集个人信息的内容，格式条款提供者有义务进行充分的提示和说明。

《条例》第20条限定了信息使用者使用个人信息的用途，必须以与信息主

（接上页）第18条：向征信机构查询个人信息的，应当取得信息主体本人的书面同意并约定用途。但是，法律规定可以不经同意查询的除外。征信机构不得违反前款规定提供个人信息。

第19条：征信机构或者信息提供者、信息使用者采用格式合同条款取得个人信息主体同意的，应当在合同中作出足以引起信息主体注意的提示，并按照信息主体的要求作出明确说明。

第20条：信息使用者应当按照与个人信息主体约定的用途使用个人信息，不得用作约定以外的用途，不得未经个人信息主体同意向第三方提供。

第21条：征信机构可以通过信息主体、企业交易对方、行业协会提供信息，政府有关部门依法已公开的信息，人民法院依法公布的判决、裁定等渠道，采集企业信息。征信机构不得采集法律、行政法规禁止采集的企业信息。

第22条：征信机构应当按照国务院征信业监督管理部门的规定，建立健全和严格执行保障信息安全的规章制度，并采取有效技术措施保障信息安全。经营个人征信业务的征信机构应当对其工作人员查询个人信息的权限和程序作出明确规定，对工作人员查询个人信息的情况进行登记，如实记载查询工作人员的姓名，查询的时间、内容及用途。工作人员不得违反规定的权限和程序查询信息，不得泄露工作中获取的信息。

第23条：征信机构应当采取合理措施，保障其提供信息的准确性。征信机构提供的信息供信息使用者参考。

第24条：征信机构在中国境内采集的信息的整理、保存和加工，应当在中国境内进行。征信机构向境外组织或者个人提供信息，应当遵守法律、行政法规和国务院征信业监督管理部门的有关规定。

体之前的约定相一致。

《条例》第21条规定了征信机构合法获得企业信息的渠道。

《条例》第22条规定了征信机构保证信息安全的义务，包括合适的安全技术手段和对内部的管理规章制度。特别是对个人征信机构，有义务限制其工作人员的查询权限，并进行完善的记录。

《条例》第23条规定了征信机构在合理范围内保障信用信息准确性的义务。但其第2款实际上又免去了征信机构提供错误信用信息，导致使用者受损的责任。

《条例》第24条规定了信息主权的内容，在中国境内采集的信息，对其处理活动也应当在境内进行，向境外提供信用信息的征信机构，必须遵守相应的法律、行政法规和国务院征信业监督管理部门的有关规定。

第一千零三十一条【荣誉权】

民事主体享有荣誉权。任何组织或者个人不得非法剥夺他人的荣誉称号，不得诋毁、贬损他人的荣誉。

获得的荣誉称号应当记载而没有记载的，民事主体可以请求记载；获得的荣誉称号记载错误的，民事主体可以请求更正。

历史由来

荣誉权制度是非常具有我国特色的一项制度，也是我国民事法律体系中的传统制度，早在《民法通则》中就已经规定。《民法通则》第102条规定："公民、法人享有荣誉权，禁止非法剥夺公民、法人的荣誉称号"。第120条规定："公民的姓名权、肖像权、名誉权、荣誉权受到侵害的，有权要求停止侵害，恢复名誉，消除影响，赔礼道歉，并可以要求赔偿损失。法人的名称权、名誉权、荣誉权受到侵害的，适用前款规定"。《侵权责任法》延续《民法通则》的传统，在第2条第2款规定："本法所称民事权益，包括生命权、健康权、姓名权、名誉权、荣誉权、肖像权、隐私权……"《民法总则》第110条也规定："自然人享有生命权、身体权、健康权、姓名权、肖像权、名誉权、荣誉权、隐私权、婚姻自主权等权利。法人、非法人组织享有名称权、名誉权、荣誉权等权利。”相对来说，《侵权责任法》和《民法总则》中有关荣誉权的条款，是对《民法通则》第120条规定的继受和发展，而本条第1款的规范体例，则来自于《民法通则》第102条。相比而言，本条有几项重大改变：

其一，将权利主体的表述由“公民、法人”改为“民事主体”。这种用词上的变化，与《民法总则》相对于《民法通则》的修改一以贯之，使《民法典》的言语更加精准，“公民”虽然是一个法律概念，但并非是一个私法概念，在私法的语境下使用容易产生歧义，《民法通则》当时使用这个词，沿袭自《苏俄民法典》，有其特殊的历史背景。[①]而将公民、法人改成民事主体之后，整个《民法典》的用词得以统一，更加专业，并且民事主体的内涵更广，可以更为广泛地涵盖荣誉权的权利主体。

其二，本条第1款增加了“不得诋毁、贬损他人的荣誉”的表述。如果说“非法剥夺他人的荣誉称号”是一种特定组织行为，只能由颁布荣誉的组织来施行，那么“诋毁、贬损他人的荣誉”更多地体现为一种私主体的行为，更具有一般性。本条第1款增加了这一表述，就将荣誉权保护的范围从特定行为，扩大到社会的一般行为，扩大了荣誉权的保护范围。

其三，本条增加了第2款，主要是针对民事主体的荣誉记载利益所作出的特别规定。

在司法解释层面，最高人民法院《民法通则意见》第150条规定：“公民的姓名权、肖像权、名誉权、荣誉权和法人的名称权、名誉权、荣誉权受到侵害，公民或者法人要求赔偿损失的，人民法院可以根据侵权人的过错程度、侵权行为的具体情节、后果和影响确定其赔偿责任。”第151条规定：“侵害他人的姓名权、名称权、肖像权、名誉权、荣誉权而获利的，侵权人除依法赔偿受害人的损失外，其非法所得应当予以收缴。”这两条的规定均是对《民法通则》第120条的细化。

在《民法典》的立法过程中，有关荣誉权的规范，在《民法典人格权编（草案）》（征求意见稿）中就已经存在，其第39条规定：“民事主体享有荣誉权。任何组织和个人不得非法剥夺他人的荣誉称号或者诋毁、贬损他人的荣

---

① 参见张俊浩主编：《民法学原理》（修订三版）（上册），中国政法大学出版社2000年版，第94页。

誉。获得的荣誉称号应当记载而没有记载或者记载错误的，民事主体可以要求记载或者更正。”《民法典各分编（草案）》第810条基本上延续了“征求意见稿”规定的内容，只是把“组织和个人”改为“组织或者个人”。《民法典人格权编（草案）》（二审稿）第810条将第1款第2句的“非法剥夺”和“诋毁、贬损”以逗号隔开，分成两个分句，这是因为非法剥夺和诋毁、贬损荣誉权的主体限制不同，分开规定更为明确。《民法典人格权编（草案）》（三审稿）第810条则将第2款的“没有记载”和“记载错误”分开在两个分句中规定，显得更为清晰。《民法典（草案）》之后一直延续了此文本。

规范目的或功能

本条是荣誉权一般规定。本条第1款第1句确认了荣誉权是民事主体享有的一项基本人格权。第1款第2句就两种不同侵害荣誉权的情况进行了规定，对颁发荣誉称号的组织或个人来说，对已经颁发的荣誉称号不能非法剥夺；而对一般的组织或个人来说，不能随意诋毁、贬损他人的荣誉。本条第2款为了保护权利主体的荣誉记载利益设立了两项请求权，针对应当记载而未记载的情况，规定了记载请求权；而针对记载错误的，规定了更正请求权。本条和《民法典》第1024条十分类似，是一个宣示性规范，确认了民事主体享有荣誉权这一基本事实，然后规定了两种最为典型的侵害荣誉权的行为类型，在第2款中则针对民事主体的荣誉记载利益作出特别规定，缺乏侵害荣誉权的完整构成要件，以及责任承担的规定，属于不完全法条。

规范内容

一、荣誉与荣誉权

要正确理解荣誉权，首先就要正确理解“荣誉”的概念。

理论界对荣誉的定义，大致遵循“评价”和“奖励”两种路径。评价说认为，荣誉是一种社会评价，相比一般的名誉，荣誉是一种由于民事主体在社会生产活动中的突出贡献，由一定的机关、组织所给予的正面的、积极的、正式的社会评价。[1]奖励说认为，所谓荣誉就是民事主体通过自己的积极行为，为社会做出突出贡献，从而获得的奖励或者光荣称号。[2]从司法实践来看，法院基本认为荣誉具有双重属性，即实质意义上认为是一种社会评价，但在形式意义上又认为是一种社会称号。[3]详细来说，荣誉这一法律概念区别于一般的名誉主要有如下特征：

第一，荣誉通常是由一定的社会组织给予民事主体的社会评价，而非一般的社会评价。不同于名誉这种来源于一般公众的社会评价，荣誉这种社会评价是由特定组织因为某种特殊的理由，给予特定的民事主体的积极评价。关于有权授予荣誉的组织，有观点认为应当限缩，至少也应当是具有公共职能的社会组织才有权颁布，纯粹的私主体无权评定荣誉；[4]也有观点认为，在社会日益多元化的情况下，应当放宽对有权评定荣誉主体的限制。[5]但在司法实践中，有不少荣誉权纠纷，所涉及的都是纯粹由私人组织所颁发的荣誉，如员工的“长期服务奖”，[6]网络的“达人秀”[7]等，显然和第一种观点并不相符。这就意味着，荣誉的授予体现的是该组织自身的意志，而非社会全体成员的意志。因此在个别情况下，也会出现组织授予的荣誉并不为部分社会公众所接受，导致荣誉与名誉的脱离，极端时甚至会出现因为授予荣誉而导致社会评价降低的情况。也是因为荣誉是一种社会评价，作为个人感受的荣誉感，并不能等同于荣誉。

第二，荣誉是社会组织给予的一种积极评价。毋庸置疑，荣誉通常是一

---

① 参见马原主编：《民事审判实务》，中国经济出版社1993年版，第214页；佟柔主编：《中国民法》，法律出版社1990年版，第389页；张俊浩主编：《民法学原理》(修订三版)(上册)，中国政法大学出版社2000年版，第154页；杨立新：《人格权法》，法律出版社2011年版，第557页；程啸：《侵权责任法》，法律出版社2011年版，第103页。

② 参见李由义主编：《民法学》，北京大学出版社1988年版，第571页；马原主编：《中国民法教程》，人民法院出版社1989年版，第397页。

③ 参见满洪杰：《荣誉权作为独立人格利益之质疑》，载《法商研究》2012年第5期。

④ 参见姚辉、叶翔：《荣誉权的前世今生及其未来》，载《浙江社会科学》2020年第3期。

⑤ 参见姚明斌：《褪去民法权利的外衣——“荣誉权”三思》，载《中国政法大学学报》2009年第6期。

⑥ 参见广东省深圳市福田区人民法院（2019）粤0304民初12469号判决书。

⑦ 参见湖北省潜江市人民法院（2015）鄂潜江民初字第01027号判决书。

种积极评价，但这种积极评价主要是针对相关组织和其所代表的部分人群来说的，并不一定代表了社会所有成员。比如，右翼活动者自然会获得社会右翼社团组织的赞赏，表现突出的也会获得相应的荣誉，但这些荣誉却会被左翼社团和群众所唾弃。而获得这些荣誉的前提，必须是民事主体在社会生产生活中做出了突出贡献，或者有突出的表现，获得了相关组织的认可，并且被相关组织认为是积极、正面，应当受到褒奖的。再次强调，这些积极、正面、应受褒奖的判断，必须以相关组织以及相关组织所代表的人群所拥有的价值和视野作为判断依据。而且一般认为，民事主体所担任的职务不是荣誉。

第三，荣誉是社会组织所给予的正式奖励。所谓正式奖励，并非相关组织随便做出，这种正式性一方面体现为荣誉有具体的名称，针对具体的内容；另一方面体现为荣誉的认定、颁发或者撤销、剥夺通常都有一套定型的程序，不能由相关组织随意为之，尤其是对荣誉的撤销和剥夺，应当严格依照相关程序进行。

第四，荣誉通常有具体的形式外观。和抽象的名誉不同，荣誉既然形式上表现为一种称号，其通常都有具体的外在表现，如勋章、证书、奖状、奖杯等，并且也会在相关的组织中留下记载，并非无迹可寻。因此在司法实践中，对荣誉的证明和认定相对比较容易。

虽然世界各国都有“荣誉”概念，但“荣誉权”这一法律概念，却几乎为我国所独有。[①]在我国的语境下，荣誉权就是指民事主体对其所获得的荣誉（包括抽象的社会评价和具体的荣誉称号）及其相关的利益享有的保有、支配以及排除他人侵害的权利。[②]具体来说，荣誉权的内容包括：

第一，荣誉的保有权。这是指民事主体有权保持其所获得的荣誉归自己

---

① 一般认为，我国《民法通则》中规定“荣誉权”是在当时受到了《苏维埃民法》和《苏联民法》的影响。但是后来的研究却表明，当时立法者对《苏联民法》中的“荣誉权”很可能产生误读，因为《苏联民法》中虽然使用了“荣誉权”的表述，但其内涵却和传统的名誉权相一致，均是指一般的社会公众评价，和我国《民法通则》中的“荣誉权”保护对象并不一致，因此我国对荣誉权的继受很可能就是一个错误。参见满洪杰：《荣誉权——一个巴别塔式的谬误》，载《法律科学》2012年第4期；姚辉、叶翔：《荣誉权的前世今生及其未来》，载《浙江社会科学》2020年第3期。也无怪早有观点认为，荣誉权可能并非一项独立民事权利。参见谢怀栻：《论民事权利体系》，载《法学研究》1996年第2期。

② 参见王歌雅：《荣誉权的价值阐述与规制司考》，载《环球法律评论》2013年第3期。

享有，他人不得侵害的权利。荣誉权是一种绝对权，具有对世性，所有社会公众都应当尊重。这其中自然包括授予荣誉的组织。荣誉一旦被授予，除非经过法定的程序，即便是授予单位也不能随便剥夺。

第二，对荣誉的相关利益享有和支配的权利。一般来说，随荣誉而来的，除了民事主体精神上的利益之外，往往还有物质利益，包括相关的荣誉证明，如证书、奖状、奖杯、勋章，以及相关的物质奖励，如奖品、奖金等。如果相关组织拒绝发放应当给予的荣誉证明或者物质奖励的，民事主体可以请求组织发放。由于荣誉和荣誉证明是颁发给特定主体的，具有一定的人身依附性，因此民事主体对荣誉和荣誉证明的支配也受到一定的限制。对于荣誉来说，因为其是荣誉授予组织授予的，荣誉权人只能享有、利用这种荣誉，而不能转让；对于荣誉证明来说，荣誉权人虽然可以出卖、转移其占有或所有权，但是出卖转让的相对人，并不能够成为新的荣誉权人，只能成为荣誉证明的所有人或占有人。而对于物质奖励的部分，由于其大部分没有人身依附的性质，民事主体则享有完整的支配权。但对于有人身依附性的，比如由于荣誉而获得的社会优待，民事主体对其支配也受到限制。

二、侵害荣誉权的具体行为

根据《民法典》第1065条，侵害荣誉权属于一般侵权，适用过错责任的规则。需要指出的是，在具体的司法实践中，单纯的侵害荣誉权案件非常有限，比较常见的荣誉权纠纷，要么被归于侵害名誉权之中，要么被归于最高人民法院《侵权精神损害赔偿解释》第4条规定的，侵害具有人格象征意义的特定纪念物。[①]在有限的荣誉权纠纷中，侵害荣誉权的形态，大致包括如下几个类型：

其一，荣誉获得纠纷，这类纠纷通常表现为原告认为其应当获得某种荣誉称号，但相关的组织并未授予。通常法院均以不属于民事案件受理范围为由裁定驳回起诉，因为授予荣誉是相关组织的权利，而非义务，荣誉权也并

---

① 参见《最高人民法院关于张自修诉横峰县老干部管理局是否侵害荣誉权一案的复函》。

非是民事主体都必然可以获得的权利，只有实际获得之后才能成为权利人。[①]

其二，荣誉撤销纠纷，这类纠纷通常表现为原告认为相关组织剥夺其荣誉的决定不当。对于这类案件，法院认为国家机关以及接受国家机关委托的其他组织撤销荣誉称号的行为属于行政行为，不属于民事案件受理范围。[②]但对于私组织授予的荣誉，其撤销应当符合公开并已经明示的程序和规则，如果相关的撤销不符合程序和既定的规则，则会损害民事主体的荣誉权，应承担恢复荣誉、赔礼道歉、消除影响等责任。[③]

其三，荣誉记载错误纠纷，在此类纠纷中，争议集中于原告获得荣誉的外部形式。然而，记载错误，并不必然会导致荣誉的丧失，因为民事主体仍然拥有荣誉的证明，但可能会导致民事主体丧失一些由荣誉所带来的物质和社会利益。[④]

其四，荣誉归属纠纷，这类纠纷主要是对享有荣誉的主体产生了争议，比如集体荣誉归于了个人，[⑤]自己的荣誉归于了他人[⑥]等。

其五，荣誉标志物纠纷。即由于对荣誉标志物的非法占有，毁损灭失，或者污损导致的纠纷。

其六，荣誉相关利益受到侵害的纠纷。这里的损害既包括物质的损害，[⑦]也包括精神的损害[⑧]。

三、非法剥夺他人荣誉和诋毁、贬损他人荣誉

本条第1款第2句规定了两项侵害荣誉权的行为。

---

① 参见四川省绵阳市中级人民法院（2016）川07民终1066号判决书；深圳市中级人民法院（2002）深中法民终字第3753号判决书。

② 参见江西省安福县人民法院（2000）安行初字第13号判决书。

③ 参见湖北省潜江市人民法院（2015）鄂潜江民初字第01027号判决书。

④ 相关的案例，参见援朝：《教委侵权学生怒上公堂讨说法》，载《法制与社会》2001年第4期。

⑤ 参见江苏省无锡市中级人民法院（1994）锡民终字第74号判决书。

⑥ 参见山西省高级人民法院（2001）晋民三终字第29号判决书；北京市第二中级人民法院（2016）京02民终6272号判决书。

⑦ 参见新疆生产建设兵团第一师中级人民法院（2015）兵一民终字第00041号判决书。

⑧ 参见陕西省大荔县人民法院（2019）陕0523民初4459号判决书。

所谓非法剥夺他人荣誉称号，主要是针对授予荣誉的组织。荣誉乃是因为民事主体的突出贡献而由组织授予，自然也可因为某些原因而被剥夺。相关荣誉的剥夺理由和程序通常在组织中有明确的规定，实践中常常因为民事主体在获得荣誉之后做出了一些不名誉的行为，而被剥夺荣誉称号。①当然，剥夺荣誉需要有明确且合理的理由，并且要符合组织规定的程序，如果没有理由，或者未经合理程序就剥夺他人荣誉，则符合本条所规定的侵害荣誉权的行为，需要承担相应的恢复荣誉、赔礼道歉、消除影响等责任。②

所谓诋毁、贬损他人荣誉，主要针对一般民事主体，其行为人没有限制。所谓诋毁是指诽谤和污蔑，而贬损是指贬低和损害，在逻辑上它们既包括对他人荣誉称号的污蔑和贬低，如对荣誉权人进行侮辱和诽谤，也包括对他人荣誉证明的毁坏和损害，如对荣誉奖状、奖牌、奖杯的污损和毁坏。需要特别指出的是，对荣誉称号的污蔑和贬低，主要针对的是荣誉权主体获得荣誉的特定活动或者贡献，即通过污蔑和贬低荣誉权主体的特定活动和贡献的方式，表达其不配获得相关荣誉的意思。③但问题是，这里的诋毁、贬损他人荣誉和损害名誉权实在太过相似，有很多案件将对荣誉的贬损归于对名誉的损害上，通过名誉权给予受害人救济。④而对荣誉证明的污损毁坏行为，最高人民法院自己都认为不属于对荣誉权的侵害，应当适用《侵权精神损害赔偿解释》第4条侵害具有人格象征意义的特定纪念物的规则。⑤

---

① 如有“DNA之父”之称的美国生物学家、现年90岁的詹姆斯·沃森近日因其言论被认为涉嫌种族主义，被其所在的冷泉港实验室剥夺荣誉教授等头衔，载新华网http://www.xinhuanet.com/tech/2019-01/14/c_1123989435.htm，最后访问日期2020年6月2日。

② 参见满洪杰：《荣誉权作为独立人格利益之质疑》，载《法商研究》2012年第5期。

③ 参见北京市第二中级人民法院（2016）京02民终6272号判决书。

④ 参见北京市第二中级人民法院（2016）京02民终6272号判决书；“曾云侵害英烈名誉案”，载《中华人民共和国最高人民检察院公报》2019年第2号；“彭家惠诉《中国故事》杂志社名誉权纠纷案”，载《中华人民共和国最高人民法院公报》2002年第6期。

⑤ 参见《最高人民法院关于张自修诉横峰县老干部管理局是否侵害荣誉权一案的复函》。但文献指出也确有因“光荣军属”门牌被污损以荣誉权受到侵害提起诉讼为法院所支持的案例，参见满洪杰：《荣誉权作为独立人格利益之质疑》，载《法商研究》2012年第5期。

四、请求记载和错误更正的权利

本条第2款针对荣誉未能记载以及记载错误的情况，规定了请求记载和错误更正的请求权。如前文所述，荣誉的记载利益是荣誉权主体享有的一项重要利益。通过相关的记载，荣誉权主体可以享受到相应的精神、物质和社会利益。因此，当出现没有记载或者记载错误时，荣誉权主体当然有权请求纠正。

首先，荣誉权主体提出相关请求是否有其前提条件，本条并没有直接说明，但从逻辑上荣誉权主体应当提供初步证据，以证明记载不当之处。考虑到荣誉权人通常都有荣誉证明，相关的举证并不十分困难。

其次，对于荣誉记载组织的核查义务，这里应当参照《民法典》第1029条有关信用评价异议和更正删除请求权的规定，而非《民法典》第1028条有关媒体报道失实的更正删除请求权的规定。因为荣誉的记载非常重要，授予荣誉的组织有义务保证荣誉记载的真实性和准确性，因此在荣誉权人提出请求之后，其有义务对荣誉权人提供的相关初步证据材料进行仔细核实，并且在有疑义时，进行必要的合理调查。

再次，虽然本条没有规定，如果经过核实，荣誉记载确有不当之处，应当“及时”进行补记或修改。这里“及时”的判断，因为没有明确法律依据，应当就具体情况下荣誉记载组织的客观条件，加以合理确定。

最后，如果荣誉记载组织经过核实、调查，认为自己的记载没有缺失或者错误，当然可以拒绝荣誉权人的请求。此时荣誉权人可以向法院提起诉讼。

五、责任承担

在责任承担方面，侵害荣誉权和侵害名誉权非常类似。

首先，是恢复原状，或者称为恢复荣誉。从民法的救济法性质出发，责任承担的首要目的就是将权益状态恢复到损害发生之前，即恢复原状。其在名誉权受到侵害时，称为恢复名誉，在荣誉权受到侵害时，称为恢复荣誉。对于荣誉被非法剥夺的，要重新颁发荣誉；对荣誉被贬损、污蔑的，要恢复其荣誉；对荣誉证明被污损的，要清洁、复原；对荣誉被非法占有的，要归还其荣誉；对于荣誉没有记载或者记载错误的，要重新记载或更正记载。一切都以荣誉恢复原状为目的。

其次，是返还利益。对于荣誉被侵占的，侵权行为人要返还其所获得的利益，尤其是物质利益。而对于荣誉奖励被扣发的，则应当按照授予荣誉的程序，给予返还。

再次，是损害赔偿。对于荣誉带给民事主体的精神利益和物质利益，如果无法通过恢复原状、返还利益方式得到充分补偿的，还需要采取损害赔偿的方式，包括精神损害赔偿和物质损害赔偿。精神损害赔偿的范围，除了直接因为诋毁、贬损荣誉所造成的精神损害之外，还可以包括因为荣誉证明被毁损无法复原所造成的精神损害。而物质损害赔偿的范围除了因为毁损灭失而无法返还的直接物质奖励之外，还应当包括因为荣誉权被侵害而遭受的经济损失，如某企业因为“全国质量标杆”的荣誉称号被非法剥夺，而导致的产品大量退货和合同取消所造成的经济损失。

最后，根据具体的案件情况还可以要求行为人承担停止侵害、赔礼道歉、消除影响等责任。

举证责任

依据《民法典》第1165条以下的内容，侵害荣誉权也属于一般侵权，其举证责任遵循“谁主张，谁举证”的一般规则：权利人/被侵权人首先应当举证证明行为人有侵害荣誉权的违法行为，即非法剥夺权利人的荣誉称号，诋毁、贬损权利人的荣誉等；其次，应当证明该行为造成了权利人荣誉受损的客观事实；再次，应当证明行为和损害结果之间存在因果关系以及行为人主观上具有过错。而行为人为了减轻或者免除自己的责任，也可以围绕侵权构成要件提出自己的抗辩。

第六章

隐私权和个人信息保护

第一千零三十二条【隐私权】

自然人享有隐私权。任何组织或者个人不得以刺探、侵扰、泄露、公开等方式侵害他人的隐私权。

隐私是自然人的私人生活安宁和不愿为他人知晓的私密空间、私密活动、私密信息。

历史由来

隐私权的确认和保护在我国民法经历了一个阶段的发展过程。1986年颁布的《民法通则》并没有认可独立的隐私权。1988年的《民法通则意见》第140条第1款规定："以书面、口头等形式宣扬他人的隐私，或者捏造事实公然丑化他人人格，以及用侮辱、诽谤等方式损害他人名誉，造成一定影响的，应当认定为侵害公民名誉权的行为。"这是第一次提到隐私，但是却把它视为名誉权的保护对象。1993年的《名誉权案件解答》第7条第3款规定："对未经他人同意，擅自公布他人的隐私材料或以书面、口头形式宣扬他人隐私，致他人名誉受到损害的，按照侵害他人名誉权处理。"最高人民法院开始认识到了隐私的相对独立性，但是鉴于《民法通则》并没有规定隐私权，只能借助名誉权加以保护。2001年的《侵权精神损害赔偿解释》第1条第2款规定："违反社会公共利益、社会公德侵害他人隐私或者其他人格利益，受害人以侵权为由向人民法院起诉请求赔偿精神损害的，人民法院应当依法予以受理。"区别于第1条第1款第2项规定的名誉权，最高人民法院至此终于将侵害隐私视为一项独立的侵权行为，虽然对其具体的保护只能按照"其他人格利益"的保护方法进行，但总算改变了过去间接保护的方式，正式在民事司法体系中认可了隐私的法律地位。2009年的《侵权责任法》第2条第2款规定："本法所称民事权益，包括生命权、健康权、姓名权、名誉权、荣誉权、肖像权、隐私权、婚姻自主权、监护权、所有权、用益物权、担保物权、著作权、专利权、商标专用权、发现权、股权、继承权等人身、财产权益。"这是第一次在民事实体法中承认了独立的隐私权。2017年的《民法总则》第110条延续了《侵权责任法》的内容，规定："自然人享有生命权、身体权、健康权、姓名权、肖像权、名誉权、荣誉权、隐私权、婚姻自主权等权利。"然而，无论是民事法律还是司法解释，都只是提到隐私或者隐私权概念，并没有对何为隐私作出定义性规定。

在《民法典》的立法过程中，《民法典各分编（草案）》就已经规定了隐私权，其第811条规定："自然人享有隐私权。任何组织或者个人不得以刺探、侵扰、泄露、公开等方式侵害他人的隐私权。本法所称隐私是具有私密性的私人空间、私人活动和私人信息等。"《民法典人格权编（草案）》（二审稿）第811条并没有对《民法典各分编（草案）》的内容进行修改。《民法典人格权编（草案）》（三审稿）第811条较大幅度地修改了《民法典人格权编（草案）》（二审稿）第2款的表达：其一，删除了"本法所称"这四个字，这就表明本条中有关隐私的定义，不仅仅适用于《民法典》中，而是有更广泛的适用性，可以在其他民事法律法规中，甚至其他部门法中适用；其二，将"具有私密性的"改成"不愿为他人知晓的"，从单纯的客观描述，即内容客观上的私人性和秘密性，变为强调当事人的主观状态是不愿让私密内容为他人知悉；最后，将"私人空间、私人活动和私人信息"三个重要概念改成"私密空间、私密活动和私密信息"，这一修改和上一个修改相对应，对于隐私，不仅仅是在客观上处于秘密状态，并且当事人主观上也不愿让其公开，为他人知悉。二、三两项的修改，对隐私从主客观两方面进行描述，比单纯的客观描述更为准确和全面。《民法典（草案）》第1032条对《民法典人格权编（草案）》（三审稿）第811条第2款进一步修改，在对隐私的定义中，增加了"私人生活安宁"的表述，这样就让隐私的概念更加全面、准确。

三 规范目的或功能

本条是隐私权的一般规定，其规范模式与《民法典》第1024条近乎一致，是一个宣示性条款。本条第1款第1句，首先确认了隐私权是自然人应当享有的基本人格权。第1款第2句列举了刺探、侵扰、泄露、公开等几种典型的侵害隐私权的方式，以反面规定的方式，规定了对隐私权的保护。本条第2款是对第1款的补充，其没有尝试对隐私权进行定义，而是去定义隐私权的保护对象——隐私，并以此间接定义隐私权的保护内容。因此，本条并非是一个完全法条，其虽然规定了隐私权受法律保护，以及典型的侵害隐私权的违法行为，但是没有规定侵害隐私权的责任构成，也没有规定侵害隐私权的责任承担，并不能独立适用，必须结合《民法典》第1165条以下的条款，才能完整实现保护隐私权的目的。

规范内容

一、隐 私

隐私是隐私权保护的客体，本条第2款专门对隐私进行了定义，正确理解隐私的概念和内涵，是正确理解和适用隐私权的首要问题。

现代意义上的隐私概念最早由Samuel Warren 和Louis Brandeis在《论隐私权》①一文中提出，强调要保护人们"独处的权利"（right to be let alone）。②何为"独处权"，Brandeis大法官在Olmstead v. United States案③中认为，独处权是一种"最为全面的权利也是文明人所最为重视的权利"。而Fortas法官在Time，Inc. v. Hill案④中指出，"隐私就是独处权，即个人有权选择自己的生活方式，而不受外界的干扰、侵扰或侵害，除非存在明确的社会需要与合法依据"。⑤从美国学者的观点来看，虽然也有学者尝试通过列举隐私外延的方式定义隐私权的保护范围，⑥但就传统的观点来说，其对隐私范围的定义，还是强调私人生活不被他人所打扰，并且通过对侵犯隐私权的具体方式的界定来实现。例如，Prosser教授在其《论隐私》一文中，认为以下四种行为将构成对隐私权（即独处权）的侵害：⑦第一，侵害原告的隐居独处，或私人事务；第

---

① Samuel Warren and Louis Brandeis, The Right to Privacy, 4 Harvard L.R. 193（1890）.

② Thomas Cooley, A Treatise on the Law of Torts, 2nd ed., Callaghan, 1888, p.29.

③ Olmstead v. United States, 277 U.S. 438（1928）.

④ Time, Inc. v. Hill, 385 U.S. 374（1967）.

⑤ 孔令杰：《个人资料隐私的法律保护》，武汉大学出版社2009年版，第64页。

⑥ 例如有学者认为，隐私权是我们对自身周围领域保持所有的权利，其包括和我们有关的所有事物，例如身体、家庭、财产、思想、感觉、秘密和身份。隐私权让我们有权决定他人可以在何种程度上进入这些领域，并且控制这种领域开放的范围、方式、程度和时间。See Yael Onn, et. al., Privacy in the Digital Environment, Haifa Center of Law & Technology, 2005, pp. 1–12.

⑦ William L. Prosser, Privacy, 48 Calif. L. Rev. 383 f.

二，公开有关会使得原告尴尬的私人事实；第三，会使得原告造成公众误解的宣传；第四，为了被告自己的利益，将原告的姓名或者肖像占为己用。而在第二次侵权法重述中，强调在以下几种情况下将构成对隐私权的侵犯：第一，不合理地侵入他人的独处；第二，将他人的姓名和肖像占为己用；第三，不合理地公开他人的私人生活；第四，不合理地宣传使得公众对他人产生误解。①换言之，侵犯了当事人的独处，即是对隐私的侵犯。

从这个角度理解，隐私似乎并不是什么具体的事物，而是一种抽象的存在，其目的在于保护当事人独处的生活状态，为这种生活状态划出界限。是否构成对隐私的侵犯，只能够通过具体行为结果来判断，只要侵害了当事人独处的，便是对隐私的侵犯。当然，这并不是说，只有这四种情况才能够构成对隐私的侵犯，随着时代的发展，这四种类型本身也在不断扩展，同时也不排斥其他新的侵犯隐私的类型。②同时，这种对独处的侵犯也必须要达到一定的程度，才能构成侵害隐私，这种程度用第二次侵权法重述的表达来说就是“对于理性人来说是高度的冒犯”（highly offensive to a reasonable person）③。这表明了对于他人对个人独处的介入，个人确实也有一定的容忍义务，并非任何对个人隐居独处、生活安宁的介入，都可以认为是对隐私的侵害。

这便是说，隐私的判断并非是先验的，对于隐私的判断不能够脱离具体的案件事实。因此美国学者在试图尝试对隐私进行定义时，并不会将其和具体的个人事务相联系，而是将其描述为一种状态。有学者认为这是一种对于信息的控制，④有学者将其表述为有限的接近自我（limited access to the self），⑤

① Restatement of the Law, Second, Torts, § 652A（2）The right of privacy is invaded by:（a）unreasonable intrusion upon the seclusion of another, as stated in § 652B; or（b）appropriation of the other’s name or likeness, as stated in § 652C; or（c）unreasonable publicity given to the other’s private life, as stated in § 652D; or（d）publicity that unreasonably places the other in a false light before the public, as stated in § 652E.

② Restatement of the Law, Second, Torts, § 652A, Comment: c.

③ Restatement of the Law, Second, Torts, § 652B, § 652D, § 652E.

④ See Adam Carlyle Breckenridge, The Right to Privacy, University of Nebraska Press, 1970, 1; Randall P. Bezanson, The Right to Privacy Revisited: Privacy, News, and Social Change, 1810–1990, 80 Cal. L. Rev., 1133（1992）.

⑤ See Ruth Gavison, Privacy and Limits of Law, 89 Yale L.J. 421（1980）.

也有学者将其描述为一种对与他人亲密关系（Intimacy）的控制，[①]还有学者认为隐私没有一般的定义而要看具体的情况而定[②]。

在我国，因为之前法律一直没有明确隐私的含义，学理上对于隐私这一概念的理解主要有私人领域说[③]、私人秘密和私人信息说[④]以及生活安宁和秘密说[⑤]这三种。总体上讲，并没有形成一个统一的结论，[⑥]有观点甚至认为应当放弃对隐私进行定义[⑦]。但既然本条第2款明确给出了隐私的定义，相关对隐私概念的争议就可以终结了。根据本条规定，隐私是指“自然人的私人生活安宁和不愿为他人知晓的私密空间、私密活动、私密信息”，明显体现了隐私的这种抽象状态的特征。

（一）自然人

本条第2款明确将享有隐私的主体限定为自然人，不包括法人或者其他社会组织，其原因也非常简单。因为隐私是指自然人独处和私人生活安宁的一种抽象状态，其体现于排除他人的不当干预，独立于普通社会生活之外。而法人或者其他社会组织就是自然人为了参与社会生活所创设的工具，不存在“独处”的客观需求。当然，法人或者其他社会组织也会有不想让他人知晓的秘密，但是法人秘密不同于个人隐私：除了法人客观上没有独处的需求之外，隐私是一种精神人格利益，而法人的秘密多数体现为一种财产价值，可以通

---

① See Julie C. Inness, Privacy, Intimacy, and Isolation, Oxford University Press, 1996, 56ff.

② Daniel J. Solove, Conceptualizing Privacy, 90 Cal. L. Rev. 1087（2002）.

③ 这种观点认为，隐私就是私生活，相对于公共生活，是指与公众无关的纯属个人的私人事务，包括私人的活动、私人的活动空间以及有关私人的一切信息。参见王传丽：《私生活的权利与法律保护》，载中国政法大学民商法教研室编：《民商法纵论》，中国法制出版社2000年版，第197页。相似的观点参见马俊驹：《人格和人格权理论讲稿》，法律出版社2009年版，第260页。

④ 这种观点认为，隐私是私人信息和私人秘密的总和。参见佟柔主编：《中国民法》，法律出版社2000年版，第487页；马特、袁雪石：《人格权法教程》，中国人民大学出版社2007年版，第285页。也有观点认为应当包括私人领域、私人秘密和私人事务这三者，参见杨立新：《人格权法》，法律出版社2011年版，第598页。

⑤ 参见张新宝：《隐私权的法律保护》，群众出版社2004年版，第16—18页；王利明：《人格权法研究》（第三版），中国人民大学出版社2018年版，第590页。

⑥ 参见杨立新：《人格权法》，法律出版社2011年版，第597页。

⑦ 姚辉：《人格权法论》，中国人民大学出版社2011年版，第420页。

过商业秘密法或反不正当竞争法保护。[①]

（二）私人生活安宁

所谓私人生活安宁是指自然人可以排除他人对自己生活安定和宁静的不当打扰和妨碍的状态，包括了日常生活安宁、住宅安宁、通信安宁等。这一表述的关键在于“安宁”，其是对私人生活不受他人干扰状态的一种描述。通过私人生活安宁对隐私进行定义，很明显受到了美国法的影响，体现出隐私明显的抽象状态特征。在具体的司法实践中，私生活安宁主要包括如下内容：

一是日常生活安宁，即个人对自己的正常生活不受他人打扰。自然人的日常生活安宁对自然人人格发展非常重要，只要不和公共利益或者其他主体的合法权益切实相关，都有排除他人干扰的权利。他人对自然人的非法跟踪、监视和骚扰，都是侵害日常生活安宁的体现。即便这种日常生活是发生在公共场合也是如此，如果干扰超越了必要限度，都构成对日常生活安宁的侵害。例如，在Nader v. General Motors Corp.案中，法院认为个人处于公共场合之下也并不意味着其所有在公共场合中的行为都是公开的，这种公开性应当仅限于依照一般人的角度可以观察的为限。在本案中监视人距离原告非常近，甚至可以看到原告在银行中取款的数额，显然超过了一般的观察界限，构成侵权。[②]更为典型是所谓狗仔队（Paparazzi）的相关案例。[③]在Galella v. Onassis案[④]中，法院认为虽然被告是一位公众人物，但原告的行为属于有意在物理上接触被告及其子女并迫切想拍摄相关照片的行为，超过了必要的新闻收集界限，造成了被告的危险和恐慌，在事实上已经侵扰了被告的生活，因此被告保镖阻止原告的行为属于保护被告生活安宁的必要措施。加利福尼亚州还通过了相应的《反狗仔队法》（*California Anti-Paparazzi Act*）[⑤]，其中便明确规

---

① 参见张新宝：《隐私权的法律保护》，群众出版社2004年版，第13页。

② See Nader v. General Motors Corp. 255 N.E. 2d 765（N.Y.Ct. App.1970）.国内的相关案例参见北京市第一中级人民法院（2016）京01民终2636号判决书。

③ 源自意大利籍摄影师Signor Paparazzo。现在则通指那些通过骚扰社会名流并且拍摄涉及私人生活的照片，高价出售给媒体的行为。

④ See Galella v. Onassis 487 F. 2d 986（2rd Cir. 1973）.

⑤ See California Anti–Paparazzi Act Cal. Civ. Code § 1708.8.

定了对“物理上侵害隐私”（physical invasion of privacy）[①]和“推定侵害隐私”（constructive invasion of privacy）[②]行为的责任。而在具体的责任承担方面，该法不仅规定了普通的侵权责任，如果原告能够证明被告的行为具有商业目的，被告还需要承担惩罚性赔偿。而在2005年的修改中，更是禁止了“通过攻击性行为（assault）获得了有关原告的可视影像、声音记录或者其他物理记录”，按照立法者所言，这条规范是为了应对那种“试图通过对社会名流的攻击，以获得其对于攻击行为的反应的相关录音，或者通过攻击的威胁，试图阻碍其活动，以便进行拍摄”。[③]

二是住宅安宁，即个人的住宅不受他人打扰。个人住宅是私人生活的核心，在不涉及公共利益和他人合法权益的情况下，任何人都不应该对自然人的住宅实施侵扰。对住宅的侵扰可以分为直接的侵扰和间接的侵扰。前者是指未经允许直闯入住宅之内，干扰住宅安宁的行为；后者是指虽然行为人未能物理上直接进入住宅，但是通过视听增强等技术手段，获取住宅内的情况，干扰住宅安宁的行为。例如在Hamburger v. Eastman案中，被告虽然在原告的卧室中放置了窃听装置，但由于某些原因被告并没有听到任何的声音。法庭认为，对于他人住宅安宁的侵害并不以将私密信息公开或者为第三人所知为必要，而且未经同意放置窃听装置在他人私人空间本身就已经构成了对其侵犯，造成了人格的伤害，而无论窃听到的具体信息为何。[④]这里需要注意的是，仅仅泄露住宅地址，尚不能构成对住宅安宁的侵害，但可能属于对私密信息的侵害。[⑤]

---

① 所谓物理上侵害隐私，是指如果被告以获得任何形式的可视影像、声音记录或者其他的关于原告在为个人或者家庭行为时的物理记录为目的，明确知道其在没有获得许可就进入他人的领域或者实施了其他的侵入行为，并且这种行为对于理性人具有冒犯性，则其需要对这种行为承担责任。

② 所谓推定侵害隐私，是指被告虽然没有在物理上侵入原告的隐私，但是其通过视觉或者听觉增强设备获得了有关原告在为个人或者家庭行为时的可视影像、声音记录或者其他物理记录。而这些记录在不利用这些设备时是无法通过侵入（trespass）行为以外的途径可以获得的，则被告需要为其行为承担责任。

③ See Solove/Schwartz, Information Privacy Law, Aspen Publishers, 3th ed., 2008, p.100.

④ See Hamburger v. Eastman 206 A. 2d 239（N.H. 1964）.

⑤ 参见广东省深圳市宝安区人民法院（2010）深宝法民一初字第1034号判决书；浙江省杭州市中级人民法院（2014）浙杭民终字第975号判决书。在这些案件中法院认为自然人的住址属于自然人的个人信息，自然人的个人信息在本人不愿意公开的情况下属于个人隐私的范畴。

三是通信安宁，即自然人的个人通信不受他人打扰的状态。实践中最为典型的就是电话骚扰，通过电话骚扰，自然人不仅自己的通信自由受到侵害，其精神还会长期处于压力之下，严重损害其生活安宁。当然这种对通信安宁的侵害也必须超过合理的限度，偶尔的广告电话并不能视为对通信安宁的侵害。例如在Donnel v. Lara案中，法院认为被告在不合理的时间内反复多次打骚扰和威胁电话的行为，严重侵扰了原告的私人生活安宁。这里认定侵扰的关键：一是被告在不合理的时间，如半夜打入电话，严重影响原告休息；二是被告打电话的频率明显不合理，数量远超正常社会交往的必要；三是电话的内容也并非日常社会交往所必须，而是对原告的骚扰和威胁。[①]当然，随着社会的发展，通信安宁的范围也扩展到短信、邮件和即时通信软件，如果自然人接收到的短信、邮件或者即时通信软件的内容超过了社会日常生活的必要，并超过合理限度的，亦或是未经自然人同意随意查看自然人短信、邮件或即时通信软件记录的也会构成对通信安宁的侵扰。[②]

（三）不愿为他人知晓的私密空间、私密活动、私密信息

所谓“不愿为他人知晓的”是对自然人的主观上不愿意为他人知悉意愿的描述，而“私密”则是指私人隐秘，是对内容在客观上属于私人，且处于隐秘状态，不为他人知晓的描述。需要说明的是，这里的隐秘不一定指除了自然人本人其他人都不知道，也可以指只有很有限的人知道，而这里有限的人的范围，需要考虑和自然人本人的社会关系远近，若只是社会关系很近的人知道，那么隐秘性强，但如果社会关系很远的人也知道，那隐秘性就很弱。[③]所谓“不愿为他人知晓的私密空间、私密活动、私密信息”就是指在

---

① See Donnel v. Lara, 703 S.W.2d 257（Tex. App. 1985）.国内案例参见湖南省郴州市北湖区人民法院（2014）郴北民二初字第947号判决书。

② 参见北京市高级人民法院（2014）高民终字第1152号判决书；广东省深圳市福田区人民法院（2012）深福法民一初字第727号判决书；北京市第一中级人民法院（2015）一中民终字第07724号判决书等。

③ See Lior Jacob Strahilevitz, A Social Networks Theory of Privacy, 72 U.Chi.L.Rev. 919（2005）.该文认为，对于内容公开与否的判断不应当由知悉对象的数量来判断，而应当通过社会关系来判断。只在社会关系十分密切的群体内分享的内容，通常不认为是公开的内容，而在关系密切的群体之外传播的内容，知晓者的关系越松散，其公开性就越强。

客观上处于隐秘状态，不为他人知晓，且在主观上也不愿意为他人知晓的私人空间、私人活动和私人信息。不难发现，这一段表述对隐私的定义是在强调隐私的两个主要特征：其一，空间、活动和信息所处的一种隐秘状态；其二，这种隐秘状态是自然人所希望的。这两者缺一不可，即便是同样的私人空间、私人活动和私人信息按照自然人的意愿处于隐秘状态的，就是隐私；一旦自然人没有了让其保持隐秘的意愿，即便其在客观上仍然处于隐秘状态，也不是隐私；一旦内容被公开，即便自然人有让其保持隐秘的愿望，也不是隐私。

所谓私密空间，是指由私人所支配的，处于隐秘状态不为他人所知的空间和场所。这里的空间有多重含义：首先是物理上的含义，由现实中的长宽高所界定出的三维空间，如由房屋所划出的空间，由书包、柜子、交通工具等界定出的物理空间等；其次是无形的虚拟空间，即通过计算机系统和互联网形成的数字空间和网络社区。由私人支配的物理空间，典型的就是私人住宅，除此之外，还包括私人住宅范围以外的，私人办公室、私人包裹、私人储物柜、私人行李箱等，这些私人物理空间，只要当事人未主动公开，都处于隐秘状态，其他人未经许可都不可随意打开、进入。而且即便是在公共场所，也并不完全排除私人空间的存在。每个自然人在日常生活中也需要保持自己相对的个人空间和社交距离（social distance）不受他人的侵入，以保证自己精神上的安宁和现实的安全，正如之前所说的日常生活安宁的部分内容，以及更衣室、卫生间等相对公共的空间[①]。而虚拟空间中的私人空间，则是在计算机系统和互联网环境中独立分割出来的，由私人所支配，未经允许禁止他人访问（access）的空间，如私人邮箱、私人存储空间、私人电脑和私人手机的内部存储空间等。

所谓私密活动的概念最为广泛，任何私人实施的与公共利益和他人利益无关的，处于隐秘状态下不为他人所知的活动，都可以视为私密活动。典型的私密活动包括：第一，通信秘密。和通信自由不同，通信秘密主要是指通信过程和通信内容不受他人监听、截获，处于隐秘状态。因此，未经许可公

① 参见上海市杨浦区人民法院（2011）杨民一（民）初字第4795号判决书。

开书信、[①]访问邮箱、[②]监听电话[③]等，都是对隐私的侵害。第二，私人的秘密谈话。私人的秘密谈话也是自然人私人生活的一部分，很多谈话，因为种种原因，当事人可能并不希望公之于众，或者让特定人知悉，因此处于隐秘状态下，这些谈话也都是隐私。未经许可记录这些谈话，即便谈话并不涉及敏感内容，也会构成对隐私的侵犯。[④]第三，私生活秘密。私生活是与社会公共利益和他人合法权益无关的私人生活事务，只要处于隐秘状态，他人无权强行探知或公开，即便是相关私生活有道德瑕疵也是如此。[⑤]

所谓私密信息，是个人信息的一个具体类型，其是指处于隐秘状态下，不为他人所知的与社会公共利益和他人权益无关的私人信息。从这个概念出发，判断什么样的个人信息属于隐私，应当从以下几个方面考虑：第一，个人信息处于隐秘状态，不为社会公众所普遍知悉；第二，个人信息的内容与社会公共利益或者他人合法权益无关，且处于隐秘状态下不违反法律或者社会公德。一般来说，个人的身份信息、[⑥]身体私密处的信息、[⑦]家庭住址联系方式等信息、[⑧]医疗健康信息、[⑨]经济财产信息、[⑩]生物识别信息[⑪]等，根据具体的

---

① 参见北京市高级人民法院（2014）高民终字第1152号民事判决书。

② 参见北京市第一中级人民法院（2015）一中民终字第07724号判决书。

③ 参见北京市第三中级人民法院（2019）京03民终7526号判决书。

④ 参见浙江省嘉兴市中级人民法院（2016）浙04民终155号判决书；北京市海淀区人民法院（2019）京0108民初48382号判决书；北京市西城区人民法院（2019）京0102民初10902号判决书等。

⑤ 参见北京市朝阳区人民法院（2008）朝民初字第29276号判决书；四川省成都市锦江区人民法院（2011）锦江民初字第2071号判决书。

⑥ 李秀芬：《论隐私权的法律保护范围》，载《当代法学》2004年第4期。

⑦ 参见深圳市宝安区人民法院（2010）深宝法民一初字第244号判决书。

⑧ 参见北京市第二中级人民法院（2009）二中民终字第5603号判决书；四川省成都市锦江区人民法院（2011）锦江民初字第2071号判决书。

⑨ 北京市西城区人民法院（2013）西民初字第08478号判决书；重庆市黔江区人民法院（2008）黔法民初字第284号判决书。

⑩ 参见江苏省淮安市中级人民法院辖区（原江苏省淮阴市中级人民法院）（2019）苏08民终3198号判决书；浙江省杭州市中级人民法院（2014）浙杭民终字第975号判决书等。

⑪ 《网络侵害人身权益解释》第12条第1款规定："网络用户或者网络服务提供者利用网络公开自然人基因信息、病历资料、健康检查资料、犯罪记录、家庭住址、私人活动等个人隐私和其他个人信息，造成他人损害，被侵权人请求其承担侵权责任的，人民法院应予支持。"

案情，都有可能成为隐私下的私密信息。

二、隐私权

（一）隐私权的概念和内容

本条虽然规定了隐私的定义，但没有明确隐私权的定义。有观点认为，隐私权是一种排除他人对个人私密生活进行干预的权利，[①]这种观点强调的是隐私权排除他人干预的权能；也有观点认为，其是一种当事人隐瞒私人秘密，防止他人公开的权利，[②]这种观点强调的是隐私权可以排除他人对权利人私人秘密的公开；还有观点认为，隐私权是维护个人生活安宁，排除他人非法侵扰的权利，[③]这种观点依托美国法中生活安宁的概念，强调隐私权维护生活安宁状况的目的；当然还有观点继承美国的控制权理论，认为隐私权是个人对自己私人信息、私人生活和私人领域进行支配和控制的权利。[④]

在此，不妨将这几种定义方式做一个简单的比较。对于第一种定义，隐私权当然具有排除他人对自己私人生活进行干扰的权能，但将隐私权的内容仅限于排除他人对私人生活的干预自然显得略微狭窄。对于第二种定义，排除他人的公开行为，则相对于排除对私生活的干扰更为狭窄，很显然，在当今复杂的社会环境中，对私人生活的干扰，肯定不仅限于对私人秘密的公开，[⑤]因此这种定义方式相对更不可取。对于第三种定义，美国法中生活安宁概念的引入，极大地扩张了隐私权的保护范围，通过对生活安宁这一事实状态的保护，隐私权就可以突破单纯的对外来干涉的防御功能，并依据案件的

---

① 佟柔主编：《中国民法》，法律出版社2000年版，第487页。

② 王冠：《论人格权》，载《政法论坛》1991年第3期。

③ 参见张新宝：《隐私权的法律保护》，群众出版社2004年版，第21页；王利明：《人格权法研究》（第三版），中国人民大学出版社2018年版，第551页。

④ 参见马特、袁雪石：《人格权法教程》，中国人民大学出版社2007年版，第260页；马俊驹：《人格和人格权理论讲稿》，法律出版社2009年版，第285页；杨立新：《人格权法》，法律出版社2011年版，第599页。

⑤ 在司法实践中，侵入隐私空间也会构成对隐私权的侵害，但此时显然不涉及对隐私信息的公开。参见上海市闸北区人民法院（2013）闸民一初字第5854号判决书；上海市第二中级人民法院（2014）沪二中民一终字第335号判决书；上海市第一中级人民法院（2011）沪一中民一终字第288号判决书。

具体情况，具有一定的开放性。但是相对来说，生活安定究竟是指什么，却很难做出一个明确的回答。这种模糊性虽然给予了隐私权开放的空间，但是在适用方面却提出更高的要求，将具体界定的责任交到了法官手中。对于第四种定义，其在一定程度上可以视为对上一种定义的发展，将生活安定具体化为一种控制权，虽然说这两者之间是否具有直接联系尚需讨论，但毫无疑问的是，如果我们对自己的私人生活具有完全的控制权，那么也通常能够保证生活的安宁。而这里所强调的"控制权"这一具体化的概念，至少包含了两个方面的含义：其一，是权利人对于其私人领域非法干涉的排除，这也是所有概念共同强调的部分；其二，则是对部分隐私内容加以利用，这里的利用包括对隐私信息的公开、转让以及许可他人使用等，目的是从中获得相应的利益，并且在这种利用过程中排除他人的干涉。[①]

因此在隐私权的保护内容上大致形成了两种对立看法：[②]保守的学者认为隐私权应当是一种消极的权利，其内容应当限于排除他人对私人生活秘密、安宁的不法干涉。另外一些学者则认为隐私权不仅包括消极的防御功能，也应当包含对自己私人领域内事务的支配，侧重于主体对隐私信息的占有、使用、处分和限制他人的非法获悉和披露，即对个人事务的"自我决定"。相较而言，随着时代的发展，后一种观点逐渐被广泛接受，现在主流学者大多认为隐私权的内容应当包括隐私享有（隐瞒）权、隐私利用权、隐私公开权和隐私维护权。[③]隐私享有权（隐瞒权）要求防止个人信息轻易为他人获知，保护隐私不受他人的非法披露和公开；隐私利用权和公开权则强调个人有权自己使用、许可他人使用以及在特定范围内公开自己的隐私信息；而隐私维护权确认公民有权针对侵犯隐私权的行为实施自力或者公力救济。

（二）侵害隐私权的责任构成要件

根据《民法典》第1165条第1款的规定，侵害隐私权属于一般侵权行为，

---

① 参见杨立新：《人格权法》，法律出版社2011年版，第602—603页。

② 参见张丽：《论隐私的法律保护》，中国政法大学2006年博士学位论文，第21—22页。

③ 参见马俊驹：《人格和人格权理论讲稿》，法律出版社2009年版，第260页；杨立新：《人格权法》，法律出版社2011年版，第603页；王利明：《人格权法研究》（第三版），中国人民大学出版社2018年版，第586页以下。

按照过错责任的原则，其责任构成要件包括以下内容：

1.侵权行为人和被侵权人

根据本条第1款第2句的规定，侵害隐私权的主体可以是一般法律主体，包括自然人、法人和非法人组织。而被侵权人，即隐私权的权利人，依据本条第2款的规定，只可能是自然人。这里的自然人，不包括胎儿和死者。因为胎儿尚未出生、死者已经去世，都没有对于独处和生活安宁的需求，所以客观上不可能有隐私。对死者生前隐私的保护，实际体现的是死者近亲属以及利害关系人的感情和名誉利益。揭露死者的隐私，很可能使生存的近亲属以及利害关系人遭受精神痛苦，这种对死者的隐私保护，也就是对生者名誉的维护。

2.违法行为

本条第1款第2句规定了典型的侵害隐私权的行为，即以刺探、侵扰、泄露、公开等方式侵害他人隐私权的行为。这里刺探、侵扰、泄露、公开的对象是自然人的隐私。如前文所述，本条第2款规定了隐私的内容包括自然人的生活安宁，以及相关私密空间、生活和信息处于隐秘不被他人侵扰的状态。而判断私人空间、生活和信息是否是隐私的标准有二：自然人主观上不愿公开以及客观上处于隐秘状态。因此这里的刺探、侵扰、泄露和公开就是和这种生活安宁以及隐秘状态所对应的反向行为。详细来说：

刺探，主要是指在未经隐私权人同意的情况下，采取各种手段，获悉自然人不愿公开，处于隐秘状态下的私人生活、私人信息等相关内容的行为。刺探的手段多种多样，拍摄、窃听、监视、问询、骇入、侵入等都可以成为刺探的具体表现。只要相关的行为能够获悉自然人与公共利益以及他人权益无关的，不愿公开并处于隐秘状态下的私人内容，都是侵害隐私权的违法行为。需要强调的是，这里的刺探只是行为，无论结果，就算刺探行为没有实际获得想要的结果，也构成了对隐私权的侵害。

侵扰，主要是指在未经隐私权人同意的情况下，采取各种手段，干扰权利人正常的生活安宁。侵扰未必需要行为人知晓某些不为人知的秘密，也不需要行为人将这些秘密公开，只需要行为人的行为影响到自然人的正常生活即可。如近距离的监视、打骚扰电话、大量发送垃圾短信等。

泄露，是指行为人将其所掌握的隐私内容，无论其是合法掌握还是非法掌握，未经权利人许可，让特定人知悉的行为。首先，泄露的内容是隐私，即权利人不愿让他人知悉，并处于隐秘状态的内容。其次，这里的行为人可以是合法知晓权利人个人隐私的具有紧密社会关系的主体，也可以是通过刺探等手段非法获得相关个人隐私的主体。第三，行为人泄露让特定人知悉，是违背权利人明确或者可以推知的意愿的。第四，行为人的泄露行为可以是过失，也可以是故意。

公开，是指行为人将其所掌握的隐私内容，未经权利人许可，让不特定的社会公众所知悉的行为。公开和泄露的区别，一是对象不同，泄露的对象特定，只是某个或者某几个非常特定的主体，公开的对象则是不特定的社会公众；二是行为人的主观过错不同，泄露可能是故意也可能是过失，而公开通常主观上是故意。公开还涉及公开范围的问题，对已经公开的内容进行更加广泛的传播，通常并不认为构成对隐私的侵犯。①

《民法典》第1033条作为对本条的解释和细化，列举了更多有关侵害隐私权的行为，但基本也都没有跳出本条所列举的刺探和侵扰范围之外。本条所列举的刺探、侵扰、泄露、公开四项之间是并列关系，即只要行为人的行为满足其中的一项，就构成侵害隐私权的违法行为，即只要存在刺探行为，无论事后是否泄露或公开刺探获得的隐私，都构成对隐私权的侵害。需要强调的是，隐私权虽然保护自然人的生活安宁以及独处的权利，但自然人并不能完全跳脱社会关系和社会交往而存在，对于在社会日常交往范围之内的行为，除非权利人明确表示反对，否则不应认为属于侵害隐私权。而对于涉及公共安全或者他人合法权益的行为，即便是权利人明确反对，也不应认为属于侵害隐私权。②因此对相关侵害隐私权的行为的判定，从行为的性质上，要超过正常社会交往的程度，达到高度冒犯（highly offensive）的标准。这在美国法

---

① See Ritzmann v. Weekly World News, 614 F. Supp. 1336（N.D. Tex. 1985）; & Health v. Playboy Enterprises, Inc., 732 F. Supp. 1145（S.D. Fla. 1990）.但是更加深入的报道有可能会导致隐私权被侵害，例如Michaels v. Internet Entertainment Group, Inc., 5 F. Supp. 2d 823（C.D. Cal. 1998）.国内判决参见浙江省杭州市西湖区人民法院（2010）杭西民初字第506号判决书。

② 参见北京市朝阳区人民法院（2008）朝民初字第29276号判决书，在本案中法院认为与公共利益、他人利益有关的个人信息不属于隐私，可以公开；上海市第一中级人民法院（2013）沪一中民一（民）终字第798号判决书，在本案中，法院认定为了公共安全，在区分所有权人的共有部分设置监控，不属于侵害隐私权；北京市第三中级人民法院（2016）京03民终9992号判决书，在本案中，学校为了公共安全，检查学生的私人空间，不属于侵害隐私权。

上就表现为针对私密信息（information of confidential nature）采取不合理的侵扰（unreasonably intrusive）手段，①而在《民法典》第1032条的语境下，就体现为对于客观上处于隐秘状态的内容，采取严重违背行为人意愿的手段，两者在这里趋向一致了。

3.损害结果

侵害隐私权的损害结果，依据本条第2款的表述，应该是私人生活安宁被侵扰，处于隐秘状态的私人空间、生活和信息被侵入或公开。正如前文所述，刺探、侵扰、泄露、公开四项并列，因此这四种行为所造成的损害结果之间也是并列关系。对刺探行为来说，只要实施了刺探行为，就产生了损害结果；对侵扰来说，只要实质影响私人生活安宁，造成了精神上的不安、痛苦、烦躁或者愤怒等不良情绪，就产生了损害结果。和违法行为一样，侵害隐私权的损害结果，也要超过社会正常的交往范围和风险。②

4.主观过错和因果关系

侵害隐私权采取过错责任，在因果关系方面达到相当因果关系。但在涉及具体的违法行为，如刺探、侵扰和公开时，可能涉及对主观上是否故意的判断。

（三）侵害隐私权的责任承担

根据《民法典》第179条的规定，侵害隐私权主要的责任承担方式包括：停止侵害、消除影响、恢复名誉、赔礼道歉、损害赔偿。其中损害赔偿包括物质损害赔偿和精神损害赔偿，在侵害隐私权时，主要是精神损害赔偿。

对于损害赔偿的额度，要考虑实际造成的损害以及行为的主观过错程度，如果造成的实际损害较小，并且主观过错程度较低的，可以少赔或者不赔。③

---

① 参见谢远扬：《个人信息的私法保护》，中国法制出版社2016年版，第75页。

② 参见江苏省徐州市中级人民法院（2017）苏03民终8245号判决书，在本案中夫妻互相查看对方的手机内容和通话记录，不视为侵害隐私权。

③ 认为精神损害赔偿以现实中的重大伤害为必要前提的判例，参见四川省成都市锦江区人民法院（2011）锦江民初字第2071号判决书；上海市浦东新区人民法院（2009）浦民一民初字第9737号判决书。相反，也有判例认为，在侵害隐私权的情况下应当支持精神损害赔偿，只是可以小额度，参见湖南省郴州市北湖区人民法院（2014）郴北民二初字第947号判决书。

举证责任

依据《民法典》第1165条以下的内容，侵害隐私权也属于一般侵权，其举证责任遵循“谁主张，谁举证”的一般规则：权利人/被侵权人首先应当举证证明行为人有侵害隐私权的违法行为，即采取刺探、侵扰、泄露、公开等方法侵害隐私；其次，应当证明该行为造成了权利人生活安宁被侵扰，私密内容脱离隐秘状态的客观事实；再次，应当证明行为和损害结果之间存在因果关系以及行为人主观上具有过错。而行为人为了减轻或者免除自己的责任，也可以围绕侵权构成要件提出自己的抗辩。

第一千零三十三条【侵害隐私权的行为】

除法律另有规定或者权利人明确同意外，任何组织或者个人不得实施下列行为：

（一）以电话、短信、即时通讯工具、电子邮件、传单等方式侵扰他人的私人生活安宁；

（二）进入、拍摄、窥视他人的住宅、宾馆房间等私密空间；

（三）拍摄、窥视、窃听、公开他人的私密活动；

（四）拍摄、窥视他人身体的私密部位；

（五）处理他人的私密信息；

（六）以其他方式侵害他人的隐私权。

历史由来

本条是对第1032条第1款第2句的补充和说明，是新设条款。

在民法典的立法过程中，《民法典各分编（草案）》就规定了相关条款，其第812条规定：“除法律另有规定或者权利人同意外，任何组织或者个人不得实施下列行为：（一）搜查、侵入、窥视他人住宅等私人空间；（二）拍摄、录制、泄露、公开、跟踪、窃听他人的私人活动；（三）拍摄、窥视他人的身体；（四）获取、隐匿、扣留、检查、毁弃、删除、泄露、公开、买卖他人的私人信息；（五）以短信、电话、即时通讯工具、传单、电子邮件等方式侵扰他人的生活安宁；（六）以其他方式侵害他人的隐私权。"《民法典人格权编（草案）》（二审稿）第812条对《民法典各分编（草案）》的内容进行了文字上的修改：其一，将第1项的"侵入"改为"进入"。其二，将第2项的"泄露"和"跟踪"删除，增加"窥视"一词。其三，在第3项增加"身体的私密部位"。其四，删除第4项的"隐匿""扣留""检查""毁弃""泄露"几个表述。《民法典人格权编（草案）》（三审稿）第812条又对文字做了进一步调整：其一，第1项增加了"拍摄"和"宾馆房间"的表述，将"私人空间"改为"私密空间"。其二，第2项把"私人活动"改成"私密活动"。其三，第4项把"获取、删除、公开、买卖"改成"收集、处理"，把"私人信息"改为"私密信息"。《民法典（草案）》第1033条又修改了表述：其一，将"权利人同意"改为"权利人明确同意"，删除"法律另有规定"。其二，把第5项内容改为第1项。其三，删除了原第1项的"搜查"一词。《民法典》第1033条最后又把"法律另有规定"加回来，并将"短信"和"电话"对调位置，删除了原第2项的"录制"一词。从立法的过程不难发现，立法者对本条的用词和表述可谓是百般斟酌，反复推敲，最后才形成了现在的文本。

规范目的或功能

本条的性质和《民法典》第1026条类似，是对《民法典》第1032条第1款第2句侵害隐私权的违法行为的补充说明。其首先说明了免责事由，即如果有法律规定和权利人的明确同意可以免去侵害隐私权的责任。然后以五项具体说明和一项兜底性条款的方式，详细扩展了《民法典》第1032条第1款第2句所谓"刺探、侵扰"的外延，明确了数种侵害隐私权的典型行为，为具体的司法适用提供依据。由于本条是补充说明性质的条款，因此并非完全法条。

规范内容

一、法律规定和当事人同意

本条实质上规定了侵害隐私权的部分免责事由。

所谓“法律另有规定”，是指如果法律明确规定可以采取本条第1项到第6项的行为，那么相关的组织和个人可以根据法律的授权，采取相应的行为。这里的法律除了私法之外，也包括公法。如《国家安全法》第42条第1款就规定：国家安全机关、公安机关依法搜集涉及国家安全的情报信息，在国家安全工作中依法行使侦查、拘留、预审和执行逮捕以及法律规定的其他职权。《人民警察法》第16条规定：公安机关因侦查犯罪的需要，根据国家有关规定，经过严格的批准手续，可以采取技术侦察措施。依照这些法律的规定，国家安全机关、公安机关在行使职权的时候，可以依法采取侦查措施，就包括对权利人的私密空间、生活和信息进行拍摄、窃听等手段。相关国家机关依法采取的这些手段，都不属于侵害隐私权。实质上是通过法律规定对隐私权进行限制，这种法律上的限制具体表现类型包括：

其一，其他的法律规范（Rechtsnorm）和整体的法秩序（Rechtsordnung）。通过法律的明确规定当然可以限制隐私权，但是首先这些限制必须来自于法律，而不是法规或者司法解释；[①]其次相关的法律规范必须足够明确，没有模糊或者可以质疑的空间；[②]其三，这种法律的限制应当符合比例原则，即相关的限制行为应当采取能够达成法律目的而影响最小的方式；[③]最后，这些法律限制应当严格以实现法律目的为依据，并且在有可能的情况下，要将采取限制的法律目的充分告知权利人。[④]而法律的整体秩序，要求法律规范内部体系的统一和协调，为了实现这一目的，难免会对具体的某项权利进行限制，当然这种限制也必须是在整体法律秩序之下，不损害权利的核心内容。[⑤]

其二，他人的权利（Rechte anderer）。在某种意义上，以他人的权利来限制隐私权，实际上就是整体法律秩序的要求之一。他人的权利是他人在参与社会生活时，法律所应当保护的正当利益，当法律在明确他人权利时，实际

---

① Vgl. Schoch Jura 2008, 352（357）; Rudolf, Recht auf informationelle Selbstbestimmung, Rn. 69.

② Vgl. Zilkens, Datenschutz, S. 61; Schoch Jura 2008, 352（357）.

③ Vgl. Baumann, DVBI 1984, 612（612）; Di Fabio, in: Maunz/Dürig, GG, Art. 2 Rn. 181.

④ Vgl. Simitis NJW 1984, 398（402）.

⑤ Vgl. Stern, Der Schutz der Persönlichkeit und der Privatsphäre, VIII 2 a; Cornils, Allgemeine Handlungsfreiheit, Rn. 82 f.

上就是给权利人权利行使的范围划下界限。[①]比如，当法律保护新闻自由时，也就明确了隐私权的边界。当然必须明确的是，当我们谈论通过他人的权利限制隐私权时，实际上就要直面权利的冲突，以及隐藏在权利冲突之后的价值衡量。[②]

其三，公序良俗（Sittengesetz）。严格来说公序良俗并非法律规范，而是存在于法律规范之外的公共秩序和善良风俗，然而却是法律在适用时所必须尊重的，以保护基本的人性和道德。[③]但也需要说明的是，由于公序良俗过于抽象，想要通过公序良俗原则对隐私权进行限制，必须慎之又慎。[④]

所谓“当事人同意”是侵权法中的一项基本免责事由。隐私权作为一项基本人格权，其虽然具有强烈的人格属性，但权利人对于隐私权也拥有有限的支配权能。如果个人自愿将自己的隐私向社会公开，且此种公开并不损害社会公共利益，按照私法自治原则，法律上不应予以禁止，即法律并不禁止权利人放弃隐私权。按照责任自负的原则，既然权利人放弃隐私权，允许他人干扰自己的生活安宁，了解自己私人秘密并且予以公开，那么在其放弃范围之内产生的所有法律后果，权利人都应当自己承担，而不能以隐私权受侵害为由，要求相对人承担责任。当然，这种权利人的同意也必须满足必要的条件：

首先，按照本条文义，权利人的同意必须是“明确的”。“明确”一词是立法者在《民法典（草案）》修改时特意添加的，可见立法者对这一明确性的重视。这里的明确，一方面，主要是指权利人放弃其隐私权的意思应当是明确、具体的，并且能够排除合理怀疑的。[⑤]从反面来看，如果通过行为人的行为无法确定权利人是否具有放弃其隐私的意思，则不应当认定权利人已经明确放弃其隐私权。另一方面，主要是指权利人同意放弃的隐私权的范围是明确的。对于隐私权这种基础性的人格权，因为其直接关系到最基本的人格

---

① Vgl. Stern: Begriff und Arten der Begrenzung des Grundrechts, IV 2 a，b.

② Vgl. Stern, Die Grundrechte und ihre Schranken, S. 16 f.

③ Vgl. Di Fabio, in: Maunz/Dürig, GG, Art. 2 Rn. 45 f.; Kunig, in: Münch/Kunig, GG, Art. 2 Rn. 26.

④ Vgl. Dreier, in: ders., GG, Art. 2 Abs. 1, Rn. 59; Kunig, in: Münch/Kunig, GG, Art. 2 Rn. 28.

⑤ Vgl. Simitis, BDSG §4a, Rn. 23.

尊严，权利人对其支配权能相对有限，通常并不允许权利人概括地加以放弃，这既会动摇人格保护的根本，也不符合公序良俗的要求。因此，权利人应当明确其所放弃隐私权的范围，以及其所同意他人可以实施的侵害隐私权行为的内容。

其次，权利人的同意，应当以相对人的充分告知为前提。权利人同意，自担放弃权利的风险，其前提条件是权利人明确知悉其放弃权利的后果。所谓私法自治，是以理性人假设为前提的，而抽象的理性人假设又以信息充分为前提。如果权利人并不完全清楚权利放弃的内容，那么其作出放弃权利的决定就是非理性的，也就不符合私法自治的精神。因此作为有效同意的前提，权利人必须被充分地告知放弃权利的具体内容，以便其能够充分知悉同意会给其造成的风险和收益，作出合理的决定。

再次，权利人的同意必须是自愿的。权利人的同意必须以其自身的自由意志为依据，如果这种同意的决定受到了任何形式的压力或者欺诈，那么这种虚假的同意都是无效的。法律行为的有效性以当事人的意思自由为基础，因为按照私法自治的原则，只有在自由的意志下民事主体作出的决定才是真正能够最大化自己利益的，才能够符合法律行为制度的目的。因此任何对民事主体自由意志的影响，无论是错误、欺诈还是胁迫，都会造成法律行为效力上的瑕疵。而权利人的同意作为一项法律行为，自然也符合这一规律。

最后，权利人的同意也必须符合法律、法规的强制性规定和公序良俗。

二、以电话、短信、即时通信工具、电子邮件、传单等方式侵扰他人的私人生活安宁

本条规定了若干种侵扰他人私人生活安宁的具体方式，是《民法典》第1032条第1款第2句“侵扰”概念的具体化。这些侵害隐私权的行为特点在于：

第一，它们是借助于现代通信手段侵害隐私权。随着信息技术的发展，许多商家利用新型的信息技术进行大规模营销，也有行为人通过发送大量短信、邮件的方式，影响权利人的正常生活，例如，通过群发电子邮件、手机短信等方式，不加选择地向人们大量传播“垃圾信息”或“骚扰信息”，使其

私生活的安宁受到严重威胁。[①]电话骚扰在实践中也是一种侵害隐私权的行为，实践中经常出现行为人打骚扰电话、威胁电话的案例。[②]短信息骚扰主要包括用下流、威胁性的内容进行骚扰，商业性质短信骚扰和中奖类诈骗短信的骚扰等。[③]在司法实践中，对通过大量发送传单的方式侵害私生活安宁的判决，国内还比较少见，因为散发传单造成隐私权损害的多见于公开他人隐私信息的情况。[④]从该项规定来看，其虽然具体列举了电话、短信、即时通信工具、电子邮件、传单等具体方式，但也采用了“等方式”这一兜底规定，这表明行为人侵害他人隐私的方式不限于该项所具体列举的上述方式，只要行为人采取借助通信工具和相关技术手段，侵害权利人私人生活安宁的，都属于本条所规定的侵害隐私权的行为。

第二，此类行为侵害他人隐私的方式是非法侵扰他人的私人生活。所谓侵扰，是指打扰他人的正常生活。在程度上，这种打扰通常都要超过必要的社会交往限度，严重影响了权利人的正常生活，通常表现为具体行为的频率和程度高度冒犯了权利人的人格尊严。如前文所述，正常的社会交往也在某种程度上侵扰了权利人的独处权，但是这种程度的侵扰是正常社会交往容忍义务范围之内的，也是权利人所应当承担的，并不是隐私权的范围。另外，如果行为人的行为违反了权利人明确的意愿，也可以视为超过了必要的社会交往限度，构成侵害隐私权。

三、进入、拍摄、窥视他人的住宅、宾馆房间等私密空间

本项规定的是非法侵入他人私密空间的行为，具体而言，主要包括如下几种类型：

---

① 参见浙江省嘉兴市中级人民法院（2019）浙04民终1865号判决书；浙江省天台县人民法院（2019）浙04民终1865号判决书等。

② 参见北京市丰台区人民法院（2017）京0106民初11344号判决书；贵州省凯里市人民法院（2018）黔2601民初796号判决书等。

③ 参见陕西省高陵县人民法院（2016）陕0117民初3号判决书；江苏省南京市秦淮区人民法院（2013）秦民初字第3994号判决书；广东省广州市中级人民法院（2019）粤01民终18747号判决书。

④ 参见江苏省南京市中级人民法院（2015）宁民终字第7234号判决书；上海市青浦区（县）人民法院（2019）沪0118民初8760号判决书。

（一）进入私人住宅等私密空间

这里的进入，是指在没有法律规定或者权利人同意的情况下进入私密空间，典型的即所谓“私闯民宅”，在英美法中又被称为侵入（trespass）。[①]如前文所述，私人住宅是个人私生活的核心，对于住宅范围内的空间，权利人享有完全的支配，是个人的私密空间，如果行为人不愿他人侵入，就是个人隐私。即便是隐私权受到限制的公众人物，对其纯粹的私人空间也享有隐私权，任何人未经其许可，不得擅自闯入公众人物私人所有的、合法占有的房屋以及其他空间。除了私人住宅之外，权利人在入住宾馆房间之后，该房间也就形成了类似私人住宅的性质，在权利人入住期间，其对相关的空间享有完全的支配，即便是宾馆的管理人员也不能随意侵入，否则也会构成侵害隐私权。[②]在具体实践中，相关的私密空间，除了私人住宅、宾馆房间之外，还有可能包括公共卫生间、更衣室[③]等公共场所，因为其特殊性质，成为具有私密性质的空间。除了有形的物理空间之外，如前文所述，随着个人生活所能够支配的私人空间范围的扩大，网络虚拟空间也逐渐成为私密空间的一部分。凡是私人支配的空间场所，无论是有形的，还是无形的，都应当属于个人隐私的范围。

（二）拍摄他人的私密空间

这里的拍摄自然也是指没有法律规定又没有权利人同意情况下的拍摄。非法拍摄他人私密空间的行为既包括侵入他人住宅等私密空间进行拍摄的行为，也包括未侵入他人住宅等私密空间进行拍摄的行为。前者如直接在他人

---

① 所谓侵入是指违反涉及他人的人身和财产权利的，特别是不法地进入他人的土地，或是侵害他人隐私的行为。See Webster’s Pocket Dictionary, Trident Press International 1998, p. 606.

② 参见北京市高级人民法院（2016）京民申350号判决书。当然如果管理人员是为了配合国家机关执行公务而进入的，则可以免责，参见北京市丰台区人民法院（2015）丰民初字第14881号判决书。

③ 参见上海市普陀区人民法院（2019）沪0107民初8718号判决书；江苏省无锡市滨湖区人民法院（2016）苏0211民初2386号判决书。

的私密空间之内安装摄像装置，[1]后者则是指虽然摄像装置安装在私密空间之外，但是能够拍摄他人私密空间内部的情况。[2]出于安全的考量，现在有越来越多的私人安装摄像头，以监视自家周围的状况，保证自家的安全，但与此同时，因为摄像头侵害他人隐私权的纠纷也越来越多。为了尽量降低纠纷，明确安装摄像头的合理情况，有判决就详细指出了安装摄像头应当考虑的因素，包括安装目的、是否有更好的安装位置、是否将对他人的影响降至最小等。[3]需要特别注意的是，在非私密空间的公共场合，如建筑物区分所有权的共有部分、公共办公室、工厂厂房中设置摄像头，通常不认为是侵害隐私权。[4]

（三）窥视他人的私密空间

所谓窥视主要是指暗中观察、偷看，或者从远处看，强调相关的观察行为是暗中进行的，并未被权利人所知悉。相关的行为主要表现为行为人躲在暗处近距离观察他人的私密空间，或者利用望远镜等设备远距离观察他人的私密空间。这种行为随着社会的发展，以及相关摄像存储技术的进步，已经逐渐和拍摄行为同一了，近年的相关案例中，仅有极个别的案例只涉及偷看，而不进行摄像和记录了。[5]

---

① 参见上海市闸北区人民法院（2008）闸民一（民）初字第631号判决书；北京市第三中级人民法院（2015）三中民终字第16388号判决书。值得注意的是，相关案件大多发生于出租屋中，房东设置摄像头侵害租客的隐私权。

② 参见广东省高级人民法院（2016）粤民再464号判决书；上海市第二中级人民法院（2015）沪二中民一（民）终字第1841号判决书。即便行为人没有主观故意，但是客观上确实能够拍摄到权利人私密空间的，也构成侵害隐私权。参见上海市第一中级人民法院（2011）沪一中民一（民）终字第288号判决书。

③ 参见上海市第一中级人民法院（2015）沪一中民一（民）终字第2620号判决书。

④ 参见上海市第一中级人民法院（2013）沪一中民一（民）终字第798号判决书；浙江省嘉兴市中级人民法院（2016）浙04民终155号判决书；安徽省合肥市中级人民法院（2017）皖01民终8523号判决书；广东省珠海市中级人民法院（2014）珠中法民一终字第125号判决书。

⑤ 个别案件参见上海市第二中级人民法院（2015）沪二中民一（民）终字第1841号判决书，本案涉及原告认为被告利用猫眼进行偷看。广东省中山市第一人民法院（2016）粤2071民初21508号判决书，本案涉及原告偷看被告上厕所。

四、拍摄、窥视、窃听、公开他人的私密活动

为了和本条第2项拍摄、窥视私密空间相区别，本项所指拍摄、窥视、窃听的私密活动，应当发生在私密空间以外。因为对私密空间的拍摄和窥视，无论其是否涉及私密活动，都已经涉及侵害隐私权，本项无须重复规定。当然在私密空间内拍摄私密活动，和实际损害结果程度的判断有关。详细来说，本项侵害他人私密活动主要有如下类型：

1.拍摄和窥视他人私密活动。如前文所述，所谓私密活动，是指权利人不愿为他人所知晓的，处于隐秘状态下的私人活动。因此私密活动未必只发生在私密空间内部，即便是在公共场所，如果相关私人活动没有目击者，或者目击者较少，也可能满足私密活动的条件。此时，如果未经许可对这些私人活动进行拍摄，也会构成对隐私权的侵害。①

2.窃听他人私密活动。所谓窃听，是指未经他人允许而采用安装窃听设备偷听他人的通信、谈话等活动。窃听的对象区别于拍摄，仅仅针对权利人的言语和行为所发出的声响，而无法包括行为本身。因为本条第2项不涉及对私密空间的单纯窃听活动，因此本项窃听的私密活动，可以发生在私密空间，②也可以发生在非私密空间。特别是发生在非私密空间的对话，因为声音传播的距离有限，即便发生在公共空间的谈话，如果当事人主动规避他人，其谈话也具有明显的私密性，是隐私权的保护内容。当然如果录音的内容发生在公共场合，且没有规避他人，则不视为侵害隐私权。③

3.公开他人私密活动。这里所谓公开，是指行为人未经权利人同意而非法泄露或者对外散布他人私密活动的相关内容。行为人获得他人私密活动的

---

① 参见上海市第二中级人民法院（2014）沪二中民一（民）终字第335号判决书，在本案中被告在小区公共区域设置了摄像头，指向原告进出住宅的公共通道，法院认为被告的摄像头足以拍摄原告的日常生活轨迹，影响了原告所享有的自由出入房屋不受他人窥视的权利，侵害了原告的隐私权，判决拆除摄像头，但对于精神损害赔偿的诉请没有支持。

② 参见北京市海淀区人民法院（2019）京0108民初48382号判决书；北京市西城区人民法院（2019）京0102民初10902号判决书；北京市第三中级人民法院（2019）京03民终7526号判决书等。

③ 参见浙江省嘉兴市中级人民法院（2016）浙04民终155号判决书。

内容可能是合法的，也可能是非法的，但无论是怎样获得的，只要未经权利人同意而公开，就构成对隐私权的侵害。①

五、拍摄、窥视他人身体的私密部位

身体的隐私是私人生活中最私密、最敏感的领域。擅自拍摄、窥视他人身体的私密部位，毫无疑问构成对隐私权的侵害。然而既然拍摄、窥视私密空间构成侵害隐私权，拍摄、窥视在私密空间以外的私密活动构成侵害隐私权，将拍摄、窥视他人身体的私密部位设为独立的一项侵害隐私权类型，其适用范围非常有限。因为如果本项内容发生在私密空间内，应该属于本条第2项类型；②如果发生在私密空间外，应该属于本条第3项内容③。唯一可能的适用范围，应当是在权利人和行为人共同的私密空间内，行为人未经同意对权利人身体的私密部位进行拍摄。④当然，无论是本条第2项，还是第3项，如果证据显示，行为人拍摄、窥视到了权利人的身体私密部位，那么显然属于对损害结果的加重情节。需要特别指出的是，本项并没有涉及被告合法获得原告裸照，但非法公开的类型，⑤如果不能通过解释在本项加入“公开”一词的话，相关侵权行为应当归入本条第5项。

六、处理他人的私密信息

所谓处理，是指收集、存储、加工、转让等所有涉及私密信息的处理行为的综合，是一个非常宽泛的概念。因此只要没有法律规定或者没有当事人

---

① 参见山东省枣庄市中级人民法院（2015）枣民一终字第540号判决书，在本案中被告泄露了原告在酒店大堂中的照片和内部监控视频，虽然被告为了安全原因，有权在其酒店大堂内安装监控设备，但其将内部视频泄露出去的行为构成对原告隐私权的侵害。

② 参见广东省深圳市宝安区人民法院（2010）深宝法民一初字第244号判决书；安徽省安庆市迎江区人民法院（2020）皖0802民初40号判决书等。

③ 参见云南省文山县人民法院（2017）云2601民初3835号判决书。

④ 参见北京市朝阳区人民法院（2019）京0105民初40618号判决书；湖南省隆回县人民法院（2019）湘0524民初421号判决书；北京市西城区人民法院（2017）京0102民初19889号判决书；云南省文山县人民法院（2017）云2601民初3835号判决书等。

⑤ 参见广西壮族自治区百色地区（市）中级人民法院（2019）桂10民终1613号判决书；江苏省连云港市中级人民法院（2018）苏07民终645号判决书。

同意的，相关对他人私密信息的处理行为都有可能侵害隐私权。

理解和正确适用本项规定，需要正确区分本项内容和《民法典》第1034条以下对个人信息保护的规定。正如前文所述，属于隐私的私密信息是个人信息的一种，其特殊之处在于：其一，隐私权人不愿这些私人信息为他人所知；其二，这些私人信息也处在隐秘的状态之下，不为公众所知。而对个人信息来说则没有这么多限制，只要是与某个具体自然人相关的信息，都是个人信息，无论相关信息是否涉及社会公共利益和他人的合法权益。因此，在司法实践中，如果个人信息满足《民法典》第1032条第2款不愿他人知晓的私密信息的条件，那就应当优先适用《民法典》第1032条以下有关隐私权保护的规定，反之就不是隐私权的保护内容，应当适用《民法典》第1034条以下有关个人信息保护的规定。

理解和正确适用本项规定，还需要明确本项和前四项之间的关系。作为个人信息类型之一的私密信息，其范围仍然十分广泛，除了私人生活安宁之外，有关私密空间、私密活动以及私密部位，都可以成为私密信息的具体内容，为私密信息的概念所涵盖。因此在逻辑上本项几乎可以包括本条第2项到第4项的所有内容，属于一般性的条款。按照特殊优于一般的规则，在具体适用上，应当优先适用本条第1项到第4项的内容，如果第1项到第4项无法适用，但仍然需要通过隐私权保护的，可以适用本项条款。如前文所提到的，行为人合法获得权利人裸照但未经同意非法公开的侵权类型。

七、以其他方式侵害他人的隐私权

如果说本条第5项是一个一般条款，那么本项则是兜底性条款，凡是未被以上5项提到的侵权行为类型，都可以归入本项范围之内。当然，经过本条第5项的概括之后，还有多少隐私内容需要通过本项来实现保护，就需要学界和司法实务界的进一步探索和研究了。

第一千零三十四条【个人信息的定义】

自然人的个人信息受法律保护。

个人信息是以电子或者其他方式记录的能够单独或者与其他信息结合识别特定自然人的各种信息，包括自然人的姓名、出生日期、身份证件号码、生物识别信息、住址、电话号码、电子邮箱、健康信息、行踪信息等。

个人信息中的私密信息，适用有关隐私权的规定；没有规定的，适用有关个人信息保护的规定。

历史由来

本条在内容上是对《民法总则》第111条的延续和发展，是吸收其他法律规定的结果。

在对个人信息概念进行界定方面，《民法典》编纂之前的民事法律规范中并没有直接对应的条款，但是全国人大常委会《加强网络信息保护的决定》将受国家保护的个人网络信息定义为“能够识别公民个人身份和涉及公民个人隐私的电子信息”。而《网络安全法》第76条第5项规定：“个人信息，是指以电子或者其他方式记录的能够单独或者与其他信息结合识别自然人个人身份的各种信息，包括但不限于自然人的姓名、出生日期、身份证件号码、个人生物识别信息、住址、电话号码等。”在司法解释层面，最高人民法院、最高人民检察院作出的《侵犯公民个人信息刑事案件解释》第1条规定：“刑法第二百五十三条之一规定的‘公民个人信息’，是指以电子或者其他方式记录的能够单独或者与其他信息结合识别特定自然人身份或者反映特定自然人活动情况的各种信息，包括姓名、身份证件号码、通信通讯联系方式、住址、账号密码、财产状况、行踪轨迹等。”此外，在法规层面，工业和信息化部《电信和互联网用户个人信息保护规定》第4条规定：“本规定所称用户个人信息，是指电信业务经营者和互联网信息服务提供者在提供服务的过程中收集的用户姓名、出生日期、身份证件号码、住址、电话号码、账号和密码等能够单独或者与其他信息结合识别用户的信息以及用户使用服务的时间、地点等信息。”国家市场监督管理总局、国家标准化管理委员会发布的《个人信息安全规范》第3.1条和第3.2条将个人信息区分为一般个人信息和敏感个人信息，前者是指："以电子或者其他方式记录的能够单独或者与其他信息结合识别特定自然人身份或者反映特定自然人活动情况的各种信息。"而后者则是指："一旦泄露、非法提供或滥用可能危害人身和财产安全，极易导致个人名誉、身心健康受到损害或歧视性待遇等的个人信息。"

在《民法典》立法过程中，立法者对个人信息保护的问题高度关注。《民法典各分编（草案）》第813条规定："自然人的个人信息受法律保护。本法所称个人信息是以电子或者其他方式记录的能够单独或者与其他信息结合识别自然人个人身份的各种信息，包括自然人的姓名、出生日期、身份证件号码、个人生物识别信息、住址、电话号码等。"已经大致形成了本条的立法结构。而《民法典人格权编（草案）》（二审稿）第813条对《民法典各分编（草案）》的内容未做修改。《民法典人格权编（草案）》（三审稿）第813条一方面删除了"本法所称"这四个字，这就表明本条中有关个人信息的定义，不仅适用于《民法典》中，而是有更广泛的适用性，可以在其他法律、法规中予以适用；另一方面在列举个人信息类型中，添加了电子邮箱地址和行踪信息，这是为了让信息的定义更适合互联网时代的需要，也更适合大数据产业的发展。《民法典》第1034条相对于《民法典人格权编（草案）》（三审稿）增加了第3款"个人信息中的私密信息，适用有关隐私权的规定；没有规定的，适用有关个人信息保护的规定"。试图通过私密信息的概念，区分隐私权保护和个人信息保护不同的适用范围和适用顺位。

三 规范目的或功能

本条是有关个人信息保护的一般性规定和对个人信息概念的定义。本条第1款延续《民法总则》第111条宣示的个人信息受到法律保护这一基本理念，并且限定保护主体为自然人。第2款采用抽象定义和列举的方式明确个人信息的概念。这种定义方式延续了之前全国人大常委会《加强网络信息保护的决定》和最高人民法院、最高人民检察院《侵犯公民个人信息刑事案件解释》中对于个人信息的定义方式，并借鉴了其他国家和地区的相关立法例。例如，欧盟《一般数据保护条例》（GDPR）第4条第1款，我国台湾地区"个人资料保护法”第2条第1款。虽然个人信息的概念本身内涵广阔、边界模糊，[①]但这种定义方式一方面通过直接或者间接可识别性的认定体现个人信息这一概念的根本特征，[②]另一方面通过列举典型的方式指导司法适用[③]。区别于单纯的抽象定义［如德国《联邦数据保护法（旧）》第3条第1款］以及纯粹的列举（如《网络侵害人身权益解释》第12条），其能够更加清晰地展现个人信息的内涵和外延。[④]但区别于欧盟《一般数据保护条例》和我国《个人信息安全规范》，本条并没有区分一般个人信息和敏感个人信息，而是对所有的个人信息给予同等程度的保护。第3款是和《民法典》第1032条的衔接，立法者试图通过“私密信息”的概念，明确隐私权保护和个人信息保护各自的适用范围和相互之间的关系。最后，在功能上本条是宣示性条款和定义性条款，并不是完全法条。

规范内容

一、个人信息的概念和特征

（一）信　息

现代意义上使用的“信息”概念，来自英语“information”一词，其源于拉丁语“infomatio”，含义是“以某种形式带来”（in Form bringen），并且可以转义为“通过指示形成”（durch Unterweisung bilden）或者“告知”（unterrichten）。[⑤]有观点认为，从本质上说，信息是反映现实世界的运动、发展和变化状态及规律的信号与消息。而法律意义上的信息，则是指固定于一定的载体之上的，对事物（包括人自身）的现象和本质的认识的表达。[⑥]然而

---

① 参见杨芳：《个人信息自决权理论及其检讨》，载《比较法研究》2015年第6期。

② Vgl. Schreiber in: Plath, BDSG/DSGVO, § 4, Rn. 8.

③ Vgl. Gola in: ders, DSGVO, § 4, Rn. 4.

④ 参见叶名怡：《个人信息的侵权法保护》，载《法学研究》2018年第4期。

⑤ Karl-Heinz Hillmann, Wörterbuch der Soziologie, Stuttgart 1994, Begriff Information, S. 366.

⑥ 齐爱民：《捍卫信息社会中的财产》，北京大学出版社2009年版，第48页。

由于信息概念本身的复杂性，也有观点认为现在并不存在一个公认的概念，[①]因此学者们只能从不同的角度对“信息”进行描述和理解。

有观点认为，信息是通过一系列信号所引起的接受方的结构性改变。[②]其强调信息自身是一种信号，并且这种信号是为接受方所获得并对其产生一定的影响。有学者将信息和物理学中的“力”相比较，以凸显信息在发出者和接受者之间产生的作用和反作用效果，即信息由发出者到达接受者处时，会对接受者产生影响，同样接受者对此的反应也会对发出者有一定效果。[③]还有观点则将信息直接理解为对接受者意识的改变。[④]这些观点都暗示着信息的一个特征，即信息能够积极地影响或者改变信息接受者的意识。另外，信息虽然通过信号表现出来，但是其自身是一种抽象的存在。信息并非是传递信息的文字、图画或者声音，而是在这些载体中所蕴含的内容。同时这种抽象的内容也并非独立存在，而是基于接受者的理解，是对外部客观世界的反映。[⑤]有学者建立起一个信息模型，认为在信息的发布者和接受者之间存在一个管道，信息发布者发出的信号可以通过管道到达信息接受者。[⑥]这一过程的效果并不仅取决于信号本身，也取决于信息的接受者，或者更准确地说，是信息接受者的理解，而这种理解，则是一个认识和解释的过程，其受制于解释者的生活、学习和认知范围。[⑦]在这种意义上，信息所产生的影响也是基于信息接受者自身特定的生活环境，因为接受者对信息内容的理解是建立于其自身的前见之上，[⑧]是接受者个人的主观解释。而不同的环境和前见会导致对相同的信息内容产生完全不同的理解结果。

---

① Jean Nicolas Druey, Information als Gegenstand des Rechts, Baden–Baden 1996, S.3.

② Karl Steinbuch, Maßlos informiert. Die Enteignung des Denkens, München 1987, S.55.

③ Paul Watzlawick/Janet Beavin/Donald Jackson, Menschliche Kommunikation: Formen, Störungen, Paradoxien, Bern 1990, 30 f.

④ Colin Cherry, Kommunikationsforschung–eine neue Wissenschaft, Hamburg 1963, S.314.

⑤ Druey, Information als Gegenstand des Rechts, S.4.

⑥ Thomas Placzek, Allgemeines Persönlichkeitsrecht und privatrechtlicher Informations–und Datenschutz, Hamburg 2006, S.87.

⑦ Placzek, Allgemeines Persönlichkeitsrecht, S.91.

⑧ Martin Heidegger, Sein und Zeit, Tübingen 1967, 152 f.

有观点将信息这一概念总结为四项基本元素。[①]首先，信息是可分的。信息并非一个单独的个体，而是由很多更小的部分，即所谓的细节所组成。而这些细节也同样是信息，包括背景、地点、时间等。第二，信息必须有内容。如果一些信号被认为是信息，那么其必然是含有一定的内容，无意义的信号也就只是信号而不能成为信息。至于这些内容应当如何理解，取决于信息接受者自己。因此信息的内容可以是不确定、不完整，甚至是不真实的，并且还可依解释对象、解释背景和解释时间的不同处于可以变化的状态。第三，信息应当被认为是一个过程（Vorgang）。这里所谓的过程，不仅包括信息从发出者到接受者的传递过程，也包括信息到达接受者之后，对信息进行处理的过程，例如接受者对信息的理解、存储和移转等。如上文所述，信息的具体内容取决于相关人员的认识和理解，这本身就是一种对信息的加工处理。最后，信息可以理解为一种知识状态或者是对知识内容的占有，以衡量信息交流的结果。在这种意义上信息一词和“知识”差别不大。[②]从某种意义上说，后面两种元素从另一个角度也表达了信息对接受者个人意识的影响。可见，当我们提到“信息”一词时，所指的不是信息的载体，也不是作为信息表现的信号，而是信号所表达的内容以及这些内容对信息接受者的影响。这就表明对信息的讨论必须在动态社会交往的大背景下进行。

（二）个人信息的概念

对于个人信息的概念，即便是我国立法上也有各种不同形式的表达。全国人大常委会《加强网络信息保护的决定》将其限制为“能够识别公民个人身份和涉及公民个人隐私的”信息；《网络侵害人身权益解释》没有给出一般的定义，而是将其具体化为自然人基因信息、病历资料、健康检查资料、犯罪记录、家庭住址、私人活动等个人隐私和其他个人信息；《电信和互联网用户个人信息保护规定》的模式和《网络侵害人身权益解释》类似，将其定义为用户姓名、出生日期、身份证件号码、住址、电话号码、账号和密码等能够单独或者与其他信息结合识别用户的信息以及用户使用服务的时间、

---

① Druey, Information als Gegenstand des Rechts, S.10 ff.

② Druey, Information als Gegenstand des Rechts, S.22.

地点等信息；《网络安全法》第76条将一般的定义和具体列举相结合，认为其是指以电子或者其他方式记录的能够单独或者与其他信息结合识别自然人个人身份的各种信息，包括但不限于自然人的姓名、出生日期、身份证件号码、个人生物识别信息、住址、电话号码等；本条的方法和《网络安全法》类似，一方面给出了一般性的定义，认为其是“以电子或者其他方式记录的能够单独或者与其他信息结合识别特定自然人”的各种信息，然后又具体列举了数种典型的个人信息。《个人信息安全规范》则区分了“个人信息”和“个人敏感信息”，前者是仍然以可识别性作为核心，后者是指“一旦泄露、非法提供或滥用可能危害人身和财产安全，极易导致个人名誉、身心健康受到损害或歧视性待遇等的个人信息”。这些法律定义的共同点是认为个人信息和具体的自然人（即当事人）相联系，并可以通过这些信息直接或间接地识别该具体自然人，[①]而区别在于是否对这种关联性的内容加以限制。典型的限制如《加强网络信息保护的决定》和《网络侵害人身权益解释》中所强调的只有当个人信息涉及个人身份和隐私时才应受到保护；《个人信息安全规范》则依据信息泄露可能造成的后果区分了两种信息类型，并给予不同的保护；而《网络安全法》和本条中则没有这种限制，只要求这些信息具有可识别性即可。

对于如何理解这种联系和可识别性，欧盟委员会依据《1995年欧盟数据保护指令》（The European Union Data Protection Directive of 1995，以下简称《95/46指令》）第29条建立的工作组（Working Group）专门作出解释。[②]必须说明的是，在指令中并没有使用“个人信息”这个概念，而用的是“个人数据（资料）”（personal data/ personenbezoge Daten），然而这两个概念之间的差别并不十分显著。有观点认为，信息是数据反映的内容而数据是信息的表现形式，[③]也有观点认为数据是信息的基本单位，区别在于数据可以计量而信息

---

① 参见张新宝：《从隐私到个人信息：利益再衡量的理论与制度安排》，载《中国法学》2015年第3期。

② Article 29 Data Protection Working Party, Opinion 4/2007 on the concept of personal data（June 20, 2007）.

③ 齐爱民：《捍卫信息社会中的财产》，北京大学出版社2009年版，第79页。

不能，[①]在比较法层面同样存在信息/数据之间混用，[②]因此这两者仅仅是对同一对象从不同角度进行的描述。[③]

指令将“个人数据（资料）”定义为：任何和已识别或者可以识别的自然人相关的信息。[④]工作组认为基于指令的最终目的，即“在对个人数据进行处理时，保护自然人的基本权利和自由，尤其是他们的隐私权”，[⑤]对此概念应当从四个角度理解：首先，对于“任何信息”的理解应尽可能广泛，对于个人的任何形式的表述，包括客观信息（事实）和主观信息（评价）都要纳入其中；[⑥]其次，工作组认为这里的相关（relating to）就是指关于（about），这种关联性有时候很明显，但有时候却较为模糊，若某一信息在内容（content）[⑦]、目的（purpose）[⑧]或者结果上（result）[⑨]和某个人相关，就具有关联性；[⑩]第三，这里的“已识别”是指特定对象已经能够与其他个体区别开来，而“可识别”则指虽然现在还没有识别，但是有识别的可能性。这种可能性一方面指方法上的现实性，另一方面也指识别成本的合理性。此外，就识别方法来说可以分为直接的识别（如通过个人的姓名）和间接的识别（如通过电话号码、身份证号、社会保障号等），即

---

① Vgl. Placzek, Allgemeines Persönlichkeitsrecht, S.92; Druey, Information als Gegenstand des Rechts, S.23.

② 例如英国《数据保护法》的序言中，就指出了本法的目的在于“规范和个人相关信息的处理活动”（the processing of information relating to individuals）。而《95/46指令》中对个人数据的定义也最终落在信息上。

③ Vgl. Marion Albers, Informationelle Selbstbestimmung, Baden-Baden 2005, S.89.

④ “any information relating to an identified or identifiable natural person（‘data subject’）”, See Directive 95/46/EC, §1, 2,（a）.

⑤ “to protect the fundamental rights and freedoms of natural persons and in particular their right to privacy, with regard to the processing of personal data.” See Opinion 4/2007 on the concept of personal data, p.4.

⑥ Opinion 4/2007 on the concept of personal data, p.6 ff.

⑦ 所谓内容相关联，就是信息的内容本身直接涉及某个人。

⑧ 所谓目的相关联，是指虽然信息的内容表面上和某个人无关，但是考虑到所有可能的情况，其将要或者可能被用于评价、对待或者影响某个人的行为或者状态。

⑨ 所谓结果相关联，是指虽然在内容和目的上和个人无关，但是考虑到所有可能的情况，其可能对某人的权利或者利益造成影响。

⑩ Opinion 4/2007 on the concept of personal data, p.9 ff.

识别还需要综合其他信息方能实现，而识别的具体方法则应当包括所有可能并且合理的方式。最后对于“自然人”（natural person），其在法律上已经存在明确的界定，是指活着的个人（living individuals），不是死者[①]，不是胎儿[②]，也不是法人或者其他团体[③]，指令只适用于对自然人的个人数据处理。[④]欧盟《一般数据保护条例》第4条第1款将“个人数据”定义为：一个已识别或可识别自然人相关的任何信息。[⑤]不难发现其仍然是以《95/46指令》的定义为基础，保留了概念的四项基本要素，仅仅在文字表达上稍作调整。[⑥]

本条对个人信息的定义，显然和工作组的报告具有显著的对应性。首先，“各种信息”可以对应“任何信息”；其次，“单独……或者……结合识别”对应直接识别和间接识别；再次，相关性虽然在本条定义中没有明说，但在文义表达的逻辑中也蕴含了这种含义；最后，主体都是自然人。唯一的区别就在于本条将各种信息的表现形式进行界定，认为这些信息应当是“以电子或者其他方式记录”的，本质上并不影响概念的内涵，只不过突出了信息的电子表现形式，算是体现了互联网时代的突出特点。不难发现本条所谓“个人信息”的外延同样非常广泛，其范围远远超过了传统的个人隐私以及个人秘密这样的概念，任何和某个具体个人相关的信息都可以被认为是“个人信息”。

这里需要特别提到一般个人信息和敏感个人信息的分类。《民法典》并

---

① 死者在有些情况下也可能受到指令的间接保护，首先数据的控制者并不能够完全确认数据主体的生死，只能同一保护；其次死者的信息可能同样涉及生者；再次死者的信息还可能受到数据保护法之外法律的保护；最后成员国在各自国内立法中可以将死者的个人信息纳入保护范围之中。

② 对于胎儿的保护大致遵循各国传统对于胎儿的保护模式，有些国家对胎儿准用自然人的规则，而另一些则需要使用特别规范。

③ 个别数据保护规则在某些情况下同样可以间接适用于法人，比如在法人信息和自然人的个人信息紧密相关的情况下，同时成员国在制定具体的国内法时，也可以将法人信息纳入保护范围之中。

④ Opinion 4/2007 on the concept of personal data, p.21ff.

⑤ Art. 4 Abs. 1. DSGVO, „personenbezogene Daten“ alle Informationen, die sich auf eine identifizierte oder identifizierbare natürliche Person beziehen.

⑥ Vgl. Gola, in ders., DSGVO, § 4, Rn. 3 f.

没有采纳这种分类，但是《个人信息安全规范》第3.1条和第3.2条进行了区分，并且将后者定义为“一旦泄露、非法提供或滥用可能危害人身和财产安全，极易导致个人名誉、身心健康受到损害或歧视性待遇等”的个人信息。GDPR则将个人信息分为一般类型的信息和特别类型（besondere Kategorien personenbezogener Daten）的信息。这种个人信息，依照GDPR第9条第1款的规定，包括民族和种族、政治观念、宗教或信仰、工会身份、基因数据、生物特征识别数据、自然人健康状况、性生活或性取向的个人数据。

法律上区分一般个人信息和敏感个人信息的意义在于，因为敏感个人信息直接和人格尊严相联系，对敏感个人信息的处理对自然人来说风险更大，一旦相关信息出现泄露会严重影响和损害个人社会形象，严重影响个人的人格发展，甚至损害自然人的基本权利和自由。[①]因此GDPR第9条规定了更为严格的处理条件，例如需要自然人的明确同意，以便给予敏感个人信息更加全面的保护。

（三）个人信息的法律性质

本条延续《民法总则》第111条的做法，虽然没有确立个人信息权，但也承认“个人信息”是一项基本法益，受到法律的保护。那么首要的问题就是明确个人信息作为一项基本法益，其在法律体系中的定位。

个人信息作为可以识别特定自然人的信息，一方面能够体现出一定的人格利益，另一方面也能体现出一定的财产利益。[②]因此，正如《民法总则》第111条规定的，自然人不仅可以排除非法的个人信息收集和处理行为，也能够对个人信息进行经济上的利用。[③]和传统的人格法益不同，个人信息一方面具有明显的可转让性，另一方面个人信息可以同时和复数的自然人相关联，并

---

① Vgl. Schulz, in: Gola DSGVO, § 9, Rn. 1.相关敏感个人信息在西方历史上往往涉及过系统的社会歧视，对这些敏感信息类型的选择，是有欧洲社会深刻的社会和历史原因的。

② Vgl. MüKoBGB/Rixecker, Anh. zu § 12, Rn. 10.

③ Vgl. Buchner, Informationelle Selbstbestimmung, S. 203; Schmit, JZ 1974, 242（244）; Weichert, DuD 2001, 264（264 f.）.

且为复数的主体所占有并使用。[①]这方面又和财产具有相当程度的相似性。[②]但这也并不意味着能将个人信息视为一种财产，而是个人信息的性质在不同的具体情况下可以有不同倾向的体现。[③]

如果在具体情况下，个人信息与自决或者人格尊严相联系，在信息流转中更强调对信息的控制，以保护当事人的非物质利益，那么此时个人信息就更体现为一种人格权客体，典型如作为隐私的私密信息；[④]如果在具体情况下，个人信息与使用或者商业化利用相关，其目的是通过对个人信息的使用来实现物质利益，其并非表现为一种人格，而更类似于一种财产，一种非物质的财产，比如对肖像、姓名、声音、经历的许可使用等。[⑤]因此对于个人信息来说，其不能简单归于人格利益或者财产利益，而是要在不同的具体环境中，看其体现的是哪一种利益，并据此适用相应的法律规范。

除了法律性质的双重性外，个人信息也具有特殊的物理性质。区别于作为信息载体的具体物，个人信息是一种抽象的内容，既不是物也不是智力成果，这种内容并不能如物那样被某个具体的民事主体排他性地独占，只能被相关主体在一定范围加以使用，具有非独占性或共享性的特点。信息可以同时被无数人收集和占有，并且也不会因为被某人使用而影响他人的使用，相反可以由无穷多人进行使用并创造不同的价值。[⑥]因此有观点认为，针对个人信息上的人格利益和财产利益，并不存在一个排他性质的独占性权利，如绝对权或者支配权，而只有应受法律保护的利益，即法律按照一定的规则，将个人信息上所含的利益分配给不同的民事主体，如信息主体对个人信息享有

---

① Vgl. Haase, Datenschutzrechtliche Fragen, S. 96; Gola/Schomerus, BDSG, § 3, Rn. 2.

② Vgl. Gurlit, NJW 2010, 1035 (1036).

③ Vgl. Zech, Information als Schutzgegenstand, S. 209 ff.; MüKoBGB/Rixecker, Anh. zu § 12, Rn. 40 ff.; Hasse, Datenschutzrechtliche Frage, S. 355 f.; Gurlit, NJW 2010, 1035 (1036).

④ Vgl. Zech, Information als Schutzgegenstand, S. 209 ff.; MüKoBGB/Rixecker, Anh. zu § 12, Rn. 35 f.

⑤ Vgl. Haase, Datenschutzrechtliche Fragen, S. 96; MüKoBGB/Rixecker, Anh. zu § 12, Rn. 41 f.; Kilian, CR 2002, 921 (922 f.).

⑥ 参见吴伟光：《大数据技术下个人数据信息私权保护论批判》，载《政治与法律》2016年第7期。

防御性的自主利益，而信息的处理者则对个人信息享有加工使用的利益。[①]

二、个人信息的类型

本条第2款后半句详细列举了典型的个人信息的类型。

（一）姓名、出生日期、身份证件号码

姓名、出生日期、身份证件号码等信息与自然人的身份具有直接的联系，有学者将其称为“个人标识型信息”，与其相对应的是“个人属性型信息”，如性别、民族、政治面貌、婚姻状况等，这两类个人信息共同构成了“基本个人信息”。[②]

自然人的姓名既是个人信息也是姓名权的客体。有学者认为，二者对自然人姓名的保护方式不同，姓名权旨在确保通过姓名正确识别个人的身份，防止个人身份的混淆，而个人信息对姓名的保护则旨在切断正确识别主体途径，这一差别也导致二者对个人的保护方法有所不同，姓名权的保护需要积极确认自然人的姓名权，而个人信息权的保护则主要通过控制姓名的传播范围的方式实现。[③]出生日期是指个人出生的具体时间，通过出生日期可以确定个人的年龄甚至健康状况。在一些社会活动中，自然人可能负有向相对人披露其出生日期的义务，相对人也负有保密义务。个人的身份证件号码是指能够表明个人身份的证件的编码、号码等，最为常见的个人身份证件号码是居民身份证号码，除居民身份证号码外，个人的护照号码、社会保险号码、驾驶证号码等，只要能够表明个人的身份，都应当属于该条所规定的个人身份证件号码。在很多情况下，个人身份证件号码是查询自然人其他个人信息的必要条件，因此，个人的身份证件号码也是重要的个人信息，应当受到法律保护。

---

① 参见程啸：《民法典编纂视野下的个人信息保护》，载《中国法学》2019年第4期。

② 参见邢会强：《大数据交易背景下个人信息财产权的分配与实现机制》，载《法学评论》2019年第6期。

③ 参见张素华、宁园：《论姓名权与个人信息利益保护的区分》，载《河北法学》2019年第7期。

（二）生物识别信息

个人的生物识别信息是指能够识别出个人身份的个人生物特征信息。根据GDPR第9条的规定，生物信息包括自然人的指纹、声音、虹膜、脸相、静脉等生物信息，且这些生物信息均属于敏感信息。个人的生物识别信息既包括个体先天得来的一切遗传信息，也包括后天成长发育过程中所形成的生物信息。在各种生物信息中，个人的基因信息是最为核心的生物信息。[①]对于这些生物信息，除非获得明确的同意或为履行法定职责，不允许对其进行处理。最高人民法院《网络侵害人身权益解释》第12条就将基因信息纳入隐私权的保护范围。

人脸也是重要的生物识别信息，随着人脸识别技术等现代科学技术的发展，实践中出现了大量采集个人面部特征数据的现象，相关主体在采集此类个人信息后，将其广泛应用于支付、门禁、监控等领域。需要指出的是，人脸同时受到肖像权的保护，但两者保护的具体内容并不相同。肖像权保护的是权利主体面部和身体特征所形成的整体表现，而个人信息保护的是自然人的面部特征经过设备识别和扫描形成的数字信息。因此，人脸相应被作为个人信息中的生物信息受到保护，且不宜因为承认肖像权而否定脸相的生物信息属性。[②]

（三）住址、电话号码

个人住址是能够反映自然人居住位置的信息，是重要的个人信息。其不同于民法上个人的住所，住址的范围非常广泛，其既包括个人的住所，也包括个人的临时居所，还包括个人的通信地址。[③]个人的IP地址是否如住址一样也属于个人信息，关键是看能否识别具体自然人。考虑到IP并不与固定的设备相关联，不同的设备可能使用相同的IP地址，而且即使相同的设备也并

---

① 参见李秀芬：《论隐私权的法律保护范围》，载《当代法学》2004年第4期。

② 参见石佳友：《人格权利法的进步与局限》，载《清华法学》2019年第5期。

③ 参见韩旭至：《个人信息列举式规范之审视》，载《河南财经政法大学学报》2018年第4期。

不是由某一固定的主体使用，因而，通过IP地址并不能完全识别其背后的主体。[①]因此，在比较法上，法国司法判决否定了IP地址的个人信息属性，而德国则有限承认了对于静态IP地址，如果能够确定固定的计算机以及用户则可以构成个人信息。[②]

个人的电话号码既是个人的隐私，关系到个人的私人生活安宁甚至人身财产安全，同时也是重要的个人信息，行为人未经许可不得擅自收集、利用、共享他人的电话号码，否则会构成对他人隐私权与个人信息权的侵害。

（四）电子邮箱地址

在互联网时代，电子邮箱地址和通信地址几乎拥有同等地位，和具体的自然人之间存在着相当程度的联系，属于个人信息的重要组成部分。当然，随着社交网络的不断发展，与电子邮箱一样，各种社交网络的用户名、ID等，也成为人们日常获取信息的重要渠道，也应当将其纳入个人信息的客体范畴。

（五）健康信息

所谓健康信息是指有关自然人健康状况的信息。健康信息是非常重要的个人信息，不仅是自然人接受医疗活动的基础条件，更能够通过健康信息清晰地描述出自然人的社会画像（social profile），相关企业可以精准地进行产品营销，甚至对自然人的社会交往活动产生影响。

（六）行踪信息等

行踪信息是个人的活动轨迹和生活轨迹信息，如个人的运动轨迹信息、上网记录信息以及交易信息等。通过这些行踪信息，相关机构也能做出自然人精准的社会画像。有学者将这一类信息称为“被记录的伴生个人信息”。对于个人的行踪信息而言，其体现了相当程度的财产价值，但是对这些财产价值的利用，必须以对其人格价值的充分尊重为前提。

---

① 参见韩旭至：《个人信息列举式规范之审视》，载《河南财经政法大学学报》2018年第4期。

② 参见石佳友：《网络环境下的个人信息保护立法》，载《苏州大学学报》2012年第6期。

三、隐私与个人信息

本条第3款试图通过私密信息的概念界定隐私与个人信息。这一问题在《民法典》第1032条有关隐私概念的讨论中就有初步的涉及，根据第1032条第2款有关隐私的定义，可以总结出隐私的两项基本特征，即权利人不愿公开，且处于隐秘状态的与公共利益和他人合法权益无关的私人空间、私人生活和私人信息。正如在讨论隐私时反复强调的，隐私是一种状态，是一种不愿为他人知悉的私人信息处于隐秘之下，不为他人知悉的状态。而隐私权的目的就是保护这种状态不被破坏。一旦这种隐秘状态被破坏，或者权利人不再要求这些信息不为他人知悉，那么相关的私人信息，也就不再是隐私了。

而个人信息则没有这么多的限制，考察一项信息是否是个人信息，只需要考虑该信息是否可以和某个自然人相联系，是一个简单的事实判断。至于这项信息是否和公共利益或者他人的合法权益有关，是否处于隐秘状态，自然人是否不愿让他人知悉这项个人信息，都不是这里需要考虑的。因此，从这个意义上可以说，私密信息是一种特殊的个人信息，“私”强调的是这项个人信息和公共利益、他人利益无关，“秘”强调的是该项个人信息处于隐秘不为他人知悉的状态。如果自然人还不愿意让这项私密信息为他人所知悉，那么就成为了隐私，受隐私权的保护。

简单来说，自然人不愿公开的，和公共利益、他人利益无关，处于隐秘状态不为他人知悉的个人信息就是隐私。只要自然人不愿公开，并且一直处于隐秘状态，那么此种隐秘状态就一直受到隐私权的保护。如果自然人愿意公开，或者隐秘状态被破坏，那么之后的有关此私人信息如何保护的问题，就要适用个人信息保护制度的规定了。

第一千零三十五条【个人信息处理的原则和条件】

处理个人信息的，应当遵循合法、正当、必要原则，不得过度处理，并符合下列条件：

（一）征得该自然人或者其监护人同意，但是法律、行政法规另有规定的除外；

（二）公开处理信息的规则；

（三）明示处理信息的目的、方式和范围；

（四）不违反法律、行政法规的规定和双方的约定。

个人信息的处理包括个人信息的收集、存储、使用、加工、传输、提供、公开等。

历史由来

本条第1款的内容在过去的民事法律中没有直接对应的条款，但全国人大常委会《加强网络信息保护的决定》第2条第1款规定：“网络服务提供者和其他企业事业单位在业务活动中收集、使用公民个人电子信息，应当遵循合法、正当、必要的原则，明示收集、使用信息的目的、方式和范围，并经被收集者同意，不得违反法律、法规的规定和双方的约定收集、使用信息。”而《网络安全法》第41条规定：“网络运营者收集、使用个人信息，应当遵循合法、正当、必要的原则，公开收集、使用规则，明示收集、使用信息的目的、方式和范围，并经被收集者同意。网络运营者不得收集与其提供的服务无关的个人信息，不得违反法律、行政法规的规定和双方的约定收集、使用个人信息，并应当依照法律、行政法规的规定和与用户的约定，处理其保存的个人信息。”本条可以视为《民法典》对这两条法律规范的继承和发展。

本条对“处理”所包含的各项行为类型，和《民法总则》第111条第2句所列举的行为类型相同，该条规定：“自然人的个人信息受法律保护。任何组织和个人需要获取他人个人信息的，应当依法取得并确保信息安全，不得非法收集、使用、加工、传输他人个人信息，不得非法买卖、提供或者公开他人个人信息。”

在《民法典》立法过程中，《民法典各分编（草案）》第814条规定："收集、使用自然人个人信息的，应当遵循合法、正当、必要原则，并应当符合以下条件：（一）征得被收集者同意；（二）公开收集、使用信息的规则；（三）明示收集、使用信息的目的、方式和范围；（四）不违反法律、行政法规的规定和当事人之间的约定。"就已经构筑了本条大致的框架。《民法典人格权编（草案）》（二审稿）第814条对其进行了进一步细化，在第1项中，将"被收集者"改为"自然人"，并增加了"监护人同意"和"法律、行政法规另有规定除外"的表述。这样就让用词和第813条相一致，并进一步保护了未成年人。《民法典人格权编（草案）》（三审稿）第814条在用词上进行了调整，将"使用"都改为了"处理"，并增加了第2款，对"处理"的概念进行了解释。相比"使用"，"处理"的内涵更加宽泛。《民法典（草案）》第1035条进一步在用词上进行调整，在第1款增加了"不得过度收集、处理"的表述。2020年5月全国人大会议审议时，对本条内容做了进一步调整：删除各分项中的"收集"，统一放入第2款；在第2款定义中增加了"收集""存储"，让"处理"的概念更符合国际一般的认知；删除了第1款"处理自然人个人信息"中的"自然人"一词，因为第1034条对个人信息的定义中已经限定了自然人，自然不必在这里重复规定。

三 规范目的或功能

本条规定了合法处理自然人个人信息的基本原则和条件，是个人信息保护的核心内容。

本条第1款承接《加强网络信息保护的决定》第2条关于个人信息处理活动的三项基本原则，即合法、正当和必要：所谓合法，是指所有有关对个人信息的处理活动要符合我国的法律规范，这里的法律规范不仅是指民法中的相关内容，还包括在其他部门法中对个人信息保护有所涉及的法律性规范，如《电子商务法》以及最高人民法院、最高人民检察院《侵犯公民个人信息刑事案件解释》等。所谓正当，是指进行信息处理的目的和手段要正当，这里的正当不仅是指手段目的要合法，更要求手段目的要符合诚实信用的基本原则，并且尽量满足透明的要求，以便当事人能够充分了解相关情况，行使相应权利。所谓必要，是指收集和处理的个人信息应当限于实现正当目的所必需的部分，以及与实现所涉目的无关的个人信息不得收集和处理。本条第1款第1项将自然人的知情同意视为信息收集和处理的唯一合法前提，充分体现了当事人自己的意思在信息收集和使用中的重要地位，保障了当事人对自身个人信息的控制力。并且针对无行为能力人和限制行为能力人的情况，特别要求取得监护人的同意，强调了对行为能力欠缺者，尤其是对未成年人的特别保护。第2项和第3项规定了自然人有效同意的前提，即必须向自然人充分履行告知义务，让其充分知悉收集、使用其个人信息的规则、目的、方式和范围，了解个人信息收集和使用的后果和可能的影响，以保证自然人的意思表示是真实、自由且合理的。本条第2款是对处理概念的说明，处理是一个最为广泛的概念，是对个人信息进行收集、存储、使用、加工、传输、提供、公开等所有的相关活动的总称。

本条属于对个人信息处理基本原则和条件的说明，并不涉及责任的构成和责任的承担，因此不是完全法条。

规范内容

一、对个人信息的处理

本条第2款对“处理”（Verarbeitung/process）一词进行了定义，即“包括个人信息的收集、存储、使用、加工、传输、提供、公开等”所有的行为。换言之，处理一词涵盖个人信息流转的所有活动，从信息收集开始，直到信息被删除为止，[①]并且处理过程也和是否采用自动化的方式进行并无关联。[②]无论行为人是从事第2款中的一项或者几项活动，都可以被称之为处理。

所谓收集（Erheben/collection）是指信息处理者从自然人处获得信息的过程，具体的收集方法在所不问。对于以电子或其他方式记录的个人信息，信息处理者可以通过线上的方式获取信息，要求提交材料，或者直接向自然人

---

① Vgl. Gola in ders., DSGVO, § 4 Rn. 29.

② Vgl. Paal/Pauly/Ernst DS-GVO § 4 Rn. 20.

提问。即便是通过搜索引擎收集有关特定自然人的信息，也是个人信息的收集行为。收集可以分为直接收集和间接收集，直接收集是指收集人直接对自然人进行的收集，而间接收集是指从自然人之外收集个人信息。收集是信息处理行为的开端，因此如何在源头时就能够充分保护自然人的信息利益，是个人信息保护制度首先需要解决的问题。

所谓存储（Speicherung/storage）是指为了之后对信息的处理，以电子数据的方式对个人信息进行的保存。[①]存储是具有目的性指向的，那么相应的具体存储行为也应当按照后续处理的需要来进行。在个人信息被收集之后，下一个处理过程就是对信息的存储，通过存储个人信息可以在信息处理者之间流转，也可以等待信息处理者条件成熟并开始对信息进行使用和加工。需要特别注意的是，在存储时，信息处理者必须提供适格的存储环境，以防止个人信息的毁损和泄露。

所谓使用（Verwendung/usage）是指所有的具有目的指向性的对于数据的利用或者内部运用，是一个兜底性要件（Auffangtatbestand）。[②]严格来说GDPR第4条第2款下，组织、建构、修改、变更、检索、咨询等都是使用的具体类型。一般来说，使用是个人信息处理的核心，信息处理者收集信息的目的就是为了使用，为自己获取利益。

所谓加工，即对个人信息进行调整（Anpassung/adaption）和修改（Veränderung/alteration），严格来说还是使用的具体类型。其是指以目标为指向的对既有个人信息的改动，是对信息在内容上改变。[③]个人信息的形式和内容未必天然就符合处理条件，此时就需要对个人信息进行加工，并通过这种行为让个人信息符合处理的要求和目的。

所谓传输（übermittlung/ transmission），即个人信息在不同处理者之间进行的移动和流转。个人信息处理通常包含多个环节，涉及多个处理者，那么为了完成各项处理活动，个人信息就需要在这些处理者之间传输。但是在传输时，信息的处理者有义务考察被传输者信息处理和存储的条件，向其明示

---

① Vgl. Paal/Pauly/Ernst DS-GVO § 4 Rn. 25.

② Vgl. Paal/Pauly/Ernst DS-GVO § 4 Rn. 29.

③ Vgl. Paal/Pauly/Ernst DS-GVO § 4 Rn. 27.

信息处理的目的、范围和具体内容，以防止在传输过程中和不同的信息处理者之间出现对自然人信息利益的损害。传输还会涉及跨国传输的问题，这就还涉及复杂的国际法，以及个人信息保护制度的域外效力问题。

所谓提供（Bereitstellung/making available），按照《民法总则》第111条第2句的表述，其是与公开相对应的，将个人信息交付给特定主体的行为。而所谓公开（Offenlegung /disclosure）是指通过传输、扩散或者其他方式，让个人信息为不特定的多数人所知悉的行为。提供和公开都是个人信息的公开方式，只是前者向特定人公开，后者向不特定人公开。

二、个人信息处理的原则

本条第1款规定了个人信息处理活动的基本原则，《加强网络信息保护的决定》第2条规定，“网络服务提供者和其他企业事业单位在业务活动中收集、使用公民个人电子信息，应当遵循合法、正当、必要的原则”，GDPR第5条也明确了进行个人数据处理的一般原则，包括：合法、公平、透明；合目的性；数据最小化；有限留存；准确以及保密性。本条第1款的规定既是对现有法律规范的延续，也是对域外法律规范的借鉴。依据本条，个人信息处理活动的基本原则包括：

（一）合法性原则

所谓合法性原则，是指对信息的处理活动必须要符合法律的规定，其主要有以下两方面要求：

第一，收集、处理个人信息的主体必须合法。①即有权处理他人个人信息的主体，应当要符合法律的规定。通常个人信息的收集机构主要有两类：一是法律授权的主体，如国家机关、具有公共职能的社会组织等。在存在法律明确授权的情况下，无论当事人同意与否，相关组织都可以在法律授予职权的范围内依法处理个人信息。②二是获得自然人同意的信息处理者。根据私法自治的原则，如果自然人同意信息处理的行为，相关的行为也自然拥有了合法性。

---

① Vgl. Pötters, in: Gola, DSGVO, § 5 Rn. 7.

② 参见齐爱民：《拯救信息社会中的人格》，北京大学出版社2009年版，第266页。

第二，处理个人信息的方式必须合法。[①]个人信息的具体处理方式必须遵循合法、自愿和诚实信用原则。首先，个人信息的收集必须与信息处理的目的相一致，而不能收集与目的无关的个人信息。即便是个人同意的情况，收集的个人信息也应当仅限于其同意的范围。未经个人同意或者超出个人同意范围之外的个人信息收集与处理行为，尤其是涉及个人私生活的个人信息，行为人不得随意收集。[②]其次，个人信息的收集、处理应尽量尊重信息主体的意愿，在依法律规定收集个人信息时，也应当尽量通知自然人，不得以秘密的方式非法收集个人信息。一旦收集行为违法，那么所有后续对个人信息处理的行为都具有法律上的瑕疵。最后，个人信息的处理应以诚实信用的方式进行，不得以欺骗、盗窃或其他非法手段处理个人信息。

（二）正当性原则

所谓正当性原则，是指个人信息处理的目的和手段必须正当。对个人信息收集和处理应当在必要的目的范围内进行，而且处理个人信息的方式应当正当，即目的的正当性和方法的正当性。所谓目的的正当性，是指相关主体不能超越法律规定或当事人约定的目的收集个人信息，并且相关的目的也不能违反法律的强制性规定，以及社会公序良俗的要求；所谓方法的正当性，是指信息处理者具体处理个人信息的方式方法，不能超出法定或者约定范围，也不能采取和信息处理的目的不相符合的方法。[③]

此外，在进行个人信息处理，尤其是收集活动时，正当性原则还要求信息的处理者将信息处理的目的、范围、方式方法等内容充分且明确地告知自然人，履行充分告知的义务，保证自然人的知情权。只有这样才能保证自然人的同意符合私法自治的要求，同意的意思表示才是真实有效的，而只有建立于真实有效同意之上的信息处理行为，才是正当的。

---

① Vgl. Pötters, in: Gola, DSGVO, § 5 Rn. 6.

② Vgl. Gola/Schomerus, BDSG, § 4a Rn. 2; Simitis, in: ders., BDSG, § 4a, Rn. 8.

③ Vgl. Pötters, in: Gola, DSGVO, § 5 Rn. 13.

（三）必要性原则

必要性原则又称最小化原则，是指在从事个人信息处理活动时，应当以可以实现处理目的所需个人信息的最低限度，作为收集个人信息和采取处理活动的标准，即要求数据控制者收集和处理的个人信息应当是满足其使用目的的最小范围内的信息。[①]具体来说，在收集个人信息时，只要能够实现信息处理的目的，能够少收集个人信息就少收集，能够不收集敏感个人信息就不收集。而在个人信息处理目的实现之后，必要性原则也要求信息的处理者应当及时删除或销毁已经收集的不再具有处理价值的个人信息。

三、个人信息处理的条件

本条第1款规定了4项个人信息处理的条件，但最重要的就是第1项，即当事人的同意。为何当事人同意在个人信息保护中如此重要，处于个人信息保护制度的核心地位，就涉及个人信息处理活动的正当性基础问题。

（一）个人信息处理活动的正当性基础——信息自决

根据表现理论（Darstellungstheorie），自然人参与社会生活的实质就是通过对个人信息的使用和公开，形成自己的社会形象（Soziale Profile），并以此为基础参与社会交往。同时在社会交往中通过对他人个人信息的收集，不断加深对社会环境的理解，不断完善自己的社会形象，并最终实现自然人人格发展的目的。[②]在这个意义上，任何个人信息的不实、错误或者对内容的扭曲都会或多或少影响自然人社会形象的塑造，让自然人在社会中的发展偏离自己的预期。随着技术的发展，计算机和互联网的普及，个人信息和自然人社会形象的联系更为紧密。因此在著名的“人口普查案”（Volkszählungsurteil）中，德国联邦宪法法院才会认为，在信息时代，再也没有无关的个人信息，任何个人信息都与当事人的人格发展相联系。[③]而保护自然人的人格尊严，就

① Vgl. Pötters, in: Gola, DSGVO, § 5 Rn. 21.

② Vgl. Wilhelm Steinmüller, u.a., 1972, Grundfragen des Datenschutzes, BT-Drucksache VI/3826, 1972. S. 86 f.

③ Vgl. BVerfGE 65, 1（45）.

要保障自然人人格的自由发展，即自然人人格的发展路径、方式等应当由自然人自主决定，不受外界的不当干预。[①]在表现理论下，这就意味着自然人一方面需要原则上控制个人信息公开的内容、方式、范围等，以保证其在社会中的自然人形象大体上符合本人的预期；另一方面需要尽可能多地掌握他人的个人信息以保证其对社会环境有着充分认识，这样他才能正确地规划和改善自己的社会形象，最大限度地实现人格发展。在这个意义上，所谓对个人信息的保护，并非是直接保护自然人隐私，而是保护自然人对其自身社会形象的自我决定，由于所有的个人信息都与自然人社会形象塑造相关，因此当事人对所有个人信息的“自我决定”原则上都有受到保护的必要。详细来说这种自我决定包括两个部分：

第一，在个人信息公开之前，当事人有权自我决定个人信息的公开内容、方式、程度、范围、环境等。为了保证在特定的社会环境下形成自然人特定的社会形象，当事人会依据不同的具体环境公开特定的个人信息，以便在充分地参与社会活动时，保证自己的社会形象符合自身的需求。[②]相对的，如果个人信息的公开和使用无法按照当事人自身的意思，那其自身在社会中的自然人形象就会偏离原先的预期，对自身人格发展造成不利的影响。

第二，在个人信息公开之后，当事人有权自我决定对个人信息的进一步处理方式、方法，以保证已经公开的信息不被扭曲。已经公开的信息构成了当事人在社会中的自然人形象，是当事人参与社会生活的基础和前提。个人信息公开之后就进入了公共领域，社会上的任何自然人都有获取的可能，并能对这些个人信息进行进一步处理。然而这些处理很有可能造成已公开个人信息内容的改变，并导致当事人社会形象的扭曲，进而影响自然人参与社会生活和人格发展。因此也需要限制他人对已公开个人信息的处理，以保证自然人社会形象的稳定，符合当事人本人的期望。[③]信息自决的这一内容和信息

① Vgl. Walter Rudolf. Recht auf informationelle Selbstbestimmung, in: Merten/Papier, Handbuch der Grundrechte in Deutschland und Europa, Bd. IV, Grundrechte in Deutschland, Einzelgrundrechte I. Heidelberg 2011, § 90, Rn. 65; Friedrich Schoch. Das Recht auf informationelle Selbstbestimmung, Jura 2008, 352 (357).

② See Ted Sienknecht. IA column: Information advantage. Bulletin, Vol. 34, 2008, S. 38.

③ Vgl. Marion Albers.Informationelle Selbstbestimmung, Baden–Baden 2005, S. 90.

利用之间的矛盾尤其突出，如何界定他人对公共信息的利用界限，决定了信息自决能否真正实现。

从保护人格发展和对个人信息的自我决定这两个方面出发，理论上就要求信息主体有权在任何时间，对任何关于自身信息的处理行为，无论其处理主体是谁，无论处理的内容、方式、方法，都可以介入，决定信息处理行为合理与否。[①]其实质上就是要保证信息主体对个人信息完全的控制权。[②]依据表现理论，只有这样才能充分保证自然人公开的个人形象完全和本人的预期相一致，从而保证本人自主地参与社会生活，以实现所谓自然人人格自由发展这一最高目标。因此无论中外，在建构个人信息保护制度时，都将信息自决视为唯一的，或者是主要的个人信息处理合法性基础。

（二）自然人或者其监护人同意

本项条件就是对个人信息的自我决定，或称“信息自决”，在《民法典》个人信息保护制度中的最直接体现，即将当事人的同意视为处理个人信息活动合法性的唯一来源，本条第2项、第3项、第4项都是保证有效当事人同意的条件，可以视为对第1项的补充说明。除了第2项、第3项、第4项的内容之外，要保证当事人同意的有效性，还需要保证当事人同意的意思表示是自由的，并没有任何形式的压力、胁迫、欺诈等可能导致意思表示效力瑕疵的因素存在。

如前文所述，当事人同意、信息自决是以私法自治原则作为其理论基础的，而私法自治则要求作为理性人的私法主体，能够自由地做出自己的决定，处理自己的事务，只有这样才能保证每一个私法主体都能够追求自身利益的最大化，从而确保社会整体利益的最大化。如果私法主体的自由意志受到影响，无法自由地做出决定，整个逻辑推导也就不再成立。自然人所公开的个人信息也就未必完全符合自己的意愿，那么自然人的社会形象也就会偏离自己的预期，并进而影响到自然人自身人格的自由发展。

除了自然人本人同意之外，本项还特别强调了监护人的同意。所谓监护

---

① 参见谢远扬：《信息论视角下个人信息的价值》，载《清华法学》2015年第3期。

② 参见高富平：《个人信息保护：从个人控制到社会控制》，载《法学研究》2018年第3期。

人的同意，是针对自然人行为能力有瑕疵的情况，这其中包括了无行为能力人和限制行为能力人，除了因为精神上的障碍导致行为能力瑕疵的成年人外，监护人制度设置的目的主要就是保护未成年人。根据《民法典》第18条以下规定的行为能力制度，未成年人依据年龄的不同分为无行为能力和限制行为能力，前者完全无法做出独立的意思表示，因此涉及无行为能力人的所有个人信息处理活动，都需要监护人的同意；而后者可以做出和自身年龄和智力相符合的意思表示，以及在法律上纯获利益的行为上做出意思表示，而有关个人信息的处理行为，其既非法律上纯获利益的行为，相关处理行为的后果也十分复杂，依据一般未成年人的智力往往也难以预期。因此从保护未成年人合法权益，降低未成年人社会风险的角度，无论无行为能力人还是限制行为能力人，对未成年人个人信息的处理都需要其监护人的同意。①GDPR第8条第1款就明确规定了："对不满16周岁的儿童，相关的处理活动只有在监护人同意或许可的情况下才具有合法性。"

（三）公开处理信息的规则和明示处理信息的目的、方式和范围

这两项都是个人信息处理透明原则的基本要求，也是保证有效当事人同意的前提条件。如前文所述，信息自决和当事人同意以私法自治为理论基础，而理性人假设又以信息充分为前提。所以，如果自然人的自我决定，并非以了解个人信息处理所有相关内容为前提，也无法准确预期个人信息处理行为的后果，则自然人也无法决定自己的社会形象，个人人格的自由发展也就会受到损害。因此透明原则要求信息的处理者以清晰、明确且易懂的方式，告知自然人有关个人信息处理的相关事项，尤其是有关个人信息的处理目的、范围、方法、时限等重要内容。②

就本项的内容来说，所谓公开处理信息的规则，主要是指要将信息处理的一般性规则，如隐私政策等，以自然人能够容易获得的方式公之于众。在实践中，这种一般性规则通常表现为某种格式条款，因此《民法典》第496条以下的格式条款的规范，尤其是有关效力和解释的规范，在此同样适用。这

---

① Vgl. Schulz, in: Gola, DSGVO, § 8, Rn. 1.

② Vgl. Pötters, in: Gola, DSGVO, § 5, Rn. 10.

里需要说明的是，信息处理的一般性规则，并不针对具体的个案，只是信息处理者对其将要从事的信息处理活动，事先进行的一般性说明。由此，信息处理活动可能的当事人可以事先知晓信息处理活动的大致内容，并对相关处理活动的风险进行大致的评估。

明示处理信息的目的、方式和范围，就是在具体的信息处理活动中，尤其是信息收集活动中，明确说明信息处理的目的、方式和范围等与具体信息处理活动和该具体自然人信息主体密切相关的内容。和一般性的“公开”不同，“明示”所要求的，不仅是自然人有渠道可以获得相关的信息，而是要求信息处理者主动将相关信息告知自然人，并且鉴于信息处理活动高度的技术性和专业性，信息处理者还有义务以自然人可以理解的方式，清晰地告知相关内容，如果自然人还有疑问的话，还必须给予合理的解答。换言之，如果“公开”只是强调一个公开行为的话，是否尽到“明示”的义务则需要以结果来判断。只有自然人明确理解了处理信息的目的、方式和范围等重要内容，才能认为信息的处理者尽到了相应的义务。

（四）不违反法律、行政法规的规定和双方的约定

本项是合法性原则的体现，在此不再赘述。需要说明的是，这里的“双方的约定”就是自然人同意的内容。根据民法的基本原则，当事人双方的协议，如果不违反强制性法律规定，且不违背公序良俗的，对当事人双方具有法律效力。这里的双方约定也是如此。

三 举证责任

在有关个人信息保护的争议中，因为自然人和信息处理者之间地位不对等，信息处理活动对自然人来说几乎是完全的黑箱，如果处理者不予以告知，自然人完全不可能知晓信息处理活动的基本情况，那么在出现争议时，要求自然人承担举证责任，证明信息处理者在信息收集时未尽到告知义务，或者在进行其他信息处理活动时违反了双方的约定，在现实上是很困难的。为了保护自然人的基本权益，此时应当采取降低举证责任的规则，即只要自然人提出了受到侵害的初步证据，信息处理者应当就信息处理行为是否合法、正

当、必要，是否满足了信息处理合法性的基本条件，承担举证责任。

三 其他问题

值得一提的是，不法和不当的个人信息处理行为的责任。

所谓“不法”（unzulässig）和“不当”（unrichtig）是对违反个人信息保护行为的类型化，前者是指违反了法律中有关个人信息保护规定的行为，既包括违反了法律强制性规定，也包括没有获得自然人的同意；[①]后者既包括处理了错误的个人信息，也包括采取了不当的信息处理行为。[②]本条并没有规定有关不法和不当信息处理行为的责任，但相关问题确实有必要在这里予以明确。

首先，就行使不法和不当个人信息处理行为的主体上，根据《民法典》第1035条及以下的内容，应当是信息处理者，即实际上实施信息处理行为的主体。而信息处理行为的相对人，学理上又称为“当事人”（betroffener）或者“个人信息主体”（personal data subject），但根据《民法典》第1034条及以下的内容称为“自然人”。

其次，在归责原则和证明责任上，根据《民法典》第1165条第1款的规定，违反个人信息保护制度属于一般侵权，适用过错责任。有观点认为《网络安全法》第74条第1款规定了无过错责任，[③]但这只是一种过度解读。《网络安全法》第74条第1款只是一个惯例性的宣示性表达，所谓“违反本法规定，给他人造成损害的，依法承担民事责任”这样的表述，既不可能是独立的请求权基础，也不可能是表明无过错责任的归责原则。就算从侵权责任构成要件的角度宽泛解释，本条也只涉及了违法行为、损害结果和因果关系，而违法行为基于过错判断标准的客观化理论，也可以表明行为人在主观上具有过错，因此还是体现了过错责任原则。

---

① Vgl. Wolff/Brink, BDSG § 7 Rn. 46; Gola/Schomerus, BDSG § 7 Rn. 3, 5; Taeger/Gabel, BDSG § 7 Rn. 7.

② Vgl. Gola/Schomerus, BDSG § 7 Rn. 4; Wolff/Brink, BDSG § 7 Rn. 51; Schaffland/Wiltfang, BDSG § 7 Rn. 1a.

③ 参见叶名怡：《个人信息的侵权法保护》，载《法学研究》2018年第4期。

然而在比较法上，对于不法和不当处理个人信息的行为，往往采取过错推定责任或者无过错责任。GDPR第82条第2款就规定："参与处理的任何控制者应当为违反本条例的数据处理所导致的损害负责。任何处理者，仅在其未遵守本条例对于处理者义务的特别规定或采取超出控制者的合法指令或者与控制者的指令相反的处理行为时，应为数据处理导致的损害负责。"结合GDPR第82条第1款的规定："任何因违反本条例而遭受物质和非物质损害的当事人，有权为所受损失从数据控制者或处理者获得赔偿。"对当事人来说，只要其能够证明存在现实的物质和非物质损害，以及不法行为，即存在"违反本条例"的行为，那么就发生举证责任的移转，由信息的控制者和处理者来证明，其行为确实是符合条例要求，不存在第2款所提到的违法行为。①再考虑到GDPR第82条第3款，"如果控制者和处理者能够证明，考虑到具体情况，其无论如何都不可能对损害的发生负责，其就可以免除责任"，在实践中，能让数据处理者实际免责的情况很难实现。②德国《联邦数据保护法》第7条第2款也规定了举证责任的倒置，由被告来证明其行为并不具有故意或者过失。③我国台湾地区的"个人资料保护法"则区分公务机关与非公务机关的信息侵权行为，分别规定了无过错责任和过错推定责任。④

相比之下，我国仍然坚持传统的过错责任就越发显得对自然人保护不足了。由于在个人信息处理活动中，自然人和处理者的地位存在着实质性的不平等，处理者往往占据着显著的信息和技术上的优势，并且对于自然人来说，个人信息处理活动基本上是一个黑箱，当个人信息被收集之后，处理者如何具体实施处理行为，自然人根本无从得知，甚至处理者采用间接的方法收集个人信息，自然人也无法得知，往往直到发生现实的损害之后，自然人才能发觉存在违法行为。因此，按照过错责任的一般规定，自然人在实践中几乎难以满足举证要求，尤其是处理者实施了违法行为和主观过错，仅仅依靠自然人的能力，证明非常困难。在没有证据支持的情况下，当事人的诉请自然

---

① Vgl. Gola/Piltz, in: Gola, DSGVO, § 82, Rn. 11 ff.

② Vgl. Gola/Piltz, in: Gola, DSGVO, § 82, Rn. 18.

③ Vgl. Gola/Schomerus, BDSG, § 7 Rdn. 9; Wolff/Brink, BDSG, § 7 Rdn. 61.

④ 参见我国台湾地区的"个人资料保护法"第28条、第29条。

无法获得法院的支持，对个人信息的保护根本无从谈起。在《民法典》已经成文的现在，恐怕难以改变过错责任的归责原则，那么至少在司法实践中，法院应当适当降低自然人的举证责任，在自然人能够举出初步证据时，就移转举证责任，要求信息的处理者来证明其行为没有不法，并在主观上并无过错。

最后，在责任承担上，实施不法个人信息处理行为的责任人，不仅需要承担通常侵害人格权所产生的精神损害，而且还要承担相应的财产损害责任。[①]由于个人信息权利保护的范围十分宽泛，侵害个人对信息的控制这样的情形可能包括严重的财产损失、精神损害，也可能仅引起受害人心理上单纯的不快，而没有造成实质性的损失，因此从责任承担的方式上来看包括的类型也会十分广泛，从财产损害赔偿、精神损害赔偿，到停止侵害、赔礼道歉等，都可以单独或者同时适用。

对于损害赔偿额度的计算，如果出现了现实的财产损害，自然应当以实际的损害为依据，如果只存在精神损害，或者实际的财产损害难以计算的情况下，可以借鉴德国经验，以侵权人的实际财产收益或者虚拟的许可费用作为损害赔偿计算的依据。[②]从司法实务的角度来说，以虚拟的许可费用作为损害赔偿依据的观点已经为我国司法判决所接受，[③]但需要注意的是，在这些判决中会将被告的侵权行为视为对原告财产的损害，而非精神损害的计算方法。然而鉴于我国司法界普遍对精神损害赔偿数额的保守，将其归于财产损害可

---

① 参见刘德良：《个人信息的财产权保护》，载《法学研究》2007年第3期；王利明：《隐私权概念的再界定》，载《法学家》2012年第1期；郭明龙：《论个人信息之商品化》，载《法学论坛》2012年第6期。

② Vgl. BGHZ 128, 1 (15 f.); 143, 214 (228 ff.). Auch ähnlich vgl. Schwab, in: MünchKomm BGB § 818, Rn. 94 ff.; Lorenz, in: Staudinger, BGB § 818, Rn. 24; Ullmann GRUR 1978, 615 (619); Köhler/Bornkamm, UWG, § 9, Rn. 1.42.

③ 参见江苏省高级人民法院（2006）苏民终字第0109号判决书。在本案中法院认可被告的侵权行为造成对原告肖像权的损害，其损害赔偿的额度可以参照有偿使用原告肖像的费用标准加以衡量。与此案类似的判决还有安徽省合肥高新技术产业开发区人民法院（2003）合高新民一初字第137号判决书；北京市第一中级人民法院（2003）一中民初字第10253号判决书；北京市第三中级人民法院（2015）三中民终字第07997号判决书；北京市第三中级人民法院（2015）三中民终字第06794号判决书等。以此作为财产损害的依据关键在于原告需要证明其自身肖像权的合法许可使用费用额度，参见湖南省长沙市雨花区人民法院（2001）雨民一初字第1221号判决书。

能是让原告获得充分赔偿的最为合适的方法。但以被告实际财产收益作为计算依据的方式则被我国很多司法判决所拒绝，[①]虽然在这些案件中也存在原告举证不足的因素，但若是完全拒绝以侵权人的侵权所得作为损害赔偿的依据，则会导致严重的道德风险，即在预期收益高于可能的许可费用时，鼓励侵权人实施侵权行为，因为此时侵权人付出成本最多就是许可费用等额的损害赔偿金，即侵权行为的成本最多和合法行为一样，还有可能少于合法行为，此时法律规范根本无法起到预防侵权行为发生的作用，无法实现侵权法的预防功能。[②]

第一千零三十六条【处理个人信息的免责事由】

处理个人信息，有下列情形之一的，行为人不承担民事责任：

（一）在该自然人或者其监护人同意的范围内合理实施的行为；

（二）合理处理该自然人自行公开的或者其他已经合法公开的信息，但是该自然人明确拒绝或者处理该信息侵害其重大利益的除外；

（三）为维护公共利益或者该自然人合法权益，合理实施的其他行为。

历史由来

本条主要源于《网络侵害人身权益解释》和《个人信息安全规范》的规定。《网络侵害人身权益解释》第12条第1款规定："网络用户或者网络服务提供者利用网络公开自然人基因信息、病历资料、健康检查资料、犯罪记录、家庭住址、私人活动等个人隐私和其他个人信息，造成他人损害，

---

① 参见云南省昆明市中级人民法院（2001）昆民初字第29号判决书。在本案中被告非法使用原告的肖像，原告主张以被告营业额的一定比例为财产损害的计算依据。法院拒绝原告此项诉请，认为"该数额并非杨某某直接或间接的经济损失。一方面企业未与肖像权人约定以上利益分配方式，另一方面因肖像使用给企业带来的利润如何作为肖像权人损失原告未向法庭举证"。类似案例还有北京市朝阳区人民法院（1999）朝民初字第4247号判决书。

② Vgl. Simitis, in: ders., BDSG § 7 Rn. 33; BGHZ 128, 1（15）; BGH NJW 1996, 984（985）; BGH NJW 2005, 215.

被侵权人请求其承担侵权责任的，人民法院应予支持。但下列情形除外：（一）经自然人书面同意且在约定范围内公开；（二）为促进社会公共利益且在必要范围内；（三）学校、科研机构等基于公共利益为学术研究或者统计的目的，经自然人书面同意，且公开的方式不足以识别特定自然人；（四）自然人自行在网络上公开的信息或者其他已合法公开的个人信息；（五）以合法渠道获取的个人信息；（六）法律或者行政法规另有规定。”根据《个人信息安全规范》第5.6条规定，以下情形中，个人信息控制者收集、使用个人信息不必征得个人信息主体的授权同意：a）与个人信息控制者履行法律法规规定的义务相关的；b）与国家安全、国防安全直接相关的；c）与公共安全、公共卫生、重大公共利益直接相关的；d）与刑事侦查、起诉、审判和判决执行等直接相关的；e）出于维护个人信息主体或其他个人的生命、财产等重大合法权益但又很难得到本人授权同意的；f）所涉及的个人信息是个人信息主体自行向社会公众公开的；g）根据个人信息主体要求签订和履行合同所必需的（注：个人信息保护政策的主要功能为公开个人信息控制者收集、使用个人信息范围和规则，不宜将其视为合同）；h）从合法公开披露的信息中收集个人信息的，如合法的新闻报道、政府信息公开等渠道；i）维护所提供产品或服务的安全稳定运行所必需的，如发现、处置产品或服务的故障；j）个人信息控制者为新闻单位，且其开展合法的新闻报道所必需的；k）个人信息控制者为学术研究机构，出于公共利益开展统计或学术研究所必要，且其对外提供学术研究或描述的结果时，对结果中所包含的个人信息进行去标识化处理的。

在《民法典》的立法过程中，《民法典各分编（草案）》第816条就规定了本条的内容：“实施收集、使用或者公开个人信息等行为，有下列情形之一的，行为人不承担民事责任：（一）在自然人同意的范围内实施的行为；（二）使用自然人自行公开的或者其他已合法公开的信息，但是使用该信息侵害该自然人重大利益或者自然人明确拒绝他人使用的除外；（三）为学术研究、课堂教学或者统计目的在合理范围内实施的行为；（四）为维护公序良俗而实施的必要行为；（五）法律、行政法规规定的其他适当实施情形。”《民法典人格权编（草案）》（二审稿）第816条基本延续了这一规定，但进行了文字上修改：首先，删除了“等行为”；其次，删除了第3项“学术研究、课堂教学或者统计目的”，第4项“公序良俗”和第5项“法律规定”，统一为新的第3项，即“为维护公共利益或者该自然人合法权益，合理实施的其他行为”，这种更一般性的表述。学术研究、课堂教学或者统计目的，可以归于维护公共利益；公序良俗，可以归入为公共利益和他人合法权益而实施的合理行为；而法律规定本身就是合法信息处理活动的基础，无须再作规定。《民法典人格权编（草案）》（三审稿）第816条的文字修改和之前几条类似：首先，将“使用或者公开”改成了“处理”；其次，第1项增加了监护人同意，呼应第814条的内容，给予未成年人特别的保护；再次，将第2项“侵害重大利益”和“明确拒绝”调换位置，明确拒绝直接来源于自然人本人的意思，而侵害重大利益则需要自然人来提供相应的证据。2019年12月公布的《民法典（草案）》对三审稿未作修改。而最终通过的《民法典》对本条作出了重大修改：首先在体例上做了重大变动，在人格权编各阶段的草案中，本条都是规定在个人信息主体的权利之后，但是在《民法典》中将其设置于个人信息主体的权利之前；其次，将“收集、处理”改为了“处理”；再次，在第1项和第2项都增加了“合理”一词的修饰，这种合理实施和合理处理的合理性，主要就是通过个人信息处理的基本原则，即合法、正当、必要来体现的。

三 规范目的或功能

本条规定的是处理个人信息的免责事由。实践中，如果对所有的个人信息进行处理，都需要法律的许可或者自然人本人的同意，那么个人信息处理活动的成本将会太过高昂，信息产业的发展也就无以为继。为了平衡个人信息保护和信息流转自由，本条规定了个人信息处理活动的免责事由，只要满足本条规定的条件，即便没有法律明确规定或者当事人同意，也同样不用承担民事责任。首先是自然人同意，本项在内容上呼应第1035条第1款第1项，但在逻辑上有重复之嫌，因为只要获得自然人的同意，自然属于合法的个人信息收集处理。其次是已经公开的信息，本免责事由承接《网络侵害人身权益解释》第12条第1款第4项、《个人信息安全规范》第5.6条的内容，通常认为已经公开的个人信息属于公共领域，[①]他人可以在合理范围内进行收集和使用。该项但书是公开使用的例外情况，两项条件分别保证当事人的最终决定权，以及体现权利行使的比例原则。最后是“为维护公共利益或该自然人的合法权益”，包括之前草案中提到的为研究、教学或统计目的以及维护公序良俗，但必须指出的是，维护公共利益或该自然人合法权益的内容十分抽象，属于托底性条款，因此对其适用必须要有所限制。本条第3项也规定了这些行为必须合理实施，不能借维护公共利益之名，肆意侵害自然人的合法权益。本条作为免责事由的列举，并非完全法条。

规范内容

作为免责条款，本条旨在免去处理个人信息活动中行为人所需要承担的责任。虽然并没有明确指出，但这里的行为指的是不法和不当的个人信息处理行为。

从整体文本表述看，本条并不能视为《民法典》采纳了严格责任的依据。所谓严格责任，是指免责事由在法律中明确规定的责任形式，对于严格责任来说，只有满足法律明确规定的免责事由，才能够免责，否则都应当承担责任，因此也称其为“无过错责任”。本条规定并不是严格责任，原因如下：其一，本条规定了“有下列情形之一的，行为人不承担民事责任”，这就表明免责的事由并不仅仅包括本条规定的三项，“有下列情形之一的”不等于“只有下列情形之一的”。对比典型的严格责任，如环境污染责任，《民法典》第1230条就明确规定了“因污染环境、破坏生态发生纠纷，行为人应当就法律规定的不承担责任或者减轻责任的情形及其行为与损害之间不存在因果关系承担举证责任”；动物致人损害的责任，《民法典》第1245条规定“饲养的动物造成他人损害的，动物饲养人或者管理人应当承担侵权责任；但是，能够证明损害是因被侵权人故意或者重大过失造成的，可以不承担或者减轻责任”。可见有关严格责任的规定中，免责事由的规定都是封闭的，也只有封闭的免责事由才能体现出责任的“严格”，如果免责事由是开放的，那严格一词

---

① 参见赵宏：《从信息公开到信息保护》，载《比较法研究》2017年第2期。

也就无从谈起了。其二，本条第3项是一个兜底性质的条款，其内容具有开放性，同样也不符合严格责任的要求。

一、“信息自决”的有限性

免责事由的本质，是通过免去行为人责任的方式，允许行为人在没有自然人同意的情况下，也能够对自然人的个人信息进行处理。其是“信息自决”理念的反面和例外，是信息自由理念的重要体现。和信息自决一样，信息自由也是一项非常重要的法律理念，如果说信息自决涉及的是个人利益，那么信息自由所涉及的不仅是个人利益，更涉及整个社会的利益。

“信息自决”产生于20世纪六七十年代，先进国家开始在社会管理中采用自动化信息处理技术，极大地提高了治理效率。[①]然而西方的民众不了解这项技术，并对国家治理方式的改变表现出异常担忧。应对民众的这种情绪，学界和司法界提出了“信息自决”的理念，防止相关机构过度收集和使用个人信息，避免对私人生活的过度干预。[②]换言之，这一理念的产生有其特殊的社会条件。首先，是在欧洲社会长期存在对人格尊严和自由的高度重视。[③]“信息自决”作为一项重要的基本法上的原则，其主要就是来处理相关机构和私人之间的法律关系，在当事人之间地位不平等时，保护一般民众对自己信息的控制。[④]其次，当时计算机和网络技术虽然有所发展但并没有在全社会普及开来，一般民众对相关技术并非十分了解，自然会对使用的效果产生误解。最后，当时的计算机和互联网技术对整个社会的影响有限，无论是专业人员还是普通百姓对信息技术和信息流转的重要意义都没有清晰的认识，相比来说更加重视个人隐私也是理所应当的。

今天，这些“信息自决”所产生的社会土壤都或多或少发生了变化。民

---

① Vgl. Hans Peter Bull, Informationelle Selbstbestimmung–Vision oder Illusion? Hamburg 2009, S. 22.

② Vgl. Wilhelm Steinmüller, u.a., 1972, Grundfragen des Datenschutzes, BT–Drucksache VI/3826, 1972, S. 34 f.

③ 参见王利明：《数据共享与个人信息保护》，载《现代法学》2019年第1期。

④ Vgl. Schoch, Jura 2008, 352 (356) ; Simits NJW1984, 398 (401) ; W. Rudolf, Recht auf informationelle Selbstbestimmung, Rn. 23 f.; Lewinski, Geschichte des Datenschutzrecht, S.199.

众对信息技术的了解今非昔比，深入到每位普通民众的生活中。[①]绝大多数民众在日常生活中充分享受了使用信息设备所带来的便利，对年轻人而言，互联网和信息设备更是成为了生活的必需。相较从前，民众对这些新技术的担忧大大降低，也会更加理性地看待个人信息保护的问题。有些民众甚至在充分地权衡利弊之后，自愿放弃一定程度的保护，以进一步获得生活上的便利。而信息产业更是成为了当今社会发展的核心动力之一。[②]最近几年，世界主要国家提出的长期发展计划，都将信息和互联网技术的发展作为重中之重。[③]个人信息和数据不再仅仅与个人的人格尊严和人格自由相关，更成为了相关产业存在和发展的基石，在某种意义上甚至成为了一种公共产品，涉及广泛的公共利益，且不应当完全由个人控制，而是由社会在某种程度上决定个人信息的使用。[④]对于新兴的互联网产业来说，对个人信息数据的收集和处理，是其进行正常企业活动的前提，是建构大数据处理业务的基础。个人信息数据中所蕴含的，不仅是单纯的私人人格利益，更体现了其公共利益属性，并通过互联网和大数据产业展现出来。[⑤]因此，当代社会对信息自决的需求虽然下降不多，但是对信息自由的需求可谓是大幅提高，再考虑到“信息自决”在法律制度层面本身的缺陷，对其加以限制的观点逐渐产生。[⑥]

通过这些限制措施，在不损害个人信息保护核心内容的情况下，尽量给予信息利用以自由空间，以实现信息保护和信息自由利用之间的平衡。

---

① Vgl. Hans Peter Bull, Informationelle Selbstbestimmung–Vision oder Illusion? Hamburg 2009, S. 36 f.

② 参见程啸：《论大数据时代的个人数据权利》，载《中国社会科学》2018年第3期。

③ 参见德国联邦经济事务和能源部：What is Industrie 4.0?，载https://www.plattform–i40.de/I40/Navigation/EN/Industrie40/WhatIsIndustrie40/what–is–industrie40.html，最后访问日期2020年7月18日；中华人民共和国工业和信息化部：《中国制造2025》信息产业发展指南，载http://www.miit.gov.cn/n973401/n1234620/n1234623/c5542102/content.html.最后访问日期2020年7月18日。

④ See Corien Prins, Property and Privacy: European Perspectives and the Commodification of Our Identity, Information Law Series, 2006（16）, pp. 223–257.

⑤ 参见高富平：《个人信息保护：从个人控制到社会控制》，载《法学研究》2018年第3期。

⑥ 参见杨芳：《个人信息自决权理论及其检讨》，载《比较法研究》2015年第6期；张新宝：《个人信息收集：告知同意原则适用的限制》，载《比较法研究》2019年第6期；谢远扬：《〈民法典人格权编（草案）〉中个人信息自决的规范建构及其反思》，载《现代法学》2019年第6期。

二、自然人或者其监护人的同意

本条第1项免责事由在内容上与《民法典》第1035条第1款第1项具有同一性，如果行为人的信息处理行为本身获得了自然人或监护人的同意，那么其处理行为依据第1035条第1款第1项本身就是合法的，无须再考虑免责的问题。因此本项似乎没有重复说明的必要，将其删除似乎也并不影响法律规范的实质内容。唯一需要指出的是，本条所谓“合理实施”的行为，其合理性应当以第1035条规定的合法、正当、必要三项基本原则加以确定，相关处理行为符合法律规定、处理行为的目的和实施的手段符合诚实信用和公序良俗的要求，已经处理个人信息的范围是以实现处理目的所必须收集的。

三、已公开的信息

所谓已公开的个人信息是指权利人自行在网络上公开的信息或者其他已合法公开的个人信息。已经公开的信息已经进入了社会公共领域，在某种意义上已经具有了公有物的性质。[①]对已经公开的个人信息只要其使用方式合法正当并且在合理的范围内，则不应当认定为侵害了他人的个人信息权。对于这些信息的处理应该从两方面理解：一方面，对于公开个人信息的收集和使用，原则上无须征得信息主体的同意，这为信息处理者合理使用并充分开发其中蕴含的价值提供了便利；但另一方面，信息处理者在收集和使用这些公开的个人信息时，也应从诚实信用的角度，充分考虑自然人自身的合法权益，若其用途明显违背自然人的意愿，或可能对其合法权益造成严重侵害的，则不能仅以个人信息已经公开为由主张免责。

即便是使用公开的信息，在如下情形下，也构成侵权。一是该款但书中所规定的，自然人已经明确拒绝他人使用该信息。个人信息与隐私不同的特点在于，即便某个人信息已经公开，但权利人仍然有权控制该信息的利用行为，如果行为人超出权利人许可的范围利用他人个人信息，也构成侵权。同时，即便相关个人信息已经公开，但如果信息主体明确拒绝他人使用的，则行为人也不得处理该个人信息。二是如果使用该公开的信息会侵害自然人重

---

① 参见赵宏：《从信息公开到信息保护》，载《比较法研究》2017年第2期。

大利益的。即便相关的个人信息已经公开，但行为人利用该个人信息的行为也不能超出必要的限度，如果行为人的利用行为侵害了信息主体的重大利益，则应当认为超越了必要的限度。

四、维护公共利益的需要合理实施

个人信息虽然属于个人的私人权益，但是为了维护公共利益，有关机构和个人也可以在合理的范围内处理他人的个人信息。①未经自然人同意的个人信息处理行为，也因为有公共利益上的需要，所以也被赋予了正当性。即便是为了公共利益的需要，有关机构和个人也必须满足信息处理范围最小化原则，不对实现目的必要范围之外的个人信息进行处理；同时，有关机构和个人在处理个人信息时，应当将相关的具体情况和理由尽快告知被收集者。在法律规定的目的实现后，相关的机构和个人也不得继续处理该个人信息。在个人信息处理的目的实现之后，有关机构和个人应当及时删除相关个人信息，或者对相关个人信息进行匿名化处理。

五、维护自然人的合法权益合理实施

为了维护自然人的合法权益，在具体的情况下，也可以不经该自然人的同意而进行个人信息的处理活动。首先从目的上说，相关的处理行为是为了维护自然人的合法权益，而不是为了其他的目的，并且这个合法权益还不能是较小的权益，从利益平衡的角度，相关的利益至少应当不小于因为对个人信息的处理而给自然人带来的损害。其次，这个合理实施，也是指处理的内容、范围和方式合理，是指为了维护自然人合法权益所必须处理的信息内容，以满足符合比例原则的要求。②最后，在实践上，所谓为了维护自然人合法权益必须实施处理个人信息的行为有很多类型，包括但不限于例如为了诉讼目的，为了保护当事人重要人身权益，如生命权、健康权等，以及涉及当事人重要的财产利益，比如缔约机会等。

---

① Vgl. BVerfG NJW 1984, 419.

② Vgl. BVerfGE 80, 367 = NJW 1990, 563 (563).

第一千零三十七条【个人信息查阅权、更正权和删除权】

自然人可以依法向信息处理者查阅或者复制其个人信息；发现信息有错误的，有权提出异议并请求及时采取更正等必要措施。

自然人发现信息处理者违反法律、行政法规的规定或者双方的约定处理其个人信息的，有权请求信息处理者及时删除。

历史由来

本条主要源于全国人民代表大会常务委员会《加强网络信息保护的决定》、《网络安全法》及《个人信息安全规范》的有关规定。全国人民代表大会常务委员会《加强网络信息保护的决定》第8条规定："公民发现泄露个人身份、散布个人隐私等侵害其合法权益的网络信息，或者受到商业性电子信息侵扰的，有权要求网络服务提供者删除有关信息或者采取其他必要措施予以制止。"《网络安全法》第43条规定："个人发现网络运营者违反法律、行政法规的规定或者双方的约定收集、使用其个人信息的，有权要求网络运营者删除其个人信息；发现网络运营者收集、存储的其个人信息有错误的，有权要求网络运营者予以更正。网络运营者应当采取措施予以删除或者更正。"《个人信息安全规范》第8.1条规定了个人信息的访问权；第8.2条规定了个人信息的更正权；第8.3条规定了个人信息的删除权；第8.6条规定了个人信息主体获取个人信息副本的权利；第8.7条规定了信息主体行使相关权利的基本程序。

在《民法典》的立法过程中，《民法典各分编（草案）》第815条规定了相关的内容："自然人可以向信息持有人依法查阅、抄录或者复制其个人信息；发现信息有错误的，有权提出异议并要求及时采取更正等必要措施。有下列情形之一的，自然人可以请求信息持有人及时删除其个人信息：（一）存在非法收集、使用信息的行为；（二）持有侵害自然人合法权益的信息；（三）持有的信息储存期限依法已经届满；（四）根据收集或者使用的特定目的，信息持有人持有信息已经没有必要；（五）其他没有正当理由继续持有信息的情形。"《民法典人格权编（草案）》（二审稿）第815条对《民法典各分编（草案）》第815条第2款内容进行了重写，将其修改为"自然人发现信息持有者违反法律、行政法规的规定或者双方的约定收集、使用其个人信息的，有权要求信息持有者及时删除其个人信息”。在新的条文中，将原来的五项内容总结为违反法律或者双方约定使用个人信息。《民法典人格权编（草案）》（三审稿）只对用词进行了细微修改，将“持有者”改为“控制者”，将“收集、使用”改为“收集、处理”，这一修改和《民法典人格权编（草案）》（三审稿）第814条对相关用词的修改相一致。《民法典（草案）》除了删除第2款略显累赘的“其个人信息”，把“要求”改为“请求”外，对本条内容未作其他修改。最终通过的《民法典》除了将第1037条和第1036条位置调换之外，继续在用词上进行调整：首先将“信息控制者”改为“信息处理者”；再次，将“收集、处理”改为“处理”。这些用词的修改，一方面体现了《民法典》的立法语言不断严谨和完善的过程，另一方面也越来越符合个人信息保护法的用词。

三 规范目的或功能

本条规定了自然人为了实现个人信息保护和信息自决，而必须享有的一些保障性权利，即自然人的查阅和复制权、更正和删除权。由于自然人和信息处理者之间的地位实质不平等，为了真正实现“信息自决”，真正实现个人信息保护的目标，法律特别规定了一些保障性权利，来尽量平衡自然人和信息处理者之间地位的差异。相类似的权利也存在于德国《联邦数据保护法（旧）》第34条以下，欧盟GDPR第15条以下、我国台湾地区“个人资料保护法”第3条、第11条等法律规范中。本条第1款前半句规定的查阅和复制权的对象限于自然人本人的信息，而比较法上查阅权的内容要广泛得多，除了个人信息本身之外，还包括相关数据处理的具体情况等。[①]在复制方面，也并没有如GDPR中可携带权那样要求处理者提供数据移转的技术支持。以查阅权为基础，本条第1款第2句规定了更正权，第2款规定了自然人行使删除权的条件，在当事人通过查阅了解信息收集和使用的基本状况之后，就可以判断信息处理活动是否有错误，是否符合本人的利益，然后判断是否需要行使更正和删除权。但结合第1款第1句的查阅权内容，如果说信息错误还能够被发现的话，在行使删除权的情况，自然人就很难通过本条的查阅权充分知悉了。和之前《民法典各分编

① Vgl. Franck, in: Gola, DSGVO, § 15 Rn. 1.

（草案）》相比，本条有关删除权的内容更加抽象和模糊，仅将违反法律法规或双方约定规定为行使删除权的条件，具有非常大的解释空间。

规范内容

《民法典》个人信息保护制度是以“信息自决”这一概念为核心来构建的，[①]信息自决的核心是自然人对自身个人信息的控制，而自我决定则是这种控制力的体现。但是真正的自我决定是以信息处理者充分履行告知义务为前提的，只有自然人充分了解信息收集和使用的各个环节，才能做出最为合理的判断，让信息处理活动对自然人的利益最大化。这种充分的告知义务不仅存在于信息被收集公开之前，在信息被收集公开之后自然人也同样需要了解信息处理活动的各项内容。然而自然人和信息处理者之间的不平等地位让这种充分知情权很难实现，因为自然人根本无从得知信息处理者是否充分履行了告知义务，特别是在信息被收集之后，个人信息的具体状况就完全脱离了自然人的实际掌握。信息处理者基于自己所拥有的信息和技术优势，可以让信息处理活动完全成为一个黑箱，将自然人完全隔离于信息处理活动之外。这种让自然人完全无法知晓信息处理的情况，就让信息自决成了一句空谈。

为了尽量避免这种事情发生，法律规定了一系列保障信息自决实现的权利，以抹平自然人和信息处理者之间的鸿沟，让自然人可以充分了解信息处理的具体状况。这些权利以查阅权为核心，并辅助以更正权和删除权等其他权利。

一、查阅和复制权

所谓查阅权（Right of Access），简单来说就是自然人有权从数据的控制者处，在合理的时间内，不受限制地了解其个人信息受处理的相关内容，处理者有义务配合自然人实现其权利，但是可以收取合适的费用。查阅权是自然人行使自己控制性权利的基础。所谓控制性权利的实质就是要求处理人对自然人个人信息的处理在通常情况下要符合自然人的个人意愿，而判断是否

---

① 参见谢远扬:《〈民法典人格权编（草案）〉中个人信息自决的规范建构及其反思》，载《现代法学》2019年第6期。

符合本人的意愿，首先就要求本人能够实时了解信息处理的具体情况，查阅权便是这种要求的具体化。信息处理人在合法地完成对个人信息的收集之后，信息本身便脱离了自然人的直接控制，在自然人无法实时掌握数据处理情况的条件下，处理人在某种程度上甚至可以违背当初的约定，任意对数据进行处理，即便规定了事后的救济措施，往往也已经无法弥补现实的损害。更何况在高度技术化的今天，可能在更多的情况下本人永远无法知晓其个人信息出现违背本人意愿的处理方式和结果。因此，规定自然人的查阅权，保证了自然人能够无阻碍地了解信息处理的实时状况，也为自然人能够正常行使之后的更正和删除等权利创造条件。

然而，需要特别指出的是，依据本条的规定，查阅权的对象并非是和个人信息处理相关的信息，而仅仅是个人信息本身，这就大大限缩了可以查阅的内容，影响相关保障性权利的行使。与个人信息处理相关的信息，除了包括个人信息本身之外，还可以包括处理个人信息的方法、个人信息的存储环境、个人信息的处理期限、个人信息的传输对象等。而对个人信息的本体来说，除了可以判断个人信息的正误之外，其他可以获得的信息就非常有限了。不了解和处理个人信息相关的信息，自然人也就无法判断，信息处理者是否有本条第2款规定的违反法律、行政法规的规定或者双方的约定处理其个人信息的情况，无法判断允许信息处理者继续处理个人信息的行为是否仍然符合自然人的利益，也就无从得知，自然人是否应当行使删除权、反对权、撤回权、封锁权等相关权利了。

所谓复制权，是指自然人有权通过技术设备留存信息处理者所提供的个人信息，以作为之后进行个人信息利益判断的依据。复制权是自然人行使查阅权的辅助性权利，通过复制权，自然人可以有充分的时间检视个人信息的正误，判断个人信息的处理活动是否符合本人的意愿和利益。

二、更正权

所谓更正权，是指信息处理者所存储和记载的个人信息和自然人的真实情况不一致的，自然人请求信息处理者更正该有误内容的权利。如前文所述，个人信息的完整和正确是实现个人信息本身价值，尤其是使用价值的重要前提条件。从本身的内容来看，这里的更正不仅指对错误信息的改正，还包括对缺失信息的补全。通过更正权可以让处于处理过程中的个人信息保持和自然人最新情况的一致性。在信息公开时，能够保证自然人的社会画像更符合实际；在信息加工和使用时，也能保证信息处理的结果符合权利人的预期。更正权以查阅权为基础，只有充分保障权利人的查阅权，使其了解知悉具体的个人信息状况，才存在行使更正权的基础。一旦在查阅中发现记载的信息有误，有权提出异议并请求及时采取更正等必要措施。

一般认为更正权的行使有如下条件：①

第一，信息处理者所记载的信息错误。更正权的前提是信息处理者所控制的个人信息内容错误，这里的错误既包括信息内容错误，也包括信息内容不全。当然在这里具体错误的原因在所不问。

第二，信息处理者的记载错误，应当由自然人来证明。如果权利人能够举证证明相关信息的内容与事实不符，信息处理者应当及时更正错误内容。这里具体的证明标准，以及信息处理者的调查核实义务，应当类推适用《民法典》第1029条有关民事主体信用评价维护的规则，即自然人有义务提供初步的证据，信息处理者需要核查相关证据的证明力，并判断是否存在记载错误。因为同信用评价人一样，信息处理者也有义务保证个人信息的真实，以保证信息自决的实现，以及自然人社会画像的真实性。

第三，信息处理者应当及时更正所记载的信息。这里的及时是指更正必须发生在权利人提出更正请求的合理期间之内，这种合理期间应当考虑信息处理者的客观状况来确定。如果由于信息处理者的拖延，导致错误的信息损害了权利人的利益，信息处理者还需要承担相应的责任。《个人信息安全规范》第8.7条规定了响应时间，该条第a项规定，在验证个人信息主体身份后，应及时响应个人信息主体基于8.1—8.6提出的请求，应在30天内或法律法规规定的期限内做出答复及合理解释，并告知个人信息主体外部纠纷解决途径。可见依据《规范》，这种合理期间最长不应当超过30天。

三、删除权

所谓删除权，是指对个人信息的处理已经违反法律规定，超过了当事人

---

① Vgl. Reif, in: Gola, DSGVO, § 16 Rn. 10 ff.

约定的范围，或者权利人认为信息处理行为继续下去会有损本人的利益时，要求信息处理者及时停止对个人信息的处理并删除相关个人信息的权利。①和更正权一样，删除权同样也是以查阅权为基础的，只有通过查阅，自然人明确知悉了个人信息的处理状况，才能判断相关信息处理行为是否存在违反法律、超越同意的情况，也才能判断继续处理行为是否符合自己的利益。因此，想要充分行使删除权，就要保障查阅权的充分行使，至少能让自然人得以判断处理活动的具体状态，以便让其知晓是否存在本条第2款明确规定的行使删除权的条件。

按照本款规定，删除权的行使应当符合如下条件：

第一，信息处理活动违反法律、行政法规的规定，即信息处理是不法的。这里的法律、行政法规，除了包括《民法典》的相关法条之外，还包括《网络安全法》《加强网络信息保护的决定》《网络侵害人身权益解释》《个人信息安全规范》等法律性规范。

第二，违反双方的约定收集、处理其个人信息，也就是说信息处理者超出自然人同意的范围实施对个人信息处理活动。在私法中，当事人之间的约定在当事人之间具有法律的效力，信息处理者违背当初的约定，也就侵害了信息自决，进行个人信息处理活动的合法性基础也就丧失了，这时信息处理者的行为也就属于不法的信息处理。自然人有权要求信息处理者立即停止处理活动，并且为了保护权利人的信息利益，也应当要求信息处理者立即删除相关的个人信息。②

第三，自然人认为处理行为对己不利。有的时候，虽然信息处理的行为并不违反法律或者当事人双方的约定，但是随着具体情况的变化，自然人可能发现，再允许信息处理行为继续下去，可能会损害自身的利益，此时为了保护自然人的信息利益，应当允许自然人有权撤回自己的同意，并且要求信息处理者及时停止处理活动，并删除个人信息。当然这种撤回和删除也不符合当事人之间之前的约定，因此如果撤回和删除会对信息处理者造成损害的，基于诚实信用原则，自然人在行使撤回和删除权之后，也应当向信息处理者

---

① Vgl. Nolte/Werkmeister, in: Gola, DSGVO, § 17 Rn. 8.

② Vgl. Nolte/Werkmeister, in: Gola, DSGVO, § 17 Rn. 22.

承担相应的责任。这里为何倾向于保护自然人，给予自然人任意解除权，而不保护信息处理者的利益？其原因在于，两者所涉及的法益不同。个人信息对于自然人来说，具有人格属性，体现重要的人格利益，而对于信息处理者而言，在绝大多数情况下只具有财产价值，而且单个个人信息的财产价值十分有限，因此两者所体现的利益具有天壤之别。[①]法律倾向于保护自然人而非信息处理者也就是显而易见的了。

在具体情况下，删除权能否真正实现，还要看删除行为是否在客观上具有可行性。如果删除所造成的损害暂时过高，那么也应当允许信息处理者采取屏蔽等方式，暂时将个人信息从信息处理活动中隔离开来，等到其删除成本合理之后，再进行删除。当然在屏蔽的阶段，信息处理者是无权对个人信息进行任何处理行为的。

第一千零三十八条【信息处理者的信息保护义务】

信息处理者不得泄露或者篡改其收集、存储的个人信息；未经自然人同意，不得向他人非法提供其个人信息，但是经过加工无法识别特定个人且不能复原的除外。

信息处理者应当采取技术措施和其他必要措施，确保其收集、存储的个人信息安全，防止信息泄露、篡改、丢失；发生或者可能发生个人信息泄露、篡改、丢失的，应当及时采取补救措施，按照规定告知自然人并向有关主管部门报告。

历史由来

本条主要源于全国人民代表大会常务委员会《加强网络信息保护的决定》、《网络安全法》及《个人信息安全规范》的有关规定。全国人大常委会《加强网络信息保护的决定》第4条规定：“网络服务提供者和其他企业事业单位应当采取技术措施和其他必要措施，确保信息安全，防止在业务活动中收集的公民个人电子信息泄露、毁损、丢失。在发生或者可能发生信息

① Vgl. Schulz, in: Gola, DSGVO, § 7 Rn. 22.

泄露、毁损、丢失的情况时，应当立即采取补救措施。”《网络安全法》第42条第2款也规定：“网络运营者应当采取技术措施和其他必要措施，确保其收集的个人信息安全，防止信息泄露、毁损、丢失。在发生或者可能发生个人信息泄露、毁损、丢失的情况时，应当立即采取补救措施，按照规定及时告知用户并向有关主管部门报告。”国家市场监督管理总局、国家标准化管理委员会发布的《个人信息安全规范》中有大量涉及信息处理者安全保障义务的内容：第4条规定了个人信息安全的基本原则；第5.5条规定了个人信息安全保护政策；第6.3条个人敏感信息的传输和存储第a项规定了传输和存储个人敏感信息时，应采用加密等安全措施；第9.1条规定了委托他人处理信息时，要评估其他主体的信息安全保护水平；第9.4条规定了在个人信息公开之前，也要进行安全影响评估；第9.6条规定了共同个人信息控制者的共同安保义务；整个第10节规定了个人信息安全事件处置的详细内容，包括安全事件应急处置和报告以及安全事件告知。

在《民法典》的立法过程中，《民法典各分编（草案）》第817条就已经规定了相关内容，并且已经建构起与本条十分近似的规范架构：“信息收集人、持有人不得泄露、篡改、毁损其收集、存储的个人信息；未经被收集者同意，不得向他人提供个人信息。但是经过处理无法识别特定个人且不能复原的除外。信息收集人、持有人应当采取技术措施和其他必要措施，确保其收集、存储的个人信息安全，防止信息泄露、毁损、丢失。在发生或者可能发生个人信息泄露、毁损、丢失的情况时，应当及时采取补救措施并告知被收集者。”《民法典人格权编（草案）》（二审稿）第817条只做了简单修改，其在第2款告知义务部分，增加了向有关主管部门报告的义务。允许有关主管部门的介入，有利于及时采取必要手段，限制损害的扩大，更好地保护个人信息的安全。《民法典人格权编（草案）》（三审稿）第817条在具体用词上做了较大修改：其一，将“持有者”改为“控制者”；其二，删除了“毁损”一词，毁损多用于信息的载体，而对于信息本身，多用篡改、删除的概念；其三，将第1款第2分句“处理”改为“加工”，这是在《民法典》个人信息保护部分第一次用到“加工”一词，将处理改为加工，表述更为准确。2019年12月公布的《民法典（草案）》在第2款增加了“篡改”一词，与第1款的表述相对应。正式公布的《民法典》对第1038条继续做了细节上的修改，将“收集者、控制者”改为“处理者”，将“被收集者”改为“自然人”，维持了相关法条用词的统一。

规范目的或功能

本条规定了信息处理者的安全保护义务。此项义务是信息处理者应当尽到的基本义务，其要求信息处理者应当保证其所存储个人信息的安全，不被随意泄露、篡改和丢失。

本条第1款第1句在内容上和第1035条具有相通之处。信息收集和存储者在本质上也是进行信息处理的人，而对个人信息的泄露、篡改、丢失等行为在广义上也是对个人信息进行处理或者使用的形式，只不过从所使用的文本来看，法律上对此都做出了负面评价，没有合法性基础。其原因结合第1035条来看，就是指没有当事人的知情同意，同时也包括其他违法以及违背当事人之间约定的事由。本条第1款第1句后半段也验证了这一逻辑推论，所谓未经同意向他人提供，就是泄露个人信息的具体情形。本条第1款第2句是第1句的例外，但并非是第1035条的例外。所谓无法识别且不能复原就是指个人信息的匿名化，通过匿名化个人信息就失去了其最本质的特征，也就不属于第1034条所定义的法律客体了。

本条第2款规定了信息处理者的安全保护义务。第1句要求义务人为信息存储提供必要的安全环境。虽然法条并没有具体化这种安全措施的标准，但可以借鉴安全保障义务的认定，要求信息的收集、控制者“在合理的限度内”保证信息安全。[①]这种合理限度应当充分考虑到所收集存储的个人信息的性质和内容，并结合安全措施的成本，在具体的案例中加以判断。第2句是传统安全保护义务的延伸，要求在发生安全事故时及时采取补救措施，并告知本人。“及时”一词常常出现在法律规范中，有些特别法会明确这一概念的具体含义，但有些时候却需要视具体的情况类推适用相似的规范。[②]考虑到当前信息数据的处理及扩散速度，为了最小化损害，这里的及时应当理解为“立刻”

---

① 参见刘文杰：《网络服务提供者的安全保障义务》，载《中外法学》2012年第2期。

② 参见李宇：《民法总则要义》，法律出版社2017年版，第181页。

（unverzüglich/without undue delay）[①]。而补救措施不仅包括《侵权责任法》第36条规定的删除、屏蔽、断开链接等，还应当包括所有可能减少损害的合理措施，而这里的告知义务和第1035条中的告知义务一样，必须将相关的危险情况，以可以理解的方式，清晰、明确、全面地告知当事人[②]。本条并没有规定责任条款，因此并非完全法条。

规范内容

在对个人信息的处理活动中，保证个人信息的安全纵然很重要，在个人信息的处理活动之外，以及在个人信息流转的整个过程中，保护个人信息的安全也同样重要。因此，信息处理者有义务为其所收集、处理的个人信息提供一个安全的存储环境，以防止个人信息被轻易泄露、篡改、丢失。由此，信息处理者一方面可以维护个人信息的真实性，保证信息处理的结果真实有效；另一方面可以尽量减少泄露、篡改、丢失等行为的发生，保护自然人的人格画像。一般来说，这种安全保障义务主要包括如下内容。

一、信息处理者本人不得泄露或篡改其收集、存储的个人信息

安全适格的存储环境，不仅仅针对外来的侵入，也针对信息处理者自己，要建立完善内部安全机制，尽量降低处理者相关人员从内部对个人信息实施侵害的可能。和自然人通过第1037条规定的保障性权利积极地对个人信息进行维护不同，保护义务只是消极地保护信息免受泄露、篡改的风险。详细来说，信息处理者的这种保护义务包括以下两个方面内容：

第一，不得泄露自然人的个人信息。所谓泄露，根据对《民法典》第1032条的解释，是指未取得自然人的同意，而使得个人信息被第三方所知悉的行为。其主要包括两种类型，信息处理者主动的泄露和被动的泄露。所谓

---

① Vgl. Kevin Marschall, Datenpannen—„neue“ Meldepflicht nach der europäischen DS-GVO? DuD 2015, 183（186）; Stefan Hanloser, Europäische Security Breach Notification, MMR 2010, 300（302）. 在GDPR中规定了72小时的时限，颇值参考。（参见：Reif, in: Gola DS-DSGVO, § 33 Rn. 37.）

② Vgl. Marschall, DuD 2015, 183（188）; Hanloser, MMR 2010, 300（302）.

主动的泄露，是指由信息处理者通过自己的积极主动的行为，让个人信息被第三方所知悉。而被动的泄露，是指泄露的发生并不符合信息处理者自己的意愿，但由于外部的原因而最终导致损害结果的发生。

第二，不得篡改自然人的个人信息。所谓篡改，是指以违背自然人预期与意愿的方式，以作伪的手段，对信息的内容进行修改，让其内容与收集时产生偏差。篡改也包括主动的篡改与被动的篡改，前者是指信息处理者自己去篡改，而后者则同样是由于第三方力量的介入所导致个人信息被篡改。

二、未经自然人同意，不得向他人非法提供个人信息

所谓“提供”，根据对《民法典》第1035条的解释，是指将个人信息向特定对象公开的行为。提供也是一种个人信息处理的基本形式，而一项个人信息处理行为，既没有自然人的同意，也没有法律依据，就成为前文所述不法和不当的处理行为了。本条第1款第2分句的内容也是《民法典》第1035条的内在之意。

本句关键在于但书的理解，所谓“经过加工无法识别特定个人且不能复原”，究其本质实际上是一种将个人信息匿名化的行为。所谓匿名化（Pseudonymisierung），是指通过加工，让个人信息与可识别自然人之间的相关性得以消失的行为。[①]本句所提“无法识别特定个人”，就是这种匿名性的表现。如果说这种改变还无法复原，就表明相关信息已经永远失去了和具体个人之间的关联性。[②]既然无法识别具体个人，失去了关联性，那么相关信息也就不是《民法典》第1034条定义下的个人信息了，也就不需要受到第1034条以下有关个人信息保护规则的束缚。信息处理者可以充分利用这些已经匿名化的信息，不用考虑信息自决、自然人决定等规则的影响，实现自己利益，尤其是财产利益的最大化。

三、信息处理者的安保义务

个人信息的安全性问题不仅涉及自然人的人格权益保障，在信息处理者

---

① Vgl. Gola, in: ders., DSGVO § 4, Rn. 38 f.

② Vgl. Di Fabio, in: Maunz/Dürig, GG, Art. 2 Rn. 185.

处，个人信息往往以巨量集合的形式存在，尤其是近年来随着大数据技术的发展，这种趋势就越发明显。一旦发生泄露事件，将会侵害大量民众的信息利益甚至个人隐私。因此，个人信息处理者的安全保障义务事实上还关系到了社会公共利益的实现，而远远不再是简单的个人权利保护的问题。[①]面对这种新型的社会风险，本条在此类推侵权法中的安全保障义务的内容，借鉴《网络安全法》的相关条款，赋予了信息处理者对于个人信息的安全保障义务。此项义务主要体现在：

第一，信息处理者有义务采取必要的措施，保证其所收集、存储的个人信息的安全。这里的安全是指不被泄露、篡改、丢失。相关的具体措施，除了传统的加密、定期安全检测等技术手段以外，还包括处理者内部的制度建设，包括且不限于建立完善的安全教育和监督机制，对集中的导出、复制、销毁等行为进行审查，以及人员的管控、筛选，必要的培训等。不仅要有相当的安全技术手段防止第三方随意侵入，还要求合格的内控手段，防止信息处理者自己工作人员的“监守自盗”。

第二，当发生或可能发生安全事故时，信息收集者和控制者所应当采取的补救措施。这些措施是指能够有效防止损失继续扩大的有效手段。采取补救措施必须及时、充分和合理：首先，所谓“及时”，即在有事故发生或者有发生的危险时，依据当时的具体条件，应当在尽可能短的时间内采取相关措施，不能拖延；其次，所谓“充分”，即所采取的措施能够尽可能将发生事故所造成的影响降到最低，或者能够最大限度消除相应的危险。最后，所采取的相关措施还必须合理。也就是说，要符合比例原则，所采取的措施和现实的损害以及可能的风险相适应。

第三，按照规定告知自然人并向有关主管部门报告。本句规定了两项报告义务，对信息主体即自然人的告知，以及对主管部门的告知。规定报告义务的主要原因，一方面是为了保护信息主体的知情权，因为信息主体只有在知晓发生安全事故或者有发生安全事故的风险时，才能够自行采取相应的补救措施，如注销或修改账户信息等；另一方面则是为了让国家相关机关及时

---

① 参见梅夏英、杨晓娜：《网络服务提供者信息安全保障义务的公共性基础》，载《烟台大学学报》（哲学社会科学版）2014年第6期。

了解信息安全事故的情况，并根据其严重程度借助公权手段采取必要措施，防止损害结果进一步扩大，威胁到国家和社会的利益。当然，向被收集者和主管部门的报告也必须及时，不能拖延。此处的报告也必须充分，报告的内容应当包括事件描述、处置措施、严重程度、时间态势、需要的外部支持信息等。①

如果信息处理者违反这种安保义务，在自然人遭到实际损害时，应当允许其向信息处理者请求损害赔偿。根据《民法典》第1198条的规定，如果因为处理人自己泄露或者篡改个人信息造成损害的，由处理人承担全部的责任；如果是由于处理人之外的第三人所造成的损害，处理人未尽到安保义务的，需要承担补充责任。

第一千零三十九条【国家机关、承担行政职能的法定机构及其工作人员的保密义务】

国家机关、承担行政职能的法定机构及其工作人员对于履行职责过程中知悉的自然人的隐私和个人信息，应当予以保密，不得泄露或者向他人非法提供。

历史由来

本条内容在民事法律中非常少见，但是在公法体系中有很多类似的规定。《居民身份证法》第6条第3款规定：“公安机关及其人民警察对因制作、发放、查验、扣押居民身份证而知悉的公民的个人信息，应当予以保密。”第13条第2款规定：“有关单位及其工作人员对履行职责或者提供服务过程中获得的居民身份证记载的公民个人信息，应当予以保密。”《政府信息公开条例》第15条规定：“涉及商业秘密、个人隐私等公开会对第三方合法权益造成损害的政府信息，行政机关不得公开。但是，第三方同意公开或者行政机关认为不公开会对公共利益造成重大影响的，予以公开。”《监察法》第18条第2款规定：

① 参见电子商务法起草组编著：《中华人民共和国电子商务法解读》，中国法制出版社2018年版，第161页。

"监察机关及其工作人员对监督、调查过程中知悉的国家秘密、商业秘密、个人隐私，应当保密。"《法官法》第10条第5项规定："法官应当履行下列义务：……（五）保守国家秘密和审判工作秘密，对履行职责中知悉的商业秘密和个人隐私予以保密；……"《检察官法》第10条第5项规定："检察官应当履行下列义务：……（五）保守国家秘密和检察工作秘密，对履行职责中知悉的商业秘密和个人隐私予以保密；……"《律师法》第38条规定："律师应当保守在执业活动中知悉的国家秘密、商业秘密，不得泄露当事人的隐私。律师对在执业活动中知悉的委托人和其他人不愿泄露的有关情况和信息，应当予以保密。但是，委托人或者其他人准备或者正在实施危害国家安全、公共安全以及严重危害他人人身安全的犯罪事实和信息除外。"

在《民法典》的立法过程中，本条是《民法典人格权编（草案）》（二审稿）的新增条款——第817条之一，其规定："国家机关及其工作人员对于履行职责过程中知悉的自然人隐私、个人信息，应当予以保密，不得泄露或者非法向他人提供。"《民法典人格权编（草案）》（三审稿）第817条之一和《民法典（草案）》第1039条仅修改了一个标点。在《民法典》的正式文本中，增加了"承担行政职能的法定机构"的表述，但由于其就是指"机关法人"，因此本条责任主体范围也没有实质性的变更。

规范目的或功能

和很多公法规范中的宣示性法律规范类似，本条也宣示了国家机关及其工作人员的保密义务。这种保密义务不仅是私法上的，也是公法上的，违反本条规定的保密义务，会导致公私法上共同的责任。

规范内容

在现实中，公权力机关在执行职务的过程中往往会收集大量个人信息，并对其进行处理和存储。然而如果公权力机关对相关信息处置不当，同样会造成泄露事故，其对自然人造成的现实损害也不会因为是公权力机关造成的而有所不同。更有甚者，公权力机关对于个人信息的收集和使用的特点决定了一旦发生数据泄露，损害将有两方面表现：一是损害的广泛性，因为公权力机关所收集的个人信息数量往往十分巨大；二是损害的严重性，因为公权力机关所收集的个人信息往往涉及人格尊严的核心内容。基于以上原因，《民法典》特别强调了国家机关及其工作人员对于个人信息的保密义务。

当发生个人信息泄露事故后，根据本条的规定，责任主体不仅包括工作人员个人，根据具体的情况，国家机关和承担行政职能的法定机构本身还需要承担相应的机关责任。从规范的法律属性来说，本条是对国家机关及其工作人员义务的一种规定，在《民法典》中特意规定国家机关工作人员的保密义务，其责任性质属于民事责任还是行政责任，还需要进一步明确。若违反本条规定仅单纯导致侵权责任，其法律效果与《民法典》第1038条无异，属于同义反复，无须在此浪费立法资源。之所以在《民法典》中将其独立于1038条进行规定，主要是考虑到，国家机关及其工作人员的保密义务不仅是针对信息权利人所负担的私法义务，也是针对国家政治统治职能所负担的公法义务。对于国家机关及其工作人员泄露履行职责过程中知悉的自然人的隐私和个人信息的行为，可能导致责任的聚合。一方面，自然人可以行使侵权请求权，请求其承担民事侵权责任。另一方面，国家机关及其工作人员因为违法泄露的行为还可能承担行政责任，甚至是刑事责任。例如，违反《监察法》第18条第2款规定的保密义务，侵犯公民、法人和其他组织的合法权益造成损害的，依照《监察法》第67条应当适用国家赔偿。因此，有必要在《民法典》中对国家机关及其工作人员的信息保护义务进行规定，厘清私法责任和公法责任之间的关系，从私法的角度保障自然人的相关信息权利。

图书在版编目 (CIP) 数据

民法典评注. 人格权编 / 陈甦, 谢鸿飞主编. —北京: 中国法制出版社, 2020

ISBN 978-7-5216-1108-3

Ⅰ. ①民… Ⅱ. ①陈… ②谢… Ⅲ. ①人格-权利-法学-研究-中国 Ⅳ. ① D923.04

中国版本图书馆 CIP 数据核字(2020)第 080172 号

策划编辑: 马 颖 王 彧

责任编辑: 马 颖　　　封面设计: 李 宁

民法典评注. 人格权编

MINFADIAN PINGZHU. RENGEQUANBIAN

主编 / 陈 甦 谢鸿飞

经销 / 新华书店

印刷 / 三河市紫恒印装有限公司

开本 / 710 毫米 ×1000 毫米 16 开　　　印张 / 26.75 字数 / 448 千

版次 / 2020 年 10 月第 1 版　　　2020 年 10 月第 1 次印刷

中国法制出版社出版

书号 ISBN 978-7-5216-1108-3　　　定价: 88.00 元

北京西单横二条 2 号 邮政编码 100031　　　传真: 010-66031119

网址: http://www.zgfzs.com　　　**编辑部电话: 010-66034242**

市场营销部电话: 010-66033393　　　**邮购部电话: 010-66033288**

(如有印装质量问题, 请与本社印务部联系调换。电话: 010-66032926)